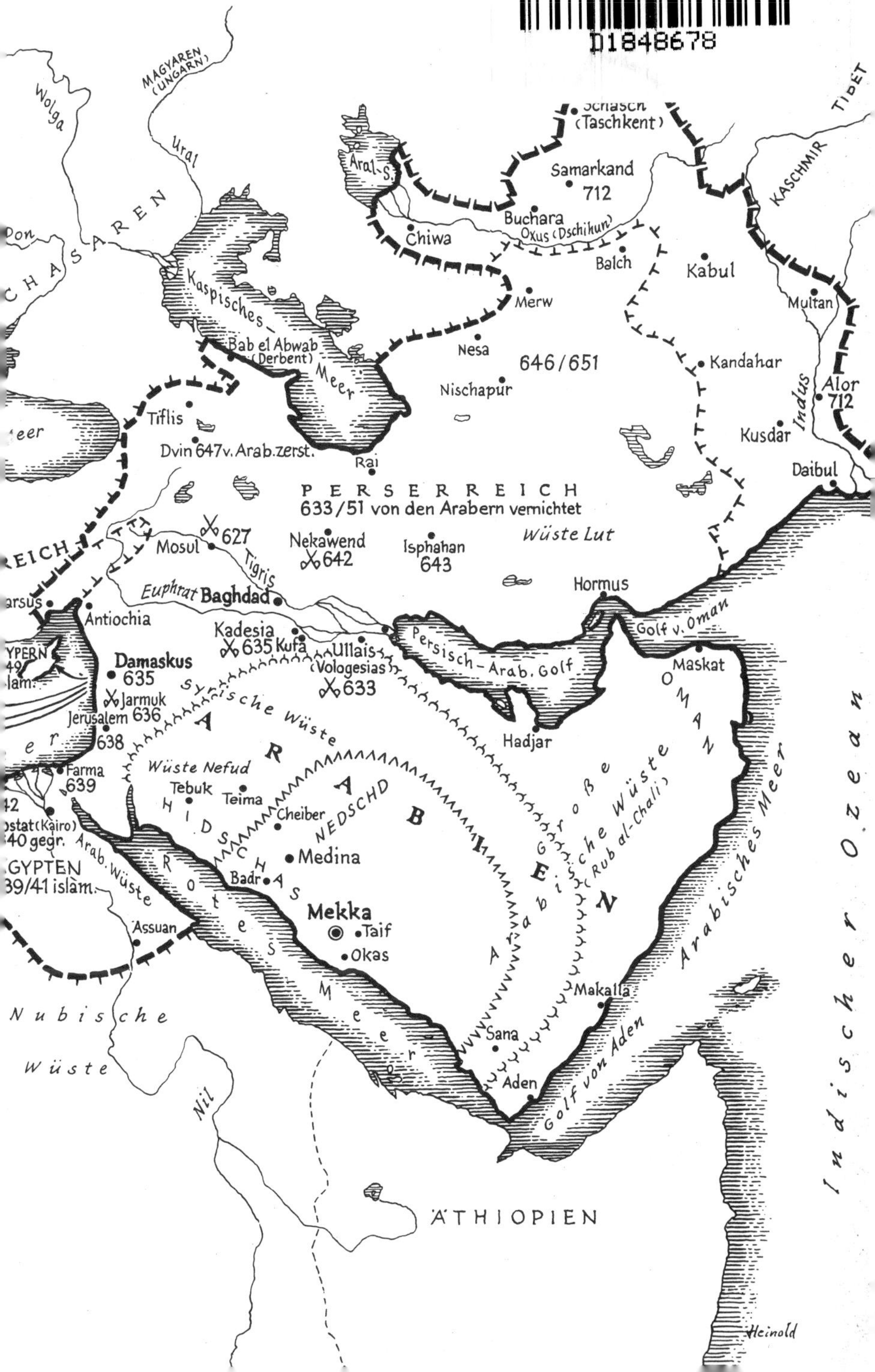

MAGYAREN (UNGARN)
Wolga
Ural
Don
CHASAREN
Meer
Kaspisches Meer
Bab el Abwab (Derbent)
Tiflis
Dvin 647 v. Arab. zerst.
Rai
Aral-S.
(Taschkent)
Samarkand 712
Buchara
Oxus (Dschihun)
Chiwa
Balch
Kabul
Merw
Nesa
646/651
Nischapur
KASCHMIR
TIBET
Multan
Indus
Alor 712
Kandahar
Kusdar
Daibul
PERSERREICH
633/51 von den Arabern vernichtet
Wüste Lut
REICH
627
Mosul
Tigris
Nekawend 642
Isphahan 643
Euphrat
Baghdad
Hormus
Antiochia
Kadesia
635 Kufa
Ullais (Vologesias) 633
Persisch-Arab. Golf
Golf v. Oman
Maskat
OMAN
Damaskus 635
Jarmuk
Jerusalem 636
638
Syrische Wüste
Hadjar
ARABIEN
Wüste Nefud
Farma 639
Tebuk
Teima
Cheiber
NEDSCHD
HIDSCHAS
Medina
Badr
Mekka
Taif
Okas
Große Arabische Wüste (Rub al-Chali)
Arabisches Meer
Indischer Ozean
Rotes Meer
Arab. Wüste
Assuan
Makalla
Sana
Aden
Golf von Aden
Nubische Wüste
Nil
ÄTHIOPIEN
Heinold

Gerhard
Konzelmann

Die großen Kalifen

Gerhard
Konzelmann

Die großen Kalifen

Das goldene Zeitalter Arabiens

Umschlagmotiv
Arabische Buchmalerei
Bagdad, 1237
sog. „Scheferscher Hariri“
– Festzug zum Ende des Ramadan –
(Archiv für Kunst und Geschichte, Berlin)

Lizenzausgabe 1990 für
Manfred Pawlak Verlagsgesellschaft mbH Herrsching

Umschlaggestaltung Bine Cordes, Weyarn
Printed in Hungary
ISBN 3-88199-745-8

Inhalt

Die Kalifen erben das Reich des Propheten

Als Mohammed starb, lähmte Entsetzen die Hirne der gläubigen Männer. Mit dem Tode des Propheten hatte niemand gerechnet. Keiner hatte davon gesprochen, doch alle waren zutiefst davon überzeugt, daß Mohammed unsterblich sei.

In der Erinnerung der Moslems haben sich bis heute die Worte erhalten, mit denen Aischa, die Lieblingsfrau des Propheten, den überraschenden und bestürzend stillen Tod ihres Mannes später erzählte: »An jenem Tag kam der Prophet von der Moschee zurück und legte das Haupt in meinen Schoß. Da trat ein Mann aus der Familie des Abu Bakr ein. In der Hand trug er ein grünes Zahnputzholz, und als ich dem Blick des Propheten entnahm, daß er das Holz gerne gehabt hätte, fragte ich ihn: ›Möchtest du das Zahnputzholz?‹ Er bejahte. Ich nahm das Hölzchen, kaute es für ihn weich und gab es ihm. Er rieb sich damit so gründlich die Zähne, wie ich es noch nie an ihm gesehen hatte, schließlich legte er das Hölzchen beiseite. Dann bemerkte ich, wie mir sein Kopf auf meinem Schoße schwer wurde, und als ich ihm darauf ins Antlitz sah, da waren seine Augen starr.«

»Jener Tag«, von dem Aischa sprach, ist der 8. Juni 632. Ohne ein Zeichen des Himmels, ohne Erdbeben und ohne Sturm ist das Leben des Mohammed Ibn Abdallah zu Ende gegangen. Der junge arabische Staat hat seinen Chef verloren. Kein Nachfolger steht bereit, um das riesige Reich zu führen. In der Verwirrung der Stunde streiten sich die Freunde des Toten.

Vor dem Haus der Aischa kommen die männlichen Bewohner von Medina zusammen — die Armen und die Reichen. Das Gerücht hat sich schnell verbreitet, der Prophet sei schwer krank, vielleicht schon tot. Omar, einer der Schwiegerväter von Mohammed, tritt vom Lager des Toten weg, um die Verzweifelten zu trösten. Mit Erstaunen hören die bei der Leiche Zurückgebliebenen, was Omar draußen den Gläubigen zu sagen hat: »Einige Heuchler werden behaupten, der Prophet sei gestorben. Nein! Der Gesandte Gottes ist nicht gestorben, sondern er ist zu seinem Herrn gegangen so wie Moses, der vierzig Nächte von seinem Volk fernblieb und dann zu ihm zurückkehrte, nachdem behauptet worden war, er sei tot. Bei Allah, der Prophet wird zurückkehren, wie Moses zurückgekehrt ist, und wird denjenigen Hände und Füße abschlagen, die behauptet haben, er sei gestorben!«

Einem anderen Schwiegervater des Propheten, dem Großkaufmann Abu Bakr, mißfällt diese Lüge. Auch er stellt sich den Wartenden vor dem Haus der Aischa. Abu Bakr schneidet Omar schroff das Wort ab: »O, ihr Menschen! Wenn jemand Mohammed anbetet — Mohammed ist tot! Wenn jemand Allah anbetet, so sei ihm gesagt, Allah lebt und wird nie sterben!«

Drinnen im Haus, so berichtet der frühe arabische Historiker Ibn Ishaq, begann nach der Auseinandersetzung zwischen den Schwiegervätern die hitzige Argumentation darüber, wo der Prophet zu bestatten sei. Während vieler Stunden des heißen Sommertages lag die Leiche unbeachtet auf dem Bett. Abu Bakr traf schließlich die Entscheidung: »Ich habe den Propheten sagen hören, daß alle Propheten dort beerdigt werden, wo sie gestorben sind.« Die Familienmitglieder akzeptierten dieses angebliche Wort des Verstorbenen; sie trugen das Totenbett zur Seite und schaufelten an seiner Stelle eine Grube in den sandigen Boden. Abu Bakr, Mohammeds Schwiegervater, bewies in diesen gefährlichen Tagen Geschick in der Erfindung von echt klingenden Prophetensprüchen.

Ein Mann aber kümmerte sich um die wahren Worte des Toten: Ali Ibn Abi Talib, der Schwiegersohn und zugleich der Vetter von Mohammed. Er suchte die Koranfragmente, die im Hause der Aischa verstreut auf Tischen und Regalen la-

gen. Ali Ibn Abi Talib wollte verhindern, daß die Blätter von den unzähligen Trauergästen als Erinnerungsstücke mitgenommen würden. Der gewissenhafte junge Mann galt, da er gleich zweifach mit Mohammed verwandt war, als der Angesehenste in der Hierarchie der Familie.
Der Prophet hatte keine Söhne hinterlassen, die dem Schwiegersohn den hohen Rang streitig machen konnten. Ali Ibn Abi Talib besaß vor allen anderen Anspruch darauf, Kalif zu werden — das Wort »Kalif« bedeutet »Nachfolger«. Sein Bemühen, gerade zu diesem Zeitpunkt die schriftlich fixierten Offenbarungen Mohammeds zu ordnen, raubte ihm allerdings jede Chance zur Übernahme der Macht in Medina. Die Konkurrenten nützten die Zeit zum offenen Kampf um den Herrschaftsanspruch.
Die Notabeln von Medina, die Alten im Rat, die Weisen, die Grundbesitzer, die Eigentümer des Kapitals wollen am Tag nach Mohammeds Tod der Clique um Aischa, um Abu Bakr und Omar den Einfluß auf die Politik der Stadt nehmen. Ganz offen sprechen sie aus, daß die Regierungszeit der Fremdlinge zu Ende gehen müßte. Die führenden Köpfe in Medina erinnern sich jetzt wieder an die Herkunft von Mohammed und an die Ereignisse des Jahres 622.
Damals war Mohammed als Flüchtling in die Stadt gekommen. Die herrschende Schicht in der Nachbarstadt Mekka hatte dem Religionsgründer gedroht, er werde in Eisen geschmiedet oder umgebracht, wenn er noch länger die Irrlehre vom einen und einzigen Gott Allah predige. Eigentlich war den Männern von Mekka der religiöse Streit gleichgültig — sie hatten allein Angst um ihr Einkommen. Mekka war ein religiöses Zentrum, das vielen Göttern eine Heimat bot. Als besonders hilfsbereit galten die Göttinnen Al Uzza, Manat und Allat: Sie wurden angefleht, das Leben und den Wohlstand der Menschen in der Stadt zu beschützen. Ihnen waren Heiligtümer geweiht. Die Priester in den Tempeln von Al Uzza, Manat und Allat verlangten Opfer in Geld und in Realien, wie Schafen, Kamelen und Früchten. Sie wiesen

darauf hin, daß allein großzügige Gaben die drei Göttinnen geneigt stimmen könnten. Der Tempel der Al Uzza wurde besonders häufig von den Karawanenführern besucht, die gefährliche Wege vor sich hatten. Leisteten sie ihr Opfer in ausgefallenen und besonders wertvollen Waren — Gewürzen oder Stoffen — versprach ihnen der Priester sicheres Geleit durch die Göttin auf den Pfaden in der Wüste.
Den Priestern, Händlern, Wirten von Mekka und ihren weitverzweigten Familien garantierte die Präsenz von Al Uzza, Manat und Allat stetige Einnahmen. Mohammed aber wollte die Göttinen aus der Stadt vertreiben. Ihre Beschützerposition sollte ein einziger Gott einnehmen — Mohammed nannte ihn Allah.
Die Reduzierung der gegenwärtigen überirdischen Kräfte in Mekka auf den einen Gott paßte nicht ins geschäftliche Konzept der Priester, Händler und Wirte. Sie sahen in den weiblichen Göttern eine besondere Attraktion ihrer Stadt; sie fürchteten, daß die Karawanenführer dann eben anderswo, in den Nachbarstädten, diesen Göttinnen opfern würden.
Die Suche nach einem Kompromiß zwischen den Lehren Mohammeds und den Interessen der reichen Männer in Mekka mündete in den Vorschlag der Geschäftsleute, Allah und die drei Göttinnen in eine Verwandtschaftsbeziehung zu bringen: Al Uzza, Allat und Manat wurden zu Töchtern Allahs erklärt. Damit war die höchste Herrschaft Allahs anerkannt, denn im traditionellen Denken der Männer in den Wüstenstädten ist der Grundsatz verankert, daß Töchter dem Vater zu gehorchen haben. Mohammed aber, so sagt die Überlieferung, wehrte entsetzt ab: »Hocherhaben sei die Majestät unseres Herrn, er hat kein Weib genommen und auch keine Kinder gezeugt!« So scheiterte der Kompromiß; die Auseinandersetzung spitzte sich zu. Auf dem Höhepunkt des Streits sagte ein reicher Mann aus Mekka zu seinen Gesinnungsgenossen: »Ihr habt gesehen, daß Mohammed nicht damit aufhören will, unsere Religion, unsere Väter, unsere Tugenden und unsere Götter zu verunglimpfen. Ich

schwöre, ich werde ihn morgen mit einem Stein so groß, daß ich ihn kaum heben kann, erwarten. Und wenn er sich beim Gebet niederbeugt, werde ich ihm damit den Schädel einschlagen!« Mohammed sah seine letzte Chance in der Flucht.

Die Tatsache, daß Mohammed im Jahre 622 als Flüchtling nach Medina kam, ist jedoch nur die halbe Wahrheit. Hinzuzufügen ist, daß die Bewohner von Medina damals froh waren über die Ankunft des Propheten; sie hatten ihn sogar dringend gebeten, in ihre Stadt zu ziehen. Die Erinnerung daran war allerdings zehn Jahre später völlig verblaßt.
Als Mohammed Ibn Abdallah heimlich Mekka verließ, um auf wenig begangenen Pfaden dreihundert Kilometer nach Norden zu wandern, trug die Stadt, die ihn aufnehmen wollte, noch den Namen Jathrib. Dreitausend Menschen wohnten in dieser Ansammlung niederer Lehmhütten: Hirten, Feldarbeiter, Handwerker, einige Besitzer von Kamelherden, ganz wenige Kaufleute. Jathrib war eine arme Siedlung; der Goldumlauf beschränkte sich auf kleine Summen. Handel fand durch Tausch von Waren statt — wer ein Kamel brauchte, der bot dafür Felle an; wer Käse haben wollte, der tauschte Fleisch ein. Kunstvollere Waren wurden auf dem Markt in Mekka erworben; jährlich einmal machten sich die Familienchefs mit kleinem Anhang auf den Weg nach Mekka. Bei solchen Einkaufsreisen knüpften die Männer von Jathrib erste Kontakte zum Propheten. Seine Auffassung von Moral und Gesetz faszinierte sie.
Die dreitausend Menschen kannten keine Ordnungsregeln. Zwei verwilderte Sippen beherrschten die Stadt: die Familien der Aus und der Chazradj. Sie kämpften gegeneinander mit Gift und Dolch. Die Männer lauerten sich in den Gassen auf. Als besonders verdienstvoll galt es, eine Frau aus der feindlichen Familie zu vergewaltigen. Animalische Lust tobte sich aus. Jeder Mord, ja jede Verwundung zog blutige Rache nach sich. Die Kette der Gewalttaten schien ohne Ende.
Eingespannt in den Kampf der Aus und der Chazradj verlief

das Leben der Menschen von Medina. Sie blieben verstrickt in die sinnlosen und barbarischen Auseinandersetzungen. Egoismus bestimmte ihre Existenz. Betrug und Diebstahl galten keineswegs als verwerflich. Der Erfinder der besten Tricks im Tauschhandel wurde als kluger Mann bewundert. Kein Herdenbesitzer traute dem Hirten. Die Kaufleute auf dem Markt im Zentrum von Jathrib sahen sich täglich mit Argwohn. Wer über mehr Geld und Waren verfügte als die anderen, der hatte am meisten Angst. Mohammed aber gebot, das Eigentum des anderen dürfe nicht angetastet werden. Betrug und Wucher — so sagte er — erregten Allahs Zorn; die Menschen seien Brüder, wenn sie Allahs Gesetz annähmen.
Die Männer von Jathrib hörten die Botschaft von der Ordnung im menschlichen Zusammenleben und empfanden Schmerz und Scham über ihre eigene Schlechtigkeit. In den Köpfen der Frauen aber wuchs mit den sich wiederholenden Erzählungen der Männer von den Worten des Propheten in Mekka das Bewußtsein, daß die Tötung der eigenen Kinder furchtbare Strafen durch die überirdische Macht, die alle Regungen auf der Erde kontrolliert, zur Folge haben müsse. Seit Jahrhunderten töteten die Mütter alle Kinder, die nicht ernährt werden konnten, sofort nach der Geburt. In Jahren mit schlechter Ernte blieb kaum ein Neugeborenes in Jathrib am Leben.
Mohammed schärfte das Gewissen der Intelligenten und der Sensiblen. Sie entschlossen sich, den Propheten des Islam nach Jathrib zu holen. Die Ansiedlung wechselte den Namen. Sie hieß fortan Medinat an Nabi, »die Stadt des Propheten«. Bald wurde nur noch die Kurzform verwendet. Sie lautet schlicht Medina, »die Stadt«.
Von den Erfolgen, die Medina in zehn Jahren unter der Führung des Propheten errungen hatte, redeten während der zwei Schicksalstage des 8. und 9. Juni 632 die Chefs der alten Familien von Medina zunächst nicht. Der Prophet war tot — die Pflicht zur Dankbarkeit erlosch. Sie vergaßen, daß

der Zuwanderer das unbedeutende Jathrib zum politischen Mittelpunkt der arabischen Welt erhoben hatte — mit Geschick und mit Realitätssinn.
Mohammed hatte im Jahr 622 gar nicht erst den Versuch unternommen, die mörderischen Aggressionen der Männer von Medina abzubauen. Daß Gebote dazu ungeeignet sind, war ihm bewußt. Er lenkte die Aggressionen ab: die an Totschlag gewöhnten Männer beschäftigte er außerhalb der Stadt. Mohammed hatte begonnen, im Namen Allahs die arabische Halbinsel zu erobern.
Die Kriege des Propheten bestehen in ihrer ersten Phase aus Kommandoaktionen, aus Raubzügen gegen die eigene Familie, die in Mekka zurückgeblieben war. Mohammed gehörte zum Stamm der Koreischiten.
Die Stämme, die Großfamilien sind die existenzbestimmenden Verbände, in die jeder Araber von der Geburt bis zum Tod eingeordnet bleibt. Das Oberhaupt des Stammes weist jedem Mann nach Neigung oder Verdienst seine Position in der Hierarchie zu. Der Stammeschef sagt, welches Mädchen mit welchem Mann zu verheiraten sei. Der Stamm bietet Schutz vor persönlichen Gegnern; er garantiert Sicherheit in Notlagen. Außerhalb des Stammes droht Gefahr und Not.
Der Prophet Mohammed hatte sich, durch das Bekenntnis zum einzigen allmächtigen Gott, gegen die wirtschaftlichen Interessen des Stammes gestellt. Dem Organismus der Großfamilie blieb nur die Konsequenz, sich von dem Außenseiter zu reinigen. Mohammed hatte das Glück, daß ihn, den Einzelgänger, der Verband der Bewohner von Jathrib aufnahm. Der Schutz kostete seinen Preis. Mohammed offerierte den Gastgebern dafür das Eigentum der eigenen Familie, der Koreischiten. Die Überlieferung bewahrt diesen Ausspruch Mohammeds: »Zieht aus gegen die Karawane der Koreischiten. Vielleicht wird Allah sie mit ihren Gütern euch zur Beute geben.«
Mit dreihundert Bewaffneten wartet Mohammed im Frühjahr 624 bei der Wasserstelle von Badr auf die Karawane sei-

ner Verwandten. Sie zieht beladen von Syrien her in Richtung Mekka. Der Karawanenführer ist gewarnt, er ruft Verstärkung aus Mekka heran und versucht, den Räubern aus Medina mit ständiger Kursänderung auf dem Weg durch die Wüste zu entkommen. Doch die Quelle von Badr kann er nicht umgehen — weit und breit findet sich keine andere Wasserstelle für die Kamele.

Als die Bewachung der Karawane auf tausend Männer angewachsen ist, entschließt sich der Führer zum direkten Marsch auf die Quelle, in der sicheren Überzeugung, mit der Übermacht die Entscheidung erzwingen zu können. Der Prophet aber gibt die Parole aus, die von nun an für Jahrhunderte die Araber in die Schlacht treibt: »Jeder der standhaft gegen den Feind kämpft, nicht zurückweicht und im Kampf den Tod findet, den läßt Allah ins Paradies einziehen.« Ganz überrascht fragt Umair Ibn Humâm, einer der Kampfgenossen, den Propheten: »Wunderbar! Herrlich! Dann trennt mich also vom Paradies nur der Tod aus der Hand der Koreischiten?« Er packt sein Schwert und kämpft bis er fällt. Die dreihundert Männer aus Medina siegen. Die Karawane — bepackt mit Seidenstoffen, Eisenwaren, Haushaltsgeräten und Lebensmitteln — wird in die neue Heimat des Propheten geführt. Die Moslems haben die erste Schlacht gewonnen. Ka'b Ibn Malik, ein Freund Mohammeds, dichtete damals den Siegesgesang:

> »Zum Brennholz wurden die Gegner für's Feuer in der Hölle, dort wo der Platz ist von jeher für alle Ungläubigen. Geschürt wird die Glut mit Stein und Eisen, damit heiße Höllenflammen die Gegner verschlingen.«

Die Beute steigerte die Popularität des Propheten in Medina. Er konnte seine Anhänger üppig belohnen. Die Karawanenwege der arabischen Halbinsel waren künftig nicht mehr sicher. Mohammed stellte sich durch diese Raubzüge außerhalb von Sitte und Gesetz: Die Stämme waren Jahre zuvor übereingekommen, die Karawanen nicht zu belästigen — die Transportkolonnen der Händler standen unter dem Schutz

der Göttinnen. Gerade diese religiöse Protektion hatte dem Propheten den sittlichen Vorwand für den Überfall auf die Karawanen der Koreischiten aus Mekka gegeben.
Der Kleinkrieg zwischen den zwei Städten Mekka und Medina bleibt zunächst unberührt vom Geschehen in der Weltpolitik. Mohammed kennt jedoch die Macht der Großreiche, die in diesen Jahren den vorderasiatischen Raum beherrschen. Das Byzantinische Reich im Westen umfaßt den griechisch-türkischen Raum; zeitweise gehören auch Palästina und Ägypten dazu. Das Persische Reich hat seine Westgrenze über Tigris und Euphrat hinausgeschoben. Im Jahre 615 n. Chr. stoßen die Perser in den byzantinischen Bereich von Palästina und Ägypten vor. In der dreißigsten Sure registriert der Prophet die Niederlage des Westreichs — er spricht im Surentext von Römern, meint aber die Byzantiner. Die Sure trägt die Überschrift Al-Rum, das arabische Wort für Rom. Sie geht gleich zu Beginn auf die überregionale Politik »im nahen Lande«, in Palästina ein: »Im Namen Allahs, des Allbarmherzigen. Besiegt sind die Römer im nahen Lande. Doch nach der Niederlage werden sie Sieger sein in einigen Jahren. Denn Allah bestimmt Vergangenheit und Zukunft. Am Tage des Sieges der Römer werden sich die Gläubigen darüber freuen.« Die Prognose des Propheten stimmt: Kurze Zeit nach der Offenbarung der dreißigsten Sure treibt das byzantinische Heer auf Befehl des Kaisers Heraklius die Perser wieder zurück aus Ägypten, Palästina und Syrien.
Das politische Weltbild des Propheten ist durch Sympathie und Antipathie geprägt, durch Gleichklang oder Mißklang mit den religiösen Strukturen der Großmächte. Über die Perser ist sein Urteil eindeutig: »Sie sprechen: Außer dem Leben hienieden gibt es kein weiteres. Wir leben und sterben. Nichts als die Zeit vernichtet uns.« Den Anhängern einer derartigen Diesseitsreligion konnte der Prediger des himmlischen Paradieses nur mit Widerwillen begegnen. Im byzantinischen Christentum aber spürte er Wesenszüge, die mit sei-

ner Vorstellung von Diesseits und Jenseits übereinstimmten. Darum freute er sich über den Sieg der Byzantiner.
Einer der Vornehmen aus Medina mußte sich auf den Weg nach Palästina machen, um dem Befehlshaber der nächsten byzantinischen Garnison die Glückwünsche des Stadtoberhaupts aus der Wüste zu übermitteln. Dieser Mann hatte allerdings auch die unangenehme Aufgabe, die Byzantiner in Palästina zu überreden, die Religion des arabischen Propheten anzunehmen. Sie trägt den Namen »Islam«, der mit »Ergebung« zu übersetzen ist. Diese Ergebung forderte Mohammed vom siegreichen byzantinischen Heer. Der Garnisonchef reagierte im Zorn: Er ließ den vornehmen Gesandten aus Medina erschlagen. Damit war die Sympathie Mohammeds für die Weltmacht Byzanz erloschen.
Zur Zeit dieses ersten Zusammenstoßes mit der Macht und mit der Arroganz der Byzantiner gehörten die zentralen Landschaften der arabischen Halbinsel bereits zum Herrschaftsbereich Mohammeds. Durch einen Waffenstillstand mit der eigenen Familie in Mekka hatte er in seiner Heimatstadt wieder Fuß gefaßt. Nach Norden reichte der islamische Staat bis an die syrische Wüste, im Süden gehörten noch Teile des Jemen dazu. Die von Mohammed beherrschten Wüstenstriche lagen im Niemandsland zwischen Persien und Byzanz — weder der Monarch in Persepolis noch der in Byzanz interessierten sich für die unfruchtbaren Gegenden. Keiner der beiden hätte Mohammed und die Bewohner des kargen Landes gestört, wenn nicht das Heer des Islam zum Rachezug gegen die byzantinische Garnison in der Stadt Mu'ta in Palästina aufgebrochen wäre. Sie sollte bestraft werden für den Mord am islamischen Gesandten. Der Prophet hatte Mu'ta nicht zuletzt deshalb als Angriffsziel ausgewählt, weil dort die besten Waffenschmiede zwischen Ägypten und Indien zu Hause waren.

Dreitausend Mann konnte Mohammed für die Expedition rekrutieren. Die Großfamilien stellten ihre erfahrensten

Kämpfer zur Verfügung. Die Byzantiner hatten in Palästina allerdings über hunderttausend Kämpfer stehen. Bei allem Todesmut konnten die Gläubigen dieses Riesenheer nicht überwinden. Der islamische Befehlshaber Dscha'far zerschlug seinem Pferd die Vorderbeine; er nahm sich damit jede Chance zur Flucht. Einer der Kämpfer dieser Schlacht von Mu'ta hat ihren Verlauf in Versen geschildert. Sein Epos überliefert die letzten Worte des Dscha'far: »Zum Paradiese ist der Weg nicht weit. Ein kühler Trunk erwartet mich voll Köstlichkeit.«

Die improvisierte Armee des Propheten verlor einige wichtige Kommandeure, doch blieb ihre, durch Stammestradition geprägte, Struktur intakt. Mohammed fand nach der Niederlage die richtigen Worte, um den Zusammenbruch der Moral zu verhindern. Als die Reste der Expeditionstruppe nach Medina zurückkehrten, wurden die Einheiten von den Frauen mit Staub und Schmutz beworfen. Hysterisch umtanzten die Witwen der Gefallenen die demoralisierten Männer, die den Byzantinern entkommen waren. Der Prophet beendete den Ausbruch der Emotionen: »Wenn Gott der Erhabene es will, sind das keine Geflohenen, sondern Männer, die sich zurückgezogen haben, um sich zum nächsten Kampf zu rüsten.«

Die meisten Feldzüge brachten den Männern von Medina Beute an Waren und Gold. Die Familien, deren Mitglieder zum Truppenkontingent gehörten, wurden wohlhabend. Mohammed hatte keine Schwierigkeiten bei der Rekrutierung. Die Beutehungrigen bedrängten ihn, er möge noch mehr Überfälle auf Karawanen und Städte befehlen. Doch der Prophet war vorsichtig. Er wußte, daß er sich Niederlagen nicht leisten konnte. Da er vorgab, von Allah geleitet zu werden, mußte es ihm schwerfallen zu erklären, warum, trotz Allahs Hilfe, Siege keine Selbstverständlichkeit waren. Das Vertrauen in Allah machte die Bewohner der Wüste ungeduldig.

Beim Tod des Propheten im Jahre 632 sind die Menschen in den Städten und Siedlungen um die Wasserstellen bereit, aus der Enge auszubrechen. Mohammed hatte ihnen beigebracht, daß der Krieg leichtere Chancen zum Verdienst biete als Handel und Handwerk. Die Religion gibt ihnen die passende Ideologie, die moralische Rechtfertigung zur Unterdrückung der Nachbarvölker. Im Auftrag Allahs, des absoluten Herrschers über alle Wesen und Dinge, mußten die Ungläubigen beraubt und erschlagen werden. In dieser Ideologie findet der Gläubige die Sicherheit, auf jeden Fall durch die Beteiligung am Krieg zu gewinnen: Überlebte ein Mann die Gefahren des Überfalls, dann gehörte ihm ein Teil der Beute — wurde er getötet, dann zog er unmittelbar ein ins Paradies zu hochbrüstigen, schwarzäugigen Jungfrauen, die ihm im kühlen Schatten von Bäumen klares, frisches Wasser darreichen. Die ideale Kombination von irdischen und himmlischen Vorteilen machte die Religion des Propheten Mohammed attraktiv.
Zehn Jahre lang hatte Mohammed gebraucht, um die Stämme Zentralarabiens zu einigen und aufzurüsten. In den niederen Lehmhäusern der Oasen, in denen es nach Urin und Kot stank, wohnten Männer, die erfahren hatten, daß es wunderbaren Luxus gab in Palästina, in Ägypten und an den Ufern des Tigris und Euphrat, vergleichbar den Gaben, die das Paradies zu bieten hatte.
Der Prophet selbst war nicht der richtige Führer zum Einbruch in die Zentren der Zivilisation. Mohammed hatte zwar taktisches Geschick in den stammesinternen Kriegen bewiesen, doch in der Schlacht von Mu'ta waren seine Grenzen sichtbar geworden. Die totale Konfrontation mit dem organisierten und geschulten Großheer der Byzantiner hätte Mohammed vermeiden müssen. Zur rechten Zeit holte Allah seinen Gesandten zu sich — neue Aufgaben bedingten neue Männer, die entschlossen waren mit passender Strategie den Kampf gegen die persischen und byzantinischen Machtapparate zu wagen.

Die Ältesten der eingesessenen Familien von Medina begriffen als Erste, daß der Tod des Staatschefs den Blick auf neue Horizonte öffnete. Sie wollten künftig allein die Regierung im arabischen Reich stellen. Mit Ärger hatten sie nach der Aussöhnung Mohammeds mit seiner Familie in Mekka die Einwanderung einer großen Zahl von Koreischiten konstatieren müssen. Die Ratgeber des Propheten stammten alle aus Mekka. Zwar waren die Notabeln von Medina glücklich, daß ihre Siedlung, auch nach dem Frieden mit Mekka, Hauptstadt geblieben war, daß die Fremden den Reichtum gebracht hatten, doch jetzt, in den Stunden der Trauer drängte sich die Gelegenheit auf, die Männer aus Mekka zu entmachten. Die Ehrgeizigen und die Redegewandten trafen sich bei Saad Ibn Ibade, einem geachteten Mann aus alter Familie. Er galt als durchaus entschlossener Charakter, begabt mit brillanter Eloquenz. An diesem Tag aber war Saad Ibn Ibade krank; er konnte nur flüstern. Sein Sohn nahm, das Ohr direkt am Mund des Vaters, die Worte auf und trug sie dann laut der Versammlung vor. Saad Ibn Ibade traf geschickt die Stimmung der politischen Köpfe von Medina: Er erinnerte sie daran, daß sie in der Hierarchie des islamischen Staates nur als »Ansar« galten, als Hilfsgenossen. Er proklamierte das Recht der Ansar darauf, den Kalifen, den Nachfolger des Propheten stellen zu dürfen. In Wirklichkeit präsentierte er sich damit selbst als Amtsanwärter. Über die Jahrhunderte hin sind seine Worte überliefert: »Gemeinde der Hilfsgenossen! Ihr habt einen Vorzug im Glauben, den euch kein anderer arabischer Stamm streitig machen kann. Mohammed, über ihn sei Heil, lebte zehn Jahre lang unter seinem Volk in Mekka und forderte es auf zum Dienste des Barmherzigen und zur Verabscheuung der Götzen. Aber nur wenige von den Seinigen glaubten an ihn. Als Gott euch jedoch durch seine Huld auszeichnen wollte, verlieh er euch den Glauben an den Propheten und die Macht, ihn und seine Gefährten zu verteidigen, ihn und seinen Glauben zu verherrlichen und seine Feinde zu bekriegen. Ihr habt den schwersten Kampf gegen seine Feinde geführt und sie sogar mit mehr Bitterkeit als eure eigenen Feinde verfolgt, bis sich die Araber unter die Herrschaft Allahs beugten.«

Saad Ibn Ibade trennte im Verlauf seiner Rede immer stärker die Klammer auf, die zehn Jahre lang die Menschen von Medina und die Anhänger des Propheten verbunden hatte. Er machte nur den Fehler, daß er zu lange redete. Die Zeit zog sich hin, weil er seinem Sohn erst leise krächzend die Sätze mitteilen mußte, ehe sie für alle hörbar verkündet wurden. Dabei wurde die Rede schon bald überflüssig, weil da keiner mehr im Raum war, der nicht längst aus Überzeugung für Saad Ibn Ibade gestimmt hätte.

Nach spannungslosen Minuten voll überflüssiger Argumente traten plötzlich die zwei Schwiegerväter des Propheten durch die Tür. Abu Bakr und Omar hatten von der Verschwörung der Männer von Medina erfahren. Ihr Eintritt machte der Rede von Vater und Sohn ein Ende. Abu Bakr improvisierte einige Zitate von Aussprüchen Mohammeds, die bezeugen sollten, daß der Prophet seine Nachfolge im Amt des Staatschefs für alle Zeiten den eingewanderten Mitgliedern der Koreischitenfamilie und ihren Nachkommen reserviert habe. Auf Koranstellen konnte er sich allerdings nicht stützen, denn im heiligen Buch des Islam wird nirgends von der Nachfolge gesprochen. So ließen sich die Männer um Saad Ibn Ibade nicht vom Argument überzeugen, die Macht sei auf ewig den Koreischiten übertragen. Sie blieben skeptisch.

Die historischen Berichte über die Diskussionen in den Stunden nach dem Tode Mohammeds machen die Neigung wichtiger Persönlichkeiten in Medina deutlich, die Aufteilung des noch jungen Staats der Herrschaft jedes weiteren Koreischiten vorzuziehen. Da sagt einer: »Wenn die Koreischiten mit unserer Wahl nicht zufrieden sind, so mögen auch sie einen Emir wählen!« Saad Ibn Ibade verhinderte die Spaltung

durch die weise Bemerkung: »Das ist der Anfang der Schwäche!«
In den hitzigen Debatten bricht auch die durch den Propheten gebändigte Feindschaft der Familien Aus und Chazradj wieder auf. Bissige Wortgefechte als Zeichen der Uneinigkeit beunruhigen die wenigen politisch weitsichtigen Männer. Sie erkennen, daß die Wahl einer Persönlichkeit aus Medina auf jeden Fall eine Stellungnahme für die Aus oder für die Chazradj bedeuten muß. Wird ein Mann der Familie Aus Staatschef, ist mit zorniger Reaktion der Chazradj zu rechnen — wählt die Versammlung ein Mitglied der Chazradj, dann schlägt ihm der Widerstand des Clans der Aus entgegen. Das erste Wort der Vernunft schreiben die Berichte aus jener Zeit einem Mann aus dem Stamm Aus zu: »Bei Allah! Gelangen einmal die Chazradjiten an die Macht, so werden sie für alle Zeit über uns herrschen. Nie werden sie die Macht mit uns teilen. Darum huldigt lieber dem Abu Bakr!« Die Erinnerung an die Brutalität, an das Chaos der Barbarei flammt hoch. Sie lenkt von nun an für jeden die Entscheidung. Den Rückfall in die Zeit der Gesetzlosigkeit, die vor etwas mehr als zehn Jahren zu Ende gegangen war, wollte keiner der Notabeln.
Die Unruhe im Raum hatte sich inzwischen nach draußen verpflanzt. Die Koreischiten, die in Medina lebten, zogen als geschlossene Gruppe vor das Haus, in dem die Verschwörung der Politiker aus Medina soeben in sich zusammenbrach. Der Ruf, »Abu Bakr soll der Kalif sein!« pflanzte sich fort. Schließlich war er auch im Versammlungsraum selbst zu hören. Das Treffen, mit anderem Ziel begonnen, schloß in der Huldigung für Abu Bakr, einen der beiden Schwiegerväter des Propheten. Das Amt blieb in der Familie des Staats- und Religionsgründers.
Der Konkurrent Saad Ibn Ibade war gescheitert. Omar, der andere politisch aktive Schwiegervater Mohammeds, verlangte die Hinrichtung des Mannes, der die Koreischitenfamilie nahezu aus dem Amt des Staatschefs verdrängt hatte.

Doch ließ sich Abu Bakr nicht dazu hinreißen; er hatte Sorge vor der blutigen Rache der Männer von Medina. Versöhnung bewirkte diese Milde jedoch nicht.

Die Enttäuschung des Saad Ibn Ibade blieb im Gedächtnis der arabischen Erzähler haften. Sie berichten, daß der gescheiterte Politiker fortan nicht mehr mit der Gemeinde gebetet habe. Er zog sich in sein Haus zurück und äußerte bei keinem Anlaß mehr seine Meinung. Saad Ibn Ibade starb verbittert.

Die Entscheidung zu Gunsten von Abu Bakr verletzte das Gefühl für Recht und Unrecht einer weiteren Person tief. Sein Name: Ali Ibn Abi Talib. Er war der Mann, der sich nach dem Tod des Propheten um die Sicherung der wertvollen Koranfragmente gekümmert hatte. Als Mann der Lieblingstochter von Mohammed gab es für ihn gar keinen Zweifel über die Rechtmäßigkeit seines eigenen Anspruches auf die politische und religiöse Führung.

Er hatte sich Zeit genommen mit der Ordnung des Nachlasses des Propheten. So fiel die Entscheidung, ohne daß der junge Mann auch nur ein Wort im Streit um die Nachfolge zu seinen Gunsten hatte vorbringen können. Nach der Huldigung für Abu Bakr bestand noch kurze Zeit eine Chance, den Beschluß zu korrigieren. Teile der Armee wollten nichts von Abu Bakr wissen; sie wollten nur Ali als Erben des Propheten akzeptieren. Arabische Legenden überliefern, wie Allah selbst den Streit entschieden habe: Der Offizier, der entschlossen war, die Ansprüche Alis mit der Waffe zu verteidigen, stolperte — das Schwert entglitt seiner Hand. Der Truppenaufstand ging in Lächerlichkeit unter.

Ali selbst begnügte sich mit Lamentieren. An seinem Recht zur lauten Klage über das Unrecht hielt er allerdings hartnäckig fest. Die Jammergesänge hörten auch dann nicht auf, als Omar drohte, er werde ihm das Haus über dem Kopf anzünden, wenn er sich nicht endlich beherrsche. In den Gesängen wechselte Ali mit seiner Frau Fatima ab. Die Tochter

des Propheten war noch stärker empört als Ali über die Huldigung für Abu Bakr.
Der Kalif rächte sich durch Enteignung Fatimas: Er nahm ihr die fruchtbaren Oasen von Fadak und Cheibar, die ihr — nach dem Erbrecht — aus dem Eigentum ihres Vaters zustanden. Die gesetzliche Basis für die Enteignung hatte Abu Bakr schnell gefunden. Seine Phantasie half ihm: Er formulierte Aussprüche des Propheten, die eindeutig bestimmten, daß das Eigentum des Propheten nach seinem Tod den Armen gehören solle — die Verwaltung des Besitzes der Armen aber sei Aufgabe des Kalifen.
Das bis in die Gegenwart dauernde Unglück Arabiens hat seine Wurzel in den Ereignissen um die Wahl des ersten Kalifen. Eines Tages wird sich Ali, wieder unter dem Einfluß einer Frau, darauf besinnen, daß ihm das Kalifat zusteht. Die Folge ist Bruderkrieg in Arabien und schließlich die Spaltung der islamischen Religion in Sunniten und Schiiten. Diese Spaltung ist bis heute politisch wirksam, ist mitschuldig an der Uneinigkeit Arabiens.

Die Neigung zur Zerstörung der regionalen und völkischen Einheit konnte im Sommer 632 zunächst überspielt werden. Ein Sieg von Saad Ibn Ibade hätte den arabischen Staat wieder reduziert auf eine Gruppierung von Stämmen, die an ihren eigenen Problemen zu Grunde gehen. Mit Ali als Sieger wäre die innere Ordnung zu stabilisieren gewesen, doch der Staat hätte sich verwandelt in eine theokratische Ordnung mit starker Tendenz zu Gottbetrachtung und Besinnung auf die Ethik. Der praktische Politiker Abu Bakr aber garantierte den Zusammenhalt der Stämme und stachelte zugleich ihre aggressiven Neigungen an. Allein der enge Verbund der Großfamilien und der freie Ausbruch der Aggression ermöglichte die ideale Kombination von Eroberung und Festigung des riesigen arabischen Reiches. Mit dem Erlöschen des inneren Widerstands gegen das Kalifat des Abu Bakr beginnt die große Zeit der Araber.

Der erste Kalif befiehlt den Sturm auf die Großmächte

Mohammed selbst hatte im letzten Moment noch gezögert: Siebenhundert Berittene warteten in der Oase Djurf ganz in der Nähe von Medina auf den Angriffsbefehl. Als Ziel der Attacke waren die reichen Städte Palästinas vorgesehen. Doch der Prophet war seit der Niederlage von Mu'ta vorsichtig geworden, zur Unzufriedenheit seines Truppenführers Chaled Ibn al-Walid.

Der für taktische Raffinessen begabte Reiter hatte aus den Erfahrungen von Mu'ta Konsequenzen gezogen. Die offene Feldschlacht wollte er künftig vermeiden. Eine flexible Kampfweise schwebte ihm vor. Als Operationsbasis der arabischen Kämpfer sah er die Wüste mit ihren Sanddünen und flachen Tälern. Chaled Ibn al-Walid hatte erkannt, daß sich die riesigen und schwerfälligen Verbände der Byzantiner nicht in der Wüste bewegen konnten. Die byzantinischen Soldaten waren von Angst besessen vor den heißen, unwirtlichen Sandflächen. Sie vermieden es stets, die Araber in die Wüste hinein zu verfolgen. Den arabischen Kamelreitern aber war die Wüste vertrautes Territorium, und damit ihr sicherer Zufluchtsort. Chaled Ibn al-Walids Parole hieß: »Die Wüste ist unser Freund — sie vernichtet unsere Feinde!« Im Vertrauen auf die Wüste drängte der Reiterführer auf baldige offensive Aktionen. Abu Bakr gibt ihm Gelegenheit dazu.

Abu Bakr braucht sich nicht einzuarbeiten in die Aufgaben des Staatschefs. Er war jahrelang der wichtigste Berater Mohammeds gewesen. Nach Art und Methode, mit der er — robust und skrupellos — die Gewalt an sich gerissen hatte, könnte man sich ihn als großen und imposanten Mann vorstellen. Doch alle Geschichten, die von Abu Bakr erzählen, beschreiben ihn als klein, von gebückter Gestalt, als unauffällige Erscheinung. Der Bart des Abu Bakr aber muß mächtig gewesen sein, mit dem Pflanzenfarbstoff Henna feuerrot getönt.

Sein offizieller Titel als Chef des islamischen, arabischen Staates hieß »Khalifa Rasul Allah« — Nachfolger des Propheten Allahs. Der geschickte Manipulator des Willens seines verstorbenen Schwiegersohns deklarierte sofort seinen eigenen Befehl an die Truppen draußen in der Oase Djurf als letzte, hinterlassene Order des Propheten, als Vermächtnis, das unbedingt ausgeführt werden müsse. Er schickte die siebenhundert Berittenen ganz gerne aus der Wartestellung in entfernte Gegenden — die Einheit bestand komplett aus Männern der alten Familien von Medina, die noch immer die oberste Macht am liebsten in den Händen eines Vornehmen aus ihrer Stadt gesehen hätten. Seine kraftvolle Beredsamkeit vertuschte die egoistischen Motive: »Bei Allah, in dessen Hand meine Seele liegt. Und wenn mich auch wilde Tiere zerreißen würden, so müßte ich doch den vom Gesandten Gottes angeordneten Zug ausführen, selbst wenn ich allein hier zurückbleiben müßte.«

Die zu Aufruhr und Putsch neigenden Einheiten zogen befehlsgemäß nach Norden; sie waren keine Gefahr mehr für den neuen Mann im Hause des Propheten. Doch auf ihn warteten draußen in den Wüstensiedlungen Gefahren, die zunächst unerkannt blieben. Die Alarmmeldungen drangen erst nach und nach zum Ohr des Kalifen. Zuerst klangen die Nachrichten harmlos: Einige Stammes-Sheiks baten um Revision der fälligen Steuerbeträge; andere verlangten Zahlungsaufschub; irgendwo war ein Steuereinnehmer verprügelt worden. Aus der Summe der Meldungen wuchs nach Wochen die Gewißheit: Die Großfamilien, die mit ihren Herden auf ein weites Gebiet verteilt an den Wasserstellen der Wüste leben, waren von Unruhe erfaßt. Die Männer der Stämme, die entfernt von Mekka und Medina lebten, hatten jetzt erst erfahren, daß Mohammed nicht mehr lebte. Aus dieser Nachricht zogen sie Konsequenzen.

Die Stämme weigerten sich, der Zentralregierung in Medina Steuern zu bezahlen. Ganz selbstverständlich nahmen sie an, daß mit dem Tode Mohammeds ihre Abhängigkeit erloschen sei. Sie hatten sich diesem einen überragenden Mann gebeugt; sie sahen jedoch keine Notwendigkeit, Abu Bakr zu gehorchen. Die Stammeschefs jagten die Steuereinnehmer aus den Oasen, wenn sie im Auftrag Abu Bakrs Geld und Reittiere forderten. »Armensteuer« hieß die Abgabe, doch der Ertrag der Steuer war längst nicht mehr für die Armen bestimmt. Aus den Einnahmen hatte schon der Prophet sich selbst, die Männer seiner Umgebung und die Truppenführer besoldet. Was dem Propheten zustand, wurde nun dem Kalifen verweigert. Der Chef der Großfamilie Benu Amir formulierte den Unmut der Steuerpflichtigen so: »Wir sind auf euch Männer aus Medina wegen der Steuern schlecht zu sprechen. Wenn ihr aufhört, von allen Arabern einen Teil ihres Eigentums zu fordern, werden alle Gehorsam leisten. Wenn ihr aber nicht aufhört, so wird alle Gemeinsamkeit zwischen uns und euch zu Ende sein!« Die Antwort des Kalifen ist eindeutig: »Versagt ihr mir ein einziges jähriges Schaf oder ein Kamel, das ihr dem Propheten bewilligt habt, so erkläre ich euch den Krieg!«
Omar, der andere politisch aktive Schwiegervater des verstorbenen Staatsgründers, ist besorgt über diese Strenge. Er bittet den Kalifen um Milde für die zahlungsunwilligen Stämme. In der Antwort spricht Abu Bakr erstaunlich offen über seine bisher geübte Praxis, dem toten Mohammed immer wieder passende Koranverse unterzuschieben: »Milde ist der falsche Rat. Womit soll ich sie an uns binden? Mit erlogenen Koranversen oder mit erdichtetem Zauber? Fern von mir! Fern von mir! Der Prophet ist tot, und die Offenbarung hat aufgehört. Bei Allah, ich bekriege sie, so lange meine Hand ein Schwert zu halten vermag!«

Die Truppen, die nach Palästina zogen, fehlten dem Kalifen nun in Medina. Er entschloß sich, die Männer der Stadt zum Kriegsdienst zu verpflichten – die Waffenträger mußten sich in der Moschee im Zentrum von Medina versammeln. Der heilige Raum wurde zur Kaserne.

Der Gedanke war richtig, die Wehrfähigen an einem Platz zu konzentrieren. Überfiel der Gegner die Stadt, konnte er, ohne Zeitverlust durch Mobilisierung, mit einem massiven Gegenschlag getroffen werden. Lange brauchten die Männer nicht zu warten. Bei Nacht fiel ein Stamm in die Stadt ein, die damals noch nicht von einer Mauer umgeben war. Die Rebellen glaubten an einen raschen Sieg. Abu Bakr sollte erschlagen werden und mit ihm die Führungsspitze des islamischen Staates. Medina war von Plünderung bedroht. Doch der rechtzeitig und präzise geführte Gegenschlag vertrieb die Rebellen.

Um seine wenigen kampffähigen Männer zu schonen, benützt Abu Bakr nach diesem eindeutigen Abwehrsieg seine Wortkraft als Waffe zur Zermürbung der Steuerrebellen. In gleichlautenden Schreiben erklärt er den Chefs von elf Stämmen, daß der Tod des Propheten keine politische Veränderung geschaffen habe. Er reagiert mit diesem Brief besonders auf die Parole, die von den Weisen im Stamm Abd al Kais proklamiert worden war: »Wäre Mohammed ein Prophet gewesen, so wäre er nicht gestorben!« Die Konsequenz aus dieser Parole war gefährlich für Abu Bakr. Sie konnte nur heißen: Wenn Mohammed kein Prophet war, ist Abu Bakr zu Unrecht Nachfolger eines Propheten.

Abu Bakr verwendet in seinem Appell Argumente, die ihm schon zuvor in kritischer Situation geholfen haben. Darüber hinaus erfindet er wieder Koranverse, die seine Argumente stützen. Die Sätze, die Abu Bakr aus der Offenbarung Mohammeds zitiert zum Beweis, daß der Tod des Propheten in Allahs Weltordnung gehört, sind gefälscht. Der Einheitstext der elf Schreiben hat sich über die Jahrhunderte in der Überlieferung erhalten: »Von Abu Bakr, dem Nachfolger des Ge-

sandten Gottes — Allah sei ihm gnädig und beschütze ihn — an Jeden, zu dem dieses Schreiben gelangt, sowohl an die Befehlshaber, wie an die Untergebenen, an die im Glauben Beharrenden, wie an die Abtrünnigen.
Gruß denjenigen, welche der göttlichen Leitung folgen und nicht von Neuem in Irrtum und Trug versinken. Ich preise Allah für euch, es gibt keinen Gott außer ihm. Ich bekenne, daß er einzig ist, ohne Genossen und daß Mohammed sein Knecht und sein Gesandter war. Wir bestätigen das, was Mohammed uns gebracht hat. Gottlos ist, wer seine Lehre verwirft. Allah, der Erhabene, hat nämlich Mohammed als ein strahlendes Licht mit der göttlichen Wahrheit zu seinen Geschöpfen auf der Erde geschickt, um sie zu ihm zu rufen durch Verheißungen und Drohungen. Mohammed sollte allen Lebenden predigen und den Ungläubigen die Wahrheit verkünden. Allah hat diejenigen geleitet, die ihm Gehör schenkten. Mohammed hat diejenigen, die ihm den Rücken kehrten, bekämpft, bis sie, freiwillig oder gezwungen, den Islam annahmen. Nachdem er aber Allahs Befehl vollzogen, sein Volk auf den rechten Weg geführt und seinen Beruf erfüllt hatte, hat Allah ihn zu sich genommen. Den Tod hat Allah ihm und den Gläubigen in der geoffenbarten Schrift vorausgesagt, denn es heißt: Du wirst sterben, und auch sie werden sterben. Ferner: Wir haben keinem vor dir Unsterblichkeit verliehen. Wenn du sterblich bist, werden sie wohl ewig leben? Ferner: Die Gesandten Allahs vor ihm sind gestorben, werdet ihr daher zum Unglauben zurückkehren, wenn er stirbt oder getötet wird? Wer zurückkehrt zum Unglauben, der fügt Gott dadurch kein Leid zu, aber Allah wird die Dankbaren belohnen. Wer also bloß Mohammed diente, der wisse, Mohammed ist tot. Wer aber Allah diente, nun, Allah lebt noch und stirbt nie, sondern er wacht immerfort, er bewahrt sein Wort und nimmt Rache an seinen Feinden. Ich fordere euch daher auf, Gott zu fürchten und das zu beachten, was euch euer Prophet geoffenbart hat, denn nur von Allah hängt euer ganzes Schicksal ab.

Ich habe vernommen, daß manche unter euch, welche sich zur Religion des Islam bekannt hatten, wieder davon abgefallen sind. Sie haben in ihrer Blindheit die Sache Allahs verlassen, um dem Rufe Satans zu folgen.
Ich sende euch daher eine Abteilung rechtgläubiger Männer. Sie fordern euch auf, den Glauben an Allah erneut anzunehmen. Wer diese Aufforderung erwidert, wird beschützt. Wer widerstrebt, der wird bekriegt, bis er zur Sache Gottes zurückkehrt. Kein Abtrünniger soll verschont bleiben. Er soll den Feuertod sterben oder auf jede andere mögliche Weise getötet werden. Die Kinder und Frauen der Abtrünnigen gehören als Sklaven den Gläubigen. Ich habe meinem Oberbefehlshaber aufgetragen, dieses Schreiben in jeder Siedlung vorzulesen. Die Siedlungen, die sofort Allah im Gebet anrufen, sollen verschont bleiben. Die das Gebet nicht sprechen, werden als Feinde behandelt, bis sie sich zum Glauben bekennen.«

Den elf gleichlautenden Briefen an die feindlichen Stämme war jeweils noch ein persönliches Schreiben an den Kommandeur der Delegation rechtgläubiger Männer beigefügt. In diesem Schreiben wird der Befehlshaber angewiesen, den kapitulierenden Stämmen mitzuteilen, welche Geldbeträge und Sachwerte sie künftig an die Steuereinnehmer aus Medina abzugeben haben.
Der Einheitsbrief erfüllte seinen Zweck. Fast alle Stämme ergaben sich, noch ehe ein Pfeil abgeschossen werden mußte. Sie wurden wieder aufgenommen in den islamischen Staatsverband. Bestrafen ließ Abu Bakr nur diejenigen Männer, die während des Aufstandes einen Rechtgläubigen umgebracht hatten. Ihre Strafe war allerdings grausam: Sie wurden auf dem Begräbnisplatz von Medina lebendig im Feuer dürrer Reisighaufen verbrannt.
Die Steuergelder flossen nun wieder regelmäßig aus den Städten und Dörfern des arabischen Staates nach Medina. Die Einnahmen wurden sofort weiter verteilt — ein Schatz-

haus, einen Platz zur Aufbewahrung der vielen tausend Münzstücke, die bei Abu Bakr abgeliefert wurden, existierte in dieser primitiven Stufe der Finanzverwaltung noch nicht. Anspruch auf Anteile am Steueraufkommen hatten die Mitglieder der Familie des Propheten, da sie als die tragenden Säulen des Staates galten, und die Sippen in Medina, die sich frühzeitig dem Kampf für den Islam zur Verfügung gestellt hatten. Die Familien in Mekka, die einst dem Propheten feindlich oder auch nur abwartend gegenübergestanden hatten, bekamen kein Geld. Abu Bakr definierte den Grundsatz der Finanzpolitik ganz eindeutig: »Ich setze nicht einen, der gegen den Gesandten Allahs kämpfte, gleich mit einem, der ihn unterstützte.« Die Familie des Propheten und die Kampfgefährten bildeten den Adel des islamischen Staates.

Auf eine Diskussion über Änderung der Zahlungsmodalität ließ sich Abu Bakr nicht ein. Der energische Mann wies alle zurecht, die eine Prioritätsliste nach Leistung aufsetzen wollten. Ihre Forderung war nicht ungerecht. Im Laufe der Monate und Jahre hatten andere Männer und andere Stämme — auch solche, die zur Zeit des Propheten als Feinde des Islam galten — zu den militärischen Erfolgen beigetragen. Abu Bakr lehnte alle Wünsche dieser neuen Anhänger des Glaubens ab — sie sollten sich ihre Leistung von Allah selbst vergelten lassen: »Wer kann mir einen Maßstab in die Hand geben zur Beurteilung dessen, was sie früher und was sie jetzt getan haben. Diese Angelegenheit obliegt Allah, der über alles Lob erhaben ist.«
Abu Bakr hatte in der hitzigen Diskussion, ob Milde gegenüber den Steuerrebellen angebracht sei oder nicht, den Satz gesagt: »Der Prophet ist tot, und die Offenbarung hat aufgehört!« Mit dem Ende der Offenbarung wollten sich jedoch viele phantasievolle Köpfe in den Stämmen nicht abfinden. In der Stille der Wüste, nachts, unter den strahlenden Sternen, hörten Männer und Frauen in sich den Ruf, die Offenbarung fortzusetzen. Sie fühlten sich berufen, als neue Pro-

pheten, den gegenwärtigen und künftigen Willen Allahs für die Gläubigen offenbar zu machen.

Jeder dieser Propheten konnte dem Anspruch der Koreischiten gefährlich werden, die darauf bestanden, sie seien durch die Verwandtschaft mit Mohammed, dem Gesandten Gottes, bevorzugt vor allen anderen Stämmen der arabischen Halbinsel. Propheten waren vor, während und nach der Lebenszeit Mohammeds durchaus nichts Außergewöhnliches. Jede Sippe konnte einen Mann vorweisen, der seherische Gaben besaß — oft genug auch gekoppelt mit Schwachsinn. Bedeutung erlangten die Propheten nur, wenn ein politischer Wille sie motivierte.

Zur Familie Banu Taghlib, die zehntausend Menschen umfaßte, gehörte die Christin Sadjah. Ihr Wille verband Prophetie und politische Vorstellungskraft. Sadjah besaß eine erotische Ausstrahlung; Sexualität und religiöse Ekstase mischten sich in ihrem Charakter. Christin war sie aus rein formalen Gründen, weil sie nach der Geburt getauft worden war — ihre Vorstellung von Gott und seiner Weltordnung hatte jedoch nach der Pubertät egozentrische Aspekte angenommen, die nicht mehr christlich genannt werden konnten. Sadjah fühlte sich als Vertreterin Gottes unter den Menschen. In ihren Ekstasen sah sie sich in bizarren Visionen als Geliebte Gottes. Die Mitglieder ihrer Familie glaubten an sie und überließen ihr die politische Führung: Sadjah war, genau wie zuvor Mohammed, Chef eines in sich geschlossenen Verbandes von Menschen. Bis weit nach Mesopotamien hinein reichte der Einfluß der Banu Taghlib. Die Prophetin Sadjah war damit zu einem mächtigen politischen Faktor geworden. Nach Mohammeds Tod war die Gelegenheit günstig, weitere Stämme und Familiengruppen dem Stamm Taghlib unterzuordnen.

Da saß ein Konkurrent in der Provinz Jamama. Sein Name war Museilama. Er war schon zu Lebzeiten Mohammeds als Prophet aufgetreten. Museilama hatte es gewagt, eine Aufteilung des arabischen Staates zwischen Mohammed und sich selbst vorzuschlagen. Mohammed hatte nie darauf reagiert.

Museilama benützte Glaubenselemente und Gebetsformen aus der Lehre Mohammeds. In seinen ethischen Forderungen verlangte er Askese, die dem Propheten in Medina völlig fremd war. Mohammed hatte die Frauen geliebt, die körperliche Vereinigung pflegte er als Köstlichkeit, als raffinierten Lebensgenuß. Museilama aber sah in der Ehe nur den einen Sinn, einen Sohn zu zeugen. War dieser Sohn geboren, sollte der Mann fernbleiben von der Frau. Die Prophetin Sadjah nahm sich vor, den Konkurrenten von dieser irrigen Ansicht zu heilen. Sie zog zu ihm nach Jamama. Dort hatte sich Museilama einen heiligen Bezirk geschaffen, einen Lehmbau, in dessen düsterem Innenraum — so sagte dieser Prophet — Allah wohnte. Nur Museilama durfte in der Finsternis mit Allah reden. Seine Spezialität war die Fürbitte für Kranke, Unfruchtbare und Unglückliche. Ernstgenommen wurde Museilama nicht. Die Menschen der Gegend um Jamama, die der Großfamilie Rabia angehörten, waren sich einig, daß Museilama ein falscher Prophet sei. Doch sie erwiesen ihm ihre Reverenz aus Verachtung für die Koreischiten, die in den Oasen dieses Wüstenstrichs verhaßt waren. Ein Sprichwort aus der Zeit Museilamas umreißt die Situation: »Besser ein Lügner aus dem Geschlecht der Rabia, als ein wahrer Prophet aus dem Geschlecht der Koreischiten.«
Museilama und Sadjah trafen sich im finsteren Raum des Heiligtums. Legenden der Beduinen erzählen vom Liebesfest, das die beiden Propheten drei Tage lang gefeiert haben. Sadjah zeigte dem Museilama die erotische Meisterschaft ihrer Zunge. Die Prophetin stachelte damit die Liebeskraft des Mannes an. Selten erschlaffte Museilama in diesen drei Tagen. Diese Leistung wurde von den potenzbewußten Beduinen als Wunder gefeiert — ein Wunder schien sie vor allem deshalb zu sein, weil Museilama damals weit älter gewesen sein soll als ein Jahrhundert.

Die Vereinigung der beiden Propheten sah der Kalif mit Besorgnis. Das Potenzwunder machte das Paar populär in den Zelten der Beduinen. Dichter besangen in lasziven Liedern das Schwert des Museilama in der Scheide der Sadjah. Die erotische Abart des Islam, die Sadjah und Museilama praktizierten, wurde zur Gefahr für den rechten Glauben.

Abu Bakr entschloß sich, seinen besten Truppenkommandeur Chaled Ibn al-Walid zur Ausrottung der beiden Propheten und ihrer Anhängerschaft nach Jamama zu schicken. Chaled wurde unter anderem deshalb ausgewählt, weil er den stolzen Titel »Schwert Allahs« trug. Das Schwert Allahs trat gegen das vielbesungene Schwert in der Scheide an.

Ein Vorfall hatte allerdings Chaled Ibn al-Walid beinahe die Gunst des Kalifen geraubt. Bei einer anderen Strafexpedition, Wochen zuvor, war der Stammeschef Malik Ibn Nuweira gefangengenommen worden. Malik bekannte sich sofort zum rechten Glauben, er hätte eigentlich wieder entlassen werden müssen. Doch die Frau des Malik gefiel dem General des Kalifen. Chaled Ibn al-Walid gab den Befehl, Malik zu töten. Der Befehl wurde ausgeführt — in derselben Nacht noch holte Chaled die Frau zu sich und heiratete sie. Kalif Abu Bakr war empört. Sein Zorn richtete sich nicht dagegen, daß sein Oberbefehlshaber widerrechtlich einen Befehl zur Tötung gegeben hatte, sondern weil er zwei islamische Verhaltensregeln mißachtet hatte: Es ist dem Moslem verboten, während eines Feldzugs zu heiraten, und er darf während der Zeit der Reinigungsblutung nicht in die Frau eindringen. Für beide Vergehen war die Ungnade des Kalifen die geringste Strafe. Da der Oberbefehlshaber gebraucht wurde, dauerte die Zurücksetzung nur kurze Zeit.

Im Kampf gegen Museilama mußte der erfahrene Stratege lange auf den Erfolg warten. Für den hundertjährigen Propheten kämpften die Beduinen vom Stamme Rabia mit erstaunlicher Ausdauer. Ein Trick erst half den rechtgläubigen Kämpfern. Chaled hatte erkannt, daß allein Museilama der

Organisator des Widerstands war. Wo sich dieser Prophet aufhielt, da wurde erbittert gekämpft. Durch Gesten nahm Chaled deshalb Kontakt auf zu Museilama; er gab ihm zu verstehen, daß er bereit sei, irgendwo abseits vom Kampfplatz ein Gespräch über einen möglichen Frieden zu führen. Museilama akzeptierte die Verhandlung und sonderte sich von seinen Kämpfern ab. Kaum war er nicht mehr unter seinen Männern, da ließen sie sich zurückdrängen hinter die hohen Ziegelmauern der Oase. Der Rückzug entartete zur Flucht. Unter den Palmen an der Wasserstelle war kein zusammenhängender Widerstand mehr zu organisieren. Im Rausch des Sieges wurden die Kämpfer und die Bewohner der Oase erstochen. Über tausend Menschen verloren ihr Leben. Auch Museilama starb unter wütenden Schwerthieben. Die Prophetin Sadjah aber hatte schon vor dem Kampf das Heiligtum von Jamama verlassen. Sie verschwindet mit dieser Flucht aus der arabischen Politik.

Die Überlebenden in Jamama unterwerfen sich. Ein Friedensvertrag beendet den Krieg: »Dies ist die Abmachung, geschlossen zwischen Chaled Ibn al-Walid und Madjaa Ibn Marara sowie Salma Ibn Omar. Chaled gibt Frieden gegen Gold und Silber, gegen Ablieferung der Panzerhemden und der Pferde. An Chaled wird ausgeliefert die Hälfte der Sklaven und die Hälfte des Ackerlands. Doch müssen sich die Bewohner zum Islam bekennen; dann stehen sie unter Allahs Obhut und unter dem Schutz von Chaled Ibn al-Walid und von Abu Bakr, dem Kalifen des Gesandten Gottes.«
Abu Bakr lenkt von seiner einfachen Lehmhütte in Medina aus die Feldzüge der berittenen Araberheere. Er bleibt was er war — ein Händler, der Politik macht. Mit den Grausamkeiten seiner Befehlshaber gegen die Bewohner der eroberten Siedlungen ist er nicht einverstanden. Wenn Abu Bakr von übertriebenen Strafen hört, erteilt er Rügen. Muhadjir Ibn Omajja, der das Gebiet des heutigen Jemen einzunehmen hatte, erhält eine solche Rüge: »Ich habe vernommen, du

hast einer Sängerin eine Hand abhauen und einen Zahn ausreißen lassen, weil sie Spottlieder gegen einige rechtgläubige Moslems gesungen hat. Wenn sie sich sonst zum Islam bekannte, so verdiente sie für die Spottlieder wohl eine Züchtigung, aber doch keine Verstümmelung.«
Der ungewöhnliche Gerechtigkeitssinn des Herrschers von Medina wird auch in den Gebieten bekannt, die außerhalb des Kräftefelds von Mekka und Medina liegen. In den Dörfern der Flußebenen an Tigris und Euphrat erzählen wandernde Beduinen von Allah und seinen Gefolgsleuten, den rechtgläubigen Moslems, die einen Staat der Gerechtigkeit errichten wollen. Die Menschen im alten Kulturland Mesopotamiens wollen eingeschlossen sein in diesen Staat der Gerechtigkeit. Sie leben im zerfallenden persischen Großreich. Zwar ist kaum einer von ihnen arm, Hunger kennen sie nicht, doch sie leiden unter der Willkür der Verwaltung, unter dem Ehrgeiz der Heerführer, die Kriege gegeneinander anzetteln. Der Zusammenhalt der persischen Armee ist zerbrochen seit dem Vorstoß der Byzantiner, den der Prophet Mohammed so präzise vorausgesagt hatte. Die Armee folgte nicht mehr der politischen Führung. Das Geschlecht der Sassaniden stellt die Monarchen im persischen Großreich. Nach einer Reihe von brillanten Herrschern war im Jahre 632, im Todesjahr Mohammeds, Jezdegerd III. gekrönt worden. Ihn erwartet die Konfrontation mit den Arabern.
Die Menschen an Tigris und Euphrat setzen Hoffnung auf die Moslems, sie glauben an die Güte des Abu Bakr, doch sie haben Angst vor der Gewalt, die sich da im Süden, in der Wüste formiert. Reiterheere, das wissen sie, stehen bereit mit Zehntausenden von schnelltrabenden Kamelen.
Die Gerüchte übertreiben. Chaled Ibn al-Walid verfügt zunächst nur über 2 000 Mann für den Einfall in das irakische Gebiet. Durch rigorose Rekrutierung im Stamm Rabia, unter den ehemaligen Anhängern des Museilama, wächst die Streitmacht auf 18 000 Mann an. Nur jeder zweite von ihnen besitzt ein Kamel. Die Bewaffnung ist von unterschiedlicher

Qualität — noch immer steht die Schwertschmiede von Mu'ta den Arabern nicht zur Verfügung. Viel Vertrauen in Allah zeigt der Kalif, als er, trotz der Schwäche der militärischen Zurüstung, an Chaled Ibn al-Walid diesen Befehl sendet: »Ziehe gegen Irak und besetze dieses Land. Reite bis zu den Grenzfestungen gegen Indien. Behandle freundlich die Perser und die Völker, welche unter persischer Herrschaft stehen.«

Chaled kündigt sein Kommen schriftlich an. Er schickt per Boten einen Brief an den persischen Feldherrn Hormuz mit der schroffen Aufforderung: »Bekehre dich, so bist du gerettet. Sichere dir und deinem Volke unseren Schutz und zahle Tribut. Sonst kannst du nur dich selbst beklagen, denn ich ziehe mit einer Schar heran, die den Tod ebensosehr liebt wie ihr das Leben.«

Das erste Treffen zwischen den persischen Truppen und den Moslems trägt in der arabischen Geschichte den Namen »die Schlacht an den Ketten«. Die persischen Kämpfer waren durch Ketten aneinandergebunden, um sie an der Flucht zu hindern. Diese Maßnahme hatte die Niederlage zur Folge: Die Männer behinderten sich gegenseitig. Den Moslems fiel ein leichter Sieg zu.

Mit Erstaunen sahen die Angreifer das fruchtbare Land, das sie auf ihren Kamelen durchritten. Der bebaute Boden beschränkte sich nicht auf einzelne Oasen, wie sie es aus ihrer Heimat kannten. Das Ackerland erstreckte sich von Horizont zu Horizont; es war durchzogen von wasserreichen Kanälen, an denen Bäume wuchsen. Das Land trug satte Farben in Grün und Braun. Die Vielfalt der Eindrücke begeisterte die Männer um Chaled. Der Oberbefehlshaber fand die ebenso richtigen wie ehrlichen Worte: »Bei Allah! Wenn wir nicht für den Glauben kämpften, so sollten wir schon um des gesegneten Bodens willen dieses Land unter uns verteilen!«

Der fruchtbare Boden um Tigris und Euphrat war innerhalb weniger Monate erobert. Chaled führte den Krieg mit barbarischer Brutalität. War er nicht sofort der Überlegene in einer Schlacht, dann versprach er Allah den Tod aller Gegner. Das Versprechen half immer: Die Vorfreude auf das Gemetzel gab den Moslems neue Kraft. Chaled verletzte damit ganz offen die Direktiven, die er von seinem Staatschef erhalten hatte, doch Abu Bakr wagte nicht, seinen wichtigsten Feldherrn an den befohlenen Kurs der Milde zu erinnern. Der Kalif brauchte um diese Zeit die Unterstützung der Armeeführung in einer familiären Auseinandersetzung mit sowohl innen- wie außenpolitischen Konsequenzen: Omar, der andere ehrgeizige Schwiegervater, mischte sich immer stärker in die Entscheidungen des Abu Bakr ein. Zwischen Chaled und Omar bestand ein tiefer Haß. Der Truppenführer konnte nicht vergessen, daß Omar, nach Chaleds übereilter und gesetzwidriger Hochzeit mit der Frau des ermordeten Stammeschefs Malik, seine Hinrichtung gefordert hatte. Abu Bakr schützte damals seinen Feldherrn und konnte fortan mit seiner Loyalität rechnen.

Der Überfall auf die persische Armee war noch nicht erfolgreich abgeschlossen, da befaßte sich Abu Bakr mit Plänen zur Eroberung der an sein Gebiet angrenzenden byzantinischen Provinzen. Mit der Durchführung des Angriffs gegen Palästina wurde zunächst ein Offizier betraut, der ebenfalls Chaled hieß — Chaled Ibn Said. Auf diesen Mann hatten die Jammergesänge aus dem Hause des Ali tiefen Eindruck gemacht: Chaled Ibn Said sprach in der Moschee laut vom Unrecht, das Ali, der Schwiegersohn des toten Propheten, erleiden müsse. Diese Stellungnahme vernichtete die Karriere des bewährten Soldaten. Omar setzte die Ablösung des eigenwilligen Feldherrn durch, obgleich der Kalif überzeugt war, daß der wahre Grund für die Ablehnung des Generals in Omars Neid zu finden sei: Omar ärgerte sich über den prächtigen seidenen Mantel, den Chaled Ibn Said bei der Eroberung des Jemen konfisziert hatte. Chaled trug den Mantel auch in den Straßen von Medina.

Omar beabsichtigte während einer Beratung mit dem Kalifen, deren Gegenstand der Oberbefehl über die Truppen in den byzantinischen Provinzen war, auch die Entlassung des — seiner Meinung nach — von Grund auf unmoralischen Chaled Ibn al-Walid aus der Armee durchzusetzen. Doch in dieser Frage gab der Kalif nicht nach. Um den offenen Streit zu verhindern, sprach er allerdings die vorgesehene offizielle Ernennung des Chaled Ibn al-Walid zum obersten Chef aller Verbände an der byzantinischen Grenze nicht aus — in der Hoffnung, daß sich der gerissene Offizier seinen Rang selbst nehmen werde.

Die militärische Situation drängte auf einen raschen Entschluß. Die byzantinische Heerführung hatte aus den Erfahrungen der Perser gelernt. Sie wollte die Zersplitterung vermeiden, und erwartete mit konzentrierter Streitmacht den islamischen Ansturm. Am Fluß Jarmuk zogen die Byzantiner achtzigtausend Kämpfer zusammen. Ihre Stellung war strategisch vorteilhaft gewählt zwischen dem See Genezareth und den Bergen des Golanplateaus, geschützt durch das tiefeingeschnittene Flußtal. Das islamische Heer war den Byzantinern weit unterlegen; es rekrutierte sich aus nicht ganz dreißigtausend Mann. Die Verbände waren aufgeteilt in Stoßkeile, die in verschiedene Richtungen zielten, jeweils kommandiert von einem anderen Offizier.

Chaled Ibn al-Walid erkannte, daß die einzige Erfolgschance darin bestand, alle Kräfte zusammenzufassen. Er rief seine Unterführer und Mitfeldherren zusammen und machte einen Vorschlag zur Neuordnung der Front. Den Text seiner Ansprache haben arabische Chronisten damals aufgezeichnet.

»Als Abu Bakr uns in diesen Krieg schickte, da rechnete er mit unserer Bereitwilligkeit, einander beizustehen. Hätte er alle Ereignisse und Umstände vorausgesehen, dann wären wir alle unter einem Führer vereinigt. Unsere Aufsplitterung ist schlimm. Sie hilft den Ungläubigen mehr als jede Verstärkung, die sie herbeiholen können. Wir sind zersplittert, weil jeder Angst hat um seinen Vorteil. Bei Allah, dieser Streit ist sinnlos. Jedem von uns sind doch die Länder schon zugewiesen, die er nach der Eroberung verwalten soll. Niemand verliert das Geringste, wenn er von einem anderen Befehle annimmt. Und wenn er einem anderen Befehle gibt, wird sein Anteil an der Beute deshalb nicht größer. Auch dadurch, daß einer den Oberbefehl führt, wird weder bei Allah noch beim Kalifen sein Ansehen erhöht oder erniedrigt. Wir sollten entsprechend handeln. Der Feind ist schon zum Angriff bereit. Dieser Tag entscheidet über alle zukünftigen Tage. Treiben wir den Feind in seine Verschanzung zurück, so wird er uns immerfort weichen müssen. Jagt er uns aber in die Flucht, so haben wir keinen Sieg mehr zu erwarten. Wir wollen mit dem Oberbefehl abwechseln. Der eine befiehlt heute, der andere morgen und so fort, bis auch jeder von euch einmal Befehlshaber war. Doch heute will ich euer oberster Feldherr sein.«

Die Worte zündeten. Chaled Ibn al-Walid leitete den Angriff gegen die byzantinische Truppenkonzentration am Jarmuk. Der Bruder des Kaisers Heraklius war sein Widersacher; ein erfahrener Mann in der offenen Feldschlacht, der allerdings schon vor dem Kampf voll lähmender Skepsis war. Ein Spion hatte ihm Details erzählt von der Moral der islamischen Kämpfer: »Bei Nacht sind sie andächtig wie Mönche, bei Tage aber sind sie tapfere Reiter. Begeht der Sohn ihres Königs einen Diebstahl, so wird ihm, wie jedem anderen, die Hand abgeschnitten. So groß ist die Macht des Gesetzes bei ihnen.« Dieser Bericht soll den Bruder des byzantinischen Kaisers äußerst deprimiert haben.

Der Tag endet mit dem Sieg der Moslems unter Chaled Ibn al-Walid. Doch die Schlacht am Jarmuk ist die letzte militärische Aufgabe, die dem erfolgreichsten islamischen Befehlshaber der Frühzeit übertragen wurde. Mitten im Kampf trifft die Nachricht ein, daß Abu Bakr, der erste Kalif, gestorben sei. Der neue Herrscher — es ist Omar Ibn Chattab, der andere Schwiegervater des Propheten – schickte mitsamt der Todesnachricht den Befehl zur sofortigen Absetzung des nach seiner Meinung untragbaren Chaled Ibn al-Walid. Der abgehalfterte Befehlshaber verheimlichte allerdings die Order vor seinen Offizieren bis zur Siegesfeier.

Am Abend des 22. August 634 war Abu Bakr gestorben, nach einer Amtszeit von zwei Jahren und einem Vierteljahr. Aischa, die Tochter des Abu Bakr, einst die Lieblingsfrau des Propheten Mohammed, hatte in dieser Zeit wieder im Haushalt des Vaters gelebt. Sie sagte, der Kalif sei an einer Erkältung gestorben, die er sich im Bad zugezogen habe. In Medina aber hielt sich hartnäckig das Gerücht, die Juden von Medina hätten Abu Bakr vergiftet. Für den Nachfolger Omar Ibn Chattab war dieses Gerücht Anlaß, eine große Zahl der Juden in den Irak, nach Kufa, zu deportieren. Sie mußten sich von nun an mit besonderen Gürteln als Angehörige ihrer Religion ausweisen. Die Christen wurden während der Regierungszeit des zweiten Kalifen allerdings auch nicht besser behandelt.

Die Erzähler, die über Generationen hin die Vorarbeit für die Geschichtsschreiber geleistet haben, bewahrten den ersten Kalifen Abu Bakr in ehrenvollem Andenken, als Mann kluger Entscheidungen. Er saß einmal, so wird erzählt, in seinem noch recht einfach möblierten Saal, auf einem Teppich kauernd, um Recht zu sprechen. Da schleppten zwei junge Männer einen dritten, ebenso jungen Mann herbei und forderten von Abu Bakr einen gerechten Spruch. Der Mann habe ihren Vater erschlagen, lautete ihre Anklage. Der Kalif wunderte sich, daß ein Beduine von derart sichtbarer Rechtschaffenheit einen Mord begangen haben sollte. Er forderte den Angeklagten auf, sich zu verteidigen. Der junge Mann sprach mit Vernunft: »Bei Allah, oh Beherrscher der Gläubigen: Diese Männer sprechen die Wahrheit. Aber auch ich will sagen, wie ich den Vorgang sehe. Ich bin ein Beduine und lebe davon, Kamele zu züchten. Aufgewachsen bin ich in den Zelten und mit den Tieren. Nichts Wichtigeres existiert für mich als meine Kamele. Nach Medina bin ich gekommen, um Kamele zu verkaufen. Kurz nach der Ankunft in dieser Stadt fraß eines meiner besten Kamele Blätter, die oben auf einer Lehnsmauer zu sehen waren. Ich jagte das Kamel gleich weg, doch da öffnete sich ein Tor in der Mauer, ein Mann stürzte heraus. Er warf einen Stein mit Wucht meinem Kamel an den Kopf und traf das Tier so, daß es zusammenbrach und in Zuckungen verendete. Als ich sah, daß mein Tier verloren war, packte ich in blinder Wut den selben Stein und schleuderte ihn gegen den Mann. Auch ich traf, und er starb. Ich höre und gehorche«, so schloß der junge Kamelzüchter seine Erklärung zum Tod des alten Mannes, »ich füge mich dem Urteil des Kalifen.«

Nach dem Gesetz des Islam konnte der Tod des alten Mannes nur durch die Enthauptung des jungen Beduinen gesühnt werden. Doch Abu Bakr sah darin keinen Akt der Gerechtigkeit — ein junger Mann sollte sterben, weil er durch ein böses Geschick hineingezogen worden ist in einen hitzigen Streit mit tödlichem Ausgang. Abu Bakr aber wollte und durfte das Gesetz nicht verletzen. Nur ein Ausweg blieb: Die beiden Söhne des Erschlagenen mußten ihre Anklage zurückziehen. Abu Bakr winkte die Ankläger ganz nahe zu sich heran. Lange sprachen sie miteinander. »Wißt ihr, ob es Allahs Wille ist, daß er sterbe? Allah, der Erhabene, hat die Wege der Menschen geordnet. Vielleicht hat er die Absicht, euch mit dem Mörder eures Vaters zu versöhnen.« Abu Bakr erwies sich als geschickt in der Formulierung theologischer Ausflüchte aus dem Dilemma: »Warum wollt ihr Allahs Urteil vorgreifen? Legt das Leben des jungen Mannes in Allahs Hand.« Die Söhne des Toten fanden schließlich diese Worte: »Wir verzeihen ihm in der Hoffnung auf die Gnade Allahs, des Allgütigen, des Allerhabenen.«

Der Kalif, der Wunder wirkt

Abu Bakr hatte vorgesorgt: Stunden der Unsicherheit über die Nachfolge, wie einst nach dem Tode des Propheten, sollte es nicht mehr geben. Gleich zu Beginn seiner Krankheit zeigt er sich entschlossen, dem anderen Schwiegervater des Propheten die Regierung zu überlassen. Die Familie Koreisch hatte sich an der Staatspitze etabliert: Nur Mitglieder dieser Familie kamen für das Kalifenamt in Frage.

Ali, der Schwiegersohn Mohammeds, hatte in den letzten Monaten die Klage über sein hartes Schicksal stiller werden lassen. Trotzdem waren sich die beiden Schwiegerväter einig, daß Ali nicht die starke Hand besitze, um das wachsende islamische Reich zu regieren. Ein Übermaß an Härte zeichnete dagegen Omar Ibn Chattab aus. Die wichtigen Männer der Familie, vor allem jedoch die führenden Köpfe der alten Geschlechter von Medina, hatten Angst vor dessen Härte. Abu Bakr fand, als seine Krankheit fortschritt, immer neue Argumente, um die Kampfgenossen zu beruhigen. Prophetenworte dichtete er jetzt nicht mehr. Er war der Meinung, daß die Vernunft für Omar spreche. Doch der hohe moralische Anspruch, den Omar an die Elite des Staates stellte, qualifizierte ihn in den Augen seiner Untergebenen nicht — im Gegenteil. Sie wollten ihre Macht und ihre Lebenslust auskosten. Abu Bakr überzeugte einige mit den Worten: »Omar war nur so streng, weil ich so weich war. Herrscht er einmal allein, so wird er milder werden.« Abu Bakr täuschte sich.

Der Oberbefehlshaber Chaled Ibn al-Walid bekam mit seiner Entlassung als erster die harte Hand des neuen Herrn zu spüren. Der nächste Heerführer, der frisch ernannte Kommandeur, konnte gleich aus der Bestallungsurkunde sehen, daß ihm Omar Ibn Chattab wenig Freiheit lassen werde. Der

Text lautet: »Fürchte Allah, der allein ewig ist, während alles außer ihm vergeht, der uns aus dem Irrtum und aus der Finsternis ans Licht geleitet. Ich setze dich an die Spitze des Heeres des Chaled Ibn al-Walid. Wache über das Wohl des Heeres, wie es dir obliegt. Halte deinen Blick von dieser Welt ab und verschließe vor ihr dein Herz. Sei auf deiner Hut, daß sie dich nicht verderbe, wie sie andere vor dir verdorben hat, deren Sturz du wohl vermerkt hast!« Der moralisch disqualifizierte und entlassene Feldherr Chaled Ibn al-Walid aber zeigte noch einmal, ohne Auftrag, sein brillantes taktisches Geschick bei der Belagerung von Damaskus.

Von steil abfallenden Bergen gegen heiße Winde geschützt, liegt die Oase Damaskus als grüner Fleck in einer braun-gelben, kargen Landschaft. Der Bach Barada bringt klares Wasser in die Siedlung; draußen, vor der Stadt fällt es in Kaskaden die Hänge herunter und sammelt sich im Bachtal. Die Oase lebt vom Wasser des Barada. Damals, zur Zeit der ersten Kalifen, standen Häuser, aus Lehmziegeln gebaut, unter hohen Palmen. Das Wasser, die Berge und die Palmen machten Damaskus zu einem Ort der Kühle. In der Wüste — von den Hausdächern zu sehen — zogen heiße Luftströme Wirbel von Sand hinauf in die Höhe: Djinnen, böse Geister, so glaubten die Menschen in Damaskus, tanzten um die Stadt — doch ihre Zerstörungswut wurde von den Bergen und den hohen Lehmmauern abgehalten. Die Menschen in der Oase fühlten sich geborgen.

Damaskus war die erste reiche Stadt am Eroberungsweg der Moslems. Die eigenen Siedlungen Mekka und Medina waren ärmliche Dörfer im Vergleich zu Damaskus. Die Häuser unter den Palmen um den Bach Barada zeigten kunstvolle Verzierungen. Die Gebäude waren die Urformen der späteren prunkvollen Paläste der Reichen in Arabien. Die Menschen in diesen Häusern waren wohlhabend geworden durch Handel. In den Gewölben ihrer Läden an den Marktstraßen stapelten sie Seidenstoffe, reich verzierte Waffen, Gewürze, duftende Essenzen, Prunkgewänder, Spitzen, Weihrauchkörner, aromatische Hölzer. Die Plünderung der Warenlager von Damaskus war den islamischen Kämpfern als Lohn versprochen für ihren Todesmut in diesem Feldzug. Als besondere Attraktion lockten die zehntausend tönernen Weinkrüge, die ständig vollgefüllt auf Vorrat gehalten wurden. Zu Hause hatte der Prophet vor zehn Jahren Weintrinken verboten. Im eroberten Damaskus aber konnte das Verbot nicht gelten. Den ungläubigen Weinhändlern ihre Vorräte wegzutrinken, durfte als ruhmvolle Tat gewertet werden.

Die wohlversorgte Stadt war einer langen Belagerung gewachsen. Den Moslems aber fehlte die Geduld. Die Kämpfer erblickten Tag für Tag nur wenige Meter vor sich die Mauer der Oase; sie wußten, daß sich hinter der Mauer Reichtum verbarg, der ihre Vorstellungskraft weit überstieg. Abu Ubeida, der Chef der Belagerungsarmee, sah die einzige Chance, um hinter die Mauer zu kommen, in klugen Verhandlungen mit dem Versprechen weitreichender Garantie für das Leben der Bevölkerung. Der Oberbefehlshaber kalkulierte ein, daß in Damaskus die Händler höchstes Ansehen genossen — Händler aber sind schlechte Krieger, wenn die eigene Stadt auf dem Spiel steht. Sie versuchen zu retten, was zu retten ist, und den Krieg rasch zu beenden, um wieder Geschäfte machen zu können. Abu Ubeida erkannte die phychologische Situation in Damaskus richtig: Die mächtigen Handelsherren waren bereit, auf ihr Eigentum zu verzichten, wenn dafür ihr Leben garantiert wurde.

Als die Verhandlungen eben begannen, zwischen den Delegationen der Moslems und der Damaszener, ritt der abgesetzte Befehlshaber Chaled Ibn al-Walid rings um die Oase. Daß die Kommandeure der Belagerten dem Verhandlungsfrieden trauten, erkannte er rasch: auf der Mauer von Damaskus stand kein Mann mehr auf Wache. Die Familien hielten in ihren Häusern üppige Festgelage ab; sie genossen noch einmal ihren Reichtum. Sie tranken sich zu auf die kommende Zeit, in der sie wieder reich sein würden. Sie waren überzeugt, den islamischen Sturm zu überleben. Ihren

Lebensgrundsatz hielten sie hoch: Der Handel regiert die Welt. An diesem Tag gab es noch keine traurigen Gesichter in Damaskus.
Chaled Ibn al-Walid aber war ein unberechenbarer Gegner. An den Frieden zur Stunde des Waffenstillstands hielt er sich nicht. Er alarmierte den Teil der Truppe, der noch immer auf ihn hörte, und brach durch das Osttor in die Stadt ein. Widerstand fand er nirgends — Damaskus fiel ohne Kampf in die Hand der Moslems. Trotzdem wollte der Sieger, seiner bisherigen Praxis gemäß, die Bewohner töten lassen, da sie den Glauben der Moslems nicht freiwillig angenommen hatten. Abu Ubeida, überrascht durch den Erfolg seines Vorgängers, konnte die Massenexekution gerade noch verhindern. Er legte fest, daß jeder Mann, jede Frau, jedes Kind aus Damaskus drei Tage lang mit Hab und Gut, mit Wagen, Roß und Kamel ungestört die Oase verlassen darf. Im Namen Allahs verpflichtete sich der Befehlshaber, erst am vierten Tag die Verfolgung aufzunehmen.
Diese, für den damaligen Kriegsbrauch milde Bestimmung mißfiel Chaled Ibn al-Walid. Das Eigentum der Flüchtenden wollte er sich als Beute nicht entgehen lassen. Er mußte sich jedoch daran halten, den Fluchtweg der Leute aus Damaskus drei Tage lang nicht zu erkunden. In diesen drei Tagen hatten die Vertriebenen tatsächlich die Chance, der islamischen Armee zu entkommen. Chaled Ibn al-Walid suchte einen Verräter, der ihm den Fluchtweg mitteilte. Er fand schließlich den richtigen Mann.
Ein Grieche war den islamischen Vorposten Tage zuvor in die Hände gefallen. Dieser Mann, der sich Jonas nannte, war Christ. Er hielt sich in der gefährlichen Belagerungszone auf, weil er einen Weg suchte, um in die Oase zu gelangen. Dort lebte die Frau, die er liebte — eine Byzantinerin mit Namen Eudokia. Die Geschichte von der treuen Liebe zwischen Jonas und Eudokia amüsierte den abgesetzten Oberbefehlshaber, der den Griechen verhörte. Chaled Ibn al-Walid versprach Jonas, daß er nach dem glücklichen Abschluß

der Belagerung seine Eudokia unversehrt in die Arme schließen könne. Als Gegenleistung verlangte Chaled den Übertritt des Jonas zum islamischen Glauben. Jonas wurde Moslem. Zum Beweis der Treue gegenüber den neuen Glaubensbrüdern spürte Jonas dem Fluchtweg der Menschen aus Damaskus nach. Auf seinen Rat hin ritten schnelle Verbände des Chaled Ibn al-Walid auf einem Abkürzungsweg dem Zug der Fliehenden in die Flanke. Dies geschah in der Nacht zum vierten Tag nach dem Ende der Belagerung. Als es hell wurde, raubten die Moslems die Wagen, die Pferde, die Kamele und alles Gepäck von Wert. Wer sich zu wehren versuchte, wurde erschlagen.

Die Legende berichtet vom unglücklichen Ende der Liebe des Jonas. Eudokia, die zu den Flüchtenden gehörte, wollte von dem Verräter nichts mehr wissen. Sie tötete sich selbst mit einem Dolchstoß. Jonas blieb beim islamischen Heer und fiel in einer der unzähligen Schlachten mit den Byzantinern.
Der Krieg an zwei Fronten — gegen Byzanz und gegen Persien — zersplitterte die Kräfte der Moslems. Nach drei Jahren Krieg war die Begeisterung der Männer in den Großfamilien, die um Mekka und Medina lebten, ausgebrannt. Ließ sich schon eine Gruppe der Heranwachsenden rekrutieren, dann wollten sie gegen die Byzantiner kämpfen und nicht gegen die Perser. Unheimlich erschien damals noch die östliche Welt der Perser den Arabern. Meldeten sich Reitertrupps für die byzantinische Front, dann mußten sie damit rechnen, vom Kalifen Omar angeherrscht zu werden: »Ich brauche eure Hilfe nicht. Geht lieber in den Irak, kämpft für den Glauben an Euphrat und Tigris. Dort winkt euch ein Leben reich an irdischen Genüssen.« Die Todesrate war an dieser Front besonders hoch. Selbst Omars oberster Feldherr Abu Ubeida erlebte die versprochenen Tage des Glücks nicht. Er wurde von einem persischen Kriegselefanten zu Tode getrampelt. Gleich ihm starben Zehntausende gläubiger Moslems.

Omar Ibn Chattab besaß eine intellektuell geschulte Phantasie, ausgestattet mit einer Kombinationsgabe, die ihm erstaunlich exakte Prognosen ermöglichte. Er leitete von Medina aus Schlachten, die in einer Entfernung von über tausend Kilometern stattfanden. In seiner visionären Kraft konnte er sich landschaftliche Strukturen vorstellen, die ihm fremd sein mußten, einem Mann, der den Bereich von Mekka und Medina nie verlassen hatte. Die Männer seiner Umgebung sahen es als Wunder an, daß er einem Feldherrn in der Moschee von Medina genau sagen konnte, an welcher Stelle eine Brücke über den Euphrat zu schlagen sei. Der Feldherr bestätigte Monate später bei der Rückkehr aus Mesopotamien die Beschreibung des Kalifen. Das Prestige des Kalifen Omar profitierte davon. Von diesem Ereignis rührt sein Ruhm, er könne Wunder wirken über große Distanzen.

Ein Befehlshaber der zweiten Garnitur an der persischen Front, Sariah Ibn Sanim, berichtet, daß er während der Schlacht die Stimme des Kalifen ganz laut vernommen habe. Der Schrei sei dröhnend zu hören gewesen: »Sariah! An den Berg! An den Berg!« Ein Blick auf das Schlachtfeld habe ihm gezeigt, daß die eigene Reiterarmee nur durch eine rasche Wendung auf einen Hügel zu aus der Umklammerung gerettet werden konnte. Zu genau dieser Stunde, während des Freitagsgebets, hatten sich die Gläubigen in Medina gewundert über den plötzlichen Aufschrei des Kalifen: »Sariah! An den Berg! An den Berg!« Omar Ibn Chattab hatte in einer Vision den Verlauf der Schlacht verfolgt. Allah selbst, so glaubten die Menschen von Medina damals, habe die Stimme des Kalifen weit über die Wüste getragen. So hatte Omars Befehl den Sieg bewirken können.

Selbst wenn die Feldzüge das Reich nur langsam vergrößerten, füllte sich das kürzlich erbaute Schatzhaus in der Hauptstadt Medina mit edlen Metallen, mit kostbaren Steinen, mit Moschus, Ambra, Sandelholz, Kampfer, mit fein gewobenen Brokaten und Damasten. Seit der Zeit des Propheten gehörte jeweils ein Fünftel der Beute dem Staatschef.

Omar aber hatte, genauso wie sein Vorgänger Abu Bakr, keinen Bedarf an Luxus. Der Kalif war überaus bedürfnislos. Tag für Tag bestand seine Nahrung aus Gerstenfladen, Kamelfleisch und Gemüse. Gebrühter Kaffee war das Getränk, das zu dieser Zeit populär wurde in Arabien. Omar trank mehrere Kannen Kaffee täglich. Die Küche im Hause des Kalifen war weit und breit wegen ihrer Einfallslosigkeit bekannt. Als Omar Asma, eine Tochter des Abu Bakr, zur Frau nehmen wollte, weigerte sich das junge Mädchen, den Kalifen zu heiraten, weil sie nicht jeden Tag Kamelfleisch essen wolle. So unverblümt konnte dem Kalifen die Ablehnung allerdings nicht mitgeteilt werden. Mohammeds Frau Aischa, die sich nach dem Tod des Abu Bakr mit Omar angefreundet hatte, gab den Rat, dem Kalifen die Lust zu dieser Ehe auszutreiben. Sie schlug den Brüdern der Heiratswilligen vor, das Mädchen dem Kalifen als zu frei erzogen zu schildern: sie sei unter Männern aufgewachsen — sie passe daher bestimmt nicht zu einem so strengen Gebieter wie Omar. Die List hat eine besondere Pointe für den, der die Verwandtschaftsverhältnisse kennt: Aischa war die Schwester des Mädchens, das kein Kamelfleisch mochte. Übrigens heiratete keine der sieben Frauen, mit denen Omar Ehen einging, freiwillig in den Kalifenhausstand. Der Harem war für sie ein Gefängnis. Omar hat die strengen Vorschriften erfunden, die dem Moslem auferlegen, seine Frauen einzuschließen. Die Eifersucht des Kalifen war bekannt in Medina.

Seine Einstellung zu den Frauen hat der Kalif Omar selbst definiert:

„Gerechtigkeit ist unentbehrlich. Selbst Frauen und Sklavinnen müssen gerecht behandelt werden.« Dieser Satz des Kalifen Omar ist in den Rechtskodex der Moslems eingegangen. Die arabischen Männer erinnerten sich allerdings auch noch lange an seine schematische Einteilung der Frauen in drei Klassen: »Da gibt es die gläubige Frau, die Allah fürchtet und fruchtbar ist. Sie hilft ihrem Mann wider das Schicksal anzukämpfen, aber sie hilft nicht dem Schicksal gegen ih-

ren Mann. Da gibt es die Frau, die sich um die Kinder kümmert, und sonst um gar nichts. Da gibt es schließlich die Frau, die uns von Allah als Strafe auf das Genick gelegt wird.« Der Kalif urteilte aus Erfahrung — in seinem Harem fand er keine Frau der ersten Kategorie.
Vier Jahre nach dem Beginn der Eroberungen stoßen die Moslems ans Ostufer des Tigris vor. Sie nehmen die damals persische Stadt Ktesiphon ein, sie ist vierzig Kilometer vom späteren Baghdad entfernt. Den »Weißen Palast« von Ktesiphon, mit seinen riesigen Ausmaßen, besetzt der arabische Gouverneur. Er regiert die persische Provinz im Auftrag des Kalifen in Medina. Die Fassade des »Weißen Palastes« und ein Teil der Gewölbehalle sind heute noch erhalten.

In den Kellern lagerten zur Zeit der Eroberung Silberschätze, gehortet über viele Jahrzehnte. Für jeden der sechzigtausend islamischen Kämpfer blieben, nach Abzug des Anteils für den Kalifen, umgerechnet zwölftausend DM an Beute übrig. Das prächtigste Stück, das im Palast von Ktesiphon gefunden wurde, ist ein Teppich, hundert Meter lang und zwanzig Meter breit. Sein Wert läßt sich nach heutigem Geld nicht ermessen. Das Webmuster zeigt die Schönheiten des Paradieses: Blumen, Früchte, Quellen, jedoch nicht die so häufig erwähnten schwarzäugigen und hochbusigen Jungfrauen. Zum Glück für das Kunstwerk enthält es keine menschlichen Abbildungen. Es wäre sonst bei der Eroberung sofort zerstört worden. Den Menschen im Bild darzustellen hatte der Prophet verboten. Die arabischen Eroberer achteten streng auf die Einhaltung dieser Vorschrift.
Einer Gruppe von achtzig Kamelen wird der Teppich als ganzes Stück aufgeladen. Zwei Monate braucht dieses Juwel der Webkunst für die Reise nach Medina. Der Kalif bewundert die Darstellung des Paradieses. Dann läßt er den Teppich zerschneiden. Jedes prominente Mitglied der Familie Koreisch erhält ein Stück für seinen privaten Haushalt. Auch Ali wird bedacht.

Der Gouverneur der irakischen Provinz bleibt nicht lange in Ktesiphon. Omar befiehlt den Bau einer neuen Hauptstadt. Er möchte nicht, daß sich sein Vertreter im besetzten Gebiet zu sehr im Wohlstand der vertriebenen persischen Herren einnistet. Die Atmosphäre einer reinen Garnisonstadt sollte den Gouverneur ständig an seine Aufgabe erinnern, die Grenzen des islamischen Reiches immer weiter nach Osten hinauszuschieben. Er durfte nicht faul in der Residenz sitzen bleiben. Auf Anordnung des Kalifen entsteht die Stadt Kufa, die in der Geschichte der arabischen Herrscher noch zu Glanz und Ruhm kommen sollte.

Der Gouverneur gehorcht; er zieht in die neue Kasernenstadt um. Er nimmt allerdings einen Teil des »Weißen Palastes« mit: Ein reichverziertes Portal aus Ktesiphon soll die Fassade seiner eben entstehenden Residenz in Kufa schmükken. Lange dauert seine Freude nicht. Der Gouverneur erhält einen bösen Brief vom Kalifen: »Ich habe gehört, du willst einen Palast bauen nach der Art des Weißen Palastes. Du willst sogar ein Tor des Weißen Palastes dazu verwenden. Willst du etwa auch die Pforte wie die Perser mit Wachen und Pförtnern besetzen, die dann den Männern, die ein Anliegen zu dir führt, den Zutritt verbieten? Willst du so von der Sitte unseres Propheten abweichen? Willst du dich so aufführen wie die persischen Kaiser, die in die Hölle hinabgestürzt wurden trotz aller Pracht ihrer Lusthäuser? Darum sende ich den Mohammed Ibn Maslama zu dir nach Kufa, daß er deinen Palast verbrenne. Zwei gewöhnliche Häuser müssen dir genügen. Das eine Haus sei für dich selbst, das andere für die Aufbewahrung des Schatzes bestimmt.« Der Palast in Kufa wird zerstört und erst unter späteren Kalifen mit einer anderen Einstellung zum Luxus wieder aufgebaut. Auch in den entferntesten Provinzen ist der Wille dieses Kalifen zu spüren. Omar trifft die Entscheidungen. Auf Diskussionen läßt er sich nicht ein. Er ist überzeugt, von Allah inspiriert zu sein. Die Kriegsziele, so sagt er, setzt Allah.

Nach der Eroberung von Damaskus durch die Moslems scheiterten alle Versuche der Byzantiner, diesen wichtigen Handelsplatz wieder in ihre Hand zu bekommen. Die arabischen Truppen konnten die Gegner sogar noch weiter nach Westen zurückdrängen. Die Gefahr, die von Byzanz drohte, wurde von Monat zu Monat geringer. Die Aggressionslust der Araber suchte ein neues Ziel. Da lag das reiche Nildelta in Griffweite der islamischen Truppen, die als Besatzungsmacht in den Städten Syriens und Palästinas stationiert waren. Als dort die Pest ausbrach, wollte der Befehlshaber Amru Ibn Aass seine Einheiten aus Damaskus, Homs und Aleppo abziehen, um sie vor der Seuche zu retten. Viertausend Mann unterstanden ihm. Amru erbat sich vom Kalifen die Erlaubnis, nach Ägypten ziehen zu dürfen und das Land am Nil dem islamischen Reich einzugliedern. Die Entfernung schreckte ihn nicht — tausend Kilometer trennen Damaskus vom Nildelta. Amru wollte dem Beispiel berühmter Feldherren der letzten tausend Jahre folgen, die ihre Truppen zwischen den Kampfplätzen in Palästina und Ägypten in Eilmärschen häufig hin und her verlegt hatten.
Aus Sorge vor der Seuche war Amru sehr rasch aus Palästina abmarschiert, seine Anfrage aber brauchte zwei Wochen, bis sie in Medina eintraf. Der Kalif konnte nicht wissen, wie weit seine Verbände schon vorgerückt waren. Er schickte deshalb einen Befehl, der auf jede Situation paßte: »Gelangt dieser Brief zu dir, ehe du das ägyptische Gebiet betreten hast, so kehre wieder um, hast du aber schon die Grenze überschritten, so rücke vorwärts.« Amru hatte bereits El Arisch hinter sich gelassen — für ihn galt damit der Befehl zum Vormarsch.
Der fruchtbare ägyptische Nilstreifen unterstand damals den Herrschern von Byzanz. Die Bewohner dieser Gebiete waren überwiegend koptische Christen und hatten ein gespanntes Verhältnis zu den Byzantinern. Die Heilslehren der byzantinischen Christen und der Kopten stimmten nicht überein. Jede der Parteien hatte eine andere Einstellung zur Per-

son Jesu Christi und zum Grad seiner Gottähnlichkeit. Schon der Prophet Mohammed wollte die Spannung ausnützen, um mit den Kopten gegen die byzantinische Verwaltung zu kooperieren — Mohammed hatte allerdings von den Kopten den Übertritt zum Islam verlangt. Dazu bestand damals keine Bereitschaft. Amru, der Feldherr des Kalifen Omar, stellte den Kopten jedoch keine Bedingungen. Er hatte schon Jahre zuvor gute Kontakte zu den Bewohnern der Stadt Alexandria im Nildelta geknüpft. Er wußte, wie die Kopten zu gewinnen waren.

Die Legende erzählt, daß dieser Befehlshaber einst Händler gewesen sei. Auf dem Ritt nach Jerusalem hatte er eines Tages in der Wüste gerastet. Amru, so wird berichtet, war mit einer Karawane unterwegs. Als er im Schatten seiner Tiere ruhte, kam ein koptischer Priester aus Alexandria auf einem Esel durch Staub und Sand geritten. Der Priester war durstig und bat um einen Schluck Wasser. Amru reichte ihm seinen Wasserschlauch. Der erschöpfte Christ schlief sofort ein. Da sah Amru, wie eine Schlange auf den Kopten zukroch. Amru nahm Pfeil und Bogen und tötete die Schlange. Der Kopte wachte auf und sagte: »Du hast mir zweimal das Leben gerettet, dafür will ich dich belohnen. Hier bin ich nur ein armer Pilger. Komm zu mir nach Alexandria, dort werde ich mich erkenntlich zeigen!« Amru nahm die Einladung an. Es zeigte sich, daß der Priester über vielfältige Kontakte verfügte. Am Ende von Amrus Besuch waren die wichtigsten Männer der Stadt bereit, mit den Moslems zusammenzuarbeiten.

Als Befehlshaber des Moslemheeres kommt Amru wieder an den Nil. Sein Vertrag mit der koptischen Bevölkerung ist entgegenkommend: »Dies ist die Sicherheitsurkunde, die Amru Ibn Aass den Bewohnern von Ägypten überreicht. Sie sollen sicher sein für ihre Person, ihren Glauben, ihre Güter, ihre Kirchen, ihre Kreuze. Sie sollen sicher sein ihres trockenen Landes und ihrer Gewässer. Es soll ihnen nichts mit Gewalt angetan werden. Nichts soll ihnen weggenommen wer-

den. Wenn die Bewohner von Ägypten diesem Vertrag zustimmen, zahlen sie eine Kopfsteuer von 50 000 000 Dinaren sobald der Wasserstand des Nils am höchsten ist. Sie sind verantwortlich für alle Gewalttaten, die von Banditen aus ihrer Mitte gegen die Männer des Islam begangen werden.«
Das begehrte Land war allerdings damit noch nicht erobert. Die Kopten hatten nur die juristische Grundlage für den islamischen Feldzug geschaffen.
Die Byzantiner, denen dieser Vertrag die juristische Basis ihrer Herrschaft über Ägypten nahm, fragten den obersten Priester, die höchste Autorität der Kopten, warum er diesen Vertrag ohne militärischen Zwang unterschrieben habe. Seine Antwort: »Der Feind ist nicht so zahlreich, aber ein Muselmann wiegt hundert der Unsrigen auf. Von allen Genüssen der Erde brauchen sie nur einfache Kleidung und Nahrung. Sie sehnen sich nach dem Märtyrertod, weil er sie direkt ins Paradies führt. Wir aber hängen am Leben mit seinen Freuden. Wir fürchten den Tod."
Die Kopten halfen dem Feldherrn Amru Ibn Aass. Sie verkauften ihm Lebensmittel, sie bauten Brücken über die Arme des Nils. Aufgehalten wurde der arabische Ansturm allein durch das normale Hochwasser. In den Wochen der erzwungenen Ruhe schickte der Kalif neue Reitereinheiten nach Ägypten — Omar unterstützte jetzt aus voller Überzeugung die Expedition. Doch auch der byzantinische Kaiser Heraklius konzentrierte starke Reserven: Er wollte unbedingt als letzten Stützpunkt im Nildelta Alexandria halten, das als Basis für die künftige Rückeroberung dienen konnte. Der Kaiser aber starb im Frühjahr 641. In Konstantinopel kümmerte sich niemand um die ägyptische Provinz. Da trafen im Nildelta keine Schiffe mehr ein mit frischen Truppen; sogar die Nachrichten aus der Hauptstadt blieben aus. Dort stritten sich die starken Männer um die Macht. Alexandria verödete in den Monaten der Belagerung. Wer es sich leisten konnte, charterte sich ein Schiff und fuhr übers Meer nach Griechenland. Die Moral in der Stadt brach zusammen. Die

Christen konnten daran denken, ihre Absprachen mit den Moslems zu erfüllen.
Im Dezember 641 übergaben die Kopten Alexandria dem islamischen Befehlshaber. Die byzantinische Garnison spaltete sich in dieser kritischen Situation: Über die Hälfte der Kämpfer floh auf bereitstehenden Schiffen, die anderen ritten nach Westen davon. Amru hielt die Männer auf den Schiffen für ungefährlich; die berittenen Flüchtlinge ließ er verfolgen. Im Vertrauen auf die Hilfe der Kopten zog er alle seine Männer aus Alexandria ab. Die Byzantiner jedoch kehrten von den Schiffen wieder in die entvölkerte Stadt zurück. Sie konnten sich aber nicht lange halten: Die Kopten sorgten dafür, daß die Stadttore rasch wieder für die Moslems geöffnet wurden.
Alexandria war ohne Kampf gefallen. Damit hatten die Kopten die Voraussetzung geschaffen für die Gültigkeit des Vertrags mit dem islamischen Befehlshaber Amru. Die Truppen wollten dennoch plündern, doch Amru stand zu seinem Wort. Er garantierte die Sicherheit der 600 000 »Seelen« in der Stadt — wozu die Frauen nicht gezählt wurden. Vergewaltigungen konnte Amru nicht verhindern.
Die größte Stadt Unterägyptens gehörte jetzt den Moslems. Ihre Historiker berichten voll Erstaunen von den öffentlichen Einrichtungen in Alexandria: Sie zählen zwölftausend Gemüsehändler, viertausend Bäder, vierhundert Theater. Die Bibliothek erwähnen sie nicht. Es heißt, daß eine riesige Anzahl von Büchern von den Moslems vernichtet worden sei. Die Vernichtung paßt allerdings zu dem Wort des Kalifen Omar über Sinn und Zweck von Büchern, das in die Überlieferung eingegangen ist: »Stimmen die Bücher überein mit dem Glauben, sind sie überflüssig. Stimmen sie nicht überein, sind sie schädlich!«. Die Bücher persischer Bibliotheken, diese Tatsache ist belegt, sind auf Befehl Omars ins Tigriswasser geworfen worden. So erscheint die Legende glaubhaft, die von der Vernichtung der Büchereien von Alexandria spricht.

Amru Ibn Aass wäre gern als Gouverneur in Alexandria geblieben. Da gab es einen Palast, der ihm als Residenz geeignet erschien. Doch Omar verhinderte die Etablierung seines Statthalters im Prachtgebäude des byzantinischen Regenten. Eine Siedlung von Zelten sollte als Hauptstadt der Provinz Ägypten genügen. Die Siedlung trug den Namen »Fostat« – das Zelt. Mit harter Hand verhütete der Kalif jedes Festklammern am eroberten Boden. Amru bekam Vorwürfe zu hören, als er in Fostat eine Moschee bauen ließ und gleich daneben ein stabiles Haus für sich. Mit der Kombination von Moschee und Haus stelle sich der Kommandeur »auf den Nacken der ihm untergebenen Moslems«. Amru, so schrieb der Kalif, brauche kein Haus in Ägypten, er besitze doch bereits eines in der Heimat, in Medina.
Bequemlichkeit und Zufriedenheit durften nicht einziehen in der Zeltstadt. Sowie alle Gegner aus dem Nildelta vertrieben waren, schickte Amru die Reiterverbände los, zu Eroberungsritten auf eigene Faust. Seine Chronisten hielten den Wortlaut des Befehls fest: »Die Jahreszeit ist günstig, deshalb zieht los! Kommt zurück in die Zelte zur Jahreszeit, wenn die Milch gerinnt, wenn die Baumzweige hart werden und die Mücken sich vermehren. Ich möchte nicht entdecken müssen, daß ihr euch herausmästet!«
Die Bindung der islamischen Soldaten an das eroberte Land wurde unterdrückt, um die Truppe kampfbereit zu halten, so daß sie zu jeder Stunde neue kriegerische Expeditionen beginnen konnte, die vielleicht in weit entfernte Länder führten. Die Offiziere und die Mannschaften aber wollten seßhaft werden auf den fruchtbaren Äckern im Mündungsdelta des Nils. Einer dieser unzufriedenen Offiziere hieß Scharik. Er meldete sich bei Amru Ibn Aass und beklagte sich: »Du gibst uns nicht soviel, wie wir brauchen. Ich bitte dich, erlaube mir, ein Feld zu bestellen.« Amru hatte strenge Order vom Kalifen, solche Bitten abzuschlagen. Doch Scharik kümmerte sich nicht um die Absage; er konfiszierte Land und säte Getreide darauf. Amru erkannte, daß dieses Beispiel

Schule machen würde. Er schrieb an den Kalifen und verlangte konkrete Weisung. Innerhalb weniger Tage war die Antwort aus Medina in Fostat eingetroffen; sie bestand nur aus wenigen Worten: »Schicke Scharik zu mir!« Der Offizier sah dieser Reise mit Sorge entgegen. Als letzte Gnade des Befehlshabers wünschte er sich, ohne Bewachung und ohne Begleitbrief nach Medina reiten zu dürfen. Der Kalif empfing Scharik mit schroffen Worten: »Ich werde ein warnendes Beispiel für alle Zukunft statuieren.« Mit einer demütigen Antwort rettete Scharik sein Leben: »Nimm lieber von mir an, was auch Allah von den Sündern annimmt — die Reue.«

Im Irak, in Syrien, in Palästina waren die Kämpfer des Kalifen auf Stämme gestoßen, die mit ihnen, den Menschen aus Zentralarabien, verwandt waren. Eroberer und Unterdrückte hatten noch immer dieselbe Sprache gesprochen. In Ägypten aber trafen die Araber auf ein Volk, das andere rassische Wurzeln besaß. Die Araber kamen als Fremde ins Niltal. Die Kopten waren zwar gut behandelt worden, doch sie hatten sich unterwerfen müssen. Von den Unterworfenen aber wurden Abgaben an Geld und Waren verlangt. Ein Wort des Kalifen genügte, als in Medina Getreidemangel herrschte, um den Militärgouverneur Amru zu veranlassen, eine Karawane mit Weizen in die Stadt des Herrschers zu schicken.Von den Ausmaßen der Karawane sprachen damals die Menschen in Ägypten und in Medina mit Bewunderung: Als das erste Kamel in Medina ankam — so erzählen sie sich —, verließ das letzte, 1500 Kilometer entfernt, die Getreidelager am Nil.

Der Transportweg über Land war lang und mühsam. Der Kalif dachte drüber nach, ob es eine schnellere Möglichkeit gäbe, Lebensmittel aus dem fruchtbaren Nildelta in die Wüstenstadt Medina zu bringen. Er beorderte Amru und einige koptische Geographen zu sich, um sich mit ihnen zu beraten. Die Kopten erinnerten sich, daß zur Zeit der Pharaonen ein Kanal existiert hatte, der das Nildelta mit dem Roten Meer verband. Als sie erkannten, daß der Kalif diesen Kanal wieder herstellen lassen wollte, wurden sie sehr zurückhaltend in ihren Berichten über den genauen Verlauf der einstigen Wasserstraße. Denn für die Ägypter liegt von altersher ein böses Omen auf jedem Kanalprojekt. Vor mehr als tausend Jahren war Pharao Necho dieser Fluch von einem Orakel mitgeteilt worden: »Der Kanal zwischen den beiden Meeren nützt nur den fremden Eindringlingen, den Barbaren.« Die geographische Definition »zwischen den beiden Meeren« gilt dem Mittelmeer und dem Roten Meer — mit »Eindringlingen, Barbaren« konnten die Moslems gemeint sein, die in ihrer Entwicklungsstufe unter den Ägyptern standen. Die Furcht der Ägypter vor den Folgen des Kanalbaus war sowohl zur Zeit des Pharao Necho wie des Kalifen Omar berechtigt: Die Eroberer kamen ins Land, um die Äcker des Deltas zu plündern. Der Kanal vereinfachte den Abtransport der Lebensmittel für sie. Existierte er nicht, dann konnte ihre Begehrlichkeit nicht so bequem befriedigt werden. Die Kopten waren nicht am reibungslosen Abtransport ihres Getreides interessiert.

Die Zurückhaltung der Kopten nützte nichts: Der Kalif war entschlossen, den Kanal ausheben zu lassen. Innerhalb weniger Monate entstand ein Vorgänger des Suezkanals. Er führte nicht direkt vom Mittelmeer ins Rote Meer, sondern nahm seinen Anfang im östlichsten der Nilarme, der damals noch um einige Kilometer östlicher verlief als heute. Der Kanal des Kalifen Omar zog sich von Fostat nach Osten durch den Sand bis ins Gebiet der Bitterseen und von hier aus auf der Trasse des heutigen Kanals nach Süden bis zur Nordspitze des Roten Meeres. Er mündete dort in das Meer, wo heute die Stadt Suez liegt. Auf diesem Weg brauchten die Getreideschiffe keine drei Wochen von der Kornkammer am Nil bis zu den Häfen bei Mekka und Medina.

Amru Ibn Aass, der treue aber doch eigennützige Diener seines Kalifen, bekam für seine Leistung nur barsche Worte aus Medina zu hören. Arabische Geschichtsschreiber zur Zeit späterer Kalifen zitieren solche Briefe aus den Originalen der Korrespondenz. Der Briefwechsel zieht sich über Monate hin. Brief folgt auf Brief. Weder der Kalif noch Amru beugen sich den Argumenten, die sie einander in feinen Formulierungen vorsetzen. Die Korrespondenz beginnt mit Vorwürfen des Kalifen gegenüber seinem Befehlshaber in Ägypten: »Ich habe über dich und deine Funktion nachgedacht. Du befindest dich in einem großen und reichen Lande. Seine Bewohner hat Allah gesegnet. Du bist in einem Land, das schon die Pharaonen, trotz ihres Unglaubens, durch nützliche Arbeit in einen blühenden Zustand gebracht haben. Ich bin daher höchst erstaunt, daß dieses Land nicht die Hälfte der früheren Erträge einbringt, obgleich keine Hungersnot herrscht in Ägypten. Ich weiß auch von keinem Mißwachs. Früher hast du von den vielen Steuern geschrieben, die du dem Land auferlegen willst. Ich hatte die Hoffnung, daß diese Steuern mir zufließen. Doch jetzt höre ich Ausflüchte, die mir nicht zusagen. Schon im vergangenen Jahr hätte ich das Geld von dir fordern können. Ich hoffte aber, du würdest von selbst deine Pflicht erfüllen. Nun muß ich feststellen, daß deine schlechte Verwaltung es dir nicht gestattet. Mit Allahs Hilfe besitze ich Mittel, dich zu zwingen, die Abgaben abzuführen.« Amru Ibn Aass antwortet aus der Militärkolonie Fostat in Ägypten: »Ich habe dem Propheten Allahs, seinem Nachfolger Abu Bakr und dir gedient. Allah sei gelobt! Nimm den Gouverneursposten zurück. Allah hat mich frei gehalten von der Habgier und der Gemeinheit, die du mir in diesem Brief vorwirfst.« Der Kalif aber bleibt bei seinem harten Standpunkt: »Ich habe dich nicht nach Ägypten geschickt, um dich und deine Leute reich zu machen, sondern weil ich hoffte, du würdest durch eine gute Verwaltung unsere Einkünfte vergrößern. Schicke die Steuern ab sowie du dieses Schreiben erhalten hast.« Der Oberbefehlshaber in Ägypten dachte nicht daran, außer Getreide auch noch bare Münze an den Herrscher abzuliefern. Amru erfand immer neue Ausflüchte: Der Kalif möge doch bitte

warten bis zur Zeit nach der Ernte, bis zum Beginn des neuen Jahres, bis zu den Wochen nach der jährlichen Nilüberschwemmung. Omar verlor schließlich die Geduld; er schickte seinen Finanzspezialisten Mohammed Ibn Maslama an den Nil. Dieser Mann hatte wenige Monate zuvor den Palast des Gouverneurs in Kufa abtragen lassen.
Ein Schreiben des Kalifen kündigte den Kontrolleur an: »Ihr Statthalter sitzet an den Quellen des Wohlstands. Ihr verbraucht alles für euch oder ihr vererbt Geld und Land an eure Nachkommen. Ich sende dir Mohammed Ibn Maslama. Gib ihm die Hälfte deines eigenen Vermögens.«
Amru Ibn Aass versuchte den Kontrolleur zu bestechen, doch ohne Erfolg — Mohammed Ibn Maslama nahm die Hälfte von Amrus Vermögen in Münzen nach Medina mit.

Gegen die Mißernten am Nil kannte der Kalif, der sich auf Wunder verstand, ein Mittel. Als sich Amru wieder einmal beklagte, durch die Trockenheit wachse nichts am Nil, schickte Omar ein Schreiben, das Amru selbst in den Nil werfen mußte. Der Wortlaut des Schreibens blieb in der Überlieferung erhalten: »An den Nil Ägyptens, von Omar, dem Beherrscher der Gläubigen. Bist du bisher nach eigenen Willen geströmt, so vertrockne. Hat aber Allah, der Einzige, der Allmächtige, dir zu fließen geboten, so beten wir zu Allah, dem Einzigen, dem Allmächtigen, daß er dir wieder zu fließen gebiete.« Es braucht kaum hinzugefügt zu werden, daß die Berichte des Amru davon sprechen, der Wasserspiegel des Nils sei schon in der nächsten Nacht nach dem Empfang des Briefes um nahezu fünf Meter gestiegen.
Das islamische Reich gewinnt in der Amtszeit des Kalifen Omar eine weitere Ausdehnung. Aus der Ebene von Tigris und Euphrat brechen die Reiterverbände nach Osten auf. Auch entlang der nordafrikanischen Küste werden die bisher unabhängig lebenden Stämme unterworfen. Dem riesigen Territorium zwingt Kalif Omar seine Ordnung auf. Er ist der absolute Herrscher, umgeben von Ratgebern, die meist

noch zum Freundeskreis um den Propheten gehört haben. Die Feldherren und Gouverneure sind dem Kalifen direkt unterstellt. Omar setzt Richter ein in Zentralarabien und in den Provinzen. Um die Sicherheit der Gläubigen ist er besonders besorgt. Er steht nachts manchmal auf und geht zu Fuß durch die dunklen Straßen von Medina — er will sich selbst überzeugen, daß keine Räuber und Diebe in den stillen Stunden unterwegs sind. Auch die fernen Reichsgegenden vernachlässigt er in seiner Sorge nicht. Dem Gouverneur in der irakischen Provinz schreibt er: »Wenn einem Hirten an den Ufern des Euphrats oder des Tigris ein Schaf gestohlen wird, so fürchte ich, daß mich nach meinem Tode Allah deswegen zur Rede stellen wird.«

Omar hat der islamischen Staatsorganisation eine Struktur gegeben, die dem Reich fünf Jahrhunderte lang selbst in kritischen Zeiten ein gewisses Maß an Stabilität gab. Der zweite Nachfolger des Propheten installierte eine Staatskanzlei, die für den Schriftverkehr mit den Provinzen zuständig war. Eine besondere Abteilung der Staatskanzlei war die Finanzkammer. Sie hatte das Schatzhaus, das Depot der Münzen, zu verwalten. Ihr unterstand auch die Prägung eigener Geldstücke des arabischen Staates.

Der Verwaltungsapparat des Kalifen Omar bewährte sich in Notsituationen. Eine Chronik aus früher islamischer Zeit berichtet: »Als das Jahr der Trockenheit war, suchten die Araber, die in der Wüste lebten, überall nach frischen Weiden. Sie kamen auch nach Medina. Omar hatte Vorsorge getroffen. Einige Männer waren angewiesen, an die Notleidenden Lebensmittel auszuteilen. Getreiderationen standen bereit, abgezweigt aus den Vorräten, die Ägypten zu liefern hatte. Die Männer gingen an jedem Abend zu Omar, um ihm zu sagen, wieviel Getreide noch vorrätig sei. In einer Nacht sagte Omar zu den Männern: Zählt diejenigen, die bei uns ihr Essen abholen. Am anderen Tag wurden die Notleidenden gezählt. Es waren Siebentausend. Nun befahl Omar: Zählt diejenigen, die als Frauen, Kranke und Kinder nicht

zu uns kommen können. Die Männer zählten vierzigtausend solcher Personen. Sie lebten auf Staatskosten, bis der Regen wieder Pflanzen wachsen ließ in der Steppe.
Die Eroberung reicher Provinzen brachte der Staatsverwaltung ein überraschendes Problem: Das Schatzhaus faßte die vielen Münzen nicht mehr. Die Chronisten berichten — von der »Betrübnis des Kalifen, so viel Geld verwalten zu müssen«. Die Verteilung der Summen war chaotisch geworden und damit ungerecht. Die Finanzverwaltung des riesigen Reiches ließ sich nicht mehr nach der Methode des Propheten lenken. Im Osten des eroberten Gebiets aber hatten die arabischen Administratoren lernen können, wie eine Finanzkammer funktionierte. Im zerbrechenden persischen Staat war die Bürokratie intakt geblieben. Vorbildlich führten die persischen Beamten noch immer ihre Steuerlisten, als die Araber bereits die Amtsgebäude besetzt hielten.
Über das persische Arbeitssystem ließ sich Omar aufklären. In Medina soll sich in dieser Zeit ein persischer Offizier aufgehalten haben. Er hat, wenn die Überlieferung wahr ist, zu Omar gesagt: »Beherrscher der Gläubigen! Die persischen Könige haben etwas, was sie Diwan nennen. Das sind schriftliche Aufzeichnungen. Alle ihre Einkünfte sind darin festgehalten und alle ihre Ausgaben. Gar nichts ist davon ausgenommen. Diejenigen, die Geld vom Herrscher bekommen, sind darin nach ihrem Rang geordnet, in die keine Unordnung hineingerät.« Als Omar das Prinzip begriffen hatte, befahl er die Reform der Administration. Er übernahm von den Persern das Wort »Diwan« als Bezeichnung für das Büro der Verwaltung.
Namenslisten wurden eingeführt für alle Männer, denen persönliche Dotationen zustanden. Die Mitglieder der Familie des Propheten blieben weiterhin an der Spitze der Geldempfänger, je nach dem Grad der Verwandtschaft wurden ihnen bis zu hunderttausend Mark nach heutigem Geld im Jahr bezahlt. Omar achtete selbst auf die richtige Reihenfolge. Ein Chronist berichtet über die Aufstellung der Listen:

»Als sie aufschrieben, begannen sie mit dem Stamm Koreisch. Dann ließen sie die Angehörigen von Abu Bakr folgen, dann Omar und seine Angehörigen. Als Omar das Ergebnis sah, sprach er: Bei Allah, es sollte anders sein. Beginnt mit der Verwandtschaft des Propheten. Setzt jeweils die nächsten Verwandten untereinander, bis ihr Omar an die Stelle setzt, wohin Allah ihn gestellt hat.«

Wer noch lebt von den Veteranen des Raubzugs bei Badr, der kann mit finanziellen Zuwendungen bis zu sechzigtausend Mark im Jahr rechnen. Die Witwen der Veteranen erhalten fünftausend Mark. Wer mit dem Propheten von Mekka nach Medina ausgewandert ist, bekommt zehntausend Mark jährlich.

Hatte Abu Bakr sich einst geweigert, auch Männer mit jüngerem Verdienst um den Islam in die Versorgungslisten aufzunehmen, so wird diese Ungerechtigkeit jetzt korrigiert. Die Teilnehmer an der Schlacht beim Fluß Jarmuk erhalten einen Sold von zwanzigtausend Mark im Jahr. Auch die Teilnehmer an anderen Feldzügen werden jährlich bedacht. Die Soldsumme richtet sich jeweils nach der Bedeutung und nach der Schwere der Kämpfe.

Omar reformierte auch die Rechtsprechung. Er hat eine Reihe von Vorschriften, die im Koran verankert sind, in der praktischen Durchführung verschärft. Er verordnete, daß Frauen prinzipiell das Haus nur verschleiert verlassen dürfen. Er bestimmte, daß Weintrinker mit achtzig Hieben ausgepeitscht werden. Sein eigener Sohn soll als Trinker unter der Peitsche sein Leben gelassen haben.

In den den letzten Lebensmonaten wollte Omar den in der Erbfolge übergangenen Schwiegersohn des Propheten wieder in die Familie zurückholen. Die Klagegesänge aus dem Haus des Ali waren mit der Zeit ganz verstummt. Zur Einleitung der Versöhnung bat der Kalif, daß Ali ihm seine Tochter Um Kulthum als Frau in den Harem gebe. Wie alt das Mädchen damals war, ist nicht überliefert. Doch haben die arabischen Chronisten nicht ohne genüßliche Anteilnahme registriert, daß auch Um Kulthum keine Lust hatte, mit Omar, dem Schwiegervater des Propheten, körperlichen Kontakt aufzunehmen. Das Alter des Mannes störte sie, nicht die komplizierten Verwandtschaftsbeziehungen. Omar war zwei Generationen älter: Da wollte der Schwiegervater des Propheten die Tochter des Schwiegersohns des Propheten heiraten.

Die Heirat paßte Ali ins Konzept. Er machte wieder politische Pläne und dachte daran, irgendwann Nachfolger des Kalifen zu werden. Ein Trick sollte das erotische Interesse Omars an Um Kulthum anstacheln. So schickte Ali seine Tochter mit dem Auftrag zu Omar, dem Herrscher ein Kleid als Geschenk zu überbringen. Omar griff nach dem Mädchen, begann es abzutasten und riß ihm den Schleier ab. Um Kulthum wehrte sich und schlug auf Omar ein. So entkam sie dem Griff des Kalifen. Zu Hause erzählte sie dem Vater ihre Erlebnisse. Um den Schein der Würde zu wahren, sagte Ali darauf vor Zeugen: »Wäre er nicht der Kalif, ich würde ihm die Nase zertrümmern und die Augen auskratzen!« Aber Omar war eben der Kalif und wurde freundlich aufgenommen, als er erneut um Alis Tochter warb.

Bei der zweiten Werbung verwendete Omar die bewährte Taktik seines Vorgängers Abu Bakr: Er zitierte angebliche Äußerungen des Propheten. Es fiel ihm plötzlich ein, daß Mohammed gesagt habe, am Tage der Auferstehung würden alle verwandtschaftlichen Beziehungen aufhören — der Vater sei nicht mehr verwandt mit den Kindern, der Bruder nicht mehr mit der Schwester, die Frau nicht mehr mit dem Manne — nur die Verwandtschaft mit dem Propheten bleibe bestehen. Um Kulthum, die Enkelin des Propheten, könne die Klammer der Verwandtschaft stärken durch die Ehe mit dem Schwiegervater des Propheten. Ali, als Geprellter zum Zyniker geworden, sagte zu seiner Tochter: »Geh' wieder zu Omar.« Um Kulthum, so wird berichtet, soll dem Vater entgegnet haben: »Willst du mich nochmals zu diesem Lustgreis

schicken?« Das Wort des Vaters beendet den Disput: »Er ist dein Mann!« Das Mädchen mußte sich fügen.
Der Kalif Omar war ein Despot, doch er lebte nicht abgeschirmt hinter Palastmauern. Jeder Mann konnte ihn sehen, ihn ansprechen. Sein einfaches Haus stand offen.
Die Legende erzählt, daß sich Omar durch ein Wunder aus einer Gefahr retten konnte, in die er in seinem offenen Haus geraten war: Der Kalif schlief eines heißen Tages im Garten hinter dem Haus unter Palmen. An diesem kühlen Platz hielten sich auch zwei byzantinische Gesandte auf; sie warteten dort, weil sie eine günstige Gelegenheit für ein politisches Gespräch abpassen wollten. Die Byzantiner sahen den schlafenden Kalifen — ohne sich abzusprechen hob jeder einen Stein hoch; sie hatten beide im gleichen Augenblick die Absicht, Omar zu töten. Doch als die die Steine herabsausen lassen wollten auf den Kopf des Kalifen, da erblickten sie zwei Löwen, den den Kalifen bewachten. Still gingen die Byzantiner aus dem Garten.
Im Herbst 644, nach zehn Jahren Amtszeit, schützt ihn kein Wunder vor dem Tod. Im Oktober war ein christlicher Handwerker aus Kufa in der irakischen Provinz nach Medina gekommen. Er beklagte sich beim Kalifen über die Höhe der Steuer, die er als Andersgläubiger zu bezahlen habe. Omar sah keinen Grund, die Abgabe herabzusetzen: »Du bist ein guter Handwerker. Du arbeitest als Schreiner, Schmied und Maler. Du verdienst so viel, daß du die Steuer bezahlen kannst.« Wenige Tage später stach dieser Mann aus Kufa den Kalifen nieder, der eben auf dem Weg zum Morgengebet war. Die Dolchstiche in den Unterleib verletzten Omar lebensgefährlich. Ein Arzt aus dem Familienclan Banu Harith sah sich die Wunden an. Er flößte dem Kalifen etwas Kamelmilch ein — als diese Milch, mit Blut vermischt, durch die Wunde in der Magengegend wieder austrat, wußte der Arzt, daß Omar nicht zu retten war.
Omar ordnete selbst die Nachfolge im Amt: Die sechs noch lebenden Kampfgenossen des Propheten Mohammed sollten

einen Mann aus ihrem Kreis zum Herrscher über das islamische Reich wählen. Zu diesen sechs Wahlberechtigten, von Omar namentlich genannt, gehörte auch Ali, der Schwiegersohn des Propheten und zugleich Schwiegervater des sterbenden Kalifen. Er sah eine reale Chance, diesmal endlich zum Beherrscher der Gläubigen ernannt zu werden.
Der Kalif starb. Die Wahlmänner, die zugleich Kandidaten waren, versammelten sich im Hause von Aischa, der Lieblingsfrau des Propheten. Aischa, die beim Tod ihres Mannes vor zwölf Jahren sehr jung gewesen war, hatte sich ihre Anziehungskraft bewahren können. Sie besaß Einfluß auf die Männer, die den Kalifen zu wählen hatten. Ihre Absicht war, Ali wiederum auszuschalten. Sie hatte Erfolg.
Auf dem Weg zum Haus der Aischa traf Ali seinen Onkel Abbas. Dieser Mann fing an, Ali unsicher zu machen. Ali mußte sich sagen lassen, er möge der Wahl fernbleiben, da er ja doch nicht zum Kalifen gewählt werde. Ali zögerte. Seine Frau aber schickte ihn durch die Tür hinein zum Wahlgremium.

Im Haus der Aischa zogen sich die Diskussionen über drei Tage hin; jeder präsentierte sich selbst als den besten Kandidaten für das Kalifenamt. Schließlich profilierten sich zwei Männer — Ali und Othman Ibn Affan aus der Familie Omajja. Die Stimmen der sechs Wahlmänner teilten sich auf zwischen den beiden Kandidaten. Jeder erhielt drei Stimmen. Das Gremium war gezwungen, die Entscheidung den Gläubigen von Medina zu überlassen. In der Moschee sollte die Wahl stattfinden. Doch die Vermehrung der Stimmenzahl erleichterte die Abstimmung nicht. Beide Männer hatten ihre Anhänger in der Moschee zusammengezogen. Jede Partei versuchte mit Gebrüll den Gegner niederzuhalten. Medina stand nahe am Rand des Bürgerkriegs. Ein taktischer Fehler Alis rettete die Stadt: Er schwor in der Aufregung des Streits, daß er alle Lehren des Propheten anerkenne, daß er sich selbstverständlich den Worten Allahs unterwerfen werde, doch den Vorschriften Abu Bakrs und Omars werde er nur dann Folge leisten, wenn sie auch seinen eigenen Ansichten entsprächen. Er könne, so sagte Ali, in den Anweisungen dieser beiden Kalifen keine Offenbarung Allahs erkennen — ihre Gesetze müßten zum Teil wieder aufgehoben werden. Allerdings sagte Ali nicht, welche Maßnahmen der beiden Kalifen er rückgängig machen wollte.

Sein Gegner Othman Ibn Affan aber erklärte sich bereit, den ganzen Komplex politischer und moralischer Gesetze, der sich seit der Offenbarung durch den Propheten bis zum Tode des Kalifen Omar formiert hatte, zu akzeptieren. Der Schwur, die bisherige Ordnung bewahren zu wollen, machte ihn zum Sieger. Da die etablierten Herren des Reiches, die Empfänger hoher Dotationen, Veränderungen in der Struktur fürchteten, wurde Ali jetzt von ihnen abgelehnt. Othman Ibn Affan wurde zum dritten Kalifen ausgerufen. Doch Ali zog sich diesmal nicht in sein Haus zurück, um zu klagen. Er wartete darauf, daß Othman Ibn Affan Fehler machte.

Der Kalif Othman und die Weissagung von Sinai

Der Mann, der Ali, den Schwiegersohn Mohammeds, noch einmal ausschalten konnte, ist wenig jünger als der längst verstorbene Prophet. Ein älterer Herr regiert das Reich, ein gebildeter Mann, ein Aristokrat. Draußen aber, in den Provinzen, wird die Macht ausgeübt von tatkräftigen jungen Männern, die sich bald nicht mehr um die Befehle aus der Hauptstadt kümmern. Sie werden sogar zur Abwehr gegen die Zentralgewalt in Medina gezwungen, denn dort breitet sich die unfähige Verwandtschaft des Kalifen Othman aus, der Clan der Omajja. Die Omajjaden verwandeln die Administration des arabischen Reichs in einen Familienbetrieb. Diese Sippe hatte einst jahrelang Widerstand geleistet gegen den religiösen und politischen Anspruch des Propheten. Ihre Männer gehörten zu den verbissensten Verteidigern der drei Göttinnen Al Uzza, Manat und Allat. Allein Othman Ibn Affan war frühzeitig zum Glauben des Mohammed übergetreten. Seine Verwandten aber hatten Kriege geführt im Verbund der Koreischiten gegen Medina, die neue Heimat des Propheten. Nach dem Sieg hatte Mohammed eine Reihe von besonders exponierten Gegnern aus dem Omajja-Clan ins Exil geschickt. Sie durften jetzt, nach Othmans Regierungsantritt, wieder nach Mekka und Medina zurückkehren. Zum besonderen Ärger der Familien früher Islamanhänger bekamen die zurückgekehrten Verbannten beträchtliche Summen ausbezahlt. Al Hakam — ein Mann, der Mohammed den Treueid geschworen und ihn dennoch verraten hatte — wurde bei der Rückkehr mit einer Oase aus Staatsbesitz bedacht; der Sohn des einstigen Verräters bekam den Posten des Geheimsekretärs im Büro der Staatsverwaltung. Othman umgab sich mit Personen aus seiner Familie, die bisher geächtet waren. Der Kalif wechselte sogar nach und nach die Provinzgouverneure aus. Die Vettern des Kalifen wurden bei allen wichtigen Ernennungen bevorzugt.

Die abgesetzten Statthalter wußten sich zu wehren. Sie hatten Wurzeln im Volk geschlagen, das sie bisher regierten. In der Region um Tigris und Euphrat gärte die Unzufriedenheit über die Methode der Postenverteilung. Die Empörung wurde registriert von einigen Männern, die zu Ali hielten. Erste Gespräche fanden statt zwischen Alis Freunden in Medina und Beamten und Offizieren in der irakischen Garnisonsstadt Kufa.

Der Höhepunkt des Ingrimmes in den eroberten Gebieten wurde erreicht, als Othman eine Reform des Heiligen Buches ankündigte — der Koran sollte neu redigiert werden. Hinter der Textrevision steckten handgreifliche egoistische Motive. Alis Anhänger ließen sich über den wirklichen Grund zur Koranreform nicht täuschen: Laut protestierten sie gegen die Unterdrückung von Textstellen, die von der wahren Rolle der Familie Omajja zu Lebzeiten des Propheten sprachen. Während der Jahre des Kampfes war Mohammed häufig zu Äußerungen in aktuellen politischen Fragen inspiriert worden. Die Koreischiten und die Omajjaden sah er als seine schlimmsten Feinde an, die er — geleitet durch Allahs Offenbarung — bekämpfen mußte. Alle Koransprüche, die sich auf Mohammeds gespanntes Verhältnis zur Familie Omajja bezogen, wurden jetzt getilgt. Niemand sollte im Koran nachlesen können, daß die Omajjaden nicht zu den Veteranen der frühen Kampfjahre gezählt hatten.
Othman konnte gute Gründe anführen für eine neue Redaktion des Koran. Die unzähligen Abschriften, die überall im riesigen islamischen Reich existierten, waren ungenau, oft stimmten die Aussagen nicht mehr. Häufig entstand Streit aus dem Vergleich der Abschriften: Jeder, der ein Exemplar des Heiligen Buches besaß, pochte darauf, daß seine Handschrift allein den korrekten Text enthalte. Fanatismus ließ

oft den Streit der Worte ausarten in Handgemenge und Messerstecherei.
Othman konnte sich auf den Propheten berufen: Auch Mohammed hatte in den zehn Jahren nach der Flucht aus Mekka häufig Koransuren verändert. Um die Textkorrekturen Mohammeds hat sich eine Legende gewoben, deren Keim der Prophet selbst gelegt hatte. Mohammed gab alle Textänderungen als Erfüllungen von Allahs höchstem Willen aus. Die Legende berichtet: »Ein Mann wacht mitten in der Nacht auf nach unruhigem Schlaf. Im Halbschlaf hatte ihn der Text einer Sure beschäftigt. Er stand auf, um die Worte nochmals im Heiligen Buch nachzulesen. Zu seiner Verblüffung sah er die Seite leer vor sich, die Buchstaben waren verschwunden. Der Mann konnte nur noch die oberste Zeile lesen: Im Namen Allahs, des Barmherzigen. Beunruhigt besuchte der Mann am frühen Morgen den Propheten. Vor dem Haus der Aischa standen schon mehrere Männer aus dem engsten Kreis der Gläubigen — sie alle hatten in der Nacht dieselbe Erfahrung gemacht; auch in ihren Büchern war die eine Sure getilgt. Als Mohammed aus dem Haus trat, hörte er sich an, was jeder zu erzählen wußte. Er schwieg eine Zeitlang, dann sagte er leise: »Diese Sure ist gestern vom Himmel widerrufen worden.«
Die betagten Koranspezialisten, die alten Freunde des Propheten, ärgerten sich, daß sie auf Befehl des Othman von der Reform ausgeschaltet blieben. Ein ziemlich junger Kenner des Heiligen Buches erhielt die Weisung, den Text zu revidieren. Abdallah Ibn Masud, vom Propheten selbst noch als bester Textkenner bezeichnet, sah Grund zum Jammer: »Mich beauftragt man nicht mit dieser Aufgabe. Da soll ein Mann den richtigen Text wissen, der noch nicht einmal geboren war, als ich mich schon Moslem nannte.«
Der einstige Vertraute des Propheten lebte in der irakischen Garnisonsstadt Kufa. Dort hetzte er die Gläubigen auf gegen die Veränderungen des Heiligen Buches: »Oh Männer von Kufa. Verbergt Eure Koranbücher und haltet sie in Eh-

ren. Was kann das neue Buch wert sein? Es ist doch zusammengestellt von einem Mann, der noch im Sand spielte, als ich schon über siebzig Suren aus dem Munde Mohammeds gehört hatte!« Der Kalif ließ den Koranspezialisten verhaften. Diese Maßnahme steigerte die Wut der Gläubigen in Kufa.
Im ganzen Reich mußten die Exemplare des Heiligen Buches verbrannt werden, die nicht der neuen Textfassung entsprachen. Mit drakonischen Strafen wurden diejenigen belegt, die ihre Koranhandschriften behalten wollten.
Zum Streit um den alten und den neuen Koran wurde Ali nicht gefragt. Der Schwiegersohn des Propheten, ein exzellenter Kenner der Texte, hätte dafür plädiert, alle Formulierungen zu lassen, die in seinem Gedächtnis und im Gedächtnis des Abdallah Ibn Masud als echte »Äußerung des Propheten« bewahrt geblieben waren. Auch ungefragt sagte Ali seine Meinung — sie konnte Othman nicht gefallen. Der Kalif wurde zornig: »Ali befindet sich auf Irrwegen, und er unterstützt alle anderen, die auf Irrwegen wandern!«
Die Unruhen in Kufa wurden bedrohlich. Ganz offen forderten die führenden Köpfe die Proklamierung eines neuen Kalifen — Ali sollte Herrscher werden. Kufa wurde zur politischen Basis dieses ewigen Verlierers. Alis Freunde setzten sich das Ziel, den Gouverneur von Kufa, Walid Ibn Okba, abzusetzen; er gehörte zu den Statthaltern, die von Othman aus seiner Verwandtschaft, dem Omajjadenclan, ausgewählt worden waren. Der Urbevölkerung des Irak war der Gouverneur allerdings ganz angenehm. Walid Ibn Okba galt nicht als harter Unterdrücker; er preßte die besiegten Stämme nicht aus. Der Kalif hatte in seinem Fall ausnahmsweise eine gute Wahl getroffen. Doch die Schiat Ali, die Partei des Ali, ließ sich nicht durch menschliche Haltung, durch korrekte Amtsführung beeindrucken. Die Parteigänger warteten auf den Tag, an dem sich Walid Ibn Okba eine Blöße gab. Unbarmherzig nützten sie dann die Gelegenheit aus.

Daß Walid Ibn Okba gerne Wein trank, war bekannt in Kufa. Doch der Gouverneur war vorsichtig — nur im ganz vertrauten Kreis griff er zum Becher. Sein Unglück begann, als er eine Nacht lang durchgetrunken hatte und sich frühmorgens in der Moschee mit den vorgeschriebenen Gebeten nicht zurechtfand. Walid Ibn Okba, an diesem Tag als Vorbeter eingeteilt, schlief immer wieder ein und zog so den Gottesdienst in die Länge, bis die Geduld der Gläubigen erschöpft war. Einer, der zur Schiat Ali gehörte, näherte sich in einer Schlafpause dem Gouverneur und streifte ihm den Siegelring, das Zeichen seines Amtes, vom Finger. Rechtlich gesehen war Walid Ibn Okba von dieser Stunde an nicht mehr Gouverneur der irakischen Provinz, denn ihm fehlte der Ring, der ihm Gewalt gab.

Die politischen Gegner des Gouverneurs schickten schleunigst einen Boten auf den Weg, der Ali in Medina den Ring auszuhändigen hatte. Der Konkurrent des Kalifen forderte sofort die Absetzung des trunksüchtigen Gouverneurs. Othman wehrte zunächst ab, doch Ali beharrte auf seiner Forderung. Wenn sich der Kalif nicht ins Unrecht setzen wollte, mußte er schließlich nachgeben. Walid Ibn Okba wurde aus dem Irak zurückbeordert. Doch Ali war damit noch nicht zufrieden. Das Gesetz sah vor, daß jeder, der Wein trank, mit achtzig Stockschlägen zu bestrafen sei — auch Gouverneure waren von dieser Strafe nicht ausgenommen. Aber niemand fand sich, der Walid Ibn Okba die Streiche verabreichen wollte. Ali selbst mußte den Stock zur Hand nehmen. Manchem Anhänger gefiel dieser sadistische Zug am Schwiegersohn des Propheten nicht.

Erreicht war mit der personellen Veränderung in Kufa zunächst gar nichts für die Schiat Ali. Ein anderer Gouverneur kam in das Land an Tigris und Euphrat — wieder ein Verwandter des Kalifen Othman; allerdings kein so intelligenter wie sein Vorgänger, dem nur sein Ungeschick, zur späten Nacht zu trinken, geschadet hatte. Der neue Herr in Kufa nannte gleich bei seiner Antrittsrede das fruchtbare Zweistromland einen »Garten der Familie Koreisch«. Dieses Wort empfanden die Anhänger Alis als den Gipfel der Anmaßung. Völlig unerwartet erhielt Ali Unterstützung aus Ägypten. Dort war nach und nach eine Sekte entstanden, deren Mitglieder daran glaubten, daß der Prophet wieder auf die Erde zurückkehren werde. Die Basis ihres Glaubens liegt in einem Vers der 28. Sure: »Der dir den Koran zur Richtschnur gegeben hat, der wird dich schon wieder zurückbringen nach Mekka.« Der Lehrer der Sekte las aus diesem Vers, daß Allah — er ist gemeint als derjenige, »der dir den Koran zur Richtschnur gegeben hat« — dem Propheten Mohammed die leibliche Rückkehr aus dem Paradies nach Mekka versprochen habe. Andere Glaubenslehrer schlossen viel einfacher und logischer, Allah habe dem Propheten damit nichts anderes als die Rückkehr aus dem Zufluchtsort Medina in seine Heimatstadt Mekka zugesagt. Die Experten für Koranfragen sind sich über die Entstehungszeit des Verses einig: er ist dem Propheten auf der Flucht von Mekka nach Medina eingegeben worden. Diese logischen Schlüsse interessierten die Sektengründer in Ägypten nicht.

Abdallah Ibn Saba war der Name des Korangelehrten, der die leibliche Wiedergeburt in den Worten der Sure 28 prophezeit sah. Er stammte aus einer jüdischen Familie. In seinen Denkkategorien mischten sich jüdische und christliche Religionselemente. Sie führten ihn zur Einbeziehung des christlich-jüdischen Gedankens der leiblichen Auferstehung und der leiblichen Wiederkehr in den islamischen Glaubenskatalog.
Abdallah Ibn Saba zog aus seiner Erkenntnis weitere Konsequenzen. Er vermutete, daß Mohammed bei seiner Rückkehr Wert darauf legen werde, seinen wichtigsten Mitarbeiter von einst wieder an seiner Seite zu finden. Nach der Meinung Abdallah Ibn Sabas war Mohammeds Schwiegersohn Ali dieser wichtigste Mitarbeiter. Ihn beiseite zu schieben war ein Verbrechen der ersten Kalifen, das nur gesühnt werden

konnte, wenn Ali so rasch wie möglich in seine rechtmäßige Position eingesetzt würde. In der Moschee von Alexandria wiederholte Abdallah Ibn Saba jeden Freitag seine Parole: »Othman ist kein gesetzmäßiger Kalif. Er verdient keinen Gehorsam. Othman ist ohnehin wegen seines verwerflichen Charakters unwürdig. Othman muß abgesetzt werden! Ali, der Schwiegersohn und Helfer des Propheten, ist der rechtmäßige Beherrscher der Gläubigen!«

Der Kalif Othman reagierte hilflos. Auch er benützte die Kanzel der Moschee als Tribüne für den politischen Appell, der allerdings in den Tonfall des Jammers abglitt: »Wisset ihr nicht, ihr Gläubigen, daß Aufruhr der Fluch eines Volkes ist? Oh ihr Gefährten des Propheten, die ihr gegen mich seid! Allah wird euch meinetwegen bestrafen. Ihr habt das Gute, das ich getan habe, in den Schmutz gezogen. Bei Allah! Gegen Omar hättet ihr nicht gewagt, so zu reden und zu handeln. Ihr wäret mit Füßen getreten worden. Ich war zu mild gegen euch. Wenn ihr es nicht anders wollt, werde ich mir Gehorsam erzwingen.«

Die Drohung nützte nichts. Othman fand immer weniger Männer, die bereit waren, seine Befehle auszuführen. Die Angst des Kalifen um die persönliche Zukunft steigerte sich, als er selbst — er wußte nicht wie es geschehen konnte — den Siegelring des Propheten verlor, den bisher jeder Kalif getragen hatte. Dieser Ring, mit der Aufschrift »Mohammed, der Gesandte Allahs« hatte die Funktion des Zepters. Der Ring blieb verschwunden. Die Menschen in Medina begannen abzurücken von diesem Mann, der so sichtbar von Allah gemieden wurde, dem das Glück aus dem Wege ging. Seine engsten Mitarbeiter gaben ihm Ratschläge, er solle sich seinen Vorgänger Omar mehr zum Vorbild nehmen — Omar habe in allen Aktionen Allah auf seiner Seite gehabt. Othmans Antwort zeigt seine Resignation: »Kein Mensch kann in allem so handeln wie Omar!«

Die Rebellen blieben nicht in Kufa und nicht in den Städten des Nildeltas — sie zogen in großen Haufen nach Medina, ohne daß die Stämme eingriffen, die dem Kalifen Othman noch treu waren. Um die Moschee lagerten die Unzufriedenen: auf dem freien Platz brannten Feuer, wurden Hammel geschlachtet, dort tanzten abends die Männer. Morgens mußte der Kalif über den Platz gehen, wenn er die Moschee erreichen wollte. Regelmäßig wurde er beschimpft, mit Steinen beworfen. Im Lager vor der Moschee brach die Neigung zur Selbstzerfleischung wieder auf, die jahrhundertelang in der Lebensweise der arabischen Stämme dominiert hatte. Die Solidarität der Araber, das wichtigste Werk des Propheten Mohammed, zerfiel.

Die Rebellen sahen sich die Lehmhäuser der Stadt an. Bald wußte jeder, in welches Haus er einziehen würde, wenn erst die Bewohner getötet waren. Noch hielten kluge Männer die Hitzköpfe zurück.

Zu den denkenden Politikern gehörte auch der Sohn Omars, des Vorgängers von Othman. Er überlegte sich, wie die Zukunft aussehen könnte für den islamischen Staat, wenn der Haß siegte in Medina. Abdallah Ibn Omar warnte vor dem Mord an Othman: »Wenn wir diesen alten Mann umbringen, dann werden die Moslems nie mehr gemeinsam beten und nie mehr gemeinsam gegen die Ungläubigen kämpfen.« Zwar war auch Abdallahs eigener Vater durch den Dolch eines Mörders ums Leben gekommen, doch nicht wegen einer Auseinandersetzung unter Moslems. Kurz vor seinem Tode, mit der brennenden Wunde im Leib, hatte Omar noch gesagt: »Ich bin froh, daß ich durch die Hand eines Ungläubigen sterbe.« Diesmal waren Gläubige entschlossen, den Kalifen umzubringen.

Die Herrscher in Medina hatten bisher bescheiden gelebt. Von ihren Lehmhäusern aus, die nicht größer waren als die Häuser der Nachbarn, kommandierten sie Eroberungen, regierten sie das Reich. Erst Othman baute sich eine Art Palast, mit dicken Mauern und starken Torflügeln; ein Gebäude ohne Fenster nach außen. Diese Festung sollte ihn in kritischen Zeiten schützen. Die Innenräume waren so ange-

legt, daß Fluchtwinkel blieben, wenn die äußeren Tore nicht mehr gegen Aufrührer gehalten werden konnten. Der Prophet, die Kalifen Abu Bakr und Omar hatten sich noch mit den Nachbarn, den Webern, Schmieden, Bäckern und Kamelzüchtern auf den Straßen unterhalten. Othman aber isolierte sich. Kein Kalif nach ihm konnte wieder zur früheren Verbundenheit mit allen Moslems zurückkehren. Die starken Kalifen hatten sich gehütet, wie Könige aufzutreten. Der erste schwache Kalif warf die demokratische Haltung ab. Die späteren Beherrscher der Gläubigen sollten seinem Beispiel folgen.
Die Festung Othmans reizte die Rebellen. Sie rückten mit ihrem Lager nach und nach gegen den Palast des Kalifen vor. Bald sahen sie in diesem Gebäude nur noch die Herausforderung. Ihre Zelte schlossen einen Ring, der zunächst noch offen war für alle, die den Kalifen besuchen oder verlassen wollten. In den ersten Tagen sah der Kalif keinen Anlaß, die Wachen gegen die biwakierenden Menschen vorgehen zu lassen. Doch als er sie schließlich verjagen lassen wollte, half ihm niemand mehr. Die Unzufriedenen draußen begannen mit einer wirklichen Belagerung. Die Chronisten haben die Stimmung festgehalten, die im Palast während der letzten Lebenstage des Kalifen Othman die Gemüter der wenigen Freunde bedrückte. Othman rechtete mit sich und der Welt: »Was habe ich alles für diese Stadt getan. Ehe ich nach Medina kam, gab es hier kein Süßwasser. Ich habe die Quelle von Bir Rumah gekauft. Heute aber ist es so weit, daß meine Mägde nicht mehr hinausgehen können, um Wasser ins Haus zu holen. Mehr noch habe ich getan für Medina. Die Moschee war zu eng für alle Gläubigen — ich habe sie erweitern lassen. Und jetzt darf ich nicht mehr darin beten!«
Der Mut der Belagerer stieg, als sie nicht mehr auf Gegenwehr trafen. Schließlich ließen sie niemanden mehr passieren. Einem Mann gelang es doch noch zum Kalifen durchzukommen; dieser Mutige war der Gouverneur von Syrien. Sein Name: Mu'awija aus der Familie Omajja. In einem

nächtlichen Gespräch versuchte Mu'awija den Kalifen zu überzeugen, daß nur die Flucht ihn retten könne. Doch Othman wollte den Palast nicht verlassen. Er sah die Konsequenz der heimlichen Flucht: Wenn er Medina verließ, den Ort, der den Propheten in seiner Not beschützt hatte, dann blieb ihm kein Recht mehr, sich Kalif zu nennen, Nachfolger des Propheten. Der zweiundachtzigjährige Herrscher steigerte sich für Minuten in Wut: »Wer hat mir das Kalifat gegeben? Die da draußen oder Allah? Wer kann mir das Kalifat wieder nehmen? Die da draußen oder Allah?«

Der nächtliche Gast war der wichtigste Truppenbefehlshaber des Reichs. Mu'awija kommandierte in Syrien achtzigtausend Mann. Nur ein Viertel davon hätte genügt, um den Kalifen zu befreien. Innerhalb von vierzehn Tagen wäre es den schnellen Kamelreitern möglich gewesen, die tausend Kilometer Entfernung zwischen Damaskus und Medina zu überwinden. Mu'awija selbst hatte nur zehn Tage gebraucht für diesen Weg. Der Gouverneur von Damaskus hütete sich aber, Truppen einzusetzen für einen Mann, dessen Fall nicht mehr aufzuhalten war. Er rechnete sich selbst Chancen aus, Kalif zu werden, irgendwann, nach dem unabwendbaren Bürgerkrieg.

Die aufgestaute Wut mußte sich entladen. Die Anlässe waren längst vergessen: unwichtig war der Egoismus Othmans in der Koranreform, die Bevorzugung der eigenen Verwandtschaft. Jetzt gab es nur noch einen Grund für den blutigen Aufstand: Die Person des Herrschers selbst. Ob er Schuld trug oder nicht, war gleichgültig. Auf seine Existenz allein konzentrierte sich Verachtung und Vernichtungswut. Daß er ganz persönlich der Grund war zum Bürgerkrieg, konnte Othman nicht verstehen: »Warum soll ich sterben? Bin ich ein Mörder? Habe ich einem anderen die Frau geraubt? Habe ich den rechten Glauben verlassen?« Die letzten Lebensstunden des Kalifen Othman waren mit verzweifelten Fragen angefüllt.

Feuer eröffnete den Sturm auf den Kalifenpalast. Zuerst ging das Haupttor in Flammen auf, dann brannte ein Flügel des Gebäudes. Der Weg in den Palast war frei. Die Rebellen drängten sich durch das klaffende Portal. Mohammed Ibn Abu Bakr, der Sohn des ersten Kalifen, stieg vom Dach eines Nachbarhauses über rasch angelegte Leitern und Bretter auf die Festung. Von oben drang er in das Stockwerk ein, in dem sich der Kalif mit seinen Frauen aufhielt. Plötzlich stand der junge Mann Othman gegenüber. Er hob den Dolch, um ihn zu töten. Doch der alte, zerbrechliche Mann sagte ganz ruhig: »Glaubst du, dein Vater wäre mit diesem Mord einverstanden, wenn er noch lebte?« Mohammed Ibn Abu Bakr verließ rückwärts gehend, den Raum. Andere führten den Mord aus.

Der Kalif ist tot. Sofort fällt der Zorn der Aufrührer in sich zusammen. Fast alle wichtigen Mitglieder der Familie Omajja können entfliehen. Sie organisieren sich wenig später aufs neue in Syrien. Die Masse der Aufrührer interessiert sich am Tage des Kalifenmords hauptsächlich für das Schatzgewölbe und für die Mägdekammern. Ali, so sagten einige arabische Historiker, habe seine Söhne später geschlagen, weil sie geplündert und vergewaltigt, aber nicht das Leben des Kalifen beschützt hätten. Diese Historiker gehörten der Schiat Ali an, die frühzeitig behaupten mußte, ihr Idol habe nichts zu tun gehabt mit der Blutschuld. Ali wurde gereinigt von jedem Anteil an dem Verbrechen, damit er dem Volk als makellos präsentiert werden konnte. Doch der Mord an Othman wurde trotzdem zur schweren Belastung für die Karriere Alis.

Derselbe Ali, angeblich Beschützer des Beherrschers der Gläubigen, unternahm nichts, um die Leiche des Ermordeten zu beerdigen. Übel zugerichtet lag sie drei Tage lang im Raum der Naila — sie war eine der acht Frauen des Kalifen. Als der vierte Tag anbrach, schleppten drei Männer der Omajjadenfamilie den Toten zum Begräbnisplatz. Sie beer-

digten ihn allerdings außerhalb der Mauer. Die drei hatten Angst um ihr Leben.
Othman, das bezeugte seine engste Umgebung, hatte schon zu Lebzeit des Propheten gewußt, daß er ermordet werden würde. Bald nach dem Tode des Kalifen, noch auf der Flucht von Medina nach Syrien, erzählte Merwan Ibn al Kaham, einer der hohen Offiziere im vergangenen ägyptischen Feldzug, anderen Mitgliedern der Omajjadenclique: »Ich war vor Jahren unterwegs, um dem Kalifen in Mekka von unseren Siegen zu erzählen. Eines Abends, als wir noch ritten, sagte mein Reisebegleiter: Willst du mit mir einen Freund besuchen, der nicht weit abseits der Straße wohnt? Ich hatte nichts dagegen, und so bogen wir vom Weg ab. Da lag ein Kloster vor uns. Am Tor hing eine Kette herab. An dieser Kette zog mein Begleiter. Ein Mann öffnete uns. Er sprach nichts, gab uns zu essen und wies uns ein Lager mit Teppichen am Boden zu. Später aber redete er mit meinem Reisegefährten in einer Sprache, die ich nicht verstand. Lange dauerte ihr Gespräch. Schließlich fragte mich der Mann, wie nahe ich mit dem Kalifen verwandt sei. Ich antwortete, der Kalif sei mein Vetter. Da fragte er weiter, ob der Kalif noch engere Verwandte habe. Meine Antwort: Der Kalif hat Kinder, doch sie sind noch sehr jung. Er sagte: Bist du der erste Mann in Palästina? Ich sagte: Nein. Da wurde er ausführlicher: Wenn du Herr von Palästina werden kannst, dann bemühe dich darum. Ich möchte dir etwas sagen, doch ich habe Sorge, daß du zu schwach bist für das, was ich weiß. Da drehte sich der Mann wieder um zu meinem Begleiter. Auch diesmal sprachen sie lange. Plötzlich fragte er mich noch einmal nach dem Grad meiner Verwandtschaft zum Kalifen und noch einmal, ob ich der erste Mann von Palästina werden könne. Ich gab ihm die gleichen Antworten. Er entschloß sich, deutlicher zu werden: Dein Herr, der Kalif, wird getötet werden. Der Herr von Palästina wird seine Macht erben. Deshalb sage ich, versuche, der erste Mann von Palästina zu werden. Ich verfiel in einen Weinkrampf.

Er sagte: Ich wußte, daß du diese Mitteilung nicht ertragen kannst. Meine Antwort, unter Weinen: Warum sollte mich die Weissagung vom Tode des Beherrschers der Gläubigen und des Herrn aller Moslems nicht tief berühren? Ich ritt weiter nach Medina, gab dem Kalifen meinen Bericht, aber einen Monat lang sagte ich nichts von diesem geheimnisvollen Gespräch. Eines Nachmittags aber saß Othman voll Ruhe im Gemüt auf einem weichen Teppich und hatte einen Fächer in der Hand. Da erzählte ich ihm von meinem Besuch im Kloster. Zunächst wagte ich nicht, von seinem Tod zu sprechen. Doch schon beim Gedanken daran kamen mir die Tränen. Da sagte der Kalif: Sprich weiter, dann werde auch ich sprechen. Ich erzählte ihm, was ich wußte. Othman warf sich, als er die Prophezeiung gehört hatte, auf den Rücken. Den Fächer schleuderte er von sich. Er rieb sich heftig die Fersen. Ich bereute schon, ihm alles erzählt zu haben, doch Othman sagte: Der Mann im Kloster hat die Wahrheit gesagt. Du mußt wissen, daß mir einst der Prophet nach einer Schlacht doppelt soviel von der Beute gab wie den anderen. Ich ritt mit vollen Händen vom Propheten weg. Er schaute mir lange nach. Abdel Rahman Ibn Auf folgte mir damals und sagte: Was hast du zu dem Gesandten Allahs gesagt, daß er dir so scharf nachsieht? Als Mohammed zum Gebet ging, sagte ich ihm: Ich bereue es, wenn ich etwas Unrechtes getan habe. Mohammed sprach, mit dem Blick auf mich: Du hast nichts Unrechtes begangen, aber du wirst entweder einen Mord begehen oder ermordet werden. Ziehe das letztere vor!«

Der Omajjade Merwan wußte, als er dem Kalifen unter Tränenstürzen das Erlebnis von Sinai erzählte, daß er mit seinem Bericht über das Gespräch im Kloster die Erinnerung an die Worte des Propheten geweckt hatte. Die Erzählung war Teil des psychologischen Kampfes innerhalb des Omajjadenclans. Othman war von den Mitgliedern der eigenen Familie systematisch zermürbt worden.

Mit dem Tode des Kalifen aber war das wirkliche Ziel der Intriganten noch nicht erreicht. Den Omajjaden stand Ali, der einstige Liebling des Propheten, im Weg. Die wichtigsten Fallen zu seinem Untergang waren gestellt. Der Sinaireisende Merwan Ibn al Kaham hatte bei seiner Erzählung bereits die kommenden Auseinandersetzungen im Sinn: Er sprach von Voraussetzungen für den Machtwechsel, die allein von den Omajjaden erfüllt werden konnten. Der Mann im Kloster — so sagte er — hatte prophezeit: »Der Herr von Palästina wird die Macht des Kalifen erben.« Die Omajjaden beherrschen bei Othmans Tod die syrische Provinz und Palästina. Die Clique will die uneingeschränkte Macht im ganzen islamischen Reich besitzen. Ali ist für sie nur ein Werkzeug, um Widerstand zu brechen.

Der Kalif Ali spaltet Arabien

Zweimal war Ali enttäuscht worden bei der Kalifenwahl. Als ihm das Amt jetzt angeboten wird, zögert er. Der Weg ist frei; doch es sind Mörder, die ihm den Weg in Othmans Palast geöffnet haben. Aus ihrer Hand die Herrschaft zu akzeptieren, von ihnen abhängig zu sein, mißfällt Ali. Die Rebellen machen ihn unumwunden darauf aufmerksam, daß sie für ihn rebelliert haben, für niemanden sonst. Sie allein hätten erreicht, daß er als Schwiegersohn des Propheten zum rechtmäßigen Kalifen ausgerufen werde. Ali nimmt die Würde an, nachdem er sechs Tage lang gezögert hat.

Mit Schwierigkeiten beginnt seine Amtszeit. Der mächtige Omajjadenclan in Syrien unterwirft sich nicht. Die Provinzen weigern sich, seine Gouverneure zu akzeptieren. Das böse Wort vom »Mörder des Othman« geht um im arabischen Reich. Selbst die Freunde in der irakischen Provinz wollen nichts mehr von Ali wissen, seit er durch Mord in den Besitz des Kalifenmantels gekommen ist. Seinem Statthalter sagen die Enttäuschten ins Gesicht, daß sie ihm das Haupt in zwei Teile spalten wollen, wenn er nicht sofort wieder nach Medina zurückreite — er sei der Freund eines Mörders und könne daher nicht ihr Freund und nicht ihr Herrscher sein.

Mu'awija, der Gouverneur von Damaskus, der selbst dem gefährdeten Othman nicht mit Truppen zu Hilfe gekommen war, verfluchte nach dem Freitagsgebet in der Moschee Ali als feigen Hund, der einem kranken, alten Mann den Todesstoß versetzt habe. Ali schickte Sabrat Ibn Mibad nach Damaskus, einen der wenigen intelligenten Köpfe in seiner Verwaltung. Dieser Gesandte überbrachte Mu'awija ein Schreiben, in dem er aufgefordert wurde, sich zu unterwerfen. Einen Monat lang wurde der Vertrauensmann des Ali vom Provinzgouverneur zurückgehalten. Schließlich wurde Sabrat Ibn Mibad ein mehrfach versiegelter Brief ausgehändigt; ein Mann aus dem Stab des Mu'awija begleitete den Gesandten zurück nach Medina. Ungeduldig riß Ali die Siegel ab. Resigniert ließ er den Umschlag fallen, er war leer — Mu'awija hielt ihn einer schriftlichen Antwort nicht für würdig. Der Begleiter des Sabrat Ibn Mibad war beauftragt, folgendes zu sagen: »Alle Bewohner Syriens haben geschworen, Blutrache an dir zu nehmen. Du hast Othman ermordet. Einhunderttausend Männer kommen täglich in die Moschee, um Othman zu beweinen.« Ali schwieg lange, dann sagte er: »Auch ich verabscheue Othmans Mörder. Aber an meiner Hand haftet sein Blut nicht!«

Schwer verständlich war für Ali die Ursache des Meinungsumschwungs. Wenige Tage zuvor noch waren Nachrichten von der Empörung aus allen Provinzen in Medina eingetroffen. Kalif Othman war die Zielscheibe des Zorns gewesen. Eine Woche nach dem Tod des Kalifen hatte sich die Stimmung radikal geändert. Der Zorn war wie ein Spuk verflogen. Übrig blieb die Verachtung für den Mann, der vorher, in der Phase emotionaler Erregungen, als Retter angesehen worden war. Profitiert vom Tod des Kalifen Othman hatten die Gouverneure der Provinzen. Sie hatten geschmeckt, was es heißt, unabhängig zu sein. Diese Unabhängigkeit wollten sie sich von Ali nicht nehmen lassen.

Eine bittere Erfahrung folgte der anderen. Ali hatte gewußt, warum er sechs Tage lang gezögert hatte, ehe er den verwaisten Posten des Staatschefs annahm. Wirklich verlassen konnte er sich nur auf die tausend Menschen, die immer noch in Zelten um den Kalifenpalast und auf dem Platz vor der Moschee lagerten. Doch mit diesem verlorenen Haufen war kein Staat zu führen. Ali mußte die traditionellen Pfeiler des islamischen Reiches für sich gewinnen: die noch lebenden Gefährten des Propheten, die alten Familienclans von

Mekka und Medina, den neuen Adel der Hauptstadt, der aus erfolgreichen und wohlhabenden Truppenführern bestand.
Einige Tage lang machte Ali sich Hoffnung, Aischa, die Lieblingsfrau des Propheten, als Propagandistin einspannen zu können. Aischa war der Mittelpunkt der Veteranen aus Mohammeds Kampfzeit. Ali unterschätzte jedoch das Gedächtnis dieser Frau, die jetzt schon vierundzwanzig Jahre lang Witwe war. Aischa war einst in Verdacht geraten, mit einem anderen Mann draußen in der Wüste den Propheten betrogen zu haben. Allah offenbarte damals eine Koransure, die Aischa von jedem Verdacht freisprach. Ali aber hatte nicht an die Unschuld der Aischa geglaubt. Seine Meinung hatte er weder vor Aischa noch vor dem Propheten verborgen gehalten. Mohammed gab er den Rat, sich die Untreue nicht allzusehr sehr zu Herzen zu nehmen, schließlich sei Arabien reich an schönen Frauen. Diese Worte hatte Aischa nie verziehen. Jetzt konnte sie sich rächen.
Die ehrgeizige Lieblingsfrau des Propheten sah die Zeit gekommen, ihre politische Zurückhaltung aufzugeben. Die Sache des Kalifen Ali sah sie als verloren an — sie unterstützte die Familie Omajja.
Als Kalif Othman ermordet wurde, hielt sich Aischa in Mekka auf. Ihre beharrliche Hetze gegen Ali brachte die zwei wichtigsten Männer der Stadt dazu, die Verbindung zur Zentralregierung in Medina abzubrechen: Al Zubair und Talha lösten Mekka wieder aus dem Staatsverband. Da die Stadt nicht isoliert existieren konnte, mußten Verbündete gesucht werden. Aischa sprach davon, daß die Truppen im Gebiet von Euphrat und Tigris ihr in jeder Gefahr zur Seite stünden. Al Zubair, Talha und Aischa entschlossen sich sehr rasch, in dieses angeblich sichere Gebiet zu reiten. In Mekka hatten sie Angst vor einem Überfall durch Alis ungeordnete Haufen. Sie konnten ja nicht wissen, daß der Kalif drei Tage lang verzweifelt von der Kanzel der Moschee in Medina zum Krieg gegen die Abtrünnigen von Mekka aufgerufen hatte — ohne Erfolg. Die Zuhörer hatten Ali ausgelacht.

Am Euphrat und Tigris glaubten Al Zubair, Talha und Aischa in Ruhe die Konflikte der nächsten Monate abwarten und beobachten zu können. Sie rechneten mit einem Angriff von Truppen aus Medina, die Ali treu waren, gegen die syrische Provinz, gegen Mu'awija. Im Zweistromland würde sie diese Attacke nicht betreffen. Dort waren sie sicher. An einem Sieg des Omajjadenclans zweifelten sie nicht. Sie wußten auch, daß die Familie Omajja zur Stabilisierung ihrer Macht die psychologisch so wichtige Unterstützung durch die Lieblingsfrau des Staatsgründers benötigte. Aischa hielt sich bereit für den Sieger im bevorstehenden innerarabischen Krieg.

Mit tausend Berittenen auf sechshundert Kamelen und vierhundert Pferden zogen Al Zubair, Talha und Aischa an Medina vorüber nach Norden. Ihr Gefühl der Sicherheit verflog rasch, als sie erfuhren, daß es Ali gelungen war, seine Männer zu einem Verfolgungszug mitzureißen. Ali hatte das Geld, die Reittiere und die Frauen der Karawane als Beute versprochen.

Aischa wollte umkehren. Sie hatte nie die Absicht gehabt, sich in Gefahr zu bringen. Als die tausend Mann an einem winzigen Ort vorbeizogen, der von Aischas Begleitung Hawab genannt wurde, bellten in den Häusern die Hunde. Aischa erinnerte sich plötzlich, daß der Prophet sie vor langer Zeit gewarnt hatte: »Eine meiner Gattinnen wird einst an Hawab vorüberziehen. Wenn die Hunde von Hawab bellen, soll sie ablassen von dem, was sie vorhat, denn diese Unternehmung wird keine gerechte Sache sein.« Selbst als ihre Begleitung feststellte, daß der Ort gar nicht Hawab hieß, sondern einen ganz anderen Namen trug, blieb Aischa dabei, jetzt einer Warnung des Propheten folgen zu müssen. Doch die zwei Mitverschworenen ließen sie nicht zurückreiten. Die Gegenwart der Frau des Propheten ersetzte ihnen mehrere Tausend Mann an Truppen.

Der Kommandeur von Basra — ein Mann, der die Ansprüche Alis für durchaus gerecht hielt — erfuhr vom Anmarsch der Truppe aus Mekka. Er wollte die Stimmung in seiner Stadt Basra prüfen. Für ihn war es wichtig zu wissen, ob die Bevölkerung auf seiner Seite stünde, wenn er die Tore vor Aischa geschlossen halte. Nach dem Morgengebet sprach er zu den Männern von Basra: »Aischa, die Frau des Propheten, rückt mit einem Heer auf unsere Stadt zu. Sie fordert die Bestrafung des Mörder des Kalifen Othman. Was ist eure Meinung?« In der Stille war eine einzige Stimme zu hören: »Wir unterstützen Aischa!« Die anderen Männer schwiegen. Die Reaktion war schwer zu deuten. Niemand erklärte sich für Ali. Dem Kommandeur schien die Stimmung in der Stadt wenig geneigt für einen Widerstand gegen Aischa und ihre Anhänger. Er entschloß sich die Reiter einziehen zu lassen. Aus den tausend Männern war in den letzten Tagen eine Schar von dreitausend geworden. Die Person der Aischa, berühmt und bestaunt in Arabien, war der Magnet, der Kämpfer anzog. Ihre Sinnlichkeit wirkte noch immer. Faszination und Zauber strahlte die Frau aus, deren Körper dem Propheten gehört hatte. Ihre Anwesenheit schuf allerdings auch Probleme.

Daß Aischa ohne weibliche Begleitung, nur von Männern umgeben, den langen Weg durch die Wüste zurückgelegt hat, wird ihr von einigen Stammeschefs, die in Basra leben, vorgeworfen. Nach Meinung von Harith Ibn Kudama hätte Mohammed eine solche Unschicklichkeit nie zugelassen. Harith beschimpfte Aischa und weckte damit zugleich Emotionen gegen das Heer der Ali-Gegner: »Bei Allah, dein Benehmen ist strafbarer als das der Mörder Othmans. Du hast den Schleier der weiblichen Zucht von dir geworfen, du hast das Heiligtum des Propheten entweiht, du hast dich freiwillig in die Mitte dieses Heeres gestellt. Jeder Gläubige hat die Pflicht, dieses Heer zu bekämpfen, um dich wieder in deine Gemächer zurückzuführen. Bist du diesen Männern gegen deinen Willen gefolgt, so müssen wir ihnen entgegentreten, weil sie sich nicht gescheut haben, von dieser Frau den Schleier wegzuziehen.«

Diese Worte stimmten die Männer von Basra vorsichtig. Sie übergaben der Aischa-Truppe nur einen Teil der Stadt. Eine Nacht lang wurden die dreitausend Mann mit Steinen beworfen. Die Anhänger des Kalifen Ali begannen sich zu wehren. Dann vereinbarten die Feinde und die Freunde Alis ein Stillhalteabkommen. Ursache der Waffenruhe war ein juristisches Problem. Zweifel waren geäußert worden, ob die zwei Begleiter der Aischa, Al Zubair und Talha, nicht durch Eid und Huldigung an den Kalifen Ali gebunden seien. Wenn sie gehuldigt haben, das war die einhellige Meinung, mußten sie jetzt als Verräter behandelt werden. Komplizierte traditionelle Ehrbegriffe der arabischen Stämme wurden von einer Stunde zur anderen politische Faktoren in einer Auseinandersetzung mit unscharfen Fronten. Beide Seiten einigten sich, zunächst müsse der wahre Sachverhalt in Medina erforscht werden.

Al Zubair und Talha wollten die Antwort auf die Anfrage in der Hauptstadt nicht abwarten. Da sie Ali gehuldigt hatten, konnten sie ihre eigene Lage abschätzen. Sie überfielen nachts mit einer Handvoll mutiger Anhänger das Haus des Kommandeurs. Die Wache wurde umgebracht, dann stürmte die Gruppe die Wohnräume. Dort trafen Al Zubair und Talha zu ihrer Verblüffung die Eheftau des Propheten an. Ihre Anwesenheit verhinderte den Mord am Stadtkommandanten. Mit der Besetzung des kommunalen Verwaltungsgebäudes und der Verhaftung des Kommandeurs fiel Basra in die Hand der Ali-Gegner. Dieser Sieg nützte jedoch nur wenig: die Garnison blieb neutral; sie hielt sich weiterhin an das Abkommen, das beide Seiten zur Ruhe verpflichtete. Die Honoratioren der Stadt distanzierten sich mehr und mehr von Aischa. Als sie einen Mann von hoher Reputation darum bat, nicht ihr Feind zu sein und lieber in kritischen Stunden zu Hause zu bleiben, da erhielt sie eine scharfe Antwort: »Allah hat mir befohlen, für eine gerechte Sache zu kämpfen, dir aber hat Allah befohlen, zu Hause zu bleiben. Nun verlangst du von mir, daß ich das mache, was du tun solltest, während du tust, was ich machen sollte. Das ist sonderbar.«

Ali wartete mit siebenhundert Männern vor Basra. Er hatte eine Gruppe von Reitern vorausgeschickt nach Kufa. Sein Entschluß war gefallen: Kufa sollte seine Hauptstadt sein. Von den Verrätern in der verkrusteten Stadtelite von Mekka und Medina wollte er nichts mehr wissen. Vor seinen Anhängern äußerte er sich zum Problem der Hauptstadt: »Mein Wunsch war, Medina nie zu verlassen. Immer wollte ich in die Stadt des Propheten zurückkehren. Doch jetzt, da mir die Gläubigen gehuldigt haben, kann ich nicht mehr untätig in Medina sitzen.« Mohammed, Abu Bakr, Omar und Othman hatten das wachsende islamische Reich von Medina aus regiert. Sie fanden immer Männer ihres Vertrauens, die draußen in den Provinzen den Befehlen des Herrschers Respekt verschafften. Unvorstellbar war der Gedanke während der Amtszeit des Propheten und der drei Kalifen, daß eine andere Stadt Zentrum der Reichsverwaltung werden könnte. Ali ist der erste Herrscher, der die Tradition zerbricht.
Ali hoffte, mit der Zusage, Kufa zur Hauptstadt zu machen, die militärische Unterstützung durch die dortige Garnison zu gewinnen. Tagelang hörte er keine Reaktion auf sein Angebot. Ungeduldig schickte er seinen Sohn Hasan nach Kufa. Der junge Mann überzeugte die Notabeln und das Offizierskorps, daß Ali der einzige sei, der den Bruderkrieg beenden könne. Kein anderer habe das Wissen und die nötige göttliche Anleitung, um die Verwirrung der Gehirne und Seelen der Moslems zu ordnen.
Der brillanteste Redner unter den Politikern von Kufa übernahm die Aufgabe, den Soldaten der Garnison, den Händlern, Handwerkern und Bauern die neue Orientierung mitzuteilen. Wieder war die Moschee der Ort, wo die Phantasie der Masse in Bewegung gesetzt wurde. Hasan hatte einen glänzenden Advokaten der Sache seines Vaters gefunden. Seine Worte zündeten: »Oh Moslems! Über uns muß ein

Mann stehen, der die Glaubensangelegenheiten ordnet, der uns beschützt und der den Unterdrückten zu ihrem Recht verhilft. Der würdigste Mann zu herrschen und den Glauben zu schützen, ist Ali. Er stand dem Propheten am nächsten, er kennt die Lehren der Religion am besten, er hängt den Freuden des Lebens am wenigsten nach. Ali fordert euch zur Hilfe auf, um Wahrheit von Lüge zu trennen und Streit und Zerrissenheit aus der Welt zu schaffen. Es ist eure Pflicht, ihm zu helfen!« Siebentausend Männer folgten diesem Aufruf.

Die Entscheidung ließ sich nicht mehr aufschieben: Die Heere von Aischa und Ali prallten aufeinander. Die Witwe des Propheten kommandierte selbst ihre Truppe. Sie hatte sich eine Sänfte bauen lassen, die gegen Speere und Pfeile gepanzert war — ein Kamel trug diese Sänfte auf dem Rükken. Ali sah bald ein, daß er Kamel und Sänfte in seine Gewalt bringen mußte, wenn er den Gegner bezwingen wollte. Alle Stöße durch die Front mißlangen zunächst. Doch dann gelang es einem mutigen Mann aus Alis Truppe, Aischas Kamel die Sehnen der Vorderbeine zu zertrennen. Als die Sänfte umkippte, flohen die Anhänger der Witwe. Ihr Bruder Mohammed — ein Mann, der zu Ali stand — schob die Vorhänge der Sänfte auf die Seite. Aischa besann sich in diesem Augenblick auf ihre Position in der Hierarchie der Gläubigen. Sie schrie Mohammed an: »Wer wagt es, die Hand auszustrecken nach dem Heiligtum des Propheten?« Ihr Bruder antwortete: »Dein nächster Verwandter, der Abscheu hat vor dem, was du tust.« Der Bruder führte ohne Zögern Aischa, wohlverschleiert und streng bewacht, nach Medina zurück. Sie hatte zum letztenmal in die arabische Politik eingegriffen. Gescheitert ist der Versuch einer Frau, in der islamischen Männergesellschaft eine Führungsposition einzunehmen.

Aischa lebt noch fast zwanzig Jahre lang. Die Lieblingsfrau des Propheten stirbt erst am 13. Juli 678, im Alter von 64 Jahren.

Mit dem Ausgang des Kampfes, der in der arabischen Geschichte unter dem Namen »Kamelschlacht« geführt wird, ist Ali Herrscher über den größten Teil des Reiches. Nur Syrien, geführt vom Omajjaden Mu'awija, unterwarf sich dem Kalifen nicht. Der Provinzgouverneur verfügte in Damaskus über einen Heerführer von Erfahrung und Format: Amru Ibn Aass, der sich in Ägypten zur Zeit des Omar Ruhm und Vermögen erworben hatte, legte sein künftiges Glück in die Hand der Omajjaden. Beide, Mu'awija und Amru waren sich einig: Glaubensfragen interessierten sie nicht. Von Mu'awija ist dieses Eingeständnis gegenüber Amru überliefert: »Seien wir ehrlich, wir suchen im kommenden Krieg sehr weltliche Erfolge. Wir vollbringen keine gottgefälligen Taten. Wir können weder etwas gegen Alis Rechtschaffenheit sagen noch seine Ansprüche auf das Kalifat in Frage stellen. Er ist wirklich der nächste Verwandte des Propheten und sein ältester Gefährte.« Bewußt schob Mu'awija alle Skrupel beiseite — er war entschlossen, Kalif zu werden. Ali mußte sterben. In Stunden der Depression verzweifelte der im Grunde sehr sensible Ali: »Wir gehören Allah und kehren einst zu Allah zurück. Bei Allah! Der Sohn der Leberfresserin wird über mich siegen!« Die Mutter des Mu'awija hieß »die Leberfresserin«, weil sie sich nach einer Schlacht die Leber eines erschlagenen Gegners in den Mund gesteckt hatte. Von ihrem blutverschmierten Gesicht sprachen die Moslems mit Schrekken. Alte arabische Legenden erzählen vom entschlossenen Charakter der Mutter des Mu'awija.

Die Legenden berichten, daß Mu'awijas Mutter in erster Ehe mit al Fakih Ibn al Mugira, einem Mann aus der Familie Koreisch, verheiratet war. Eines Tages wohnten sie beide in einem Gästehaus, einer Frühform unserer heutigen Hotels. Für kurze Zeit ließ al Fakih Ibn al Mugira seine Frau allein. Als er zurückkam, bemerkte er eben noch, wie ein anderer Mann von ihrem Lager schlich. Al Fakih fragte seine Frau, wer der Mann gewesen sei. Sie antwortete: »Bei Allah! In diesem Augenblick weckst du mich. Ich habe niemanden gesehen. Al Fakih wurde vom Zorn gepackt. Er schrie sie an: »Pack' deine Sachen und kehre zu deinem Vater zurück.« Dem Vater der Frau war der Streit mit dem Schwiegersohn unangenehm. Er machte seiner Tochter Hind zwei Vorschläge: »Wenn ein Mann bei dir war im Gästehaus, schicke ich jemanden zu deinem Mann, der ihn umbringt, die Sache ist für uns erledigt und niemand spricht mehr davon. Wenn aber niemand bei dir war, dann gehen wir zu einem jemenitischen Wahrsager, der soll Schiedsrichter sein in dieser Affäre.« Hind antwortete: »Bei Allah! Niemand war bei mir!« So zogen sie einige Tagereisen weit mit großem Anhang — mit Verwandten des Vaters und des Mannes, die Zeugen sein sollten — zum jemenitischen Wahrsager. Ehe die kleine Karawane die Einsiedelei erreichte, führte der Vater vor Zeugen ein Weizenkorn in das Glied seines Pferdes ein. Danach ritten sie das letzte Stück Weges und stiegen bei dem weisen Manne ab. Sie wurden gastfreundlich empfangen; der Wahrsager schlachtete ein Schaf für sie. Nachdem die Höflichkeiten ausgetauscht waren sagte der Vater Hinds: »Wir suchen dich in einer besonderen Angelegenheit auf. Doch zunächst haben wir etwas vor dir versteckt. Kannst du uns sagen, was es ist und wo wir es versteckt haben?« Der Wahrsager antwortete: »Du hast eine Frucht versteckt in der Eichel eines Gliedes.« Als der Vater um größere Genauigkeit bat, sagte der Weise: »Du hast ein Weizenkorn im Glied deines Pferdes versteckt.« Mit dieser Aussage war eine Vertrauensbasis hergestellt, die von allen Beteiligten akzeptiert wurde. Der Wahrsager konnte sich darauf mit dem eigentlichen Problem befassen. Sein Urteil war rasch ausgesprochen. Er sagte zu Hind: »Du hast mit keinem anderen Mann geschlafen. Allah hat dich zu Großem bestimmt. Du wirst einmal einen Herrscher gebären, der wird Mu'awija heißen.« Auf diese Worte hin wollte sich Al Fakih wieder mit seiner Frau versöhnen, doch sie riß sich los: »Ich habe den unstillbaren Wunsch, dieses Kind von einem anderen Manne zu empfangen.« Sie verließ al Fakih für immer und wurde schwanger von Abu Suf-

jan. Dem Jungen, der ein Jahr später geboren wurde, gab sie den Namen Mu'awija. Der Sohn erbte den entschlossenen Charakter der Mutter.
Mu'awija, der Statthalter von Damaskus verfügte über achtzigtausend Mann, auf Alis Seite standen zehntausend Kämpfer weniger. Mu'awija und Ali hatten sämtliche waffenfähigen Männer aufgerufen in den Städten und Oasen ihrer jeweiligen Herrschaftsgebiete. Noch immer gab es keine regulären Armeen, keine stehenden Heere, die mit regelmäßigem Sold entlohnt wurden. Die Männer ritten weg von ihren Feldern, von ihren Werkstätten, dem Abenteuer entgegen. Sie folgten der Parole des Kalifen, des Provinzgouverneurs. Die Hoffnung auf Beute trieb sie tausende von Kilometern weit durch die Wüste. Fanatische Moslems gaben religiöse Parolen für die Feldzüge aus. Sie lieferten damit eine gern akzeptierte Entschuldigung für Barbarei. Im Rausch des Sieges bot die Religion den moralischen Vorwand, unter dem Totschlag, Vergewaltigung und Raub als allahgefällige Werke verbrämt werden konnten.
Mu'awija wußte, warum er das Hemd des ermordeten Kalifen Othman in der Moschee von Damaskus ausstellen ließ. Auf ihm waren die schwarzen Flecken vom Blute des dritten Nachfolgers Mohammeds zu sehen. Unter hysterischem Geheul zogen die Männer an der Reliquie vorbei, jeder einzelne entschlossen, das Verbrechen mit dem Tode Alis zu rächen. Mu'awija zeigte ein echtes Erinnerungsstück: Das blutgetränkte Hemd war von der Frau des ermordeten Kalifen an den Omajjaden-Clan nach Damaskus geschickt worden.
Ehe Ali seine siebzigtausend Männer auf den Weg nach Syrien schickte, versuchte er noch den Bruderkrieg abzuwenden. In seinem Friedensangebot schlug er vor, Mu'awija könne Gouverneur von Syrien bleiben, wenn er ihm, Ali, als Kalifen anerkenne. Sein Gesandter traf in Damaskus auf erbitterte Feindschaft. Der Mann aus Kufa begann mit der Drohung, Mu'awija müsse sich vor dem Gericht Allahs verantworten, wenn er aus Eigennutz und Herrschsucht das

Blut gläubiger Moslems vergieße. Mu'awija unterbrach den Gesandten, er möge diese Warnung vor seinem eigenen Herrn, dem Mörder Ali wiederholen. An eine sinnvolle Verhandlung war nicht mehr zu denken. Mu'awija bestand auf Krieg: »Ich lege das Schwert nicht nieder, bis Othmans Blut gesühnt ist.« Der Gesandte Alis entgegnete: »Du hättest den Mord an Othman verhindern können, wenn das deine Absicht gewesen wäre. Du selbst wolltest den Mord. Er bietet dir Gelegenheit, einen würdigeren als du bist, aus dem Amt des Kalifen zu drängen.« In hitzigem Geschrei und unter gegenseitigen Vorwürfen endete die Friedensmission.

Die Truppen standen bereit, doch sie setzten sich nicht in Bewegung. Die Begeisterung zum Kampf war rasch abgeflaut. Die Bauern und Handwerker und die kriegserfahrenen Beduinen spürten, daß sie in der sinnlosen Auseinandersetzung ihrer machtgierigen Herren zermahlen würden. Als schließlich jeder Schimmer der Hoffnung auf eine friedliche Einigung zwischen Mu'awija und Ali verflogen war, bewegten sich die Heere langsam aufeinander zu. Die Männer aus Kufa zogen am Euphrat entlang, fünfhundert Kilometer weit, bis in die Gegend der Stadt Rakka, die im heutigen Syrien liegt. Das syrische Heer stieß von Damaskus aus nach Nordosten: seine Marschrichtung zielte ebenfalls auf Rakka. In der Ebene am Euphrat lagerten die Heere ein Vierteljahr lang in Sichtweite einander gegenüber. Für die Bauern in weitem Umkreis waren die insgesamt einhundertfünfzigtausend Mann eine drückende Last. Sie verzehrten riesige Mengen an Vieh, an Getreide, an Feigen. Die Disziplin der Heere löste sich auf; die Männer wollten nach Hause auf ihre Felder, in ihre Werkstätten, zu ihren Frauen. Um wenigstens die Phantasie der Bewaffneten zu beschäftigen, stellten sich, nach Ablauf des Fastenmonats Ramadan, einzelne besonders kühne Männer zum Zweikampf. Von diesen Duellen erwartete niemand eine Entscheidung.

Der Schwebezustand zwischen Krieg und Frieden wurde verlängert, als Mu'awija wieder eine diplomatische Lösung

vorschlug: Er war bereit, einen Frieden zu akzeptieren, wenn Ali für die Bestrafung der Mörder des Kalifen Othman sorge. Mu'awija brachte Ali damit in eine schwierige Situation: Wenn der Kalif die Mörder bestrafte, verlor er seine wichtigsten Offiziere und mutigsten Kämpfer.
Ali beantwortete den diplomatischen Schritt mit der Eröffnung der Offensive. Die Schlacht begann, blieb aber lange Zeit unentschieden. Während die Kämpfe hin und her tobten, redete Amru Ibn Aass Mu'awija zu, er selbst solle sich zu einem Zweikampf mit Ali stellen. Der Gouverneur reagierte argwöhnisch: »Du willst sicher selbst Herrscher werden, weil du mich so drängst. Ich kenne keinen Menschen, der einem Zweikampf mit Ali lebendig entkommen ist.«
Ein ganz alter Mann, der vierzig Jahre zuvor schon dem Propheten in den Raubzügen zur Seite gestanden hatte, stachelte noch am Abend des Kampftages Alis Truppen an: »Die Tore des Himmels sind offen, die Jungfrauen des Paradieses zu unserem Empfang bereit. Entweder wir siegen, oder wir begegnen dem Propheten und seinen Freunden im Paradies.«
Der Kampf ging während der Nacht weiter. Immer entschlossener wurden die Männer aus Kufa in ihrem Angriffswillen. Schrittweise drängten sie die syrische Truppe zurück. Die Bogenschützen hatten längst ihre Pfeile verschossen; beiden Seiten waren nur noch Schwert und Lanzen als Waffen geblieben. Im kritischen Moment fiel dem taktisch brillanten Amru eine List ein, deren Anwendung eine verblüffende Wirkung zeigte: Er befahl den syrischen Reitern, Koranblätter auf ihre Lanzen zu stecken. Sofort wichen die Männer Alis zurück – gegen das Heilige Buch konnten sie nicht ankämpfen. Mit lauter Stimme rief ihnen Amru zu: »Oh Moslems! Wenn wir uns gegenseitig aufreiben, wer bleibt dann noch übrig für den Islam? Wer fastet und betet dann noch? Wer besiegt die Ungläubigen? Wir kämpfen nicht mehr. Gebt auch ihr den Kampf auf!« Ein Schiedsgericht – so lautete der Vorschlag der syrischen Partei –

sollte entscheiden, wer recht habe: Mu'awija, der die Bestrafung der Mörder des Othman forderte, oder Ali, der mit Hilfe der Mörder Kalif geworden war.
Ali trieb seine Männer auch weiterhin gegen die Syrer voran, doch sie wagten sich nicht in die Reichweite der mit Koranblättern bestückten Lanzen. Viele Offiziere bedrängten ihn, er solle auf den Vorschlag der Syrer eingehen. In der Erinnerung seiner Anhänger blieb, über Alis Tod hinaus bis heute die Warnung des Kalifen haften: »Dieses Angebot ist nur eine List unserer Feinde. Sie haben Angst vor der Niederlage. Es bleibt ihnen nur noch die Chance, auf unserer Seite Zwietracht zu säen. Mu'awija und Amru haben ständig die Gesetze Allahs übertreten. Ich kenne beide von Kindheit an. Keiner von beiden glaubt an den Koran. Sie verwenden ihn jetzt nicht aus neu erwachter Frömmigkeit, sondern aus Sorge um die eigene Schwäche.« Die Männer seiner nächsten Umgebung waren jedoch schon derart von der Aussicht auf Frieden besessen, daß sie Ali erschlagen wollten, als er nicht sofort auf die Idee des Schiedsgerichts einging.
Um sein Leben zu retten, muß Ali den Naiven spielen. Mu'awija setzt die Spielregeln fest: Zwei Schiedsrichter sollen entscheiden, wer nach den Worten des Korans die gerechtesten Ansprüche auf das Amt des Kalifen besitzt. Objektiv konnte die Entscheidung nur zu Gunsten Alis ausgehen — Mu'awija war zwar mit dem Kalifen Othman verwandt, doch er besaß überhaupt keine Bindung an die Person des Propheten Mohammed. Der Prophet aber galt bis dahin noch als der absolute Bezugspunkt in der Hierarchie des Islam. Wer eine direkte Verwandtschaft mit Mohammed nachweisen konnte, galt mehr als jeder andere. Mit der Einrichtung des Schiedsgerichts wurde diese Ordnung umgestoßen.
Mu'awija bestimmte sehr rasch seinen Vertreter im Schiedsgericht. Sein Freund und Berater Amru Ibn Aass sollte diese Aufgabe übernehmen. Auch Ali entschied sich schnell: Seinem Vetter Abdallah Ibn Abbas gab er den Auftrag, der gerechten Sache zum Sieg zu verhelfen. Da erhob Mu'awija

Einspruch: Von einer derart nahe verwandten Person sei kein unparteiisches Urteil zu erwarten. Ali reagierte nun nicht mit dem Gegenzug, auch Amru Ibn Aass als Schiedsrichter abzulehnen. Er nannte andere Namen, die aber alle nicht akzeptiert wurden. Dem Gouverneur von Syrien paßte allein ein Mann, der dem Kalifen Ali in Kufa immer feindselig begegnet war. Ali ließ sich seinen Vertreter, er hieß Abu Musa, von der gegnerischen Partei aufzwingen. Die Entscheidung des Schiedsgerichts war damit vorbestimmt.
Mu'awija präzisierte die Abmachungen in einem Vertrag. Bei der Abfassung des Textes mußte Ali noch eine weitere Demütigung hinnehmen: Sein Kalifentitel wurde fallen gelassen, da Amru das Argument vorbrachte, wer Kalif sei, solle doch gerade durch das Schiedsgericht erst festgestellt werden.

Mit seiner Signatur unter dem Dokument zog Ali neue, unvorhergesehene Schwierigkeiten auf sein Haupt. Zwölftausend der besten Kämpfer, deren Offiziere nicht zu seiner nächsten Umgebung zählten, protestierten gegen den Vertrag — er sei von Ali aus purer Feigheit abgeschlossen worden. Die Zwölftausend hatten zunächst auch dem Schiedsgericht zugestimmt, allerdings unter der Voraussetzung, daß eine offene Disputation unter Kennern des Koran stattfinde. Die Farce, daß zwei Männer zu entscheiden haben sollten, die kaum eine Ahnung von den Hintergründen des Heiligen Buches besaßen, lehnten die Führer des empörten Truppenteils ab. Sie warfen Ali vor, er hätte den Tod einer derartigen Schande vorziehen müssen. Seine Antwort: »Nur die Liebe zu meinen Söhnen und die Sorge, das Geschlecht des Propheten könne ganz erlöschen, haben mich zu solcher Nachsicht getrieben.« Mit dieser Antwort waren die Zwölftausend nicht zufrieden; sie schlugen ihr Lager abseits des Heeres von Kufa auf. Die arabische Geschichte gab ihnen den Namen »Charidjiten«, die »Ausgetretenen« — die Ausgetretenen formierten sich zu einer islamischen Sekte, die heute noch mächtig ist im Sultanat Oman im Südostzipfel der arabischen Halbinsel.

Zur verabredeten Zeit, im Monat Ramadan des Jahres 658 trat das Schiedsgericht zur Beratung zusammen. Amru Ibn Aass argumentierte, sein Mandant habe das größte Recht auf das Kalifat, da er als Rächer für den ermordeten Kalifen auftrete. Abu Musa konterte geschickt: Mu'awija nehme damit den Söhnen des toten Herrschers die Ansprüche auf die Nachfolge weg. Dieser Schachzug war Teil eines abgekarteten Spiels von großem Raffinement. Abu Musa stand zu dieser Zeit längst auf der Soldliste des Omajjadenclans in Damaskus. Nach langem Austausch von brillanten Argumenten machte Abu Musa den Vorschlag, beide Kandidaten seien als abgesetzt zu betrachten, das Volk der Gläubigen möge sich eine neuen Kalifen wählen. Beide Schiedsrichter stimmten dieser Lösung zu.

Damit war für Mu'awija der bestmögliche Ausgang erreicht. Abu Musa hatte selbst seinem Mandanten die Rechtsbasis für die Amtsführung entzogen. Amru triumphierte: »Der von Ali gewählte Schiedsrichter hält seinen Herrn nicht für würdig, das Amt auszuüben. Ich bin ganz und gar seiner Ansicht!« Er goß Hohn aus über Ali und verlangte gleichzeitig für seinen Mandanten Mu'awija die Anerkennung als Herrscher aller Gläubigen. Mit einem Taschenspielertrick war Ali in Mißkredit gebracht worden.

Die Geschehnisse in Damaskus während der nächsten Tage zeigen, daß Amru im eigenen Interesse so hoch spielte. Mu'awija hatte recht mit seinem zuvor geäußerten Verdacht, Amru wolle selbst Kalif werden. Der Ex-Gouverneur von Ägypten kam vom Ort des Schiedsgerichts zurück mit geschwelltem Selbstbewußtsein. Er hatte das Prestige Alis untergraben. Amru war überzeugt, daß ein Mann wie er, der den nächsten Verwandten des Propheten aus der Erbfolge des Kalifats ausschalten konnte, selbst zum höchsten Amt im Staate geboren sei.

Die Chronisten der damaligen Zeit vermerkten, daß Amru nach der Rückkehr zunächst nicht den Gouverneur besuchte. Er ließ Mu'awija warten. Seine Begleiter verpflichtete er über den Ausgang des Verfahrens zu schweigen. Da der Gouverneur dringend wissen wollte, wie die vorher vereinbarten Tricks gewirkt hätten, blieb Mu'awija nichts anderes übrig, als sich, mit Gefolge, in das Haus des Feldherrn zu begeben. Mu'awija war wütend, doch er beherrschte sich. In Erwartung des Gouverneurs hatte auch Amru Freunde eingeladen. Man aß gemeinsam ein Festmahl, trank Wein und übertrat damit leichten Herzens ein Verbot aus der Gesetzessammlung der ersten Kalifen.

Mu'awija bemerkte, daß seine Anhänger in der Minderzahl waren. Unauffällig beorderte er weitere Männer zu sich in das Haus des Amru. In kleinen Gruppen trafen weitere zwei Dutzend würdiger Personen aus dem Omajjadenclan an der Festtafel ein; sie drängten die Mitglieder von Amrus Stab langsam aus dem Raum. Als Mu'awija sah, daß an der Tafel fast nur noch Personen saßen, auf die er sich verlassen konnte, ließ er die Türen schließen. Ganz unvermittelt forderte er seinen Feldherrn auf, ihm in aller Form zu huldigen. Ringsum war niemand, der Amru unterstützt hätte — so blieb ihm nichts anderes übrig, er mußte Mu'awija ewige Treue schwören. Er hatte sich den Verlauf des Festmahls anders vorgestellt.

Immer verzwickter wurde die politische Lage für den glücklosen Kalifen Ali. Seine Gegner saßen im entfernten Syrien und in der nächsten Nachbarschaft. Die zwölftausend Mann der Charidjiten organisierten einen handfesten Widerstand gegen Ali. Der örtliche Befehlshaber der Stadt Madain wurde, zusammen mit seiner Frau, erschlagen, weil er sich nicht davon abbringen ließ, den Kalifen fromm und gütig zu nennen. Nach diesem blutigen Verbrechen der Charidjiten mußte Ali zunächst diese Fanatiker ausschalten. Da er nicht sofort militärisch losschlagen wollte, suchte er die Enttäuschten zuerst davon zu überzeugen, daß sein Weg von

Allah inspiriert sei. Daran glaubten die Charidjiten jedoch inzwischen nicht mehr. Ihr Vertrauen in Ali war für immer verflogen: »Wenn wir uns heute wieder auf ihn einlassen, dann wird er sich morgen doch abermals einem Schiedsgericht unterwerfen.« Die Zahl der Großsprecher verminderte sich aber rasch, als Ali entschlossen mit treuen Verbänden gegen die Charidjiten marschierte. Die »Ausgetretenen« zerstreuten sich nach kurzem Kampf. Ihre Flucht führte sie über weite Wege nach Oman und in den Jemen. Nur wenige blieben im Lande; die wenigen waren allerdings zur Rache entschlossen. Nach ihrer Meinung mußte es Allah gefallen, wenn einer von ihnen den wankelmütigen Ali beseitigte. Pläne für ein Attentat begannen zu reifen.

Ali glaubte, die Wende seines Schicksals erzwungen zu haben. Er triumphierte in der Öffentlichkeit, brüstete sich, er stehe mit Allah im Einklang. Sofort nach dem Sieg über die Charidjiten erzählte Ali, er habe gewußt, daß Allah ihn nicht im Stich lassen werde, denn in der Truppe der Empörer sei ein Mann gewesen mit einer schlaffen Hand ohne feste Knochen — der Prophet habe ihm diese Begegnung vorausgesagt mit den Worten: »Ali, es wird sich einst eine Schar wider dich erheben, die im Unrecht ist. Du wirst reichen Lohn ernten, wenn du sie ausrottest. Achte darauf, unter ihnen befindet sich ein Mann mit fleischiger Hand.« Ali praktizierte jetzt auch die Kunst, Aussagen des Propheten zu improvisieren.

Die Charidjiten waren besiegt. Mit diesem Erfolg erlosch die Kriegsbegeisterung der Männer aus Kufa vollständig. Ali rief in der Moschee immer wieder zu einem neuen Zug nach Syrien auf. Die Gläubigen hörten ihn an, doch dann gingen sie auseinander und zurück in ihre Häuser. Da formierte sich kein Heer, um für den betrogenen Ali zu kämpfen. Daß er das Schiedsgericht akzeptiert und dem Titelverzicht zugestimmt hatte, rächte sich jetzt und zeigte die restlose Zerstörung seiner Autorität.

Mu'awija baute seine Herrschaft aus: Ägypten unterwarf sich ihm, Mekka und Medina akzeptierten ihn als Mächtigen in Arabien. Ali konnte sich nur noch auf das Land an Tigris und Euphrat verlassen. Einer seiner wenigen Anhänger hat Sätze einer Rede festgehalten, die Alis Verzweiflung spiegelt: »Ich habe euch bei Tag und Nacht, geheim und öffentlich aufgefordert, die Syrer zu bekämpfen, ehe sie euch überfallen würden. Bei Allah, in dessen Hand meine Seele liegt, ihr habt mich verlassen, ihr seid stets dem Krieg ausgewichen. Meine Worte sind euch lästig geworden, ihr habt sie hinter euren Rücken geworfen. Wie wunderbar! Mu'awija siegt, obgleich er im Unrecht ist. Ihr weigert euch, für das Recht zu kämpfen! Wenn ich im Winter zu den Waffen rufe, dann sagt ihr, es sei eine Zeit der Kälte und des Frostes. Will ich euch im Sommer gegen den Feind führen, dann klagt ihr, daß die Hitze drücke und daß ihr mit dem Krieg warten wollt, bis kühlere Winde wehen. Wenn ihr euch aber vor Hitze und Kälte fürchtet, bei Allah, werdet ihr das Schwert noch viel mehr fürchten. Ihr seht wie Männer aus, aber ihr seid keine Männer. Ihr seid Menschen von weibischem Verstand und gemeiner Gesinnung.« Ali fand zurück zum Ton der Klagegesänge, die früher schon, in Medina, die Zuhörer gelangweilt hatten.

Krieg führen wollten die Männer im Zweistromland nicht mehr, aber die Gelegenheit zu Raubzügen nutzten sie aus. Dieser Teil Arabiens war ohne Herrscher; niemand garantierte die Respektierung des Rechts; keiner verhängte Strafen bei Mißachtung der Gesetze, die der Prophet und die Kalifen erlassen hatten. Einzelne Einheiten der Garnisonen zogen in Richtung Rakka. Sie überfielen die Siedlungen im syrischen Euphratgebiet, erschlugen die Menschen und raubten das Vieh. Ali wurde zum machtlosen Kommandeur von Räuberbanden, die sich selbst Befehle gaben.

In dieser Zeit der Gewalt und Rechtlosigkeit schworen drei Männer bei Allah, daß sie die Ursache des Unglücks der Araber beseitigen wollten. Den Anstoß zum Schwur gab Ab-

del Rahman Ibn Muldjam, ein Mann aus einem Stamm, der sich zu den Charidjiten rechnete. Er hatte eine enge Liebesbeziehung zu einem Mädchen, das Vater und Bruder in den sinnlosen Kämpfen der letzten Monate verloren hatte. Zusammen mit diesem Mädchen erlebte Rahman Ibn Muldjam die Not einer Familie, deren männliche Mitglieder irgendwo draußen in der Wüste verscharrt lagen. Auch aus den Wurzeln solcher Erfahrungen nährte sich der Zorn politisch denkender Köpfe gegen den unentschlossenen Ali.
Die zwei weiteren Verschwörer standen ebenfalls den Charidjiten nahe. Sie sahen die Ursache des Unglücks der Araber in der Existenz von drei Personen, die ohne Rücksicht auf die Klagen ihrer Vöker egoistische Interessen durchsetzen wollten. Drei Schädlinge, das war die Meinung der Charidjitenanhänger, mußten ausgelöscht werden: Ali, Mu'awija und Amru Ibn Aass. Jeder der Verschwörer sollte einen dieser drei Männer umbringen. Sie legten fest, daß die Tat an einem Freitag im Monat Ramadan erfolgen solle. Sie einigten sich schließlich auf den 19. Januar des Jahres 661. Die drei Attentate sollten in Kufa, Damaskus und in der ägyptischen Militärkolonie Fostat erfolgen — Ali hielt sich in Kufa auf, Mu'awija in Damaskus und Amru Ibn Aass, wie einst zur Zeit des Kalifen Omar, in Fostat.
Die Pläne waren genau abgesprochen, doch zwei der zum Tod bestimmten Männer hatten Glück. Amru Ibn Aass fühlte sich am Tag des Attentats nicht wohl. Der tödliche Stoß mit dem Dolch traf den Offizier seiner Leibgarde, der zu seinem Unheil am Morgen allein das Haus des Amru verließ. Der Mörder stach zu ohne einen Blick auf die Person geworfen zu haben, die er töten wollte. Der Mann, der das Leben Mu'awijas auslöschen sollte, war Stunden vor der geplanten Zeit des Attentats in Damaskus verhaftet worden. Nur der Dolch des Abdel Rahman Ibn Muldjam traf das vorgesehene Ziel. Ali wurde tödlich verletzt. Er starb langsam und qualvoll an Verletzungen der Lunge. Zwei Tage dauerte der Todeskampf.

Als Ali gestorben war, sagte seine Tochter Um Kulthum zu Abdel Rahman Ibn Muldjam, der in Fesseln vor ihr stand: »Meinem Vater geht es jetzt gut, doch dir wird es schlecht ergehen!« Sie legte die Todesart fest, die der Mörder erleiden sollte. Hände und Füße wurden ihm abgeschnitten, dann drückte ihm der Henker mit glühenden Eisen die Augen aus. Abdel Rahman Ibn Muldjam wehrte sich nur, als ihm die Zunge abgeschnitten werden sollte: »Ich brauche die Zunge zum Beten, solange noch Leben in mir ist!« Über den Tod Alis herrschte tiefe Trauer in den Städten an Tigris und Euphrat. Für viele war der einzige rechtmäßige Kalif gestorben. Sie beklagten freilich, daß er dem hohen Anspruch nicht gerecht hatte werden können. Unentschlossen, zögernd, aufbrausend, voll tiefer Depression — so blieb er in der Erinnerung der Menschen von Kufa. Daß er in Dingen der Moral ein Heuchler gewesen war, nahmen ihm nur wenige übel: Sein Privatleben, das er geschickt zu verbergen wußte, hatte sich auf Erotik konzentriert. In seinem Harem wohnten neun anerkannte Frauen und neunzehn Sklavinnen, die Kinder von Ali empfangen hatten. Frauen, Sklavinnen und Kinder zogen um in den Harem der Söhne von Ali.

Nach dem Tod Alis wird Arabien nur noch während ganz weniger Epochen einig sein. Der Islam bleibt in zwei Parteien gespalten: In die Schiat Ali, die Partei des Ali — hieraus leitet sich der Begriff »Schiiten« ab — und in die Sunniten, die alle Gesetze der ersten drei Kalifen als Recht anerkennen. Allein der Prophet Mohammed bleibt die gemeinsame Wurzel beider Parteien.

Die Spaltung hätte vielleicht überwunden werden können, wenn mit dem Tod Alis die Episode der religiösen und politischen Selbständigkeit der Region an Tigris und Euphrat ein Ende gefunden hätte. Die Chancen dafür standen günstig: Auf unerklärliche Weise verschwand der Sarg des Toten. Er war auf den Weg gebracht worden nach Medina — dort ist er niemals angekommen. Alis Leichnam verschwand in der

Wüste. Keine Reliquie blieb übrig, kein Grab, das Ort der Anbetung hätte werden können. In Tränen wäre die Erinnerung an Ali erstickt. Doch in Kufa lebten die Söhne, die Ansprüche erhoben. Ihre Namen waren Hasan — so hieß der älteste Sohn — und Husein — der, mehr noch als Ali, bis heute in der arabischen Welt unvergessen ist.

Ali war über sechzig Jahre alt, als ihn der Dolch traf. Sein Erbe Hasan hatte das vierte Lebensjahrzehnt erreicht. Hasan liebte die Behaglichkeit. Sein Vater hatte ihn verwöhnt. Von den Schwierigkeiten, mit denen Ali hatte kämpfen müssen, bekam Hasan in den langen Jahren des Bürgerkriegs nichts zu spüren. Am liebsten hielt er sich im Harem auf. Die arabischen Historiker sind sich einig, daß Hasan viele Ehen geschlossen hat. Nur über die Zahl der Frauen streiten die Chronisten. Einige sagen, er habe neunzig, andere sagen, er habe nur siebzig Frauen in seinem Harem versammelt. Die Diskrepanz resultiert sicher aus der Schwierigkeit, die Zahlen früher Dokumente in arabischer Schrift korrekt zu entziffern.

Der Erbe sieht sich konfrontiert mit einer Bevölkerung, die den Krieg will. In der Stunde der Huldigung verlangen die einflußreichen Politiker von Hasan die Fortsetzung des Kampfes gegen das Heer Mu'awijas. Auf ihren Befehl strömen vierzigtausend Männer in Kufa zusammen. Der Stadtadel, der sich in den letzten Jahren aus der Militärkaste gebildet hatte, ist jetzt bereit zur Abrechnung mit Mu'awija. Dieselben Männer, die wenige Tage zuvor Ali den Rücken zugewendet hatten, wenn er von der heiligen Pflicht zum Feldzug gegen die Syrer sprach, vollziehen mit souveräner Selbstverständlichkeit einen radikalen Wechsel der Politik — und die Massen folgen ihnen.

Das Kriegsgeschrei erschreckt den bequemen Hasan. In der Antwort auf die Huldigungsadresse ließ er sich eine Hintertür offen: »Ich verlange von euch, daß ihr Frieden schließt, mit wem ich Frieden schließen möchte. Ihr müßt Krieg füh-

ren, mit wem ich Krieg führen will!« Hasan ist entschlossen, mit niemanden in Streit zu geraten.
Das Heer von vierzigtausend Mann steht bereit und will beschäftigt werden. Hasan läßt die Truppe von Kufa abmarschieren. Er selbst bleibt zunächst zurück; später folgt er mit seinem Harem. Trotz des langsamen Vormarsches treffen die irakischen Verbände schließlich auf die Vorposten der Männer Mu'awijas. Die Armee aus Kufa wird jedoch nicht zu einem konzentrierten, Angriff geführt, sondern verzettelt sich in Scharmützeln. Die Folge ist, daß sie nach und nach aufgerieben wird. In Panik fliehen die Überlebenden zurück zur Hauptstadt. Unterwegs treffen sie auf das Lager ihres Herrn. Hasan wird von einem guten Dutzend Kämpfer verprügelt und ausgeplündert. Er ist froh, daß er seinen Harem retten kann.
Hasan hat keine Lust mehr, dieses Abenteuer fortzusetzen. Gesandte gehen ab nach Damaskus mit einem Friedensangebot, das Mu'awija gefällt: Hasan verzichtet auf alle Ansprüche, die durch das Amt seines Vaters auf ihn gekommen sind. Er verlangt für den Verzicht eine finanzielle Entschädigung in Höhe von umgerechnet rund zehn Millionen Mark und eine jährliche Pension. Um sich zu rechtfertigen, erfindet Hasan einen Ausspruch des Propheten Mohammed, der dieser Kapitulation die Weihe des Gehorsams gegenüber Allah gibt: »Durch Hasan wird Allah einst zwei islamische Parteien, die sich als Todfeinde gegenüberstehen, wieder zu einem Volk vereinigen.«
Der jüngere Bruder Husein widersetzte sich Hasans Verzicht auf die Machtansprüche, weil er darin den schlimmsten Verrat am Erbe des Vaters sah. Sein Protest blieb ohne Erfolg: Sechs Monate nach Alis Tod konnte Mu'awija in Kufa einziehen. Hasan begründete vor dem Volk seiner Hauptstadt den Rücktritt so: »Jeder Herrschaft ist von Allah nur eine bestimmte Dauer zugewiesen. Allah hat die Welt dem Wechsel unterworfen. Allah hat dem Propheten gesagt: Die Welt ist euch nur gegeben für eine gewisse Zeit«. Hasan

lebte nicht mehr lange. Arabische Chronisten, die zur Partei der Schiiten gehörten, hörten damals an den Lagerfeuern der Beduinen die Erzählung, daß Hasan, der älteste Sohn des Schwiegersohns des Propheten — und damit ein Enkel Mohammeds — im Auftrage Mu'awijas umgebracht worden sei. Hasans Frau Asma — sie war eine von den siebzig oder neunzig Frauen — habe ein vergiftetes Tuch aus Damaskus erhalten mit dieser Gebrauchsanweisung: »Wenn Hasan seinen Samen in dich ergossen hat, dann gib ihm dieses Tuch zum Abtrocknen.« Da Asma an das Versprechen glaubte, der Sohn Mu'awijas werde sie heiraten wenn Hasan erst tot sei, reichte sie ihrem Mann nach der körperlichen Vereinigung das Tuch, damit er sich säubere. Das Gift, mit dem es präpariert war, drang durch das Glied ins Blut. Hasan starb. Der Sohn Mu'awijas aber dachte nicht daran, sein Asma gegebenes Versprechen einzulösen.

Der jüngere Sohn des Ali, Husein, nahm den Mord an seinem Bruder nicht übel. Er rückte jetzt an die Spitze der Schiitenpartei. Husein hielt sich fern vom Palast des syrischen Statthalters am Tigris — er rebellierte nicht, doch er biederte sich auch nicht an.

Die Verantwortung für die Region von Kufa übertrug Mu'awija mit feinem Gespür einem Mann, der früher zu den Stützen von Alis Regime gezählt hatte. Er hieß Ziad und litt sehr unter dem Makel, daß eine Sklavin ihn geboren hatte. Sumejja, seine Mutter, war Eigentum der Hind gewesen, der Mutter Mu'awijas. Der unfrei geborene Ziad und der adlige Mu'awija waren Kinder desselben Vaters. Mu'awija kannte die näheren Umstände. Er wußte, daß sein Vater die Sklavin Sumejja verkauft hatte, als sie von ihm schwanger geworden war. Ziad wollte, daß diese Ungerechtigkeit korrigiert werde. Mu'awija erkannte die Möglichkeit, einen wichtigen Mann der Schiat Ali für sich zu gewinnen: Er adoptierte den Halbbruder. Für diese Geste der Aufnahme in die Familie blieb Ziad ihm für immer dankbar.

Mu'awija hörte manchen Vorwurf aus den Kreisen besonders gläubiger Männer. Sie wiesen darauf hin, daß das Kind einer Sklavin dem jeweiligen Herrn der Sklavin gehöre. Dieses Gesetz war sogar anzuwenden, wenn das Kind der Sklavin, wie im Falle Ziads, bereits ein erwachsener Mann war. Mu'awija kümmerte sich nicht um die Einwände der Rechtsgelehrten.

Ziad übernahm für Mu'awija die Verwaltung eines Teiles der irakischen Provinz mit dem Auftrag, dort für Ordnung zu sorgen. Zwischen Tigris und Euphrat hausten Banden, die das Land ausplünderten. Sie rekrutierten sich aus Anhängern der Charidjiten, aus zersprengten Angehörigen der Truppenverbände Alis. Der Sohn der Sklavin regierte mit Härte. Er ist der erste unter den Mächtigen Arabiens, die despotische Mittel zur Zähmung ihrer Untertanen einsetzten. Wer nur im geringsten verdächtigt wurde, die Charidjiten oder die Partei Alis zu unterstützen, wurde auf der Stelle ohne Untersuchung der Umstände von der Leibwache des Gouverneurs hingerichtet.

Um verschwörerische Umtriebe unmöglich zu machen, verhängte Ziad über die Städte und Siedlungen um Basra und Kufa für die Stunden zwischen Sonnenuntergang und Sonnenaufgang Ausgangsverbot. Rigoros wurde derjenige umgebracht, der sich nachts auf der Straße zeigte. Einmal kam ein Beduine bei Dunkelheit in die Stadt Basra; er legte sich zum Schlafen in einen Winkel des Marktes. Die Wache ergriff den Mann und schleppte ihn zum Gouverneur. Vergeblich verteidigte sich der Beduine, er sei fremd und kenne die Gesetze nicht. Ziad antwortete: »Sicher hast du recht und sprichst die Wahrheit. Doch jeder muß sterben, der meine Gebote übertritt.«

Die harte Hand des Statthalters Ziad schuf im Irak und in Persien eine sichere Basis für weitere Eroberungszüge der Araber nach Osten. Mu'awija, nach der Ausschaltung seines wichtigsten Gegenspielers Ali unangefochtener Inhaber des Kalifenamts, trieb die Reiterverbände, die sich nicht mehr im

Bruderkrieg gegenseitig zermürben mußten, weit nach Osten. Aus der persischen Provinz Chorasan brachen die mobilen Einheiten auf — zusammengewürfelt aus Verbänden Alis und Mu'awijas, aber vom Gedanken besessen, Beute zu machen. Die Kleinstaaten südlich des Aralsees zerbrachen unter dem Ansturm. Die Reiter überquerten den Oxus, er trägt heute den Namen Amudarja und fließt vom Pamirgebirge in den Aralsee. Weiter südlich drangen die Moslems bis zur Grenze des indischen Subkontinents vor. Sie beherrschten zeitweise den Verlauf des Indus.
Mu'awija selbst besaß nur geringe Kenntnis von jenen Gebieten, die von seiner Armee besetzt wurden. Selbst die Menschen des Irak waren ihm nur aus Berichten seiner Offiziere bekannt. Einmal, so wird erzählt, habe er sich dazu durchgerungen, einen Mann aus dem Gebiet an Euphrat und Tigris zu empfangen. Der Kalif wollte sich über die Denkweise der Menschen dort informieren. Er fragte den Mann: »Was für einen Rat gibst du mir für's Leben?« Die Antwort des Gastes aus dem Osten: »Kämme dir das Haar, schneide regelmäßig die Überlänge des Barts ab, stutze die Fingernägel, rasiere dir die Schamhaare weg, zupfe die Haare der Achselhöhlen aus und benutze regelmäßig das Zahnputzholz. An jedem Freitag nimm die vollkommene Waschung vor.« Der Kalif wollte weiter wissen: »Wie hältst du es, Mann aus dem Irak, mit deiner Frau?« Diesmal kam die Antwort nur zögernd: »Ich rede mit ihr, berühre sie dann, bis sie Verlangen empfindet. Dann lege ich sie auf den Rücken. Wenn mein Samen in ihrem Schoße ist, spreche ich die Worte: Allah segne den Samen und lasse kein Unheil aus ihm erwachsen. Dann wasche ich mich, erst die Hände, dann den Leib. Dann preise ich Allah wegen der Gnade, die er mir gewährt hat.« Mu'awija zeigte sich beeindruckt nach diesem Gespräch von den guten Sitten der Männer an Euphrat und Tigris.
Daß die Spaltung des arabischen Reichs durch die Intelligenz und die Rücksichtslosigkeit Mu'awijas vorübergehend überwunden werden konnte, zahlte sich aus. Unbehindert

von Querelen, eroberten die Araber einen breiten Küstenstreifen in Nordafrika, der bis dahin in der Hand der Byzantiner war. Die arabischen Krieger erreichten nach heftigen und blutigen Kämpfen mit den Berberstämmen den Atlantik. Beim Tod Mu'awijas erstreckte sich das arabische Reich in der Ost-West-Ausdehnung vom Indus bis zum Atlantik. Der islamische Block war zu einem Faktor der Weltpolitik geworden. Innerhalb weniger Jahre hatten sich die Araber aus den Oasen der Wüste um Mekka und Medina in einer gewaltigen Anstrengung den riesigen Raum unterworfen.

Mit achtundsiebzig Jahren stirbt Mu'awija. Vierzig Jahre lang hatte er Macht ausgeübt — die Hälfte dieser Zeit als Gouverneur von Syrien, die andere Hälfte als souveräner Kalif. Aus dem Emporkömmling, der die Tricks der Menschenbehandlung beherrschte, war ein kluger Herrscher geworden. Seine besondere Aufmerksamkeit hatte den Staatsfinanzen gegolten. In die übernommene Struktur der Verwaltung hatte Mu'awija die Position des Finanzkontrolleurs eingefügt. Dieser Beamte überwachte die Ausfertigung der Geldanweisungen. Konkreter Anlaß zur Bestallung des Finanzkontrolleurs war ein Fehler von Mu'awijas Sekretär: Einem Stammeschef waren aus Versehen statt hunderttausend Dirham zweihunderttausend Dirham ausbezahlt worden. Der Sekretär entschuldigte sich mit dem Argument, er sei überlastet.

Am Ende seines Lebens fühlte sich Mu'awija — er war ein dicker Mann mit Atembeschwerden — von Müdigkeit niedergedrückt. In seiner letzten Freitagsansprache vor den Gläubigen in der Moschee von Damaskus sagte er: »Ich fühle mich wie das reife Korn, das sich nach der Sense sehnt.«

»Im Namen Allahs, des Allbarmherzigen, Allmilden. Dieses Schreiben ist diktiert von Jezid, dem Diener Allahs, dem Beherrscher der Gläubigen. Mu'awija, der Diener Allahs, den Allah durch Macht und Herrschaft geehrt, hat nach der Vorherbestimmung Allahs gelebt, und der Herr hat sich zu der von ihm festgesetzten Zeit seiner erbarmt. Mu'awijas Leben war Allah gefällig. Er ist in Ehren und in der Furcht Allahs gestorben. Die Bewohner des Reiches, Vornehme und Geringe haben aufs Neue zu huldigen und Gehorsam und Unterwerfung zu schwören.«

Jezid, der Autor des Schreibens, ist der Sohn Mu'awijas. Er ist bei der Amtsübernahme ein erfahrener Mann von vierzig Jahren. Reibungslos verläuft die Huldigung in Damaskus, im Irak und in den nordafrikanischen Provinzen. Sorge hat Jezid allein vor der Stimmung in Medina. Dort lebt Husein, der jüngere Sohn des von Mu'awija so rücksichtslos aus dem Kalifenamt verdrängten Ali. Husein kann, als Enkel des Propheten, den Herrschertitel beanspruchen. Er besitzt bessere Rechte als Jezid, der sich nur auf eine entfernte Verwandtschaft zum Propheten berufen kann. Die Gefahr besteht, daß Husein beim Empfang der Nachricht vom Tode des Kalifen Mu'awija seine Ansprüche anmeldet. Bisher hatte sich der Prophetenenkel zurückgehalten — doch in Damaskus kannten die Beamten der Reichsverwaltung die Kontakte zwischen Husein und schiitischen Gruppen am Tigris.

Um dem Sohn Alis die Chance zu nehmen, in Medina eine Gegenregierung zu etablieren, schickt Jezid die erste Kopie des Schreibens, das seine Machtübernahme verkündet, mit Reitern auf schnellen Kamelen nach Medina. Ein Begleitbrief weist Walid Ibn Otba, den Statthalter von Medina an, den gefährlichen Gegner sofort zur Huldigung zu veranlassen; sollte sich Husein wehren, so lautet die Order, muß er sofort getötet werden.

In Medina weiß noch niemand, daß Kalif Mu'awija gestorben ist. Husein ahnt, was in der Hauptstadt Damaskus geschehen ist, als er ganz unvorhergesehen eine eilige Einladung zu Walid Ibn Otba erhält — noch nie war der Sohn Alis in den Palast des omajjadischen Gouverneurs gebeten worden. Ehe er sein eigenes Haus verläßt, sagt Husein: »Ich glaube, Mu'awija ist tot. Ich habe heute Nacht im Traum seinen Sessel umgestoßen. Danach sah ich seinen Palast in

Flammen!« Husein fogte der Einladung des Walid Ibn Otba unter Beachtung traditioneller Sicherheitsmaßnahmen. Er nahm fünfzig Männer mit, verläßliche Personen aus seiner Familie. So konnte er es sich leisten, ungerührt der Verlesung des Briefes aus Damaskus zuzuhören. Husein nahm auch die Aufforderung zur sofortigen Huldigung ohne Zornausbruch hin. Er verwies allerdings darauf, daß es würdiger sei, die Huldigung am Morgen in der Moschee zu leisten. Walid Ibn Otba mußte diesem Aufschub zustimmen — im Angesicht der fünfzig bewaffneten Männer war die sofortige Huldigung nicht durchzusetzen. Am frühen Morgen aber wartete der Statthalter vergebens: Husein war in der Nacht nach Mekka entwichen.

Die Nachricht vom glücklichen Ausgang der Flucht des Sohns ihres einstigen Kalifen war innerhalb von zwei Wochen zu den Bewohnern der Städte am Tigris gedrungen. In Kufa strömten die Menschen auf dem Platz vor der Moschee zusammen. Sie tanzten nach alten Ritualen unter lauten hysterischen Schreien der Begeisterung. Rasch organisierte Sprechchöre forderten die Masse auf, an diesem Enkel des Propheten alles wieder gutzumachen, was gegenüber Ali je an Gehorsam versäumt worden sei. Die Honoratioren schickten nacheinander vier Boten auf schnellen Kamelen in Richtung Medina. Dem letzten dieser Boten war das Ergebnis einer Unterschriftensammlung anvertraut. Auf hundertfünfzig Blättern standen die Namen von mehreren tausend Männern der Stadt Kufa: Diese Männer flehten Husein an, zu ihnen zu kommen. Sie alle wollten Husein zum Kalifen proklamieren.

Der Enkel des Propheten zeigte wenig Neigung, dem Beispiel von Ali und Hasan zu folgen — ihre Abenteuer in Kufa waren in Unglück und Schmach zu Ende gegangen. Husein hatte Grund zur Furcht, daß ihm sein Engagement ebenfalls den Tod bringen könne. Vorsichtshalber schickte er zunächst einen Vetter nach Kufa, der sich, als Privatmann, umsehen und dann berichten sollte.

Dieser Vetter, er trug den Namen Muslim Ibn Akil, mußte bei seiner Ankunft feststellen, daß die Begeisterung der Leute von Kufa für den Nachkommen des Ali bereits deutlich abgeflaut war. Einige hundert einflußreiche Personen standen noch zu ihrer Petition, doch sie mußten vorsichtig sein, da Numan Ibn Beschir, der Vertreter des Kalifen Jezid in der Stadt, schon über die Ritte der Boten nach Medina unterrichtet war. Beim Freitagsgebet sprach er die Verschwörer direkt an: »Ich weiß genau, was bei euch vorgeht. Ich werde die Feindseligkeiten nicht eröffnen. Ich werde niemanden, so verdächtig er mir auch erscheinen mag, im Schlaf stören. Doch brecht ihr euren Eid, dann trifft euch mein Schwert.«

Jezid, dem Kalifen, paßte die nachgiebige Haltung seines Gouverneurs nicht. Er ernannte einen Nachfolger und schickte ihn mit den schnellsten Reitkamelen an den Tigris. Der neue Gouverneur, Ubeid Allah Ibn Zijad, war ein Politiker, der über einen reichen Vorrat an Tricks verfügte. Er wollte zunächst wissen, wie die Menschen in Kufa wirklich über Husein dachten.

Eine kleine Gruppe von Bewaffneten begleitete ihn am späten Nachmittag beim Einzug in die Stadt. Ubeid Allah Ibn Zijad hatte sein Gesicht verhüllt. Auf die Frage, wer der Fremde sei, der sich hinter einem Tuch verstecke, antworteten die Begleiter: »Husein ist gekommen!« Die Straßen füllten sich in kurzer Zeit mit begeisterten Anhängern und Schaulustigen. Immer mehr Menschen zogen mit, bis Ubeid Allah Ibn Zijad vor dem Haus des Statthalters anhielt. Sein Vorgänger, der nichts von seiner Absetzung und nichts von der Ernennung eines neuen Gouverneurs wußte, hatte die Tore schließen lassen. Numan Ibn Beschir rief durch ein Fenster auf die Straße: »Kehre um und steige nicht hier ab! Du gehst zu Grunde. Ich möchte nicht, daß es einst heißt, Husein, der Sohn des Ali, ist vor dem Hause des Numan Ibn Beschir umgebracht worden.« Jetzt gab sich der neue Gouverneur zu erkennen. Eine Panik brach aus — innerhalb weniger Augenblicke waren die Straßen leergefegt.

Am anderen Mogen befahl Ubeid Allah Ibn Zijad den Bewohnern der Stadt Kufa, jeder habe zu prüfen, ob sein Nachbar zu den Rebellen gehöre; Verdachtsmomente seien sofort zu melden. Argwohn zog ein in die Stadt. Keiner konnte dem anderen mehr trauen.

Seit der Stunde der Ankunft des neuen Gouverneurs hielt sich Huseins Vetter verborgen. Durch systematische Befragung erfuhren die Agenten, die Ubeid Allah Ibn Zijad durch die Straßen schickte, daß Muslim Ibn Akil im Haus eines Anhängers versteckt gehalten werde. Der Besitzer des Hauses wurde vorgeladen. Er verschwieg seine Sympathie für Husein und Muslim Ibn Akil nicht. Über soviel Kühnheit wurde Ubeid Allah Ibn Zijad wütend: Er schlug auf den Anhänger Huseins mit dem Stock ein und ließ ihn in den Kerker werfen.

Die Nachricht von der Mißhandlung eines Mannes aus ihrer Mitte trieb die Menschen wieder auf die Straße. Sie rotteten sich vor dem Hause des Gouverneurs zusammen und brüllten Haßgesänge gegen die Mauern. Da sich im Hause nichts regte, zerstreuten sich die Massen nach und nach wieder. Muslim Ibn Akil hatte in den Stunden der Aufregung unentdeckt ein anderes Versteck gefunden. Die Agenten des Ubeid Allah Ibn Zijad spürten ihn jedoch bald wieder auf. Diesmal ergriffen sie ihn und schleppten ihn ins Haus des Gouverneurs. Erneut brach die Entrüstung los in Kufa: In Kolonnen zogen die Bewohner zum Platz vor dem Gouverneurspalast, andere quälten sich, Hand in Hand, als menschliche Ketten unter lautem Weinen durch die Gassen.

Der neuernannte Statthalter hatte jetzt erkannt, daß diese Menschen ihm nicht gefährlich werden konnten. Sie waren nur fähig zu jammern. Er ließ den Muslim Ibn Akil auf dem Dach des Hauses mit dem Schwert hinrichten. Der Henker hatte sein Opfer so aufgestellt, daß der Kopf nach dem Hieb der Waffe in hohem Bogen davonflog und mitten unter die Menschenmasse fiel.

Am Tag der Hinrichtung seines Vetters war Husein mit großem Gefolge bereits auf dem Weg in den Irak. Er ritt nicht auf dem direkten, häufig benutzten Weg von Mekka nach Kufa; er durchquerte die Steppenstriche, die sich im Bogen von den Küstenzonen des Roten Meeres und des Mittelmeers zum Euphrat erstreckten. In diesen Gegenden wurde er von den Omajjadenhäschern nicht gesucht. Nach einer Reise von drei Wochen erreichte Husein Kadesia, ein winziges Dorf, zehn Kilometer vom Euphrat entfernt. Kadesia lag im Nordwesten von Kufa.

Die Ungeduld hatte Husein aus Mekka getrieben. Er wollte nicht den ausführlichen Bericht seines Vetters abwarten. Spontan hatte er den Entschluß gefaßt, sich in dieses Abenteuer zu stürzen. Er hatte die Frauen seines Harems auf Kamele gesetzt, die nötigsten Gegenstände des Haushalts verladen und war mit der Karawane losgeritten. Als er schließlich erfuhr, daß Muslim Ibn Akil umgebracht worden war, bestand keine Chance mehr, ungeschoren nach Mekka zurückzukehren. Der Weg nach Süden war abgeschnitten durch die berittene Truppe des Gouverneurs aus Medina, der von Huseins Zug nach Kufa erfahren hatte. Husein saß bei Kadesia in der Zange, denn auch Ubeid Allah Ibn Zijad hatte der Karawane einen Sperriegel aus schnellen berittenen Verbänden in den Weg gelegt. Nach sicher übertriebenen Berichten aus jener Zeit hatte der Gouverneur nahezu zehntausend Mann für diese militärische Operation mobilisieren können. Als Husein erkannte, daß ihm der Weg abgeschnitten war, rückte er mit seiner kleinen Gruppe näher an den Euphrat heran; er wollte den Männern, Frauen, Kindern und Tieren den Zugang zum Wasser sichern. Der nächste Ort, den er von seinem Lager aus sehen konnte, hieß Kerbela.

Die Truppe aus Kufa entdeckte die Karawane des Husein rasch. In allen Formen der Höflichkeit begann der Kommandeur ein Gespräch mit dem Enkel des Propheten Mohammed. Husein teilte dem Offizier mit, er sei bereit, den Kalifen Jezid anzuerkennen, er bitte nur darum, mit seiner Familie unbehelligt nach Mekka zurückkehren zu dürfen. Ohne weitere politische Aktivität wolle er dann in einem Haus nahe der heiligen Kaaba sein Leben beschließen. Wenige Stunden später war der Gouverneur in Kufa vom Wunsch des Husein informiert. Ubeid Allah Ibn Zijad reagierte schroff: Husein muß getötet werden — ergibt sich dazu unglücklicherweise kein Anlaß, ist er als Gefangener nach Kufa zu bringen zum Weitertransport in die Hauptstadt Damaskus.

Am Nachmittag des 9. Oktober des Jahres 680 hatte der Kommandeur der Kufaner bei Kerbela die Antwort des Gouverneurs in der Hand. Dem Schreiben war eine böse Rüge beigefügt: Ubeid Allah Ibn Zijad hatte kein Verständnis für die Verzögerung; Husein hätte sofort bei der ersten Begegnung umgebracht werden müssen.

Die kleine Gruppe aus Mekka war in engem Kreis von den Männern des Gouverneurs umschlossen. Die Belagerer und die Eingeschlossenen kauerten im Schatten der Kamele und warteten. Der Kommandeur aus Kufa wollte, daß Ali kapituliere. Er hatte Scheu davor, das Blut eines Mannes aus der Familie des Propheten zu vergießen. Husein aber schloß für sich den Gang in die Gefangenschaft aus.

Eine Nacht lang, in den Stunden der Kühle nach dem heißen Tag, sprach er vom Unglück, das seine Familie über die Araber gebracht habe. Dem Streit, ausgelöst durch Ehrgeiz einer Sippe, müsse ein Ende gesetzt werden. Für kurze Zeit schlief Husein. Sein Traum, so sagte er beim Erwachen, sei tröstlich gewesen: Der Prophet sei ihm erschienen und habe ihm mitgeteilt, daß Husein am Abend bei ihm im Paradiese sein werde. Auf die Erzählung hin weinten die Familienmitglieder. Husein herrschte sie an: »Wenn ihr weint, dann lacht der Feind!«

Bei Sonnenaufgang stieg Husein auf sein Kamel. Der Kreis der Feinde war noch enger geworden; er brauchte seine

Stimme für die Ansprache nur wenig zu heben. Den Moslems der Shiat Ali, der Partei des Ali, sind Huseins Worte bis heute heilig: »Wißt ihr denn nicht, daß ich der Sohn Fatimas, der Sohn der Tochter des Mohammed, bin. Ich bin der Sohn des Ali, des ersten Gläubigen im Islam, zu dem der Prophet gesagt hat: Dein Fleisch ist mein Fleisch und dein Blut ist mein Blut. Bin ich nicht Hasans Bruder? Von dem der Prophet gesagt hat: Dieser Jüngling ist der Herr aller Bewohner des Paradieses. Wenn ihr Moslems seid und wenn ihr zum Volk meines Großvaters gehört, wie wollt ihr dann am Tage der Auferstehung die Feindschaft mit mir vor Allah rechtfertigen? Verehren doch die Christen selbst den Staub unter den Füßen des Esels von Christus, und die Juden jede Spur, die sich von Moses erhalten hat. Ihr aber wollt mein Blut vergießen, obgleich ich bei Mohammed hoch angesehen war. Was habe ich begangen, daß ihr glaubt das Recht zu haben, mich zu töten? Bin ich ein Mörder oder ein Räuber? Oh ihr Männer aus Kufa! Ich lebte zurückgezogen in Mekka, bis ihr mich schriftlich eingeladen habt, als euer Herrscher zu euch zu kommen. Wenn ihr euch die Gnade Allahs erhalten wollt und die Fürsprache meines Großvaters, so laßt mich nach Mekka zurückkehren, denn mich reizt keine weltliche Herrschaft mehr!«

Die Rede des Husein soll mehrere Stunden gedauert haben. Die Sonne stieg hoch. Husein und die Familienmitglieder litten Durst; der Belagerungskreis schnitt sie ab vom Wasser des Euphrat. Als Huseins Ansprache kein Ende nahm, wurde der Kommandeur aus Kufa ungeduldig — er fürchtete neue Vorwürfe des Gouverneurs. Da gab er den Befehl zum Angriff. Die ersten Attacken wurden abgewehrt von den Männern aus Huseins Begleitung. Die Chronisten der Schiiten berichten, daß sogar der erst zehnjährige Bruder Huseins mehrere Gegner erschlagen habe. Der Kampf zog sich hin bis in die sengende Hitze des Mittags. Durst und Blutverlust reduzierten die Kraft der Verteidiger. Sie wurden auseinandergetrieben, die Abwehrfront zerbrach. Die Frauen waren

hilflos den Angreifern preisgegeben; sie mußten zusehen, wie ihre Kinder im Sand zertreten wurden.
Husein versuchte, sich durch Koranseiten zu schützen, die er an eine Stange heftete — mit dieser Stange wehrte er Schwerthiebe ab. Doch dieser Trick, zum erstenmal von Mu'awijas Feldherr erprobt, wirkte diesmal nicht. Die Gier nach Blut vernebelte die Hirne. Die Männer aus Kufa waren nur von dem einen Gedanken besessen, diese Sippe, die ihnen jahrelang Unglück gebracht hatte, auszulöschen. Es gelang dem Enkel des Propheten, sich zum Ufer des Euphrat durchzuschlagen und einen Schluck Wasser zu trinken. Die Zeugen des Kampfes erzählten später präzise, wieviel Wunden Husein seit den Morgenstunden geschlagen worden waren: Husein habe, so lautet ihr Bericht, aus vierunddreißig Schwertwunden und dreiunddreißig Pfeilwunden geblutet.
Schließlich erliegt Husein seinen Verwundungen. Die Sieger schlagen ihm den Kopf ab. Den Rumpf lassen sie liegen; er wird Tage später von den Bewohnern einiger Häuser in der Nähe beerdigt.
Über dem Grabplatz errichteten die Gläubigen der Schiat Ali Jahre später eine Moschee. Sie ist — im Laufe der Jahrhunderte zerstört, wiederaufgebaut, verändert — bis heute das Heiligtum der Schiiten. Die Anhänger dieser Glaubensrichtung erinnern sich jedes Jahr an Huseins Todestag in heißen Gebeten und durch Selbstgeißelung des Martyriums von Kerbela. Für sie sind allein Alis Nachkommen Hasan und Husein die von Allah eingesetzten rechtmäßigen Nachfolger des Propheten.
Der Kalif Jezid hatte gehofft, mit der Liqidierung Huseins die Konkurrenten um die Macht beseitigt zu haben. Doch er machte, in einer Anwandlung von Milde, einen taktischen Fehler. Zunächst ließ er zu, daß die malträtierten Frauen aus Alis Familie nach Kufa gebracht wurden. Der Anblick der zerschundenen Kreaturen beeinflußte die Stimmung der wankelmütigen Gemüter sofort. Die Menschen, die der Gruppe der vor Schwäche taumelnden Frauen zusahen, be-

gannen zu weinen. Schließlich schrien sie auf in furchtbarer Hysterie. Die Frauen am Straßenrand zerkratzten sich die Brüste. Zum erstenmal sind die gellenden tierischen Schreie zu hören, die seither Jahr für Jahr Huseins Todestag begleiten. In selbstquälerischen Posen, in Verrenkungen kauerten Männer und Frauen am Boden. Jeder gab sich selbst die Schuld am schmählichen Untergang des edelsten Geschlechtes, das je auf dem Boden Arabiens gelebt habe. Eine der Töchter des Husein wunderte sich: »Warum weint ihr? Etwa wegen uns? Ihr habt uns durch Briefe und Boten hierhergelockt. Dann habt ihr selbst unsere Männer getötet. Jetzt heult ihr wieder.«

Nach dieser Erfahrung mit den wechselnden Stimmungen der Menschen in Kufa schickte der Kalif Jezid die gefangenen Frauen in einer stark bewachten Kamelkarawane nach Medina. Dort zeigten die Menschen ihre Trauer nicht durch hysterische Anfälle, wie in Kufa — in Medina berieten verständige Männer darüber, daß ein Unrecht geschehen sei an einer von Allah bevorzugten Familie ihrer Stadt. Sie sprachen von Blutschuld und sie fragten nach dem Schuldigen. Da fiel nur ein Name: Jezid Ibn Mu'awija — Jezid, Sohn des Mu'awija.

Abdallah Ibn Zubair war ein ehrgeiziger Mann. Er erkannte die politischen Möglichkeiten, die eine Spaltung des Glaubens bot. Er, und mit ihm alle die Notabeln, die einst mächtig waren in Medina, hatten mit Eifersucht auf die Hauptstädte im Norden geblickt, auf Damaskus, auf Kufa. Aus den Verwaltungszentren waren auch bedeutende Mittelpunkte des Handels geworden. Der Reichtum des islamischen Staates konzentrierte sich in Damaskus. Medina aber sank im Laufe der Jahre ab zu einer unwichtigen Beduinenstadt, deren Bewohner von den einstigen Glanzzeiten träumten. Die Menschen von Medina vergaßen nicht, daß der Prophet und die ersten Kalifen, die mächtigsten Personen des Reichs, einst, wie andere Männer auch, zu Fuß von ihren Häusern

hinüber zur Moschee geschritten waren. Damals war Medina politischer Mittelpunkt der islamischen Welt.
Abdallah Ibn Zubair machte sich zum Sprecher derjenigen, die sich eine Erneuerung des früheren Zustands wünschten. Wenn der Kalif nicht mehr nach Medina kam, mußte ein neuer Kalif für Medina gefunden werden. Eine Strecke von tausend Kilometern trennte Medina von Damaskus, sie konnte ein Gefühl der Sicherheit geben vor zu raschen Reaktionen des Kalifen Jezid. Trotz der großen Distanz fing Abdallah Ibn Zubair die Lostrennung von Damaskus behutsam an. Sein Vorteil war, daß er über Mekka, über den religiösen Mittelpunkt verfügte.
Die Kaaba in Mekka, vierhundert Kilometer südlich von Medina gelegen, war seit den Offenbarungen des Propheten der Ort, wohin der Gläubige bei seinen täglichen Gebeten das Gesicht zu wenden hat. »Kaaba« ist das arabische Wort für »Würfel«. In der Form eines unregelmäßigen Würfels steht der heilige Bau mitten im Innenhof der Moschee von Mekka. Er ist zwölf Meter lang, zehn Meter breit und fünfzehn Meter hoch. In die Ostecke der Kaaba ist der Schwarze Stein eingelassen — wahrscheinlich ist es ein Meteor — den, so sagt die islamische Legende, der Erzengel Gabriel vor langer Zeit Abraham überbracht habe.
Von Mekka aus, von der Kaaba, nahm die islamische Glaubensbewegung ihren Anfang. Die Moslems bekundeten mit ihren Wallfahrten zur Kaaba, daß Mekka — trotz der Verlegung des politischen Schwerpunkts nach Norden — nie aufgehört hat, die Gläubigen durch sein Heiligtum zu faszinieren. Die geistige Kraft des Islam besaß ihren Kristallisationskern unverrückbar in dieser Stadt. Abdallah Ibn Zubair und seine Freunde wollten, daß auch die politische Gewalt wieder nach Mekka zurückkehre.
Der vorsichtige Rebell Abdallah Ibn Zubair gab sich zunächst den bescheidenen Titel »Schützling des Heiligen Hauses«. Diese Bezeichnung konnte ihm niemand verwehren. So langsam aber änderte sich die Bedeutung des Titels

in »Beschützer des Heiligen Hauses«; damit sprach sich Abdallah Ibn Zubair Funktion und Macht zu. Seine Freunde sagten wenige Wochen später schon »Beherrscher der Gläubigen« und »Kalif« zu ihm.
Für die Zentralgewalt in Damaskus entstand eine Gefahr, die vom wirklichen Kalifen Jezid richtig eingeschätzt wurde. Er sah genau die psychologische Auswirkung des Gemetzels von Kerbela: Da war das Blut des Propheten vergossen worden, denn Husein war vom Fleisch und vom Blute Mohammeds gewesen. In Mekka, der Stadt des Propheten, schrie dieses Blut nach Rache. Jezid mußte auf die Herausforderung reagieren.
Der Kalif leistete einen Schwur: Er versprach bei Allah, den abtrünnigen Abdallah Ibn Zubair mit gefesselten Händen und mit einer Kette um den Hals nach Damaskus zu holen. Zur Vorbereitung dieses Triumphzuges ließ er bereits eine silberne Kette anfertigen. Amru Ibn Zubair, ein Bruder des selbsternannten Gegenkalifen, zog mit einem Heer von einigen tausend Männern nach Mekka, um Abdallah Ibn Zubair zur Huldigung zu zwingen. Die beiden Brüder waren Todfeinde — ihr Streit hatte begonnen, als sie beide vor Jahren dieselbe Frau besitzen wollten.
Der Kampf der Brüder endete mit dem Sieg des »Beschützers des Heiligen Hauses«. Er fesselte seinen Bruder an einen Pfahl vor der Moschee in Mekka. Jeder durfte den Amru Ibn Zubair bespucken und mißhandeln. Nach qualvollen Stunden starb der Feldherr des Kalifen. Der Leichnam wurde in der Wüste verscharrt.
Da er im Krieg zunächst unterlegen war, versuchte der Kalif sein Glück durch Freundlichkeit und Bestechung. Er lud einige der führenden Persönlichkeiten aus Mekka in seine Hauptstadt ein. Die Männer wurden dort verwöhnt und reich beschenkt. Das Leben in Damaskus gefiel ihnen jedoch nicht. Sie waren einfaches Essen gewöhnt; ihre täglichen Mahlzeiten bestanden aus Hammelfleisch, Gemüse und Fladenbrot. Im Palast des Kalifen in Damaskus aber wurden ih-

nen Delikatessen vorgesetzt, die von den Köchen des Jezid aus der byzantinischen Küche übernommen worden waren: Der Braten war mit raffinierten Soßen abgeschmeckt; Früchte aus der Türkei kamen auf den Tisch und flaumige Eierspeisen nach alten phönizischen Rezepten, Fische als Nahrung waren den Männern aus Medina bisher ganz unbekannt. Es schmeckte ihnen nicht am Tisch des Kalifen. Die Herren ritten wieder heim mit dem Gefühl, daß die Prasserei im Hause des Kalifen nicht zu ihnen passe. Am Freitag, der auf ihre Rückkehr in die Heimat folgte, verkündeten sie den Gläubigen, Kalif Jezid sei ein Mann, der nicht an Allah glaube. Sein Leben sei von der Jagd, von der Liebe, von der Musik und vom Weingenuß ausgefüllt.

Vier vertrauenswürdige Männer legten vor den Gläubigen Zeugnis ab gegen den Kalifen in Damaskus. Der erste sagte: »So, wie ich mir die Kopfbedeckung von meinem Haupt nehme, so entkleide ich Jezid des Kalifats. Dies sage ich, obgleich er mich reich beschenkt hat. Jezid ist ein Feind Allahs! Er trinkt Wein!« Ein zweiter Mann nahm den selben feierlichen Ton an: »Ich lege diese Sandalen ab. So, wie ich mich von ihnen trenne, so sage ich mich los vom Kalifen Jezid!« Ein dritter und ein vierter zogen ihre Mäntel aus und fluchten auf Jezid.

Der spektakuläre Auftritt in der Moschee löste Begeisterung aus. Die Lostrennung von Damaskus war die logische Konsequenz. Die wenigen, die den Omajjaden treu bleiben wollten, zogen aus der Stadt fort.

Als Kalif Jezid einen Kommandeur suchte für eine erneute Strafexpedition gegen Mekka und Medina, traf er auf wenig Bereitwilligkeit. Die heilige Stadt des Propheten mit Gewalt zu erobern, konnte keinen Ruhm einbringen. Das Unglück des Amru Ibn Zubair schreckte ab. Nur der alte, kranke Offizier Muslim Ibn Okba traute es sich zu, den Oberbefehl zu übernehmen. Zur Rechtfertigung vor seinen Kameraden, die ihn verächtlich behandelten, erzählte er von seinem Traum. Er habe eine Stimme gehört im Schlaf, laut und deutlich.

Diese Stimme habe mehrmals aus dem Wipfel eines Baumes gerufen: »Durch Muslims Hand! Durch Muslims Hand!« Als er sich näher an den Baum herangewagt habe, sei ihm der ganze Sinn des Rufs klargeworden. Die Stimme sei von Allah beauftragt gewesen, seine Ernennung zum Oberkommandierenden im Kampf um Mekka und Medina zu verkünden. In dieser Nacht sei ihm das Schicksal beider Städte offenbar gemacht worden. Schauerlich laut seien die Worte zu hören gewesen: »Ihr Bewohner von Mekka und Medina! Ihr Mörder des Kalifen Othman! Die Zeit der Blutrache ist gekommen. Muslim ist der Rächer. Durch Muslims Hand werdet ihr sterben!«

Zwölftausend Mann stark war die Truppe, die Muslim Ibn Okba von Damaskus heranführte. Gegen diese Übermacht hielt die Verteidigung nicht lange stand. Drei Tage lang plünderten und marodierten die zwölftausend Syrer. Medina wurde vollständig ausgeraubt. Wer die drei barbarischen Tage überlebte, hatte dem Kalifen Jezid zu huldigen. Zum erstenmal mußte eine neue Huldigungsformel gesprochen werden, die von nun an immer verwendet wurde im Reich der Omajjaden. Die Formel feierte den Kalifen als »absoluten Herrn über Leben und Gut«.

Muslim Ibn Okba hatte, um seine Magenschmerzen zu lindern, während des ganzen Feldzugs strenge Diät eingehalten. Doch nach der Einnahme von Medina ließ er sich große Portionen Braten nach Damaszener Art auftischen. Zwar schmeckte ihm das Essen, sein Gesundheitszustand aber verschlechterte sich rapide. Der Befehlshaber durfte nicht in Medina bleiben. Eine Order des Kalifen trieb ihn und seinen Truppenverband voran in Richtung auf die Heilige Stadt. Dreißig Kilometer vor Mekka brach die Magenwand des Muslim Ibn Okba durch. Der Mageninhalt ergoß sich in die Bauchhöhle. Der Kommandeur starb unter schlimmen Schmerzen.

Wenige Tage später verschied auch Kalif Jezid. Ihn hatte eine fiebrige Krankheit gepackt, die von vielen Gläubigen als

Strafe Allahs angesehen wurde. Kurz vor dem letzten Atemzug stöhnte Jezid auf. Die Männer am Sterbebett sagten: »Er hat seine Sünden erkannt!« Zu dieser Stunde schleuderten die Katapulte der syrischen Armee brennende Pechklumpen gegen die Kaaba. Die Tücher, die das Mauerwerk umgaben fingen Feuer und verbrannten in hellen Flammen zu Asche. Die Chronisten berichten, daß plötzlich ein Sturmwind über Mekka hinweggefegt sei. Die Katapulte schossen weiter auf die Kaaba, bis eine Böe eine riesige Pechfackel im Flug gebremst und auf die Bedienungsmannschaft zurückgeworfen habe; die Männer seien vom Feuer verzehrt worden. So starben an der Sünde der Beschießung des heiligen Würfels gleichzeitig der Kalif, der den Befehl dazu gegeben hatte, und die Bedienungsmannschaft des Katapults. »Allah ist gerecht!« Dieses Fazit zogen die Gläubigen aus den Geschehnissen des 11. November 683. Der Kalif Jezid trägt bis zum heutigen Tage den Beinamen »Der Lasterhafte«. Der Krieg um Mekka hörte auf, als die Nachricht vom Tode des Kalifen eintraf. Die Offiziere der syrischen Truppe ritten auf dem schnellsten Wege zurück nach Damaskus. Die politische Situation hatte sich verändert. Da der Herrscher gestorben war, existierten auch keine Rebellen mehr gegen diesen Herrscher. Die wichtigeren Ereignisse spielten sich jetzt in der Hauptstadt ab. Mit Verblüffung stellten die Männer von Medina fest, daß sie Zeit gewonnen hatten. So unangenehm war ihnen das Bewußtsein nicht, sich wieder am Rand des politischen Geschehens zu befinden.

In der Wüste gelten nicht die Gesetze des Kalifen

Mu'awija und Jezid hatten in Damaskus gelebt, in prunkvollen Steinpalästen. Die Wüste, aus der die Adligen des Reichs gekommen waren, geriet in Vergessenheit. Sie wurde nur noch zur Kenntnis genommen, wenn sie auf Kriegszügen oder auf der Pilgerfahrt durchritten werden mußte. Die Sandfläche, von Dünen durchzogen, war zum Feind geworden. Den Heeren des Kalifen bot sie keinen Schutz mehr, da die Soldaten nicht gewohnt waren, in der unendlichen Weite einen Verbündeten zu sehen.
Die Menschen in der Wüste spürten, daß sich die Kalifen von ihnen getrennt hatten. Wenig hat der Palast in Damaskus gemeinsam mit den Zelten der Beduinen. Mu'awija und Jezid liebten ihre Frauen nicht mehr auf hartem Lager. Sie tranken Wein und beleidigten damit den Propheten.
Ein halbes Jahrhundert lang war die Wüste der Schauplatz arabischer Geschichte gewesen. Die Männer der Beduinenstämme zogen einst mit den Heeren, die berittenen Räuberbanden glichen, nach Osten, in ferne, rätselhafte Gebiete. Jetzt wuchs eine Generation heran, die nichts wußte von der Zeit, als die Beduinen unter ihren Kalifen die Herren der Welt waren. Söldnerheere standen jetzt im Dienste des Herrschers. Die Jugend lernte nur aus den Erzählungen der Alten, daß die Männer der Wüste früher gleichberechtigte Genossen gewesen waren, die sich die Beute der Kriege mit den Kalifen teilten.

Zentralarabien verwandelte sich zurück in den Lebensraum der Kamelzüchter und Banditen. Die Charakterzüge der Beduinen, die den Aufbau des Großreichs ermöglicht hatten, degenerierten zur unsozialen Haltung gegenüber den Nachbarn. Die moralischen Reformen, die Mohammed eingeleitet hatte, schwanden aus der Erinnerung. Die Ordnung der Natur setzte sich wieder durch.

In den Berichten arabischer Erzähler lebt diese Welt der Beduinen fort, die sich ganz unabhängig entwickelte, fernab von den Kalifen in Damaskus und später in Baghdad. Die Geschichte von Maslama, Chalid und Ihmeda ist ein gutes Beispiel:

Zwölf Jahre lang lebte der Beduine Maslama in seinem Zelt immer an derselben Wasserstelle. Er wanderte nicht, er sorgte nicht dafür, daß seine Herde sich vermehrte. Nach und nach schlachtete er alle seine Tiere, Schafe und Kamele, bis er nichts mehr besaß. Die Verwandten, die immer bei Maslama mitgegessen hatten, wollten ihn, als armen Mann, nicht ernähren. Sie überlegten sich, wie sie Maslama loswerden könnten.

Am frühen Morgen, als es noch kühl war und sie hörten, daß Maslama den Kaffee im Mörser stampfte, gingen die Männer hinüber zu seinem Zelt. Maslama bat sie, mit ihm Kaffee zu trinken. Nachdem sie die Tassen zweimal geleert und dann ein Zeichen gegeben hatten, daß sie keinen Kaffee mehr wünschten, sprachen sie: »Oh Maslama, seit zwölf Jahren steht dein Zelt an dieser Stelle. Warum ziehst du nicht mit uns los? In dieser Gegend wächst nichts. Da ist kein Boden, in den wir säen können. Uns gehört keine Ernte. Wir verdienen unseren Lebensunterhalt auf dem Rücken unserer Pferde. Wir rauben uns, was wir zum leben brauchen. Wir ziehen morgen wieder los und hoffen auf die Gnade Allahs. Wir müssen etwas erbeuten, um unsere Kinder ernähren zu können. Komm mit uns, oh Maslama! Du sollst einen Anteil an der Beute haben.«

Maslama ließ sich überreden. Er zog mit den Männern seines Stammes und glaubte an ihre guten Absichten. In den Nächten räumten die Verwandten den Futtersack von Maslamas Pferd aus, damit es an Kraft verliere. In kritischen Situationen sollte es hinter den anderen zurückbleiben. Der Plan

war heimtückisch — Maslama, so dachten die Männer, werde schließlich von irgendwelchen Gegnern erschlagen werden. Der Plan gelang, doch nicht ganz so, wie die Sippe sich das gewünscht hatte.
Am dritten Tag sahen die beutegierigen Männer eine große Familie, die an einer Wasserstelle lagerte, um Hochzeit zu feiern. Die Herden standen hinter den Zelten. Auf dem freien Platz übten sich die Brüder und Vettern von Braut und Bräutigam im Spiel mit langen Lanzen. Den Verwandten des Maslama schien die Gelegenheit günstig, Beute zu machen und gleichzeitig ihr persönliches Problem zu lösen.

Als sie jedoch über die Herde herfielen, stürzten zwischen den Zelten die Hochzeitsgäste hervor und schlugen mit Lanzen und Prügeln auf die Kameldiebe ein. Maslama und seinen Verwandten blieb nur die Flucht übrig. Sie wendeten ihre Pferde und ritten, aus vielen Wunden blutend, davon. Das Pferd Maslamas aber besaß nicht mehr genügend Kraft. Immer größer wurde sein Abstand zu den anderen. Die Hochzeitsgäste holten Maslama schließlich ein und schlugen ihn tot.
Die Männer kamen zu ihrer Wasserstelle zurück, verwundet, ohne Beute und ohne Maslama. Chalid, der Sohn Maslamas, weinte und jammerte. Nach der Trauerfeier wollte Chalid vierzig Tage lang allein bleiben, doch seine Schwester meinte, daß sie beide, ohne den Vater, nichts mehr an dieser Wasserstelle zu suchen hätten. So ritten sie am anderen Morgen los auf der einzigen räudigen Kamelin, die ihnen noch geblieben war.
Der Rastplatz der Familie des Onkels war ihr Ziel. Wochenlang suchten sie alle Wasserstellen und Oasen in weitem Umkreis ab. Sie wurden gastfreundlich aufgenommen von allen Stämmen, die sie unterwegs trafen. Sie lagerten an vielen Feuern. Eines Tages führte Allahs Ratschluß die beiden zu Freunden des Onkels. Am anderen Morgen fanden sie endlich in der Familie ein Zuhause. Chalid lebte zwei Jahre

bei diesem Onkel. Er machte sich bei den Kamelherden nützlich und half den anderen Männern, räuberische Beduinen zu verjagen.
Der Onkel besaß eine Tochter. Sie hieß Ihmeda. Ihr gefiel der Sohn des toten Maslama, und er war glücklich, wenn er sie nur erblickte. Doch von einer Hochzeit der beiden wollte der Onkel nichts wissen. Ihmeda wußte Rat: »Wenn mein Vater mich dir nicht geben will, dann mußt du mich entführen. Wir suchen einen Stammesscheikh, der stärker ist als mein Vater. Er wird uns Schutz bieten, und du kannst mich in Ehren zur Frau nehmen.«
Chalid folgte dem Rat. Während ringsum die Männer und Frauen und Kinder der Familie des Onkels schliefen, brach Chalid sein Zelt ab, holte Ihmeda von ihrem Schlafplatz und ritt mit ihr auf der Kamelin davon. Nach zehn Tagen sahen sie abends spät im nächtlichen Schatten viele Zelte vor sich. In gehörigem Abstand zu diesem Lager bauten Chalid und Ihmeda ihr Zelt auf. Sie schliefen Arm in Arm, doch er drang nicht in sie ein.
Der Emir des Stammes wurde von seinen Männern am Morgen auf jenes Zelt aufmerksam gemacht, das abseits stand, und auf das Kamel, das daneben weidete. Er schickte einen Sklaven, um den Herrn des Zeltes zum Kaffee zu bitten. Chalid versprach, bald zu kommen, Ihmeda aber sagte zu ihrem Geliebten: »Es ist nicht gut für dich, wenn du dem Sklaven folgst. Du bist ein freier Mann, du kommst nicht auf den Wink eines Sklaven. Der Emir muß dir einen Mann schikken, der ebenfalls frei ist wie du. Wenn du dann der Einladung folgst, und in das Zelt des Emirs eintrittst, zeige einen Blick der Würde in deinem Gesicht. Der Emir wird sich von seinem Platz erheben, um ihn dir anzubieten. Du wirst dich auch wirklich auf seinen Platz setzen. Zuerst wird man dir Kaffee anbieten aus einer Kanne, aus der bereits getrunken wurde. Du wirst diesen alten Kaffee ablehnen. Der Emir muß dir frischen Kaffee zubereiten lassen.« Kaum waren diese Verhaltensmaßregeln ausgesprochen, da kam der freie

Mann im Auftrag des Emirs an, um Chalid zum Morgenkaffee zu bitten.
Chalid verließ sich auf die Unterweisungen seiner Geliebten und wurde gut aufgenommen. Der Emir ließ ein Kamel schlachten, und der ganze Stamm speiste mit dem Gast. Chalid durfte sein Zelt am Abend heranrücken an die anderen Zelte. In dieser Nacht drang er in Ihmeda ein.
Einige Tage danach ritt Chalid mit den Männern des Emirs aus, um andere Stämme zu überfallen. Chalid zeichnete sich durch Mut aus. Er erschlug von allen, die mitritten, die meisten Begleiter der Karawanen, er brachte die meisten Frauen und die meisten Pferde als Beute zurück. Die Mädchen begannen Lieder auf ihn zu singen, wenn sie Wasser holten aus der Quelle. Dieser Ruhm erfüllte viele der Männer im Stamm mit Neid. Sie beschlossen deshalb eines Tages, Chalid nicht zu wecken, wenn sie frühmorgens ausritten.
Spät erst, als die Sonne längst heiß vom Himmel brannte, wachte Chalid auf. Er wunderte sich über das Verhalten seiner Freunde und wollte eigentlich an diesem Tage im Zelt bleiben. Auf Drängen seiner Geliebten ritt er aber schließlich den anderen nach. Er fand sie in einer äußerst kritischen Situation. Der Raubzug war mißlungen. Die Überfallenen wehrten sich ebenso wie die Hochzeitsgäste damals, als Maslama ums Leben kam. Der Emir, bedrängt von den Gegnern, leistete den Schwur, daß derjenige, der ihm jetzt helfe, seine Tochter Harifa heiraten dürfe. Wenige Augenblicke später schlug Chalid auf die Feinde ein. Der Emir wurde aus der Klammer seiner Feinde befreit.
Chalid wurde mit Harifa verheiratet. Er hatte jetzt bereits zwei Frauen. Sieben Tage und sieben Nächte lang feierten die Verwandten. Sie aßen gebratenes Kamelfleisch, gesottenes Hammelfleisch und Brot und Reis. Der dumpfe Klang der Kaffeemörser war den ganzen Tag in der Zeltstadt zu hören.
Wochen vergingen, bis Chalid wieder Gelegenheit fand, mit dem Emir auf Beutezug zu reiten. Da sprang ein ganz junger

weiblicher Hase vor den Pferden der beiden vorüber. Der Emir sagte beiläufig: »Wer hat wohl eine Frau zu Hause, deren Leib so weich ist, wie der Leib dieser Häsin?« Da sagte Chalid; »Ich habe eine Frau mit einem solch weichen Leibe in meinem Zelt.« Der Emir glaubte, Chalid spreche von Harifa, der Tochter, die er mit ihm verheiratet hatte. Doch Chalid gab zu, daß er Ihmeda meinte, seine erste Frau.

Der Emir war neugierig geworden. Am nächsten Beutezug beteiligte er sich nicht. Sobald Chalid sein Zelt verlassen hatte, trat der Emir ein. Er forderte den Sklaven Chalids auf, Ihmeda aus dem Frauenzelt zu holen. Der Sklave gehorchte. Ihmeda wußte sehr wohl, warum der Emir gekommen war. Sie besorgte sich eilends Blut eines frisch geschlachteten Tieres und bestrich sich damit ihren Schoß; dann erst trat sie in das Zelt ihres Mannes ein, wo der Besucher wartete.

Der Emir sprach sofort von seiner Liebe zu Ihmeda, von seiner Begierde, die nur durch die körperliche Vereinigung gestillt werden könne. Ihmeda küßte den Emir und sagte ihm zärtliche Worte. Ermutigt schlug er ihr Kleid hoch, da sah er das Blut auf ihrem Schoß. Sie sprach die Worte: »Ich bin entschuldigt, oh Emir, und jeder Edle nimmt die Entschuldigung an.« Rasch stand der Emir auf und ging in sein Zelt hinüber.

Als Chalid am Abend zurückkehrte, reich geworden an erbeuteten Pferden und Frauen, erfuhr er von Ihmeda, daß der Emir sie besucht hatte. Voller Zorn wartete er, bis es Nacht war. Als er sicher war, daß der Emir schlief, schlich er in das Zelt des Stammesführers. Chalid erstach den Emir und schnitt ihm das Glied ab.

Noch in dieser Nacht ritten Chalid und Ihmeda davon. Sie nahmen auch das Kind mit, das Harifa, die zweite Frau Chalids, ein Vierteljahr zuvor geboren hatte.

Die Omajjadenkalifen verraten die Ideale des Propheten der Wüste

Den Kalifen in Damaskus waren die Lebensnormen der Wüste fremd geworden — wenn sie auch die Neigung zur Brutalität in die Stadt mitgebracht hatten. Mu'awija, der Vater Jezids, war immer zornig geworden, wenn ihn jemand an die bescheidene Herkunft der Familie Omajja erinnerte. Einmal hatte eine seiner Frauen diese Kühnheit gehabt, als sie schwanger war. Sechs Monate, ehe sie Jezid zur Welt brachte, sang sie dem Kalifen ein sehnsuchtsvolles Lied von den Schönheiten des einfachen Lebens, das sie früher mit Mu'awija geführt hatte: »Ein Zelt, dessen Tuch im Winde flattert, ist mir lieber als ein mächtiger Palast. Ein Hund, der zudringliche Reiter von mir fernhält, ist mir lieber als eine zahme Katze. Lieber ist mir ein wollenes Tuch als das feinste Gewand. Mehr freut mich ein junges kräftiges Kamel als ein bräutlich geschmücktes Maultier. Lieber sehe ich einen edlen Mann aus meinem Stamm, als einen Dickleibigen mit duftendem Bart. Das Sausen des Windes in der offenen Wüste klingt meinem Ohr süßer als Trompetenschall. Ein Stück Brot in einer Ecke meines Zeltes schmeckt mir besser als jeder feine Leckerbissen. Nach meiner Heimat sehne ich mich. Kein Palast des Kalifen kann mir die Heimat ersetzen.« Mit wachsender Wut hörte Mu'awija dem Lied zu. Als die Frau davon sang, daß ihr sein Palast nicht gefalle, schickte er sie in den Harem zurück und sprach nie wieder ein Wort mit ihr.

Mu'awija hatte immerhin noch das harte Leben in der Wüste kennengelernt. Sein Sohn Jezid — Jahrgang 644 — wurde geboren, als die Omajjaden den islamischen Staat bereits in der Hand hatten; er war zeit seines Lebens von Luxus umgeben. In seinen vielfältigen erotischen Beziehungen zu Sklavinnen, Sängerinnen und Tänzerinnen war es ihm nur gelungen, einen einzigen Sohn zu zeugen. Der junge Mann war einundzwanzig Jahre alt, als der Vater starb. In der stärker von byzantinischen Traditionen geprägten Hauptstadt Damaskus, war das dynastische Denken soweit entwickelt, daß ganz selbstverständlich der Sohn des Kalifen zum Kalifen ausgerufen wurde. Der Prophet hatte nicht daran gedacht, ein Recht des Erstgeborenen zu etablieren. Der ursprüngliche Verzicht auf direkte Erbfolge war sicher darin begründet, daß Mohammed einst überhaupt keine männlichen Erben hinterlassen hatte. Aus der Not war eine praktikable Sitte entstanden: der Beste sollte Kalif sein. Die Omajjaden, die über Söhne verfügten, zogen sich auf das bequemere und in Monarchien übliche Auswahlverfahren zurück: dem Ältesten fiel das Kalifat zu.

Mit der Veränderung des Erbrechts wandelte sich die Position des Herrschers. In der Nachfolge des Propheten Mohammed waren die Kalifen nicht nur politische Führer, sondern auch geistige Lehrer des Volkes. Sie achteten auf die Bewahrung von Recht, Moral und der Furcht vor Allah. Die religiöse Komponente in der Macht der frühen Kalifen war außerordentlich stark. Sie sprachen die Gebete vor am Freitag in der Moschee. Sie achteten auf Einhaltung der Fastenzeiten. Von ihnen erwarteten die Gläubigen die strikteste Beachtung aller im Koran festgelegten Lebensregeln. Ihren Befehlen zu Kriegszügen gaben sie Nachdruck durch die von jedem akzeptierte Behauptung, gerade diese Befehle entsprächen dem höchsten Willen des göttlichen Weltenlenkers. Sicher war die Lust, Beute zu machen, eine wichtige Antriebskraft für die Eroberungen, doch konnten Abu Bakr und Omar immer als edles Motiv vorschützen, Allah habe die Unterwerfung fremder Völker zu deren Heil angeordnet. Weltlicher und religiöser Anspruch der Kalifen mischten sich. Beide Faktoren waren zunächst gleich stark.

Die Omajjadenkalifen aber vernachlässigten im Laufe der Jahre immer stärker ihre religiöse Aufgabe. Sie erinnerten sich an ihr geistiges Amt nur dann, wenn es ihnen Nutzen brachte. Mu'awija hatte die Funktion des Vorbeters am Freitag die Chance geboten, die Gläubigen zu beeinflussen, sie auf politische Entscheidungen vorzubereiten. Der Freitag war der Tag, an dem er — geschützt durch das religiöse Amt — seine Gegner wirkungsvoll verleumden und verfluchen konnte

Sein Sohn Jezid ließ sich nur noch selten beim Freitagsgebet in der Moschee sehen. Er isolierte sich stärker als sein Vater. Jezid fühlte sich als absoluter Herrscher über das Volk der Moslems. Um diesen Anspruch den Menschen eindringlich klar zu machen, mußte er sich von ihnen absondern. Jezid ging den Weg weiter, den Othman begonnen hatte. Unter dem Zwang, Distanz zu wahren gegenüber der Masse der Gläubigen, gerieten die Ideale des Propheten in Vergessenheit.

Der Übergang zum dynastischen Prinzip der Erbfolge gelang dem Omajjadenclan nur unter Spannungen. Der dritte Kalif war ein Versager, der seine Schwäche sogar offen zugab. Mu'awija II. hatte sich gewünscht, daß sein Vater noch lange leben möge. Doch als Jezid an einer fiebrigen Erkrankung gestorben war, wurde Mu'awija ganz selbstverständlich an die Stelle des Vaters gesetzt. Der junge Mann regierte nur fünf Monate, dann starb er durch Gift. Da ihn die eigene Familie umbringen ließ, wurde der Grund des Mordes vertuscht. Die Omajjaden wollten, daß Mu'awija II. rasch in Vergessenheit geriete. Chronisten, die der Schiat Ali nahestanden, notierten damals, Mu'awija II. sei seinem Erzieher, einem Anhänger von Ali und Husein, hörig gewesen. Der Erzieher habe es fertiggebracht, Mu'awija II. zu überzeugen, daß er kein rechtmäßiger Kalif sei. Zur Rettung der Dynastie blieb den Omajjaden nur der Ausweg, den jungen Defätisten zu töten. Der schiitische Lehrer sei zur Strafe lebendig begraben worden.

Die Omajjadenfamilie wurde gejagt von Alis Gespenst. Die fünf Monate währende Schwäche in der Verwaltung zur

Zeit von Mu'awija II. hatte genügt, um den Mitgliedern der Schiat Ali neues Selbstbewußtsein zu geben. Zu dieser Partei zählten sich nun alle Männer, die in irgendeiner Form eine Verwandtschaft zum Propheten Mohammed nachweisen konnten. Da das dynastische Prinzip der Erbfolge jetzt allgemein anerkannt war, berief sich mancher auf sein Erbrecht als Nachfolger des Propheten.

Der »Schützling und Beschützer des Heiligen Hauses«, Abdallah Ibn Zubair in Medina, konnte auf eine besonders enge Verzahnung mit der Sippe des Propheten hinweisen: Seine Mutter war eine Tochter des Kalifen Abu Bakr, seine Großmutter eine Tante Mohammeds; Aischa, die Lieblingsfrau des Propheten, war Abdallahs Tante von mütterlicher Seite; Chadidja, die erste Frau Mohammeds, konnte als Großtante väterlicherseits gelten. Schon eine dieser engen Beziehungen zum Religionsgründer und ersten Staatschef hätte genügt, als Ausweis der Berechtigung zum Griff nach dem höchsten Amt. Abdallah Ibn Zubair war der richtige Mann, um den Stadtadel von Mekka in die Unabhängigkeit zu führen.

Mit dem Tod des Kalifen Jezid war ihm, durch Glück, der Sieg gegen das Heer der Zentralregierung zugefallen. Die Beschießung der Heiligen Stadt hörte auf, die feindlichen Truppen rückten ab. Die Regierungszeit von Mu'awija II. gab dem Rebellen eine Atempause. Abdallah Ibn Zubair nützte die Zeit, um Freunde zu gewinnen. Daß er Erfolg hatte, bewies ein Vorfall in Damaskus: Der frühere Chef der Leibwache von Mu'awija I., bisher ein treuer Verfechter der Rechte seiner omajjadischen Herren, lobte eines Freitags in der Moschee den toten Ali, den toten Husein und den lebenden Abdallah Ibn Zubair. Sofort bracht Streit los unter den Gläubigen. Der noch immer einflußreiche Oberst packte die Männer, die ihm widersprachen. Es zeigte sich jedoch, daß die Freunde der Omajjadenfamilie in der Mehrzahl waren — sie verprügelten schließlich den Obersten. Er konnte sich nur mit Mühe aus der Moschee retten.

Der Oberst hatte die lobenden Worte über Ali und seine Nachkommen ausgesprochen, als noch nicht feststand, wer zum neuen Herrscher proklamiert werden sollte. Kandidaten gab es genügend, doch sie starben auf rätselhafte Weise in diesen Tagen, oder sie verzichteten plötzlich auf ihre Ansprüche. Welid Ibn Otba, ein bewährter Feldherr und Statthalter, starb mitten im Totengebet für Mu'awija II. Er war eben beim zweiten Ausruf »Allahu Akhbar« — Allah ist der Größte — angekommen, als ihn der Dolch eines Mörders traf. Welid Ibn Otba hatte die meisten Chancen besessen, Kalif zu werden. Othman, ein anderer Bewerber aus der Omajjadenfamilie, gab sofort nach dem Tod des Konkurrenten bekannt, daß er nicht die Absicht habe, das hohe Amt zu beanspruchen. Ihn hatte die Angst gepackt.
In dieser Zeit der Unsicherheit brach die Eifersucht unter den Stämmen Arabiens wieder auf. Dem Propheten war es gelungen, die traditionellen Rivalitäten einzudämmen. Er hatte die Stammeschefs veranlaßt, auf kleinliche Auseinandersetzungen zu verzichten, auf egoistischen Eigensinn. Sie sollten die Interessen des eigenen Clans dem gesamtarabischen Wohl unterordnen. Fast ein halbes Jahrhundert lang war es gelungen, die arabischen Stämme in einer Einheit zusammenzuhalten.
In der Schwächeperiode der Omajjaden besannen sich die Chefs der Sippen wieder auf die Sicherung ihres eigenen Besitzes. Rücksicht auf den Nachbarstamm wurde nicht mehr genommen. Ein Symptom des Rückfalls in vorislamischen Separatismus der Stämme war, daß Ehen zwischen Männern und Frauen verschiedener Clans nicht mehr geduldet wurden. In der veränderten psychologischen Atmosphäre erinnerten sich die Angehörigen des Stammes Kais, daß Mu'awija I. vor vielen Jahren eine Frau aus dem Stamm Kelb geheiratet hatte. Diese Frau war dann die Mutter von Jezid geworden, dem zweiten Omajjadenkalifen. Jetzt wehrten sich die Notabeln der Familie Kais dagegen, den weiteren Nachkommen aus dieser Ehe zu huldigen. Der Prophet hatte einst

das Prinzip praktiziert, möglichst viele Frauen aus verschiedenen Clans zu heiraten, um durch die enge Verwandtschaft das Gefühl der Zusammengehörigkeit der Araber zu stärken. Nun empfand jeder Stamm die Heirat des Staatschefs mit einer Frau des Nachbarstammes als arge Beleidigung.
Daß Mu'awija I. eine Generation zuvor die Frau aus der Großfamilie Kelb geheiratet hatte, gab jetzt dem Stamm Kais Anlaß, sich mit dem Gegenkalifen in Mekka zu verbünden. Der frühere Oberst der Leibgarde, der in der Moschee von Damaskus als Freund der Nachkommen Alis aufgetreten war, organisierte die Truppe der Kais. Es gelang ihm, mehr als vierzigtausend Mann zu mobilisieren. Die Kais-Armee war bereit, für Abdallah Ibn Zubair, den Gegenkalifen in Mekka zu kämpfen. In der Gefahr entschieden sich die attackierten Omajjaden rasch für einen Mann, der als Kalif die Einheit des Reichs verteidigen sollte.
Der neue Beherrscher der Gläubigen, Merwan, hatte selbst in Mekka erlebt, wie gefährlich die Spaltungsbewegung für die Zusammengehörigkeit aller Araber sein konnte. Das Unvorstellbare war bei der Belagerung der Heiligen Stadt geschehen: Araber, Moslems hatten Feuerbälle auf die Kaaba katapultiert, auf den von Allah geheiligten Platz. Als Folge des Bruderkriegs entzweiten sich die wichtigsten Stämme. Der Riß ging mitten durch Volk und Land. Patrioten, die sich für eine Überwindung der verhängnisvollen Feindschaft einsetzten, gab es nicht mehr. Nur noch dem Ehrgeiz und dem Machtanspruch der Herrscher und der Familie Omajja insgesamt konnte die Rettung des arabischen Reichs gelingen.
Merwan blieb keine Wahl: Er mußte den Stamm Kelb bitten, ihm die Männer für den Kampf gegen die Kais-Armee zur Verfügung zu stellen. Der offene Konflikt war zwischen den beiden Stämmen Kais und Kelb ausgebrochen. Zwanzig Tage lang dauerte der Kampf, dann hatten Merwan und der Stamm Kelb endlich die Oberhand gewonnen. Damaskus war nicht länger in Gefahr. Doch das Zentrum der arabi-

schen Halbinsel blieb in der Hand des Gegenkalifen Abdallah Ibn Zubair.
Der Spaltpilz, der seit der Zeit des Propheten immer wieder die Kernlande des arabischen Staates gefährdete, verschonte — zum Glück für die Omajjaden — die Schiat Ali nicht. In Mekka wurden die Charidjiten aktiv, die Männer, die Ali im Stich gelassen hatten, weil er die Entscheidung, ob er rechtmäßiger Kalif sei, einem Schiedsgericht überlassen hatte. Die Charidjiten traten jetzt als entschiedene Verteidiger der Schiat Ali auf. Ihre Ideologen wollten allerdings allein darüber bestimmen, wer rechtgläubiger Schiit sei. Sie schickten eine Delegation nach Mekka, die die Einstellung des Gegenkalifen zu Ali überprüfen sollte. Kriterium ihrer Prüfung war, ob Abdallah Ibn Zubair jetzt, siebenundzwanzig Jahre nach der Tat, die Ermordung des Kalifen Othman für rechtmäßig halte oder nicht. Abdallah Ibn Zubair wunderte sich, wie hartnäckig die Vergangenheit die arabischen Politiker verfolgte.
Der Gegenkalif Abdallah Ibn Zubair ließ die Delegation lange warten; nach Tagen lud er sie zum späten Abend ein. Er hatte vorgesorgt: überall im Hause standen bewaffnete Männer, bereit, Abdallah Ibn Zubair jederzeit zu verteidigen. Der Sprecher der Charidjiten stellte die Frage, ob Ali das Recht gehabt habe, den Kalifen Othman umbringen zu lassen. Für Abdallah war diese Fragestellung zu zweideutig und offensichtlich voll heimtückischer Hintergedanken. Er schwieg.
Die Charidjiten sahen eine Chance, Propaganda für ihre Ideologie zu treiben. Ihr Sprecher hielt eine lange Rede, die wieder mit der Frage nach Abdallahs Einstellung zum Mord am Kalifen Othman schloß: »Dieser Kalif hat Güter des Staates veruntreut, er hat seine Verwandten bevorzugt, er hat die Heilige Schrift zerrissen, er hat Verbannte zurückgerufen, die der Prophet mit gutem Recht aus der Stadt gewiesen hatte. Othman verteilte die Kriegsbeute an Unwürdige. Die besten und korrektesten Moslems vertrieb er in die Pro-

vinzen. Männer, die von heiligem Eifer beseelt waren, haben sich deshalb gegen den Kalifen aufgelehnt und ihn endlich getötet. Wir sind die Freunde dieser edlen Männer und sagen uns von Othman und seinen Verteidigern los und fordern dich auf, deine Ansicht über Othman offen zu bekennen.«
Die Situation war lächerlich. Abdallah Ibn Zubair sollte Stellung beziehen zu einem Mordfall, der mehr als ein Vierteljahrhundert zurücklag. Er weigerte sich, den Kalifen Othman zu schmähen. Die Charidjiten verfluchten daraufhin den Gegenkalifen und zogen unter Klagegesängen für Ali, Hasan und Husein aus Mekka ab. An Tigris und Euphrat setzten sie ihre Agitation fort. Sie kamen über die Vergangenheit, über die Ereignisse des Jahres 656 nicht hinweg.
Das Bewußtsein, am Tode von Ali und Husein mitschuldig zu sein, mischte Wehleidigkeit in ihre starren Anschauungen: Die Charidjiten klagten auch über ihr eigenes Versagen. Nach ihrer Meinung konnten sie der ewigen Verdammung nur entgehen, wenn sie das Geschlecht Othmans austilgten. Sie forderten den grausamen, barbarischen Tod für alle Omajjaden. Die unablässige Suche nach fremden und eigenen Fehlern in der Vergangenheit machte die Charidjiten unfähig, die Gegenwart richtig einzuschätzen. Jammer über sich und die anderen absorbierte ihr Denken. Sie waren nicht in der Lage, eine straffe militärische Organisation aufzubauen. Wenn ihnen ein erfahrenes Heer gegenüberstand, flohen die meisten der Charidjitenkämpfer. Für brutale Raubzüge gegen ungeschützte Oasen waren sie besser zu gebrauchen.
In Basra und Kufa fanden die Charidjiten verwandte Geister in der Bevölkerung. Die Erinnerung an Ali lebte weiter, an die Zeit, als Kufa Sitz des Kalifats war. Immer wieder heizten Vorbeter in der Moschee die Trauer über das eigene Versagen vor siebenundzwanzig Jahren an. Im Rückblick auf frühere glanzvolle, aber durch Schuld befleckte Zeiten formten die Schiiten ihr religiöses Bewußtsein. Nie allerdings verloren die Menschen von Basra und Kufa die immer wie-

der verblüffende Eigenschaft, ihre Führer in kritischen Stunden im Stich zu lassen.

Als der Kalif Merwan seine Macht in Damaskus stabilisiert hatte, setzte er sich das Ziel, das ganze arabische Reich wieder der Omajjadenherrschaft zu unterwerfen. Von der Hauptstadt aus machte sich ein Heer auf den Weg, das die schiitische Bewegung liquidieren sollte. Die Ankündigung, daß eine reguläre Truppe im Anmarsch sei, löste Panik aus in den Verbänden der Freunde des toten Kalifen Ali: Von zwanzigtausend Mann flohen nur viertausend nicht aus der Gefahrenzone. Der Kommandeur der Kufa-Armee, Suleiman Ibn Surad, wurde gleich in den ersten Amtstagen mit der Treulosigkeit der Schiiten konfrontiert.

Um die Kampfmoral der Truppe zu heben, führte Suleiman seine viertausend treuen Bewaffneten zunächst nach Kerbela, zum Grab des Husein. Die Rede, die Suleiman dort hielt, zeigt die rückgewandte Denkweise der Schiiten: »Friede sei mit dir, oh Sohn der Tochter unseres Propheten. Du bist ein Märtyrer und zugleich der Sohn eines Märtyrers. Du bist ein Wahrhaftiger und der Sohn eines Wahrhaftigen. Welchen ungerechten und gewaltsamen Tod mußtest du sterben! Du mußtest die edelste Familie der Hand des Feindes als Gefangene überlassen. Dein geweihter Körper wurde unter Pferdehufen zertreten. Dein Haupt auf Lanzen gespießt. Wir haben unsere Gesichter geschwärzt. Mit schwarzen Gesichtern erscheinen wir vor dir, um dich zu bitten, uns zu vergeben. Wir haben den Bund gebrochen. Wir sind schuldig, daß du in die Hand des Feindes gefallen bist. Wir tragen die Schuld, daß der Feind dich ermorden konnte. Dein Blut haftet an unserem Halse. Vor Allah erklären wir unsere Bereitschaft zur Buße. Vor deinem Großvater Mohammed werden wir rot aus Scham. Wir haben gelobt, dich zu rächen unter Aufopferung unseres Lebens. Damit uns Allah vergebe und Mohammed, der Auserkorene, uns nicht seine Fürbitte bei Allah entziehe.«

Für die Truppe des Kalifen war die folgende Schlacht keine leichte Angelegenheit. Die viertausend Schiiten und Charidjiten verteidigten sich mutig. Der schiitische Kommandeur Suleiman fiel; drei weitere Befehlshaber kommandierten jeweils nur kurze Zeit, dann hatten auch sie ihr Leben im Kampf verloren. Der Widerstand der Männer aus Kufa endete am vierten Tag.
Um die Zeit der Entscheidungsschlacht starb der Kalif Merwan im Alter von dreiundsechzig Jahren. Seine Frau Meisun erstickte ihn am 7. Mai 685 unter den Kissen des gemeinsamen Lagers. Sie behauptete zwar, Merwan sei plötzlich ohne sichtbaren Grund gestorben, doch aus der Färbung des Gesichts des Toten schlossen die mißtrauischen Omajjaden auf Mord. Meisun gab zu, den Kalifen umgebracht zu haben, weil er sich geweigert hatte, ihren Sohn zum Nachfolger zu ernennen. Merwan bevorzugte den Sohn einer anderen Frau seines Harems.
Die Glaubensgemeinschaft, die der Prophet Mohammed gegründet hatte, spaltete sich in diesen Jahren der Wirren nicht nur auf in die Parteien der Schiiten und Sunniten — die Sunniten akzeptierten die Omajjaden als Nachfolger des Propheten — es bildeten sich noch weitere, meist fanatische Splittergruppen. Ihre Anhänger waren sämtlich überzeugt, allein den richtigen Zugang zum Glauben und zu Allah zu haben. Der Nachfolger des Kalifen Merwan mußte sich mit der Sekte der Azrakiten auseinandersetzen.
Die Azrakiten — der Name leitet sich vom Sektengründer Azrak ab — waren sehr penibel in der Unterscheidung zwischen Gläubigen und Ungläubigen. Die Azrakiten waren zunächst Charidjiten gewesen, also Gegner des längst verstorbenen Kalifen Othman. Doch in der Überspitzung der charidjitischen Ideologie sprachen sie auch Aischa, der zeitweise politisch aktiven Prophetenwitwe, die Rechtgläubigkeit ab. Neben Mohammed erkannten sie kaum jemanden aus seiner Verwandtschaft als treuen und rechtschaffenen Diener Allahs an. Den Azrakiten galt schließlich sogar Ali als Ungläu-

biger. Nach ihrer Meinung war ein bestimmter Koranspruch Mohammeds zur Entlarvung Alis den Gläubigen mitgeteilt worden: »Es gibt Menschen, die so über diese Welt reden, daß dir ihre Worte gefallen. Sie rufen Allah an zum Zeugen für ihre Absichten. Gerade diese Menschen aber sind die bittersten Widersacher Allahs.« In völliger Umdrehung der Ansichten der Schiiten und der Charidjiten verehren die Azrakiten den Mörder Alis. Auch für diese Meinung finden sie einen Beleg im Koran: »Es gibt Menschen, die ihr Leben hingeben, um Allahs Wohlgefallen zu erlangen.«
Die moralischen Grundsätze der Azrakiten sind streng. Nach ihrer Ansicht verzeiht Allah nie eine schwere Sünde. Wer das Alkoholverbot einmal übertreten hat, ist für immer aus der Liste der Moslems gestrichen. Ihm ist die ewige Höllenstrafe sicher. In der Hölle trifft der Verdammte auf Ali, Othman und Aischa. Die Azrakiten waren schroffe Gegner der Omajjaden, doch sie trugen nicht unwesentlich dazu bei, daß sich der in Damaskus herrschende Clan schließlich durchsetzen konnte.
Die Sekte fiel mit Männern, Frauen und Kindern in Basra ein. Da sie über gute Waffen verfügte, blieb der Bevölkerung nichts anderes übrig, als die ungebetenen Gäste zunächst aufzunehmen. Allerdings steigerte sich der Zorn der alten Einwohner rasch. In Straßenkämpfen, meist geschützt durch das Dunkel der Nacht, machten sie den Azrakiten das Leben unerträglich. Die Splittergruppe der Schiiten verließ schließlich, ziemlich demoralisiert, die Stadt.
Durch Zulauf aus den Dörfern nahm die Zahl der Kämpfer dieser religiös motivierten Bandenarmee rasch zu. Es gelang ihr, die Truppe des Gegenkalifen, die sich auch im Zweistromland aufhielt, nach Mekka zurückzutreiben. Die einzelnen Gruppen der Schiat Ali, der Schiiten, vernichteten sich gegenseitig. Der Omajjadenclan konnte über die Selbstzerfleischung seiner Gegner triumphieren. Über Monate zogen sich die Kämpfe hin; sie endeten mit der Aufreibung der Azrakiten.

Die Führer der Schiiten wechselten rasch; manche kamen in den Schlachten um, andere verloren die Lust, ihr Leben einzusetzen für Glaubensgenossen, die in der Stunde der Gefahr desertierten. Ein Mann wehrte hartnäckig die Versuchung ab, sich in diese ausweglosen Verwicklungen hineinzerren zu lassen. Sein Name war Mohammed. Als letzter Sohn Alis hatte er Anspruch auf die Führung der Partei, doch er machte von diesem Anspruch keinerlei Gebrauch. Er hielt sich sogar zurück in seinem Urteil über die Männer, die sich bereit fanden, die Schiiten gegen die Omajjaden anzuführen. Seine vorsichtige Standardantwort gegenüber jedem Zudringlichen, der Taten von ihm verlangte, verbarg seine wahre Meinung: »Huseins Blut zu rächen, ist gewiß für jeden Moslem eine verdienstvolle Tat.«

Mohammed galt als sehr gelehrt in allen Bereichen des Heiligen Buches. Seine Anhänger gaben ihm den Beinamen »Mahdi« — der Geleitete. Der jüngste Sohn Alis war der erste von zahlreichen Heiligen und Ehrgeizigen in der Geschichte Arabiens, die sich als »Mahdi« anreden ließen.

Der »Geleitete« war so wenig wie sein Vater und seine Brüder den hinterhältigen Winkelzügen der schiitischen Prominenz gewachsen. Die Ehrgeizigen arbeiteten mit Briefen, die Mohammeds gefälschte Unterschrift trugen. Sie stachen sich mit solchen Schreiben gegenseitig aus. Die Splittergruppen schmeichelten dem »Mahdi« und ließen ihn wieder fallen, wenn er Forderungen zu stellen begann.

Mohammed, der eigentlich Privatmann bleiben wollte, fand sich in einen wilden Strudel der Politik hineingezogen. Da befahl ein wahnsinniger Schiitenführer die Verstümmelung und Hinrichtung aller Personen, die in der Schlacht von Kerbela gegen Husein gekämpft hatten. Ein barbarisches Blutgericht fand statt in Basra und Kufa. Der Verantwortliche berief sich auf einen Befehl Mohammeds. Doch der Mahdi bestritt, eine derartige Anweisung gegeben zu haben. Sein Protest nützte gar nichts. Mohammed erhielt wenige Tage später einen Korb voll abgeschnittener Köpfe zugesandt, zusammen mit einem Schreiben Muchtars, des Oberhaupts der Schiiten: »Dem Mahdi Mohammed Heil und Glück. Wisse, meine Nachsicht und Schonung ist zu Ende. Ich habe die Köpfe derjenigen, welche Husein getötet haben, abgeschnitten und übersende sie dir hiermit. Auch werde ich weder Brot essen, noch Wasser trinken, bis ich alle, die am Krieg gegen Husein teilgenommen haben, mit Allahs Hilfe aufgefunden und getötet habe. Friede sei mit dir!« Muchtar erfüllte seinen Schwur wirklich. Mohammed sah sich mit einer Verantwortung beladen, die er nicht tragen konnte.

Muchtar war früher einer der Diener Alis gewesen. Er hatte bei seinem Herrn gelernt, wie Untergebene und Abhängige zu behandeln sind. Herablassung, Hochmut und Gnadenerweise wußte er genau zu dosieren. Seine Anhänger suchte er unter denen, die von den Omajjaden enttäuscht waren. So fand er an Tigris und Euphrat Hunderttausende von fremdländischen Soldaten und verschleppten Sklaven, die von den Eroberern nicht mit vollen Bürgerrechten bedacht worden waren. Muchtar versprach ihnen die Gleichberechtigung.

Die sozialen Aspekte veränderten die Auseinandersetzung zwischen Schiiten und Omajjaden. Was als religiöser Konflikt begonnen hatte, entwickelte sich zum Klassenkampf, zum Aufstand mit dem Ziel, feudale Rechte zu brechen. Gegen die Klassenkämpfer wehrten sich die Omajjaden viel stärker als gegen die religiösen Abweichler. Seine materiellen Vorrechte ließ sich der Clan nicht nehmen. In Damaskus rüsteten sich mächtige Heere zum Krieg gegen den Feind der bestehenden Ordnung.

In der Hauptstadt regierte seit dem gewaltsamen Tod des Kalifen Merwan sein Sohn Abdel Malik. Er war der erste Herrscher in der Reihe der Omajjaden seit Mu'awia I., der sich dem Zerfall des Reichs entgegenstemmte. Der Politiker Abdel Malik griff mit harter Hand nach der Macht. Doch die arabischen Erzähler erinnerten sich später nur noch, daß er ein Liebhaber schöner Frauen gewesen sei. Unzählige Geschichten leben fort in den Legendensammlungen. Eine der Geschichten handelt vom auserlesenen Geschmack des Kalifen Abdel Malik in Fragen weiblicher Schönheit: »Eines Tages schickte der Kalif einen Brief an seinen Statthalter im Irak. Abdel Malik verlangte, daß der Statthalter ihm sofort drei fremdblütige Jungfrauen von außergewöhnlicher Schönheit schicke. Zuvor aber sollte der Statthalter, sein Name war al-Hagag, nach Damaskus schreiben, welche körperlichen Vorzüge die Mädchen besäßen, und wieviel sie jeweils kosten sollten. Al-Hagag befahl alle Sklavenhändler an Euphrat und Tigris zu sich und beriet mit ihnen, wie der Wunsch des Kalifen erfüllt werden könne. Die Sklavenhändler verlangten größere Zahlungen im voraus und schickten eine Kommission nach Osten in ferne Länder. Die Auswahl war schwierig. Jeder kannte den raffinierten Geschmack des Kalifen. Abdel Malik war leicht zu verärgern, wenn ihm alltägliche Frauen angeboten wurden. Die Kommission kam zurück aus den Ländern des Ostens mit drei Jungfrauen, deren Schönheit ohne Beispiel war. Die Sklavenhändler hatten einen horrenden Preis gezahlt für die Frauen. Al Hagag war in Sorge, ob der Kalif wirklich für die Kosten des Kaufs aufkommen würde. Er behielt die Jungfrauen zunächst in seinem Harem und schickte die gewünschte Beschreibung nach Damaskus: »Der Brief meines Herrn, des Kalifen — Allah schenke ihm ein langes Leben — ist bei mir hier angekommen. Wir haben gesucht und gefunden. Die drei schönsten Mädchen warten darauf, dem Kalifen — Allah schenke ihm ein langes Leben — zu dienen. Das erste Mädchen hat einen langen Hals und üppige Hüften. Die Augen sind tiefschwarz, ihre Brüste sind groß und hart, ihre Schenkel dick. Ohne Haar ist ihr gefurchter Schoß. Ihre Haut gleicht dem Metall, das aus Silber und Gold gemischt ist. Der Preis, oh Herr, für die erste Jungfrau beträgt dreißigtausend Dirhem. Die zweite Jungfrau ist ein Wunder an Schönheit. Grazil sind die Brüste und die Backen des Rückens. Auch ihr Geschlecht ist haarlos aber zierlich eingeschnitten. Die Vertiefung des Nabels ist geeignet, duftende Essenzen aufzunehmen. Die Hautfarbe ist hellbraun. Dieses Mädchen kostet sechzigtausend Dirhem. Die dritte Jungfrau ist schwer zu beschreiben. Ihre Vorteile liegen in ihrer sanften Art. Ihr Blick ist voll Ergebung. Ihre ganze Gestalt strahlt Demut aus. Die Haut dieses Mädchens ist weiß wie der Schnee auf den Bergen des Nordens. Wer ihren Leib sieht, der ist geblendet. Der Leib ist üppig. Die Brüste von großen runden Monden gekrönt. Breit ist ihr Becken. Weich ihr Bauch. Ihr Schoß, auch er ist sorgfältig von Haaren freigehalten, wartet darauf, sich dem Kalifen — Allah verleihe ihm ein langes Leben — zu öffnen. Für diese Jungfrau mußten meine Sklavenhändler achtzigtausend Dirhem bezahlen. Wenn dem erhabenen Herrscher — Allah verleihe ihm ein langes Leben — die Mädchen und der Preis gefallen, werde ich die Jungfrauen nach Damaskus senden.«

Ungeduldig wurde der Kalif Abdel Malik, als er die Beschreibungen las. Er konnte es kaum erwarten, mit jeder der Jungfrauen allein zu sein. Auf schnellen Kamelen ritten Boten los an den Tigris mit der Aufforderung, die Sklavinnen sofort auf denselben Kamelen nach Damaskus zu transportieren. Der hohe Preis störte den Kalifen nicht.

Die Sklavenhändler einigten sich darauf, daß der Jüngste von ihnen die Mädchen nach Damaskus bringen sollte. Die Frauen und der junge Mann ritten bei Tag und ruhten erschöpft in der Nacht auf improvisierten Lagern. In einer mondhellen Nacht sah der junge Sklavenhändler, wie der sanfte und kühle Wind das Kleid des weißhäutigen Mädchens hob und sie nach und nach aufdeckte. Obgleich er ihre Schönheit schon beim Kauf nackt gesehen hatte, fühlte er jetzt plötzlich unstillbare Sehnsucht nach diesem weißen Körper, er verliebte sich in die Jungfrau. Er wollte noch in dieser Nacht mit ihr fliehen. Er besprach sich mit dem Mädchen. Sie sah ihn mit ihrem Blick an, der voll Ergebung war — so zeigte sie ihr Einverständnis, dem jungen Sklavenhändler ganz zu gehören.

Die Männer, die mit zu der Karawane gehörten, verhinderten aber die Flucht aus Furcht vor dem Zorn des Kalifen. Um ganz sicher zu sein, fesselten sie den jungen Sklavenhändler.
Kaum war die Reisegruppe in Damaskus angekommen, ließ sich Kalif Abdel Malik die Mädchen auch schon vorführen. Sie zogen sich aus und zeigten ihre Schönheit. Abdel Malik verglich die Realität mit der Beschreibung, die ihm sein Statthalter im Irak geschickt hatte, und war sehr zufrieden. Nur wunderte er sich, daß die dritte Jungfrau keinen üppigen Leib besaß. Er las die Schilderung des al Hagag noch einmal durch, dann schaute er sich das Mädchen wieder an: Die Haut war schneeweiß, doch Busen und Bauch wirkten schlaff. Abdel Malik ließ die Männer holen, die den Transport der Jungfrauen begleitet hatten, und fragte sie, warum die Jungfrau mager geworden sei. Die Männer antworteten: »Oh Herr, Beherrscher aller Gläubigen. Allah verleihe dir ein langes Leben. Wenn du versprichts, uns unversehrt ziehen zu lassen, wollen wir dir sagen, was sich ereignet hat.« Der Kalif antwortete: »Wenn ihr die Wahrheit sagt, so geschieht euch nichts. Wenn ihr mich belügt, lasse ich euch töten.« Die Männer holten darauf den jungen Sklavenhändler, den die Sehnsucht nach dem Körper der Jungfrau plagte. Der Gefesselte erzählte, wie ihn in jener Nacht die Lust nach dieser Frau überfallen habe. Der Kalif hörte aufmerksam zu, dann schaute er sich wieder das nackte Mädchen an und wußte auf einmal, warum es mager geworden war — unstillbare Liebe zum jungen Sklavenhändler war in sie gefahren. Der junge Sklavenhändler, die Männer und die Berater des Kalifen erwarteten ein strenges Strafgericht für die beiden Liebenden. Doch Abdel Malik fragte in gütigem Ton: »Hast du, junger Mann, gedacht, mich gering zu achten, als du Lust bekamst auf den Körper, der mein Eigentum ist?« Der Sklavenhändler sprach von seiner Sehnsucht, die allein seine Gedanken beherrsche. Als er diese Antwort gehört hatte, zeigte sich der Herrscher gnädig. Er befahl dem Mädchen,

die Kleider anzuziehen, die schon im Harem für sie bereitlagen. Wie eine Braut geschmückt stand sie vor dem Kalifen. Der nahm ihre Hand und fügte sie in die Hand des jungen Mannes. Zwei Kamele schenkte er dem jungen Paar und gab den beiden den Rat, mit der nächsten Karawane nach Hause in den Irak zu reisen. Den Kaufpreis von achtzigtausend Dirhem zahlte er anstandslos.

Die Geschichte vom gütigen Kalifen Abdel Malik endet allerdings in einer unerwarteten Wendung. Nach dem Abschied, der im Beisein des Kalifen mit reichlichen und feinen Gerichten aus der Hofküche und mit Wein gefeiert wurde, zog das Paar mit der Karawane durch die Wüste nach Osten. In der ersten Nacht schliefen sie miteinander. Am Morgen lagen sie noch auf ihrem Lager, als die Karawane zum Aufbruch gerüstet war. Der Karawanenführer wollte sie wecken, doch seine Hand fuhr zurück: Sie hatte zwei Leichen berührt.

Abdel Malik, der den Besitz eines schönen Frauenkörpers über jeden anderen Genuß dieser Erde setzte, lebte nie zurückgezogen im Harem. Der Politik widmete er mehr Zeit als den Frauen. Das Studium des Korans aber gab er schon am ersten Tag seiner Amtszeit auf. Als er vom Tod seines Vaters Merwan erfuhr, klappte er sein Exemplar des Heiligen Buches zu und sagte: »Auf lange Zeit haben wir, das Buch und ich, uns zum letzten Male gesehen!«

Das prägende Erlebnis seiner Kindheit war die Ermordung des Kalifen Othman am 17. Juni 656 gewesen. Abdel Malik war damals im Palast, als die Anhänger Alis mit Feuer und Schwert angriffen. Der zehnjährige Junge sah den toten Othman liegen; er sah, wie das Blut im Sand versickerte. Dieses Bild, so sagte er oft, werde er nie in seinem Leben vergessen. Seit jenem 17. Juni wußte er, wie rasch Emotionen in Brutalität ausarten können. Vertrauen in das arabische Volk konnte er nicht fassen — die Erinnerung an den ermordeten Verwandten hatte ihn für immer mißtrauisch gemacht.

Abdel Malik war sich bewußt, daß das Verhältnis zwischen ihm und dem Volk vergiftet war. An einem Freitag sprach er darüber in der Moschee: »Mir geht es mit euch wie der Schlange im Märchen. Ich will euch dieses Märchen erzählen. Da kamen einst zwei Brüder vor eine Höhle. Eine Schlange kroch heraus, legte einen Dinar an den Höhleneingang und verschwand wieder. Am nächsten Tag stellten sich die zwei Brüder wieder vor die Höhle. Die Schlange kam angekrochen, zischte kurz und verschwand. Wieder ließ sie einen Dinar zurück. Von nun an wiederholte sich der Vorgang an jedem Tag. Die beiden Brüder konnten glücklich von dem Geld leben, das ihnen die Schlange täglich zukommen ließ. Dies ging eine Zeitlang so fort, bis einer der beiden Brüder mit dem einen Goldstück pro Tag nicht mehr zufrieden war. Er wollte alles Gold auf einmal haben, das in der Höhle lagerte. Er wartete, mit einem großen Stock bewaffnet, vor der Höhle. Als die Schlange mit dem Goldstück herankroch, schlug er zu. Die Schlage aber war nicht tot; eine blutende Wunde klaffte an ihrem Leib. Im Zorn fuhr sie auf den Mann los, biß ihn und spritzte ihr Gift in seine Blutbahn, der Mann starb. Sein Bruder beerdigte ihn voll Trauer. Täglich stellte er sich vor die Höhle und wartete auf die Schlange. Er wollte sich mit ihr aussöhnen. Nach vielen Tagen erst ließ sich die Schlange wieder sehen. Ihre Wunde war noch nicht ganz verheilt. Der Bruder fragte sie, ob nicht ihre Beziehung wieder so sein könnte wie früher. Die Schlange antwortete: »Beim Grabe deines Bruders und bei der brennenden Wunde, die ich am Körper trage, es ist keine aufrechte Freundschaft und Liebe mehr zwischen uns möglich.« Der Kalif Abdel Malik zog seine Lehre aus der Geschichte von der Schlange und den zwei Brüdern. Gelegenheit zur Anwendung dieser Lehre ergab sich bald genug.

Den Feldzug gegen die Schiiten wollte Abdel Malik selbst führen. Er war gerade eine Woche lang unterwegs mit dem Heer nach Osten, da putschte Amru Ibn Said al Aschdak,

der Gouverneur von Damaskus. Er rief sich selbst zum Kalifen aus und erzwang mit Hilfe der Garnison die Huldigung der Bevölkerung. Nur zehn Tage lang konnte er seine Regierungskunst beweisen in der Hauptstadt, dann stand Abdel Malik mit seinem Heer wieder vor den Mauern. Da die Truppe des Kalifen weit in der Überzahl war, blieb Amru Ibn Said al Aschdak keine Chance zur Verteidigung. In kluger Einschätzung der Situation bot der putschende Gouverneur sofort die Kapitulation an. Abdel Malik akzeptierte die erneute Huldigung der Garnison und nahm auch Amrus Unterwerfung in Gnaden an.
Als der Kalif erneut aufbrach, um den Krieg gegen die Schiiten endlich zu beginnen, da wollte er den gefährlichen Gouverneur mit seiner Neigung zum Putsch doch nicht in seinem Rücken zurücklassen. Er entschloß sich, Amru zu töten. Mit freundlichen Worten lud der Kalif ihn zu einem Arbeitsessen ein, das Gelegenheit bieten sollte für ausführliche Gespräche über die Verwaltung der Stadt Damaskus während des Krieges. Amru kannte aus Beispielen der jüngsten arabischen Geschichte die Gefährlichkeit solcher Essen. Er ging deshalb nicht allein zum Kalifen, sondern nahm eine beträchtliche Zahl von Freunden mit, die unter ihren Überhängen Waffen bei sich trugen. Als der Kalif den Saal betrat, war auch er nicht allein. Seine Begleitung war an Personenzahl ebenso stark wie die des Amru Ibn Said al Aschdak. Die beiden Gruppen neutralisierten sich. Abdel Malik aber hatte sich einen Trick ausgedacht, um den ehrgeizigen Gouverneur zu liquidieren.
Zunächst gab sich der Kalif freundlich. Abdel Malik und Amru saßen nebeneinander. Sie griffen sich ihr Essen mit der Hand aus einer gemeinsamen Schüssel. Der Gouverneur sah darin ein Zeichen der friedlichen Gesinnung des Kalifen. Die beiden redeten von der Zukunft; die Vergangenheit berührten sie nicht. Am Ende der Mahlzeit sagte der Kalif: »Damals, als der Aufruhr war hier in Damaskus, da habe ich mir geschworen, dich an Händen und Füßen zu fesseln. Daß ich

den Eid nicht einhalten konnte, bedrückt mich. Du kannst mir helfen. Laß dich von mir fesseln. Ich schwöre dir bei Allah, daß ich dir selbst die Ketten wieder abnehme.« Amru Ibn Said al Aschdak glaubte, daß mit dieser Zeremonie seine Schuld gegenüber dem Kalifen für den unklugen Putsch abgegolten sei — er ließ sich willig die Ketten anlegen. Einige Zeit stand er gefesselt vor seinen Anhängern und vor den Freunden des Kalifen. Der Gouverneur glaubte schließlich, genügend Demut bewiesen zu haben und wollte dem Spaß ein Ende machen. Er bat den Herrscher: »Jetzt solltest du, oh Beherrscher der Gläubigen, dein Versprechen wahrmachen, und mir die Ketten wieder lösen.« Abdel Malik packte in diesem Augenblick den Gefesselten und schlug sein Gesicht mit so großer Wucht gegen den Tisch, daß dem Amru Ibn Said al Aschdak die vorderen Zähne abbrachen. Blut floß dem Gouverneur aus dem Mund. Der Kalif sagte ihm jetzt, wie er seinen Schwur zu halten gedachte: »Ich habe geschworen, selbst deine Ketten zu lösen. Ob vor oder nach deinem Tod, darüber habe ich kein Wort gesagt. Erst stirbst du, dann nehme ich dir die Fesseln ab!« Es war die Stunde des Abendgebets. Seine religiösen Pflichten nahm Abdel Malik sehr genau; er verließ den Saal, um in die Moschee zu gehen. Zuvor gab er seinem Bruder Abdel Aziz den Befehl, den Gouverneur zu töten.

Zur Überraschung des Kalifen lebte Amru Ibn Said al Aschdak auch nach der Stunde des Gebets noch. Der Gouverneur lag jammernd am Boden und flehte Allah um Hilfe an. Da packte der Kalif ein Schwert und zerhackte den Körper des Amru. Vor dem Haus des Monarchen hatte sich inzwischen die jammernde Familie mit allen Frauen des Gouverneurs, mit seinen zahlreichen Kindern auf dem Boden niedergelassen. Ihr Geheul war drinnen im Haus zu hören. In der Wut trennte Abdel Malik den malträtierten Kopf vom Rumpf und warf ihn zum Fenster hinaus. Er traf damit eine der weinenden Frauen. Diese Affekthandlung bereute er bald als unnötige Härte in einem Akt politischer Notwehr. Abdel Malik

sorgte für die führungslose Familie. Die Söhne gewann er mit den Worten: »Euer Vater hat mich in eine Situation gebracht, in der mir gar keine andere Wahl blieb, als ihn aus der Welt zu schaffen. Hätte ich nicht zugeschlagen, dann hätte er mich ins Unglück gestürzt.«
Als er den Rücken frei hatte in seiner Hauptstadt, ritt er mit dem Heer wieder nach Osten. Gegenüber der entschlossenen, disziplinierten Armee hielten die um Glaubensfragen zerstrittenen Schiiten und Azrakiten nicht stand. Sie zogen sich zurück entlang der Westküste des Persisch/Arabischen Golfs.
Die Bevölkerung der Städte sah den Einmarsch der Eroberer aus Syrien nur ungern. Die Händler und Handwerker hatten Sorge, ausgeplündert zu werden. Daß die Armen nicht mehr rebellierten, gefiel ihnen allerdings. Doch die Last der syrischen Besatzung wollten sie nicht tragen. Mürrisch empfingen sie den Gouverneur Hadjadj, der für Abdel Malik das unruhige Land an Tigris und Euphrat regieren wollte.
Hadjadj lenkte sein Kamel sofort bei der Ankunft in Kufa zur Moschee. Er traf mit Absicht zur Zeit des Gebets ein. Den Innenraum der Moschee fand er überfüllt vor. Da waren hunderte von gedrückten Menschen versammelt, die Angst hatten vor den Ereignissen der kommenden Tage. Laut und inbrünstig klagten die Gebete an diesem Tag. Hadjadj betete mit, zunächst unerkannt von den Männern aus Kufa. Als die Gläubigen die Moschee verlassen wollten, drängte sich der Statthalter nach vorn. Mit starker Stimme verkündete er den Menschen der eroberten Stadt sein Programm der Befriedung: »Ihr lernt mich kennen. Ich bin der Sohn des Morgens, der sich über den höchsten Berg erhebt. Bei Allah, ich sehe Häupter unter euch, deren Reifezeit gekommen ist. Wenn ich euch anblicke, dann sehe ich Blut fließen zwischen eurer Kopfbedeckung und eurem Barte. Bei Allah — ihr Männer aus Irak! Ich lasse mich nicht pressen wie getrocknete Feigen. Ich lasse mich nicht durch das Trommeln aufgeblasener Schläuche einschüchtern. Der Be-

herrscher der Gläubigen, der Kalif Abdel Malik — Allah verleihe ihm ein langes Leben — hat in seinem Köcher den schmerzhaftesten Pfeil für euch gesucht. Mich hat er in seinem Köcher gefunden. Ich bin dieser schmerzhafteste Pfeil für euch. Bei Allah! Wenn ihr euch nicht gehorsam zeigt, mähe ich euch wie dürres Gestrüpp. Ich schlage euch durch wie den Rücken eines Kamels. Bei Allah! Ich drohe niemals umsonst. Das müßt ihr von mir wissen!«
Im Anschluß an die drohenden Worte wollte Hadjadj ein Schreiben des Kalifen verlesen. Es begann mit dem traditionellen Segensspruch für die Adressaten. Die Empfänger des Briefes hatten ebenfalls mit einer Formel zu antworten: »Friede über den Beherrscher der Gläubigen!« Keine Lippe bewegte sich. Alle waren still in der Moschee von Kufa. Diese Reaktion konnte sich der neue Gouverneur nicht gefallen lassen. Er schrie die Männer an: »Oh ihr Sklaven des Aufruhrs! Habt ihr so wenig Manieren, daß ihr nicht antwortet auf den Friedensgruß des Kalifen?« Hadjadj begann erneut mit der Friedensformel »Salam« — dieses Mal war der Gruß an den Kalifen laut zu hören.
Seine Drohungen mußte Hadjadj in der Tat verwirklichen. Das Zweistromland und die Region ostwärts der Flüsse blieb noch lange unruhig. In der Erinnerung der Schiiten war Hadjadj ein Teufel, der mit dem Satan in enger Verbindung stand. Eine grausige Geschichte über die frühe Kindheit des Statthalters zirkulierte damals in Basra und Kufa: »Seine Mutter streckte ihm bald nach der Geburt die Brust hin und wollte ihm zu trinken geben. Doch er stieß die Mutter zurück. Das Baby weigerte sich auch aus anderen Brüsten zu trinken. Die Familie fürchtete schon um das Leben des Kindes. Rettung brachte die Stimme des Teufels, die plötzlich nachts zu hören war: Tötet einen schwarzen Bock und gebt dem Kind zwei Tage lang sein Blut zu trinken. Am dritten Tag schlachtet eine schwarze Katze und laßt den Jungen ihr Blut trinken. Dann erschlagt eine Schlange und schmiert ihr Blut in das Gesicht des Kindes, das nicht aus Frauenbrüsten

trinken will. Von diesem Tag an wird es trinken, wie jedes andere Kind auch.« Die Schiiten und die Azrakiten schlossen aus dieser Erzählung, daß Hadjadj seit dieser Teufelsernährung unter innerem Zwang stehe, Blut fließen zu lassen und Blut zu trinken.

Dem Kalifen Abdel Malik war der harte Offizier und energische Administrator ein glänzender Helfer. Nie zeigte Hadjadj Ambitionen, irgendeinen Landstrich im eigenen Namen regieren zu wollen. Stets achtete er die Interessen des Kalifen. Sein höchstes Maß an Ergebenheit bewies er, bereits vor den Feldzügen im Irak, bei der Niederwerfung der Unabhängigkeitsbewegung in Mekka und Medina.

Der Repräsentant der Zentralgewalt in Damaskus durfte sich nicht damit abfinden, daß sich gerade die Orte seiner Gewalt widersetzten, die so eng mit dem Propheten Mohammed verbunden waren. Die Männer des Omajjadenclan waren als Fremde nach Damaskus gekommen. Ihre Heimat waren die Städte Mekka und Medina — selbst wenn kein Kalif mehr in Mekka und Medina residieren wollte. Von dort waren die Väter einst zu Eroberungen ausgezogen; dort hatten die ersten drei Kalifen regiert. Die Omajjaden vergaßen die blutige Vertreibung nach dem Tode des Kalifen Othman nicht.

Das Zentrum der islamischen Religion befand sich weiterhin in Mekka, auch wenn die Stadt nicht dem Beherrscher der Gläubigen unterstand. Mehrmals am Tag blickten alle Moslems des Riesenreichs beim Gebet in Richtung der Kaaba. Jeder Gläubige war verpflichtet, einmal in seinem Leben als Pilger den heiligen Platz zu besuchen. Wer in Mekka regierte, der besaß allein durch die Begegnung mit den tausenden von Pilgern, die jährlich in die Stadt kamen, bedeutenden Einfluß auf das Denken und auf die Phantasie der Araber.

Abdel Malik hatte einen Versuch gemacht, den Gläubigen einen Ersatz zu bieten für die Kaaba, die ihm selbst unerreichbar blieb. So abwegig war der Gedanke nicht: Der Prophet hatte einst die Kaaba erst spät zum Mittelpunkt der islamischen Glaubenswelt bestimmt. In den ersten Jahren nach der Offenbarung blickten die Moslems während des Gebets nach Jerusalem.

Im Rückgriff auf diese frühe Zeit des Islam wollte Abdel Malik der Stadt Jerusalem ihre religiöse Bedeutung zurückgeben. Er ließ über der grauen Felsplatte, die seit undenklichen Zeiten Opferplatz war auf dem Hügel Moria, über der Stadt, einen prächtigen Bau errichten: Qubbet es Sakhra, den Felsendom. Das Gebäude ist achteckig. Aus Stein und Marmor sind die Wände. Die Kuppel besteht aus Holz und dünnen Kupferplatten. Sie ruht auf Säulen und besitzt einen Durchmesser von 20,44 Metern. Direkt unter der Kuppel liegt die Felsplatte, die dem Dom den Namen gab.

Die Moslems sind überzeugt, daß Mohammed von hier aus in den Himmel auffuhr, um den Koran, das Heilige Buch des Islam, auf die Erde zu holen. Die Überlieferung fügt hinzu, die schwere Felsplatte selbst habe mit dem Propheten in den Himmel fliegen wollen, doch der Erzengel Gabriel habe mit seinen Händen den Flug des Steins verhindert.

Im Jahre 621, ein Jahr vor dem Auszug des Propheten aus Mekka, — so berichtet die islamische Legende — sei dieses wunderbare Ereignis geschehen, das Abdel Malik die Argumente für seine Jerusalem-Propaganda lieferte. Die Legende bewahrt die persönliche Erzählung von Mohammed: »Ich saß auf einem weißen Tier, daß teils einem Esel und teils einem Maulesel ähnelte. Mit mir war der Erzengel Gabriel. Er eilte nicht mir und ich nicht ihm voraus, bis er mich von Mekka nach Jerusalem geleitet hatte. Er führte mich zu der Stelle, an der alle Propheten, die vor mir gelebt hatten, ihre Reittiere angebunden hatten. Ich sah Abraham, Moses und Jesus dort stehen. Ich dachte bei mir, es sei wichtig für sie, daß sie einen Vorbeter hätten. Gerade in diesem Augenblick stellte mich Gabriel so vor sie hin, daß ich ihr Vorbeter war. Dann führte Gabriel mich zum Fels. Ich setzte meinen Fuß darauf und stieg auf einem Lichtstrahl zu den sieben Himmeln auf. Allah übergab mir seine Gebote für die Gläubigen.« Die Geschichte der Felsplatte sollte die Vorstellungskraft der Gläubigen genauso faszinieren, wie der schwarze Stein in der Mauerecke der Kaaba. — Das war die Absicht des Kalifen.

Abdel Malik beauftragte mit dem Bau des Felsendoms einen Meister aus Jerusalem, der die Struktur der achteckigen byzantinischen Kirchenanlagen genau studiert hatte. Trotz einiger Umbauten im Laufe der Jahrhunderte ist die ursprüngliche Eleganz des Heiligtums bis heute erhalten geblieben. Die goldene Kuppel strahlt weit über die Stadt. Sie ist das Wahrzeichen von Jerusalem.
»Al Kuds« — die Heilige, so nennen die Moslems Jerusalem. In Wirklichkeit aber ist sie doch nur die zweitheiligste Stadt in der Glaubenswelt des Islam. Die Schönheit des Bauwerks und die Geschichte des Felsens ließen Qubbet as Sakhra zu einer Attraktion der islamischen Welt werden — doch sein wirkliches Ziel erreichte Abdel Malik nicht: Die Gläubigen in seinem Herrschaftsbereich ließen sich nicht davon abbringen, mit der Pilgerfahrt nach Mekka ihre religiöse Pflicht zu erfüllen. Die Ersatzlösung akzeptierten sie nicht. Allein der Besuch der Kaaba, davon blieben sie überzeugt, bringt den Moslem dem Paradiese näher. Die Anweisung des Kalifen, statt der Kaaba in Mekka siebenmal zu Fuß den heiligen Bau in Jerusalem zu umschreiten, beachtete niemand. Da sich die Moslems nicht von der Pilgerfahrt ins feindliche Ausland abhalten ließen, blieb dem Beherrscher der Gläubigen nur noch eine Lösung des Problems: Er mußte Mekka wieder der Zentralregierung unterordnen.
Die Belagerung von Mekka war niemals eine Aufgabe, um die sich Truppenbefehlshaber gestritten hätten. Sie hatten immer das Gefühl, daß die Beschießung der Heiligen Stadt den Zorn Allahs erregen müsse. Hadjadj war der einzige, der sich sofort dem Kalifen gegenüber bereit erklärte, die heikle Aufgabe zu übernehmen. Er gab sich alle Mühe, sei-

nen Männern den tiefverwurzelten Aberglauben auszutreiben.

Die Angst vor Allahs Zorn erreichte ihren Höhepunkt, als gerade zur ersten Stunde der Beschießung mit Steinen, die von Katapulten geschleudert wurden, ein schlimmes Gewitter über dem Tal von Mekka losbrach. Eine Reihe von rasch aufeinanderfolgenden Blitzen erschlug zwölf Mann der Katapultbesatzung. Viele der Belagerer sahen im Tod der Kameraden eine Warnung Allahs. Sie zäumten ihre Kamele und packten ihr persönliches Eigentum, um rasch aus dem Bereich der Heiligen Stadt zu fliehen. Hadjadj reagierte kaltblütig: »Dieses Gewitter kommt aus der Küstenebene. Ich selbst bin ein Sohn der Küstenebene. Das Gewitter kann also gar nicht unser Feind sein.« Am nächsten Tag, so berichten die arabischen Erzähler, kam das Gewitter wieder über die Stadt gezogen. Diesmal erschlugen die Blitze mehr als ein Dutzend Feinde. Hadjadj triumphierte: »Das Gewitter hat seinen Fehler von gestern wieder wettgemacht. Wir stehen nahe vor dem Sieg!«

Der Befehlshaber der Kalifenarmee behielt recht. Der Blitzschlag in das Lager der Verteidiger löste jetzt in der belagerten Stadt Mekka eine Fluchtwelle aus. Hadjadj steigerte sie noch durch Bekanntgabe einer Amnestie für alle, die bereit waren, dem Kalifen zu huldigen. Die Straffreiheit sollte auch für Abdallah Ibn Zubair gelten, der immer noch als Gegenkalif in Mekka regierte. Abdallah war durchaus geneigt, das großherzige Angebot anzunehmen. Seine Mutter Asma aber, nahezu einhundert Jahre alt, erwies sich als würdige Tochter des Abu Bakr, des ersten Kalifen. Asma gehört zu den wenigen Frauen in der arabischen Geschichte, deren Worte in der Erinnerung der Moslems haften geblieben sind: »Du allein, mein Sohn, kannst in dein Inneres schauen. Wenn du von deinem Recht als Kalif, als Herr der Gläubigen überzeugt warst, dann bleibe auch bei deiner Überzeugung. Deine Gefährten haben den Tod nicht gescheut. Du kannst deshalb nicht in der Gefangenschaft den Söhnen der Omajja zum

Gespött dienen. Wolltest du hingegen nur die Vorteile dieser Welt, so wärst zu ein schlechter Diener Allahs und nicht wert, noch länger zu leben. Sagst du aber, das Recht war auf meiner Seite, doch ich wurde schwach, als meine Freunde flohen, so antworte ich: So handelt ein freier Mann nicht, dem der Glaube das Höchste ist.« Abdallah Ibn Zubair verabschiedete sich von der Mutter, entschlossen, sein Leben im Kampf zu beenden.
Mit dem Tod des Gegenkalifen und der Schiitenrebellen im Irak waren die letzten Konkurrenten des Abdel Malik ausgeschaltet. Trotzdem war der Kalif gezwungen, überall im Reich Garnisonen zu unterhalten, die mit verläßlichen Truppen aus Damaskus belegt waren. Besonders im Irak und in den persischen Provinzen brachen immer wieder Unruhen aus. Die Schiiten gaben die Hoffnung nicht auf, doch noch die verhaßten Omajjaden besiegen zu können.
Eine echte Gefahr erwuchs für den Kalifen aus keinem dieser Aufstände mehr. Abdel Malik blieb in seiner Hauptstadt, die er im Laufe der Jahre durch Gebäude aus Stein, durch die Anlage von Straßen, durch den Bau von Brunnen prächtiger werden ließ. Sein Stolz war, daß sich die besten Dichter des Reiches nicht mehr in Mekka und Medina, sondern in seiner Stadt versammelten. Die Dichterwettkämpfe, die Abdel Malik veranstaltete, wirkten sich anregend auf die arabische Dichtkunst aus. Sie wurde raffinierter, verspielter in den Gedankengängen. Drei Dichter, Meister der Liebeslyrik, wurden von Abdel Malik bevorzugt: Omar Ibn Abdallah, Djamil Ibn Mi'mar und Kutheir Ibn Rahman. Der Preis im Wettstreit zwischen den dreien war regelmäßig ein Kamel, beladen mit so viel Goldbarren, wie das Tier tragen konnte. Das Ergebnis eines solchen Wettbewerbs ist in frühen Antologien arabischer Poesie aufgezeichnet.
Die Aufgabe stellte der Kalif Abdel Malik: Jeder mußte seine Neigung zu der Frau beschreiben, die er am meisten liebte. Omar Ibn Abdallah rezitierte als erster: »Geliebte, Wenn meine letzte Stunde naht, will ich dein Gesicht küssen. Wenn

ich tot bin, will ich mit deinem Speichel gewaschen werden. Der Staub deiner Füße soll mich einbalsamieren. Ich wünsche mir, daß die geliebte Suleima meine Beischläferin sei im Grabe. Wenn sie bei mir liegt, ist es mir gleichgültig, ob ich im Paradies bin oder in der Hölle.«
Der zweite Dichter, Djamil Ibn Mi'mar sprach von seiner Geliebten, die Buthaina hieß: »Oh Butheina, ich schwöre bei den geweihten Tieren, die als Opfer geschlachtet werden, daß die Liebe mein Herz gebrochen und ich das Leben nicht länger mehr ertrage. Doch wenn mich ein Totenbeschwörer nach meinem Tode mit einem einzigen Wort aus dem Mund meiner Geliebten aus dem Grab rufen sollte, würde ich sofort ins Leben zurückkehren.«
Kutheir Ibn Rahman lobte die Schönheit seiner Lieblingsfrau Azza: »Bei dem Leben meines Vaters und meiner Mutter! Meine Azza beschämt alle ihre Feindinnen. Schöne Frauen besuchen mich, um mir Azza zu verleiden. Doch die Wangen der anderen Frauen sind nicht so schön wie Azzas Fußsohlen. Unparteiische Richter würden im Streit um den Preis der Schönheit meiner Azza den Vorzug geben.«
Abdel Malik zögerte nicht lange mit der Entscheidung. Er sprach diesmal dem Dichter Omar Ibn Abdallah Kamel und Gold zu.
Nach dem Tode des Gegenkalifen Abdallah Ibn Zubair regierte Abdel Malik noch zwölf Jahre lang. In dieser ruhigeren Zeit reformierte er die Verwaltung — die Christen, die noch immer die einflußreichen Posten der Schreiber besetzt hielten, wurden durch Araber ersetzt. Bisher war die Zentralgewalt auf die Christen angewiesen, weil der Omajjadenclan in den vergangenen Jahren nur über wenig Männer verfügte, die lesen und schreiben konnten. Erst mit der Personalreform in der Administration konnte der letzte Rest der alten byzantinischen Ordnung aus den Schreibstuben des islamischen Reichs entfernt werden.
Abdel Malik wurde weise in den letzten Lebensjahren. Die Erkenntnis, daß alles vergänglich sei, beschäftigte ihn immer

wieder. Er klagte oft: »Wie schön könnte unser Leben sein, wenn nur den Dingen Dauer verliehen wäre.« Der Klage folgte regelmäßig das Zitat eines Spruchs, den sein Lieblingsdichter Omar Ibn Abdallah formuliert hatte: »Alles Neue wird alt. Was heute Gegenwart ist, gehört morgen der Vergangenheit an.« Solche Sprüche honorierte Abdel Malik mit hundert Kamelen, manchmal auch mit zwanzig Sklaven männlichen oder weiblichen Geschlechts — je nach der Neigung des Dichters.

Der Kalif Abdel Malik, so berichten die arabischen Erzähler, war mit sechzig Jahren noch ein Liebhaber schöner Frauen. Allerdings litt er unter Potenzschwäche. Er war sehr betrübt, daß ihm oft nicht gelang, die Jungfrauen, die im präsentiert wurden, zu deflorieren. Sein Ansehen als Herr des Harems, und zugleich als kraftvoller Mann an der Spitze des Staates war gefährdet. Seine Probleme wurden allerdings erst in Damaskus bekannt, als er sich häufig bei gleichaltrigen Männern erkundigte, ob sie mit denselben Schwierigkeiten zu kämpfen hätten. Adjman Ibn Huraim war ein solcher Mann, der ebenfalls den 60. Geburtstag schon hinter sich gebracht hatte. Durch die Gnade des Kalifen besaß Adjman Reichtum. Sein Erlebnis mit dem Herrscher hielten die arabischen Erzähler für würdig, aufgezeichnet zu werden.

Dieser Adjman Ibn Huraim kam eines Tages zum Kalifen. Der Herrscher erkundigte sich zunächst generell nach dem Befinden des Besuchers. Auf die allgemeine Antwort folgte die direkte Frage: »Und wie ist es mit deiner männlichen Kraft bestellt?« Adjman antwortete rasch: »Allah sei gedankt. Es geht ganz nach Wunsch. Ich entjungfere noch jede Woche drei Mädchen.« Über diese Auskunft freute sich Abdel Malik überhaupt nicht. Mürrisch beendete er das Gespräch. In den Monaten danach bekam Adjman Ibn Huraim zu spüren, daß ihm Abdel Malik nicht mehr freundlich gesonnen war. Der Kalif überging ihn, wenn er zu Mohammeds Geburtstag, zu Beginn der Neujahrsfeiern oder zum

Fest Al Fitr Ehrengeschenke an die wichtigen Männer des Reiches verteilte.
Adjman überlegte sich lange, warum der Kalif ihn wohl kränken wollte. Er fand keinen stichhaltigen Grund. Daß er die Gnade seines Herrschers verloren hatte, stimmte ihn traurig. Seine Lieblingsfrau bemerkte die Veränderung seines Gemütszustands. Sie fragte ihn nach dem Grund seiner trüben Laune. Er aber konnte keine richtige Antwort geben. Adjman sagte nur, er wundere sich über die Unfreundlichkeit des Kalifen Abdel Malik. Nun wollte die Frau wissen, welches Thema bei der letzten Begegnung mit dem Herrscher besprochen worden sei. Adjman sagte, daß er korrekte Auskunft gegeben habe über sein Geschlechtsleben. Da wußte die Lieblingsfrau Bescheid. Sie beschloß, mit List dem Neid des Kalifen beizukommen. Sie machte einen Besuch bei Atika, der ersten Frau im Harem des Kalifen. Ihre Rede hatte sie gründlich vorbereitet: »Der Kalif muß mir und den anderen Frauen des Harems helfen. Ich will gar nicht persönlich klagen, obgleich das Glied des Adjman meinen Schoß seit Monaten nicht mehr berührt hat. Doch leben in seinem Haushalt Jungfrauen, die darauf warten, von dem Mann geöffnet zu werden. Wenn Adjman nicht die Kraft dazu hat, sollte er vom Kalifen gezwungen werden, die Jungfrauen in den Harem eines kräftigeren Mannes zu verkaufen.«
Die erste Frau des Harems im Kalifenpalast versprach, mit dem Herrscher über das Problem des Adjman zu reden. Sie hielt ihr Wort. Aufmerksam hörte ihr der Kalif zu und wurde zusehends besserer Laune. Bei nächster Gelegenheit schickte Abdel Malik Geschenke an seinen Freund Adjman: Gewänder, ein Kamel, einen goldenen Becher. Dem Kalifen war der Neid vergangen.
Am 8. Oktober 705 starb Kalif Abdel Malik in seinem Harem. Die Nähe des Todes muß er schon Wochen vorher empfunden haben, denn er forderte an einem Freitag die Gläubigen in der Moschee auf, seinem Sohn Welid zu huldi-

gen. Die Männer in Damaskus fügten sich dem ungewöhnlichen Gebot des Monarchen. In Medina aber, dem Ort, wo der Prophet Mohammed den Arabern Gesetze und Lebensregeln gegeben hatte, stand Said Ibn Al Musaijjeb gegen das unziemliche Verfahren auf. Er war ein Gelehrter; ein Mann, der das Heilige Buch und alle überlieferten Aussagen des Propheten kannte. Für ihn bedeutete eine Huldigung vor dem Tod des Amtsinhabers im Kalifat eine völlige Verdrehung der traditionellen Sitte. Die Entscheidung über die Person des neuen Herrschers durfte erst nach dem Tod des Abdel Malik fallen.

Zu Recht wehrte sich Said Ibn Al Musajjeb noch einmal gegen den dynastischen Gedanken der Amtsübergabe an den ältesten Sohn des Kalifen. Er forderte die Rückkehr zur offenen Kalifenwahl, wie sie üblich war zur Zeit von Abu Bakr und Omar. Der Statthalter von Medina aber ließ den protestierenden Gelehrten auspeitschen. Abdel Malik tadelte den Statthalter in seinen letzten Lebenstagen dafür. Der Kalif schrieb nach Medina: »Es wäre besser gewesen, den Said Ibn Al Musajjeb köpfen zu lassen.«

Der Kalif Welid bricht in Europa ein

Am Freitag nach dem Sterbetag des Vaters setzt Welid dem Vorgänger ein verbales Denkmal: »Wir sind alle Geschöpfe Allahs und kehren zu ihm zurück. Bei Allah allein finden wir die Kraft, den Tod des Kalifen zu ertragen. Der Herrscher dieses Volkes ist in die Wohnung der Reinen hinübergegangen. Er hat sich diese Wohnung verdient durch seine Strenge gegen Zweifler, durch seine Güte gegen Gerechte. Den Tod konnte er nicht abwenden, da niemand aufheben kann, was Allah beschlossen hat. Den Tod hat Allah in seiner Weisheit sogar über Propheten und über die Engel verhängt.«

Durchweg sind in der Geschichte der arabischen Herrscher die ersten Monate nach der Amtsübernahme belastet durch Unruhen in den Provinzen. Diesmal wurden wieder Mekka und Medina zum Zentrum der Mißstimmung. Die Menschen in beiden Städten hatten keinen Grund zur Rebellion: Welid ließ die Moscheen vergrößern, die Straßen befestigen, die Mauern verstärken. Die Invaliden der vergangenen Kriege erhielten Renten. In Mekka, das immer unter Wassermangel gelitten hatte, konnten, durch den finanziellen Zuschuß des Kalifen, zwei neue Brunnen gegraben werden. Ihr Wasser, so wurde gesagt, sei süßer als das Wasser der Quelle Zemzem in unmittelbarer Nähe der heiligen Kaaba. Dieses Lob bedeutet viel, denn schließlich war die Quelle Zemzem einst von Abraham entdeckt worden.

In den Frieden Zentralarabiens griff der Feldherr und Administrator Hadjadj ein. Er hatte festgestellt, daß eine große Zahl ehemaliger Führer aus dem Irak nach Mekka und Medina geflohen waren. Seine Agenten entführten einen solchen Mann heimlich aus Mekka, den Korangelehrten Said Ibn Djubeir. Hadjadj ließ dem religiösen Denker in Kufa den Kopf abschlagen. Wenige Tage nach der Hinrichtung

erzählten sich Männer und Frauen in Mekka von einem Wunder, das die Zuschauer in Kufa erlebt haben: Als der losgetrennte Kopf des Said Ibn Djubeir in den Sand fiel, sahen sie, wie der Mund sich öffnete und dreimal sprach »Allahu Akhbar — Allah ist der Größte, es gibt keinen Gott außer ihm.« Das erstemal, so lauteten die Berichte, sei die Stimme kräftig zu hören gewesen, beim zweitenmal schwächer, beim dritten Ruf hätte nur noch die erste Reihe der entsetzten Zuschauer die Worte vernommen.
Den vielen Schiiten, die nach langer und mühseliger Flucht in Mekka und Medina lebten, brachte die Nachricht erleichternde Genugtuung, Hadjadj sei vierzig Tage nach der Hinrichtung des Korangelehrten gestorben. Schnell wurde hinzugefügt, Hadjadj habe bis zu seinem Tode jede Nacht qualvoll von dem sprechenden Kopf geträumt. In der letzten Nacht aber sei von allen Personen im Hause des Hadjadj die dröhnende Stimme des Toten gehört worden: »Feind Allahs! Was habe ich dir getan, daß du mich getötet hast?«
Die Erleichterung über den Tod des Hadjadj schlug um in Zorn, als die schiitischen Flüchtlinge die letzte Anordnung ihres schlimmsten Feindes erfuhren: Er hatte für Mekka und Medina neue Gouverneure ernannt mit dem Auftrag, das schiitische Glaubenszentrum zu vernichten. Othman Ibn Hajjan, soeben zum ersten Mann von Medina ernannt, führte sich nach dem Freitagsgebet selbst mit einer Rede ein. Seine Worte markierten einen fatalen Wendepunkt in der Geschichte des Rechts im arabischen Reich — Othman Ibn Hajjan installierte das bis heute wirksame Spitzelsystem: »Oh ihr Männer von Medina! Ihr seid in früherer Zeit gegen den Beherrscher aller Gläubigen eingestellt gewesen, Ihr seid noch immer sein Feind. Nun haben sich zu allem Übel Männer bei euch eingefunden, die euch noch mehr verderben. Bei Allah! Es sind die Menschen aus dem Irak, die ich anklage. Sie reden Gutes über Ali und über die Nachkommen des Ali. Doch diese Menschen aus dem Irak haben für Ali, für Hasan und für Husein nicht mehr Sympathie als für an-

dere Menschen. Sie lieben und verehren niemand. Sie hassen die Welt. Doch nach Allahs Willen erreichen sie nur, daß ihr Blut in den Kämpfen verströmt. Bei Allah! Wer einen von ihnen bei sich aufgenommen hat und jetzt noch bewahrt, dem lasse ich sein Haus einreißen. Schon als Omar Ibn Chattab, der Kalif, der für das Wohl aller Untertanen sorgte, die Moslems in fremde Länder schickte, da fand er nur wenige, die in den Irak wollten. Alle sagten: Irak ist ein schlimmes, verdorbenes, vom Satan ausgebrütetes. Land. Die Menschen des Irak sind stets zur Rebellion bereit. Doch im Krieg hielten sie sich bisher immer feig zurück. Denkt daran, ihr Bewohner von Medina. Ich habe Leute unter euch gesetzt, überall hin, in eure Häuser, in die Moschee, an alle Orte, wo ihr euch trefft. Meine Leute berichten mir, was ihr sagt und denkt. Hört auf mich, wenn ich sage: Wer einen Iraker bei sich aufnimmt, der steht nicht mehr unter dem Schutze Allahs!«

Der Kalif in Damaskus war einverstanden mit den Regierungsmethoden, die von den Gouverneuren aus der Schule des Hadjadj praktiziert wurden. Welid ließ zu, daß Arabien ein unmenschlicher Polizeistaat wurde. Wer den Spitzeln verdächtig erschien, für den gab es keine Möglichkeit der Verteidigung; die Hinrichtung war ihm sicher. Private Händel wurden durch Denunziation erledigt: Machten sich zwei Männer gegenseitig ein Grundstück streitig, genügte der Hinweis des einen, der andere sei im Geheimen Schiite, um die Spitzel und damit den Justizapparat gegen den Konkurrenten arbeiten zu lassen. Die letzte Entscheidung über Leben und Tod der Kaufleute, der Bauern, der Handwerker, der Sklaven lag bei den Gouverneuren. War ein hoher Offizier der Abweichung im Glauben angeklagt, ein bedeutender Korangelehrter oder ein beliebter Dichter, fällte der Kalif in Damaskus selbst das Urteil, ohne auf den Rat gerechter Richter zu hören. Der Kalif regierte als Despot.

Die Jagd auf wirkliche oder angebliche Schiiten schuf ein unerträglich gespanntes Klima in der Hauptstadt und in den wichtigsten Orten Zentralarabiens. Mißtrauen vergiftete das Leben. Weit draußen aber, an den Fronten des Reichs, war das tägliche Leben noch nicht durch die Angst vor der gemeinen Einmischung des Staatsapparates geprägt. Wer keine Rücksicht zu nehmen brauchte auf Bindungen an eine Familie, der meldete sich zu den Heeren, die am Indus kämpften und im Westen der Mittelmeerküste Afrikas.

Der Druck der Araber auf Nordafrika hatte nie nachgelassen, seit Ägypten in ihrer Hand war. Die fremden Stämme, die im Küstenstreifen wohnten, wurden aufgerieben, vertrieben oder unterworfen. Dutzende von Kleinvölkern gliederten sich ein in den Staatsverband. Sie nahmen den Glauben der Araber an. Ihre wehrfähigen Männer zogen mit in den Kolonnen, die nach Westen vorrückten. Schon früh in der Regierungszeit des Kalifen Welid erreichten sie die Gegend von Tanger — im Norden lag die Küste Spaniens vor ihren Augen. Um das Jahr 710 wagten sie den Sprung nach Europa.

Die ältesten arabischen Geschichtsquellen, die einigermaßen präzise und verläßlich die Ereignisse der Zeit nach dem Jahre 710 beschreiben, begründen die Überquerung der Meerenge so: »Der Felderr Tarik Ibn Zejjad kämpfte im Gebiet von Tanger. Da traf er in der Stadt Ceuta auf einen Mann, dessen Name war Julian; er war Roderich, dem Herrn von Andalus, untertan. Julian hatte eine seiner Töchter an den Hof von Roderich geschickt, damit sie dort erzogen werde. Roderich aber hatte das Mädchen schwanger gemacht. Aus Zorn über diese Schandtat hatte Julian geschworen, er werde die Araber nach Andalus bringen.« Mit dem Begriff Andalus bezeichnen die arabischen Historiker Spanien.

Die Geschichte vom Westgotenkönig Roderich, der ein Mädchen verführte, das ihm anvertraut war, spiegelt sicher eine historische Wahrheit — doch sie läßt den umfassenderen geschichtlichen Aspekt außer acht. Den Feldherrn an den Fronten des arabischen Reichs war es nie gestattet, sich sol-

cher Lappalien wegen in militärische Auseinandersetzungen einzulassen, deren internationale Konsequenzen nicht kalkuliert werden konnten. Die Offensive gegen Spanien war mit dem Kalifen Welid abgesprochen — er hatte die Operation genehmigt. Der Kalif hatte sich zuvor genau orientiert: Er wußte, wer Spanien beherrschte und wer in Opposition stand zur regierenden Schicht. In Damaskus lagen zu dieser Zeit präzise Berichte vor über die grausame Unterdrückung der Juden in den Städten von Andalus. Welid gab selbst seinem Befehlshaber Tarik die Erlaubnis, die kooperationswilligen Juden als Verbündete zu betrachten.
Spanien war zu dieser Zeit ein christlicher Staat; er wurde seit den Jahren der Völkerwanderung von einer gotischen Oberschicht beherrscht. Diese Goten waren im Verlauf der europäischen Völkerwanderung als Eroberer auf die iberische Halbinsel vorgestoßen. Ein Wechsel an der Spitze des gotischen Staates vollzog sich gerade, als die Araber die letzten Berberstämme in Afrika unterworfen hatten. König Witiza wurde durch König Roderich abgelöst. Die Folge war Streit unter den Adligen. Zwei Parteien standen sich gegenüber. Jede Partei wünschte der anderen den Untergang.
Graf Julian, der Vater des schwangeren Mädchens, holte die Moslems in der Tat nach Spanien. Er war dem von Roderich verdrängten König Witiza zur Treue verpflichtet. Seine letzte Hoffnung setzte er auf die Araber: Sie sollten Roderich wieder vom Thron vertreiben. Tarik Ibn Zejjad folgte der Einladung — in der Absicht, den Brückenkopf auf europäischem Boden nie mehr aufzugeben.
Am 1. Mai des Jahres 711 landete der arabische Feldherr mit rund 10 000 Mann auf spanischem Boden, in unmittelbarer Nähe des Berges, dessen Namen heute noch an Tarik Ibn Zejjad erinnert. »Gibraltar« ist der verkürzte Ausdruck für »Dschebel al Tarik« — auf deutsch »Der Hügel des Tarik«.

Der Historiker Abdel Rahman Ibn Abdel Hakam berichtet aus jener Zeit: »Zwischen Ceuta und Andalus liegt ein Berg, der jetzt Dschebel al Tarik heißt. Als es Abend war, kam Graf Julian mit Schiffen und belud sie mit Männern der Moslems. In der Nacht ließ er die Männer nach Andalus zu diesem Berg fahren. Die Moslems versteckten sich über Tag, bis in den nächsten Nächten Verstärkung eingetroffen war. Die Bewohner von Andalus merkten nichts. Sie glaubten, die Schiffe gingen, wie immer, wegen des Handels hin und her.«

Den eigenen Kämpfern Vertrauen einflößen, dem Feind panische Furcht einjagen — das war das Erfolgsrezept des Tarik Ibn Zejjad. Ehe das erste Schiff, beladen mit Truppen, von Afrika nach Europa übersetzte, sprach der Feldherr zu den Männern: »Der Prophet Mohammed, Allah gebe ihm Frieden, ist mir erschienen. Er war umgeben von vielen Helden aus Mekka und Medina. Alle waren bewaffnet mit Schwertern, Lanzen und Bogen. Mohammed hat mir zugerufen: Schreite vorwärts, Tarik! Führe aus, was du dir vorgenommen hast! Dann sah ich, wie der Prophet am Himmel entlang zog, weit über das Wasser hin nach Andalus«.
Schrecken verbreitete Tarik Ibn Zejjad durch die Parole, die Moslems seien Menschenfresser. In der Nähe von Cordoba sorgte er dafür, daß dieses Gerücht geglaubt wurde. Tarik ließ einige Bauern töten und in Stücke hacken. Die Portionen Menschenfleisch mußten gerade so groß sein, daß sie in die arabischen Armeekochkessel paßten. Das Schlachten geschah vor den Augen andalusischer Gefangener; sie mußten auch zusehen, wie das Fleisch für die Kessel vorbereitet wurde. Daß der Kesselinhalt später weggeworfen wurde, sahen sie nicht mehr. Die Gefangenen durften wenige Tage später wieder in ihre Dörfer zurückkehren — ihre Erzählungen erzeugten panische Angst.
Am 26. Juli 711 ging die Entscheidungsschlacht zwischen Christen und Moslems zu Ende. Die arabischen Chronisten des Feldzugs berichten, der Kampf habe sieben Tage lang gedauert. Die Araber siegten erst, als der Gotenkönig Roderich auf ungeklärte Weise vom Schlachtfeld verschwunden

war. Sein Pferd wurde entdeckt, später auch ein Stiefel. Vom König selbst fand sich keine weitere Spur.
Die Städte verteidigten sich noch einige Wochen lang. Jetzt wirkte sich die Propaganda, die Moslems seien Menschenfresser, negativ für die Eroberer aus: Die Besatzungen von Cordoba und Granada kämpften mit großer Entschlossenheit — sie wollten nicht in den Armeekesseln der Araber enden. Toledo aber fiel unverteidigt in die Hand der Moslems; der Bischof, der oberste Befehlshaber, hatte rechtzeitig die Stadt verlassen; allein konnten die Bewohner keinen wirkungsvollen Widerstand organisieren. Tarik hielt sich an die vom Propheten Mohammed festgelegten Regeln: Eine Stadt, die sich ergab, durfte nicht geplündert werden. Die Araber zeigten, daß sie menschlich handeln konnten. Langsam verblaßte die Vorstellung, die Eroberer äßen gekochte Christen.

Tarik richtete ein Meldesystem ein, das sein Hauptquartier über die Entfernung von dreitausend Kilometern mit dem Palast des Kalifen in Damaskus verband. Überall in den Garnisonen entlang der Mittelmeerküste Afrikas standen Reiter und schnelle Kamele bereit, die Briefe und mündliche Nachrichten zur nächsten Garnison weitertrugen. Ein Schreiben, das über dieses Meldesystem nach Osten auf den Weg gebracht wurde, brauchte einen Monat, bis es dem Kalifen ausgehändigt werden konnte. Tarik war in der glücklichen Situation, keine Niederlagen melden zu müssen. Er konnte dem Kalifen mitteilen, daß er in der Nähe von Cordoba den prunkvollen goldenen Tisch gefunden habe, der einst Eigentum des Königs Salomo gewesen sei. Das Beutestück wurde zerlegt und mit einer Karawane nach Damaskus transportiert.
Arabischer Oberbefehlshaber der afrikanischen Provinzen, und damit Chef des Tarik, war in den Monaten der Eroberung Spaniens Musa Ibn Nusseir; ein Mann, der den Ruhm seines Untergebenen nur schwer ertragen konnte. Er folgte mit eigenen Truppeneinheiten Tarik nach. Er wollte den

Reichtum, den Tarik sammelte, in die Hand bekommen. Tarik aber hatte die Absicht, eine Menge für sich zu behalten und einiges unter eigenem Namen an den Hof des Kalifen zu schicken. Musa Ibn Nusseir aber war der Meinung, die Verteilung der Beute stehe allein ihm zu. Die beiden stritten um ihre Rechte und Pflichten. Der Oberbefehlshaber für Afrika verlor schließlich die Geduld: Er ließ Tarik verhaften.

Tarik erkannte, daß er in Gefahr war, wegen Ungehorsams hingerichtet zu werden. Im spanischen Hauptquartier befand sich jedoch zu diesem Zeitpunkt ein politischer Berater des Kalifen; seine Abreise nach Damaskus stand kurz bevor. Tarik konnte mit dieser wichtigen Person Kontakt aufnehmen. Er versprach dem Berater hundert männliche oder weibliche Sklaven, wenn er dem Kalifen von der Willkür Musa Ibn Nusseirs erzähle. Dieses Versprechen verfehlte seine Wirkung nicht. Ehe der Mann, der das Vertrauen des Kalifen Welid besaß, Spanien verließ, warnte er den Oberbefehlshaber: »Handle nicht übereilt mit Tarik. Du hast in Damaskus viele und mächtige Feinde. Sie warten darauf, daß du einen Fehler machst. Schon hat der erhabene Beherrscher der Gläubigen von der Verhaftung Tariks gehört. Ich habe Sorgen um dich!« Zwei Monate später traf ein eiliger Brief in Spanien ein, gesiegelt mit dem Zeichen des Kalifen. Der Text bestand nur aus wenigen Worten: »Bei Allah! Wenn du Tarik schlägst, dann schlage ich dich. Wenn du Tarik tötest, dann töte ich deinen Sohn.« Musa Ibn Nusseir mußte Tarik als Truppenkommandeur wieder einsetzen. Die Eroberung Spaniens machte Fortschritte unter dem Befehl des Rehabilitierten: Tarragona, Salamanca, Barcelona wurden eingenommen.

Die Berichte, die der Kalif Welid aus den neuerdings annektierten Gebieten erhielt, erzählten von riesigen Goldmengen, von teuren Stoffen, von Edelsteinen und schönen Frauen, die Tarik und Musa eingesammelt hätten. Welid wollte den Frauen seines Harems mit den Schmuckstücken imponieren.

Einzelne Geschmeide, die er durch reitende Boten aus Spanien erhielt, verschenkte er gleich an die Frauen, die seine besondere Gunst besaßen.
Eine dieser Frauen hieß Um al Banin. Sie lebte im Harem, aber in einem separaten Bau, bevorzugt vor den anderen Bewohnerinnen. Als Welid eines Tages von Tarik Schmuck geschickt bekam, wollte er Um al Banin eine Freude machen. Er bat einen Mann seines Stabs, der Lieblingsfrau den Schmuck zu bringen. Zu seiner Überraschung fand der Bote Um al Banin in enger Umarmung mit einem Offizier der Leibgarde. Ohne die Nerven zu verlieren warf sich die Frau ein Tuch über den Leib, öffnete eine hölzerne Truhe und forderte ihren Geliebten auf, sich in den Kasten zu legen. Dann erst begrüßte sie den Mann aus dem Stab des Kalifen. Kurze Zeit später betrat Welid selbst den Raum, er wollte mit eigenen Augen die Freude der Um al Banin über den Schmuck sehen. Welid spürte, daß sein Bote verstört war. Er drängte ihn zu sagen, was ihn bedrücke. Stotternd berichtete der Überbringer des Schmucks, daß er gesehen habe, wie ein nackter Mann in der Truhe verschwunden sei. Wütend fuhr Welid auf. Er rief die Wache und gab Befehl, dem Mann aus seinem Stab sofort die Kehle durchzuschneiden. Danach ließ er im Fußboden des Raums der Um al Banin eine tiefe Grube ausheben. Die Sklaven mußten graben, bis sie auf das Grundwasser stießen. In diese Grube wurde die hölzerne Truhe versenkt. Als die Erde wieder in das Loch geschüttet war, gab es keine Spur mehr von dem Geliebten der Lieblingsfrau des Kalifen. Die Teppiche wurden ausgebreitet wie zuvor — Welid nahm Platz und begann das Gespräch über den Reiz des Schmuckstücks. Wer keine Spur hinterläßt, hat nie existiert.
Erst lange später erzählten die Sklaven, was sie erlebt hatten. Da begriffen die Männer am Hof, warum und wohin der Offizier der Leibwache des Kalifen verschwunden war.
Die reichen Schätze, die von Spanien, auf Kamelen verladen, unterwegs waren, bekam Welid nie zu Gesicht. Musa

Ibn Nusseir, der Oberbefehlshaber, zog nur in kurzen Etappen durch Nordafrika nach Osten. Schwerfällig bewegte sich seine Karawane. Eine große Anzahl von Jungfrauen zog zu Fuß mit. Die Lobredner des Feldherren schätzten die Zahl der weiblichen Gefangenen auf dreißigtausend. Über ein Jahr lang brauchte der Zug.
Musa Ibn Nusseir hätte die Strecke rascher bewältigen können, doch er ließ sich Zeit. Seine Informanten am Hof des Kalifen gaben ihm Nachricht, daß Welid immer schwächer werde, sein Körper zerfalle mehr und mehr. Musa rechnete sich aus, daß es klüger sei, in den ersten Wochen der Herrschaft eines neuen Kalifen in Damaskus anzukommen, als in den letzten Lebenswochen des sterbenden Beherrschers der Gläubigen.
Kalif Welid hat seiner Familie ein bleibendes Denkmal gesetzt. Er ließ die Omajjaden-Moschee in Damaskus bauen. Als Grundstock des Gebäudes benützten die Baumeister die christliche Johanneskirche. Sie umschloß das Grab von Johannes dem Täufer und galt damit als eines der wichtigsten Heiligtümer der Christenheit. Die Kirche wurde den Christen in dem Augenblick weggenommen, als die letzten christlichen Verwaltungsbeamten am Kalifenhof in Damaskus ihre Posten verloren. Die Arabisierung der Hauptstadt war damit abgeschlossen.
Dreihundert Meter lang ist die Mauer, die den heiligen Bezirk umgibt. Einbezogen sind Bauteile früherer Häuser. Das Tor im Westen ist aus Säulen eines römischen Tempels errichtet. Wer von Süden her auf die Omajjadenmoschee blickt, der entdeckt die schweren Quader der alten christlichen Kirche. Die Moschee ist eingebaut in das Stadtviertel des traditionsreichen Markts von Damaskus. Sie war das Geschenk des Kalifen Welid an die Kaufleute seiner Hauptstadt.
»Man sagt, Welid habe beim Bau der Moschee die besten persischen, indischen und griechischen Handwerker zusammengeholt.« schreibt der Geograph al-Mugaddasi rund ein-

hundertachtzig Jahre nach Fertigstellung der Moschee. Über die Baukosten konnte er noch Fakten erfahren: »Der Bau der Omajjadenmoschee hat das syrische Steueraufkommen von sieben Jahren verschlungen. Für die Ausschmückung wurden darüber hinaus noch achtzehn Schiffsladungen Gold und Silber gebraucht.«

Als der Erbauer dieses Wunders der islamischen Welt gestorben war, fand der Dichter Djenin die Worte, die, nach Meinung der Trauernden, die Gefühle der Menschen von Damaskus am besten zum Ausdruck brachten: »Die Erinnerung an Welid entlockt meinen Augen unstillbare Tränen. Alle seine Vorzüge liegen jetzt unter dem Erdenstaub begraben. Als er uns entrissen ward, glichen wir Sternen, die vom Monde verlassen wurden.«

Musa Ibn Nusseir kam mit der riesigen Beutekarawane in Damaskus an, als die Trauer abgeklungen war. Der neue Kalif Suleiman, ein Bruder des verstorbenen Welid, behandelte den Oberbefehlshaber keineswegs mit der Dankbarkeit, die Musa erwartet hatte. In den langen Monaten, die Musa mit der gemütlichen Reise durch die nordafrikanischen Garnisonsstädte verbracht hatte, waren Meldungen aus Spanien eingetroffen, die dem Kalifen mißfallen mußten.

Beim Abschied Musas aus Spanien hatte er selbst noch seinen Sohn Abdel Aziz als Statthalter eingesetzt. Kaum aber hatte der Vater das Land verlassen, da regierte der Sohn auf eigene Art. Er kümmerte sich nicht um die Anweisungen der Zentralregierung in Damaskus. Dringende Anfragen nach dem Verbleib der Steuerzahlungen ließ er unbeantwortet. Vom Meldesystem des Tarik machte er nie Gebrauch. Boten, die aus Damaskus kamen, nahm er fest. Er wollte keinen Kontakt mit dem Kalifen halten. Abdel Aziz, durch die Länge des Mittelmeers von seinem Herrscher getrennt, dachte daran, einen unabhängigen Staat zu gründen.

Informationen über die Autonomiebestrebungen des Sohnes seines Oberbefehlshabers in Afrika und Spanien machten

den Kalifen argwöhnisch. Er hielt Musa Ibn Nusseir unter Hausarrest.
Der Ehrgeiz des Abdel Aziz wurde angestachelt durch die Tochter des verschollenen Königs Roderich. Abdel Aziz hatte diese Christin geheiratet trotz der Warnungen seiner Offiziere. Er gestattete ihr sogar gegen jede islamische Regel, daß sie ihren Glauben behielt. Vom Tag der Hochzeit an war der Statthalter in Afrika isoliert. Freunde und Mitarbeiter gingen ihm möglichst aus dem Weg. So blieb Abdel Aziz allein dem Einfluß seiner Frau ausgesetzt. Diese begann, die traditionellen Sitten der Araber zu bemäkeln. Noch waren Despotie und Unterwerfung nicht in die Frontprovinzen eingezogen. Die Christin kritisierte die Formlosigkeit der Etikette: »Warum verehren dich deine Untertanen nicht durch eine Verbeugung, so wie sich die Untertanen meines Vaters vor ihm zu beugen hatten?« Im Sprachschatz des Offizierskorps, das in den entfernten Ecken des Reiches diente, war bisher das Wort »Untertan« unbekannt geblieben. Die Zeiten der Kameradschaft waren jetzt vorüber. Abdel Aziz hatte eine Idee, wie er seinen bisherigen Kollegen die Verbeugung beibringen konnte: Er ließ die Tür zu seinem Empfangssaal so zumauern, daß nur eine niedrige Öffnung blieb. Jeder, der den Statthalter besuchen mußte, betrat den Saal notgedrungen in gebückter, devoter Haltung.
Daß sich der Statthalter in Spanien verehren ließ, als ob er der Kalif selbst wäre, erfuhr der Herrscher in Damaskus bald. Die Informanten denunzierten Abdel Aziz, er sei zum Christentum übergetreten — damit sagten sie die Unwahrheit. Die Anklagen reichten für den Kalifen Suleiman aus, den Sohn des Musa Ibn Nusseir zum Tode zu verurteilen. Für Abdel Aziz gab es keine Möglichkeit zur Verteidigung.

Ein Mörder fand sich rasch, der dem Statthalter den Kopf abschlug. Der Kopf wurde in Spanien einbalsamiert und nach Damaskus geschickt. Als das Paket angekommen war, ließ der Kalif Suleiman Musa den Ibn Nusseir zu sich bitten. Die Verpackung wurde gelöst, und Suleiman fragte den Vater, der nahezu achtzig Jahre alt war, ob er den Kopf kenne. Musa behielt seinen klaren Verstand in diesem Augenblick. Er antwortete: »Allerdings kenne ich diesen Kopf. Er gehörte einem Mann, der sich immer früh zum Gebet erhob und der viel fastete. Allahs Fluch möge ihn treffen, wenn sein Mörder besser ist, als er es war!«

Im Osten verhindert Byzanz den Griff der Kalifen nach Europa

Der einzige Gegner, der in den vergangenen Jahrzehnten dem Ansturm der Araber standgehalten hatte, war das byzantinische Reich. Der Angriff zu Lande war immer von den ausgezeichneten Truppen der Kaiser von Konstantinopel abgefangen worden. Byzanz, das Oströmische Reich, konnte seine Stabilität bewahren trotz der schlimmen Niederlage des Kaisers Heraklius am Fluß Jarmuk. Damals hatte Byzanz Provinzen verloren, doch damit war nur Ballast abgeworfen worden zugunsten der Verteidigung des Kernreichs. Die Grenze am Taurusgebirge blieb intakt.

Die Mosaiken in den westlichen Gewölben des Innenhofs der Omajjadenmoschee von Damaskus und über dem Eingang des Heiligtums selbst, zeigen, wie sich die Menschen jener Zeit in der Hauptstadt des arabischen Reiches die Vorzüge des byzantinischen Nachbarstaates vorgestellt haben. Aus farbigen Steinchen setzten sie ein Abbild der ihnen unerreichbaren Welt zusammen: Im Schatten von Dattelbäumen, Zypressen und Feigenbäumen, die in sattem Grün hoch aufragen, stehen eng beieinander Häuser, deren Prunkfassaden aus runden Säulen bestehen.

Zwischen Ranken und Blattwerk fließt Wasser, wölben sich Kuppeln von Palästen; Brücken verbinden die Ufer kühler Flüsse. Eindeutig zeigen die dargestellten Bauten den Stil byzantinischer Meister; die Fassaden der prächtigen Häuser schließen über den Säulenkapitellen mit der geometrischen Figur des Dreiecks ab.

Diese geordnete und in sich ruhende Welt hatte dreimal die Eroberer abgewiesen; in den Jahren 668, 672 und 677 waren die Moslems entschlossen, Byzanz dem Islam zu unterwerfen. Den vierten Angriff leitete der Kalif Welid ein Jahr vor seinem Tode ein. Seine Berater hatten erkannt, daß die Byzantiner in den entscheidenden Phasen der Kämpfe jedesmal durch klugen, taktischen Einsatz ihrer Flotte den Arabern überlegen gewesen waren. Der Kalif zog die Konsequenz: auch die Araber benötigten eine Flotte, wenn sie siegen wollten. Welid ließ tausende von Zedern auf den Bergen des Libanon fällen. Die Stämme wurden von Galeeren nach Ägypten gezogen. In den Werften des Nildeltas entstand die erste arabische Flotte von Bedeutung.

Schiffskonstrukteure, die früher in byzantinischen Diensten gestanden hatten, halfen den Moslems. Sie bauten in Alexandria dieselben Seefahrzeuge, die sie an der anderen Küste des Mittelmeers zur Standardausrüstung der stärksten Flotte der Welt entwickelt hatten. Auf zwei Typen konzentrierten sie sich, auf das kleine Aufklärungsschiff, das sich mit großer Segelgeschwindigkeit den feindlichen Schiffseinheiten näherte und nach vollzogenem Erkundungsauftrag wieder verschwand, und auf die »Kampfdromone« als wichtigstem Schiff in der Seeschlacht.

Die Kampfdromone war nahezu 40 Meter lang, in der Mitte 4,5 Meter breit; sie hatten einen Tiefgang von nicht ganz einem Meter. Einhundert Ruderer trieben das Schiff voran. Die Ruderknechte saßen in zwei Etagen übereinander. Weitere fünfzig Mann waren für die Bedienung der Katapulte und für die Navigation zuständig. Die militärische Potenz der Kampfdromone war beachtlich: Sie konnten das von den Gegnern gefürchtete »griechische Feuer« schießen.

Das griechische Feuer der damaligen Kriege ist in seiner Wirkung durchaus mit dem Napalm unserer Zeit vergleichbar. Die brennende, klebrige Masse konnte von der Haut nicht mehr abgelöst werden; wer von ihr getroffen war, erlitt schwere Verbrennungen, die nicht mehr heilten. Die Masse bestand aus Petroleum, Schwefel, Harz, Pech und ungelöschtem Kalk. Durch eine Röhre im Bug der Kampfdromone wurde die heiße Masse unter hohem Druck gegen den

Feind gespritzt. Eine permanent brennende Flamme am Ende der Röhre entzündete die Flüssigkeit. Seit dem Beginn des fünften Jahrhunderts setzten die Byzantiner diese Flammenwerfer ein. Auf die demoralisierende Wirkung des griechischen Feuers konnten sie sich immer verlassen.
Die Vorbereitungen zum Krieg gegen Byzanz wurden auch nach dem Tod des Kalifen Welid fortgesetzt. War Welid der Herrscher gewesen, der Spanien dem arabischen Reich eingefügt hatte, so wollte sein Bruder Suleiman den Nachruhm ernten, das mächtige Byzanz in den Staub getreten zu haben. In den Monaten der Rüstung hatte der Kalif Glück: Die byzantinische Flotte war gelähmt durch Streik und Aufruhr. Bedeutende Schiffseinheiten sollten von Rhodos aufbrechen, um die Vorräte an Zedernholz zu verbrennen, die noch an der phönizischen Küste vor dem Libanongebirge gestapelt lagen. Doch die Flottenoffiziere hatten keine Lust, Befehle vom Kaiser Anastasius entgegenzunehmen. Sie wollten, daß ein Mann aus dem Offizierkorps die Macht im Staate übernehme. Ihre Wahl war getroffen: Der Wortgewaltige und trinkfeste General Leo sollte Kaiser von Byzanz werden. Leo, der den Beinamen trug »der Syrer« — häufig falsch bezeichnet als »der Isaurier« — war unter Anastasius und dem zunächst nachfolgenden Theodosius III. Befehlshaber der Ostarmee gewesen, die den Auftrag hatte, die Moslems zurückzudrängen. Diesem Auftrag kam er allerdings nicht nach. Im Gegenteil, er benahm sich wie ein Freund der Araber. Sein Beiname »der Syrer« legitimierte ihn dazu. Er sprach bei gelegentlichen kameradschaftlichen Treffen mit den Offizierskollegen der anderen Seite davon, daß er selbst Kaiser von Byzanz werden wolle. Nach der Übernahme der Macht, so versprach er, könne das byzantinische Territorium geteilt werden zwischen ihm und dem Kalifen Suleiman. Er habe mit der Hälfte des Reichs genug.
Zu Beginn des arabischen Angriffs dankte Theodosius III. unter dem Druck der Armeeführung ab. Ehe er sich ins Kloster zurückzog, übergab er die Macht General Leo. Die Ara-

ber sahen sich kurz vor dem Ziel — doch diesmal machten sie Erfahrungen mit einem Partner, der die Tricks der Täuschung noch besser verstand als sie.
Kaiser Leo teilte dem arabischen Kommandeur Maslama — er war ein Bruder des Kalifen Suleiman — mit, er könne vorläufig seine Sympathie für die Araber, und vor allem für den islamischen Glauben, nicht offen zeigen. Maslama möge ihm jedoch in allem vertrauen. Maslama war dazu bereit.
Die Byzantiner wußten, daß die Truppen Maslamas große Vorräte an Getreide, Zucker und Öl mit sich führten, die Lebensmittelreserve sollte eine lange Belagerung von Konstantinopel möglich machen.
Leo, der Syrer, gab aus der Stadt dem islamischen Kommandeur einen teuflischen Rat: »Die Leute hier in der Festung wissen, daß deine Männer keinen Sturm wagen, solange ihnen das bequeme Leben im reich versorgten Lager möglich ist. Die Moral in der Stadt wird erst sinken, wenn die Leute hier begreifen, daß ihr unsere Lebensmittel braucht. Die Besatzung wird dann wissen, daß ihr mit Entschlossenheit stürmt. Wenn du auf mich hören willst, dann verbrenne dein Getreide, deinen Zucker, dein Öl. Der Mut deiner Männer wird steigen. Meine Kämpfer werden in Depression verfallen. Wir zwei werden davon profitieren.«
Maslama folgte dem Rat. Dieses Vertrauen hatte er bald zu bereuen. Leo dachte nicht daran, sein Versprechen zu halten. Immer wieder vertröstete er die islamische Armeeführung mit dem Argument, sie könne mit der Öffnung der Stadttore rechnen, sobald sich seine Macht ganz gefestigt habe. Als die Moslems endlich begriffen, daß Leo keineswegs die Absicht hatte, ihnen die Hälfte des byzantinischen Reiches zu schenken, hatte der Gegner die Vorarbeiten zu einer wirkungsvollen Verteidigung der Hauptstadt Konstantinopel längst abgeschlossen.
Maslama mußte sich entschließen, seine Flotte von rund hundert Kampfdromonen einzusetzen. Leo, der Syrer, aber war nicht von Angst geplagt vor den arabischen Seestreitkräften.

Einer seiner Offiziere hatte die Erfahrungsformel geprägt: »Auf dem trockenen Land sind die Araber Löwen — auf dem Wasser sind sie wie Hasen.« Seine eigenen Schiffe hielt Leo zunächst im Goldenen Horn zurück, im Wurmfortsatz von Marmarameer und Bosporus. Das Goldene Horn konnte leicht abgeriegelt werden: Eine eiserne Sperrkette in der engen Einfahrt hielt die arabischen Schiffe fern.
Im September 717 fuhr die arabische Flotte in den Bosporus ein; sie hatte den strategischen Auftrag, Konstantinopel ganz abzuschneiden. Die arabischen Seeleute kamen jedoch mit der ihnen unbekannten Wasserströmung nicht zurecht. Die Kampfdromone stießen aneinander, verkeilten sich, wurden manövrierunfähig. Auf diese Situation hatte Leo, der Syrer, gewartet. Er gab Order, die Sperrkette am Eingang des Goldenen Horns abzusenken. Seine Galeeren glitten in Schlachtordnung hinaus in den Bosporus. Sie schossen ihr »griechisches Feuer« in die eng beieinander liegenden feindlichen Kampfeinheiten. Gleich beim ersten Angriff gingen zwanzig Schiffe der Araber in Flammen auf. Das mit Pech verschmierte Zedernholz aus dem Libanon entzündete sich leicht. Zweitausend Ruderer verbrannten auf ihren Bänken. Die Mannschaften der übrigen Schiffe hielten sich nicht mehr an die Befehle. Sie wollten ihre Galeeren aus der Feuerhölle, hinaus ins offene Marmarameer, retten. In panischer Desorganisation endete der erste arabische Versuch, Konstantinopel von See her einzuschließen.
In den ungewöhnlich kalten Wintermonaten, die jetzt folgten, fehlten dem arabischen Heer die Vorräte, die Maslama hatte verbrennen lassen. Hunger war für viele Moslems der Anlaß zur Desertation — sie gingen zum Feind über, gaben ihren Glauben auf und wurden Christen. Die Hartnäckigkeit der byzantinischen Verteidigung war in dieser Zeit ein starker Werbefaktor für das Christentum.
Dem arabischen Angriff war der Schwung genommen. Die Verstärkungen nützten nichts mehr, die im Frühjahr aus allen Mittelmeerhäfen des islamischen Reichs vor Konstanti-

nopel eintrafen. Mit den konfiszierten privaten Handelsschiffen kamen christliche Seeleute an, die sich nicht dazu zwingen lassen wollten, gegen ihre Glaubensbrüder zu kämpfen.
Bei der erneuten Einfahrt in den Bosporus steuerte das christliche Personal ein gutes Dutzend der islamischen Schiffe auf die Sperrkette am Goldenen Horn zu. Diese Seeleute signalisierten den byzantinischen Kapitänen, daß sie bereit seien, ihre Galeeren kampflos zu übergeben. An den kapitulierenden Schiffen vorbei stießen die byzantinischen Verbände mitten in den restlichen islamischen Schiffsverband hinein. Wie ein halbes Jahr zuvor war auch diesmal das »griechische Feuer« von verheerender Wirkung. Wieder verwandelte sich die Demonstration arabischer Stärke zu Wasser in regellose Flucht aufs offene Meer.
Die arabischen Historiker haben die Niederlage vor Konstantinopel in ihren Annalen nicht erwähnt. Dieses Ereignis bot keine Chance, den Kalifen Suleiman zu preisen. Der Herrscher selbst nahm den Mißerfolg gelassen hin. Da er Byzanz nicht niederzwingen konnte, widmete er sich künftig mit besonderer Hingabe dem Haren. Die hundert Zimmer seiner Frauen wurden zum eigentlichen Reich des Kalifen Suleiman. Er führte die Neuerung ein, die Frauen von Eunuchen bewachen zu lassen.
Auch die Gespräche der Händler in den engen Gassen des Markts rings um die Omajjadenmoschee vermieden das Thema des unglücklichen Krieges am Bosporus. Die Männer sprachen von den Liebesabenteuern des Kalifen Suleiman. In den Legenden spiegeln sich Beziehungen des Herrschers zu den schönsten Töchtern der einflußreichen Familien der Hauptstadt. Für jede Familie war es eine Ehre, ein Mädchen in den Harem zu schicken. Wenn ein Mann am Abend mit einer verhüllten Frau auf dem Wege zum Palast des Kalifen die Marktstraßen eilig durchquerte, steckten die Händler die Köpfe zusammen und spotteten: Der Kalif wird zu ihm sprechen »Oh Vater der großen Familie, was glaubst du, kann

mir in dieser Nacht Freude machen?« Er wird antworten: »Allah möge dem Kalifen ein langes Leben schenken. In dieser Nacht aber könnte roter Wein Freude machen, in einem edlen Glas, gereicht von einer Frau mit großen Brüsten und schlanker Leibesmitte, gesegnet mit üppigen Schenkeln. An ihren Wangen könntest du dir die vom Wein genetzten Lippen abwischen.« Die Händler schilderten, was weiter geschehen konnte in dieser Nacht im Palast des Kalifen. Sie schufen die Geschichten, die durch die Jahrhunderte weiterleben sollten.

Zur Zeit der Belagerung von Konstantinopel besaß der Kalif Suleiman eine wunderschöne Sklavin. Die Legendenerzähler schildern sie: »Sie war schlank wie eine Gazelle. Ihr Leib war eingehüllt in ein Hemd aus hauchdünner Seide, die in Alexandria gewoben war. Sichtbar war die weiße Farbe ihrer Haut, die tiefe Rundung ihres Nabels, und der Gurt, der ihre Hose schloß. Zwei Strähnen ihres Haares hingen herab bis zu den Hüften. Ihre Brauen formten sich zu Bogen. Ihr Mund glich einer blutroten Wunde.«

Doch nicht nur diese Sklavin hatte die Sinne des Kalifen Suleiman gefangen, sondern auch der Sänger Sinan, der den Worten der Dichter sinnliche Melodien zu unterlegen verstand. Beide, die Sklavin und den Sänger, nahm der Kalif hinaus ins grüne Tal des Flusses Barada. Der Kalif hatte immer weniger Freude an der heißen Stadt Damaskus, in die der Wind der Wüste Staub und Sand hineinwehte. Doch war das Klima der Stadt nur der Vorwand für die Flucht aus dem Palast. Draußen, im Barada-Tal, konnte er nicht so leicht durch unangenehme Nachrichten belästigt werden. Die Mißerfolge blieben hinter ihm in Damaskus zurück.

Suleiman ließ sich unter den Orangenbäumen vor der Stadt Teppiche auslegen und Zelte errichten. Hier war er glücklich, wenn die Sonne untergegangen war und die Vögel, wie der Sänger sich ausdrückte, »Wechselreden führten«.

In den Sommernächten lebten auch die übrigen Männer des Hofs draußen am Baradafluß. Sie saßen ohne Frauen auf den Brokatteppichen in den Zelten. Der Kalif vergnügte sich mit der Sklavin, nur für die Begleiter blieb wenig Spaß. Sie forderten den Sänger auf, für sie zu singen. Der aber lehnte die Bitte immer ab: »Ihr wißt, der Kalif hat es mir verboten, vor anderen und für andere zu singen!« In einer Nacht jedoch sang er, aus Freude an der linden Luft. Er begann leise und ließ dann doch seine Stimme anschwellen. Sein Lied erzählte von der Liebe der Nacht, den Begierden, dem Mond, den Tränen. Der Kalif im Zelt regte sich, wachte auf und wollte sich über die schöne Sklavin legen. Doch sein Leib fand die Partnerin nicht. Er stand auf, trat vor das Zelt und entdeckte die Sklavin, am Boden kauernd. Sie weinte. Mit lauter Stimme unterbrach der Kalif den Gesang. Zitternd vor Schreck näherte sich der Sänger. Suleiman sagte: »Weißt du nicht, daß die Stute zum Hengst will, wenn er wiehert. Das weibliche Kamel wird brünstig, wenn das männliche Kamel brüllt. So hört die Frau dem Mann zu, wenn er singt.« Der Sänger antwortete: »Ich bin der Sproß der Gnade des Kalifen.« Er warf sich auf den Boden nieder. Suleiman, so berichtet die Legende, habe ihm verziehen.

Kalif Suleiman starb an Fettleibigkeit. Die Hofdichter hatten die Anweisung, ihn bis zuletzt als »jugendlichen König« zu besingen — auch als er schon wußte, daß sich sein Leben dem Ende näherte. Die Chronisten am Kalifenhof wissen zu würdigen, daß er rechtzeitig in dieser letzten Lebensstufe für einen charaktervollen Nachfolger im Amt gesorgt hat.
Der Berater des Kalifen, Radja Ibn Hajat, hat den Wortlaut des entscheidenden Gesprächs notiert: »Als Suleiman krank war, befahl er, daß man eine Urkunde aufsetzte, die seinen noch minderjährigen Sohn zum Thronfolger ernennen solle. Da sagte ich: ›Willst du das Volk der Moslems in die Hände eines Knaben legen, der noch nicht das Mannesalter erreicht hat?‹ Suleiman gab zur Antwort: ›Du hast recht, das kann ich nicht. Besonnenheit ist in dieser Frage am Platze.‹ Nach zwei Tagen ließ mich Suleiman wieder rufen und sagte:

›Was hältst du davon, wenn ich meinen Sohn Da'ud zum Nachfolger bestimme?‹ Ich antwortete: ›Da'ud ist mit dem Heer bei der Belagerung von Konstantinopel. Wir wissen nicht, ob er noch lebt oder tot ist.‹ Darauf sprach Suleiman: ›Und wer glaubst du, ist dann des Kalifats würdig?‹ Meine Antwort: ›Das weiß der Beherrscher der Gläubigen besser.‹ Er sprach wieder: ›Was ist deine Meinung über Omar Ibn Abdel Aziz?‹ Ich antwortete: Oh Beherrscher der Gläubigen. Ich kenne keinen Moslem, der würdiger ist. Omar ist ein Mann der Enthaltsamkeit und voll Furcht vor Allah. Er besitzt jede gute Eigenschaft.‹ Da traf der Kalif die Entscheidung: ›Ich kann nicht dem Omar die Herrschaft übergeben und meine Brüder dabei vergessen. Sie werden den Gehorsam verweigern. Es wird Unruhen geben. Darum will ich meinen jüngeren Bruder Jezid schon heute zu Omars Nachfolger bestimmen. So kann jeder Aufruhr verhindert werden.‹ Meine Antwort: ›Du weißt alles am besten, oh Beherrscher der Gläubigen. Allah verleihe dir ein langes Leben.‹ Die Entscheidung zu Gunsten von Omar Ibn Abdel Aziz brachte dem Kalifen Suleiman nach seinem Tode den Beinamen ›der Schlüssel zum Guten‹.«

Der gütige Kalif wird vom Omajjadenclan vergiftet

»Im Namen Allahs, des Allbarmherzigen. Dies ist ein Schreiben von Suleiman, dem Diener Allahs, dem Beherrscher der Gläubigen, an Omar, den Sohn des Abdel Aziz. Ich übertrage dir das Kalifat nach meinem Tode und ernenne Jezid, den Sohn des Abdel Malik zu deinem Nachfolger. Fürchtet Allah und werdet nicht uneinig, sonst bekommen eure Feinde Lust, euch zu vernichten.« Das ist der Text der Ernennungsurkunde, die Suleiman im Sommer des Jahres 717 ausstellte.

Radja Ibn Hajat, als Korankundiger und Kenner der Gesetze berühmt, berichtet über die Ereignisse in den Stunden des Machtwechsels in Damaskus: »Suleiman ließ das Schreiben versiegeln und bat dann auch seinen wichtigsten Minister, Kaab Ibn Hamid in seinen Schlafraum. Zu uns beiden sagte er: Dieses Schreiben enthält meinen letzten Willen. Es regelt die Nachfolge im Kalifat. Zeigt dieses Schreiben dem Volke.‹ Ich nahm das Testament, trat damit vor die Tür und sagte laut zu denen, die vor dem Haus standen: ›Dieses versiegelte Schreiben enthält den letzten Willen des Kalifen. Huldiget dem, der darin als Nachfolger im höchsten Amt genannt ist.‹ Solange hielt ich das Schreiben in die Höhe, bis sich die ganze Menschenmasse, die versammelt war, mit diesem Verfahren einverstanden erklärt hatte. Als sich die Leute wieder entfernt hatten, trat Omar Abdel Aziz zu mir, der Mann, der vom sterbenden Kalifen — ohne selbst etwas davon zu wissen — zum Nachfolger bestimmt war. Er fragte mich: ›Hat der Beherrscher der Gläubigen über meine Person etwas verfügt? Sage es mir, damit ich die Unsicherheit loswerde, vor allem aber damit ich mir jetzt schon überlegen kann, was ich dann nachher bei der Huldigung sage.‹ Ich antwortete: ›Bei Allah! Von mir erfährst du kein Wort!‹ Omar Ibn Abdel Aziz verließ mich in übler Laune. Darauf kam gleich Hischam Ibn Abdel Malik zu mir und sagte: ›Wir zwei haben geschworen, uns Zeit des Lebens Brot und Salz zu teilen. Bei diesem heiligen Recht der gegenseitigen Gastfreundschaft beschwöre ich dich, mir zu sagen, was in diesem versiegelten Schreiben steht. Ich muß Vorbereitungen treffen für den Fall, daß ich Kalif werde. Bei unserem Bündnis leiste ich den Eid, das Geheimnis an niemanden weiterzugeben!‹ Ich antwortete ihm: ›Bei Allah! Von mir erfährst du kein Wort.‹ Hischam verließ mich. Er schlug die Hände übereinander und sagte: ›Ein anderer wird Kalif. Die gute Nachricht hätte er mir doch sicher gesagt.‹ Ich begab mich wieder zum Kalifen Suleiman. Da ich ihn sterbend fand, wollte ich ihn gerade legen und ihm Mund und Augen schließen. Er sagte aber: ›Es ist noch nicht Zeit, Radja.‹ Ich wartete ein wenig und wollte ihn dann wieder gerade legen, doch er wiederholte die selben Worte. Nach einer Weile sagte er aber: ›Jetzt ist die Zeit gekommen, Radja, daß du tust, was du tun mußt. Ich bekenne, daß Allah einzig ist, ohne Genossen, und daß Mohammed sein Diener und Gesandter war.‹ Hierauf verschloß er den Mund und verschied. Ich drückte ihm die Augen zu, warf einen Schleier über sein Gesicht, ging hinaus und verschloß die Tür, daß niemand hinein konnte. Ich begab mich zu Kaab Ibn Hamid und sagte: ›Versammle die ganze Familie des Beherrschers der Gläubigen.‹ Kaab ließ sie in die Moschee kommen und forderte sie auf, zu huldigen, und zwar — ohne Namen zu nennen — demjenigen, der im Testament des Beherrschers der Gläubigen als Nachfolger genannt ist. Erst als alle der Reihe nach gehuldigt hatten, sagte ich ihnen, daß der Kalif Suleiman gestorben sei. Diese Worte sprach ich: ›Begebet euch zum Beherrscher der Gläubigen, denn er ist heute aus der vergänglichen Wohnung in die Wohnung der Ewigkeit hinübergegangen.‹ Dann brach ich das Siegel des Testaments und las die Ernennungsurkunde für Omar Ibn Abdel Aziz vor. Kaum hatte ich den Namen des neuen Kalifen genannt, da rief Hischam Ibn Abdel Malik: ›Dem Omar werden wir niemals huldigen.‹ Ich sagte aber: ›Bei Allah! Wenn du ihm nicht huldigst, so schlage ich die eigenhändig den Kopf herunter!‹ Hischam blieb sehr betrübt darüber, daß er nicht sofort die Regierung übernehmen konnte.«

Alle wichtigen Männer der Omajjadenfamilie waren von der ersten Stunde an gegen den neuen Herrscher eingestellt. Omar Ibn Abdel Aziz fügte sich nicht in das prächtige Protokoll, das die Zeremonienmeister am Kalifenhof zu inszenieren pflegten. Nach der Huldigung sollte er von der Moschee in den Palast reiten, doch er weigerte sich, das mit Gold und Silber herausgeputzte Prachtpferd des verstorbenen Kalifen zu besteigen. Er soll, so erzählten sich die erstaunten Menschen von Damaskus, ein Maultier für den kurzen Weg gefordert haben.

Der bescheidene Mann versuchte, der Habgier der unersättlichen Omajjadenfamilie Grenzen zu setzen. Die Statthalter, die dem Clan angehörten, hatten es sich in den letzten Jahren ganz abgewöhnt, den fünften Teil der Kriegsbeute – gemäß der Vorschrift des Propheten Mohammed – dem Kalifen zu schicken. Daß Beute in großem Umfang angefallen sei, haben sie allerdings nie in ihren Berichten verheimlicht. Omar forderte die zurückbehaltenen Summen für den Staatsschatz. Die Statthalter der Grenzregionen bekannten jetzt alle, sie hätten damals bei der Angabe der Beutemenge übertrieben, um dem Kalifen Suleiman mit der Erfolgsmeldung zu imponieren, um ihm eine Freude zu machen – in Wirklichkeit aber sei schon lange gar keine Beute mehr gemacht worden. Den Statthalter von Chorasan in Persien ließ Omar für diese freche Behauptung einsperren. Mit der Verhaftung erreichte er allerdings gar nichts. Das Geld blieb verschwunden.

Dem neuen Statthalter der Provinz gab Omar eine einfache Anweisung für die Steuererhebung mit: »Wer, wie wir, mit dem Gesicht nach Mekka gerichtet betet, der bekennt sich zum Islam und ist von der Kopfsteuer befreit.« Die Beachtung dieser Regel hatte zur Konsequenz, daß sich viele, nur um Steuern zu sparen, durch dieses äußere Zeichen als Moslems zu erkennen gaben. Die in den vergangenen Jahren bedeutenden Steuereinnahmen der Provinz Chorasan sanken ab. Die Berater des Gouverneurs waren damit unzufrieden. Sie verlangten, daß jeder, der sich zum Islam bekannte, durch die Beschneidung auf die Probe gestellt werde. Der Kalif aber bestimmte eindeutig: »Allah hat mich auf diesen Platz gesetzt, um die Menschen zum Glauben aufzufordern, und nicht um sie beschneiden zu lassen.«

Die Steuerreform des Kalifen Omar Ibn Abdel Aziz — er ist der zweite Omar in der Folge der arabischen Herrscher — brachte den Grundherren überall im riesigen Reich der Araber gewaltige Nachteile. Sie hatten bisher einen Teil der Kopfsteuer der Menschen, die auf ihrem Grund lebten, einbehalten; dazu besaßen sie künftig kein Recht mehr. Doch der Steuerausfall war nicht der einzige Verlust, der sie traf: sie mußten künftig selbst Grundsteuer bezahlen. Der Gerechtigkeitssinn Omar II. trieb ihn dazu, das Feudalsystem, das sich in der Amtszeit der Omajjadenkalifen etabliert und verkrustet hatte, wieder aufzubrechen. Die Moslems sollten, wie einst, untereinander gleich sein.

Die Neufestsetzung der Grundsteuer glich im Staatshaushalt die Mindereinnahmen der Kopfsteuer nicht aus. In das Schatzhaus von Damaskus floß nicht soviel Geld wie früher. Omar Ibn Abdel Aziz kümmerte sich um derartige Einwände seiner Berater gar nicht. Er hatte zu wählen zwischen Geld und Gerechtigkeit — diesem Herrscher fiel die Entscheidung nicht schwer.

Zum wachsenden Ärger der an Luxus gewöhnten Mitglieder der Omajjadenfamilie ließ sich Kalif Omar II. nicht von der Raffinesse des Lebens am Hof einfangen. Er beschäftigte keine Diener, er kaufte keine Jungfrauen; prächtige Kleider wollte er nicht tragen. Ein Mann, der sechs Monate lang im Palast gelebt hatte, berichtete den Freunden und Bekannten voll Erstaunen, dieser Kalif trage immer dasselbe Kleid, das jede Woche einmal gewaschen werde. Sein Hemd aber sei vorne und hinten geflickt.

Mit der Machtübernahme durch Omar Ibn Abdel Aziz begann eine schlechte Zeit für die Dichter in Damaskus. In den vergangenen Jahren hatten sie sich einen festen Platz am Hof erobert. Ihre Verse vertrieben den Kalifen die Stunden, die sie nicht in den Kammern des Harems zubrachten. Sie waren präsent, wenn der Herrscher den Weinbecher leerte. Mit ihrer Phantasie bereiteten sie ihn vor auf neue Umarmungen. Der Kalif Omar Ibn Abdel Aziz aber brauchte ihre Dienste nicht. Die Dichter zeigten zunächst Geduld; sie warteten, ob Omar II. ihnen Audienz gewähre. Der Kalif aber erinnerte sich, bei Suleiman ihre Trinksprüche gehört zu haben. »Von Religion war darin nicht viel zu spüren« — das war sein endgültiges Urteil über die arabische Poesie seiner Zeit. Die Dichter rächten sich durch böse Bemerkungen dieser Art: »Ein jeder Tonkrug schwitzt das aus, was in ihm ist.«

In der Regierungszeit des Omar Ibn Abdel Aziz waren die Händler, die Handwerker, die Schreiber, die Richter und alle anderen, die nicht vom politischen Ehrgeiz zerfressen waren, glücklich in Damaskus. Omar II. schickte keine Heere hinaus in ferne Regionen — damit blieb das Geld im Lande. Da keine Eroberungen gemacht wurden, waren auch die Beutesummen, die ins Land flossen, klein — der Vorteil war, daß die Kaufkraft des Geldes erhalten blieb. Die Inflationsrate war gering. Die Hauptstadt lebte in Ruhe. Sie wuchs langsam nach Westen hinaus ins Barada-Tal. Die Häuser wurden schöner. Neben den Gebäuden aus Lehmziegeln stand schon mancher Steinbau. Die Gärten, beschattet von hohen Dattelpalmen, wuchsen über die ersten Umzäunungen hinaus. Brunnen sorgten überall zwischen den Häusern für kühles Wasser. Der Kalif gab Geld, daß sich auch die Vororte Moscheen bauen konnten. Ein Sprichwort der damaligen Zeit wirft ein Licht auf die Stimmung in der Stadt: »Armut ohne Schulden ist der rechte Reichtum.«

Der Glaube an Allah, der sichtlich gewelkt war unter den Kalifen der vergangenen Jahrhunderte, nahm an Kraft zu. Der Kalif selbst benützte die Gelegenheit des gemeinsamen Freitagsgebets aller Gläubigen von Damaskus, um die Menschen an ihre Pflicht gegenüber Allah zu erinnern. Die Moschee verwandelte sich wieder zum Ort, an dem vom Sinn der Religion gesprochen wurde — von Politik war im Haus Allahs nicht mehr die Rede.

Die Worte einer solchen Freitagspredigt haben sich eingeprägt in die Erinnerung der Gläubigen. Sie zeigen die schlichte, aber wirkungsvolle Theologie dieses Mannes, der sich nicht von Spitzfindigkeiten verführen ließ: »Oh ihr Menschen, ihr seid nicht ohne Sinn und Ziel geschaffen. Hört nicht auf, Gutes zu tun. Wenn ihr einst wieder aufersteht, wird Allah als Richter erscheinen und die Guten von den Schlimmen trennen. Wehe dem, der von Allahs Barmherzigkeit, die alles umfaßt, ausgeschlossen wird. Wehe dem, der keinen Eingang in das Paradies findet. Nur derjenige kann Gnade erwarten, der Allah fürchtet, der Vergängliches aufgibt für das Bleibende, der Geringes läßt, um Großes zu tun. Seht ihr nicht, daß ihr beim Tode allen Besitz wieder anderen überlassen müßt, die sich dann auch wieder davon trennen müssen. Jeden Tag gebt ihr einem Menschen, dessen Lebenszeit abgelaufen ist, Geleit zum Platz der Ruhe. Er liegt dann im Staube, bis das Gericht beginnt. Seine Rettung findet er dann nicht im Besitz, der ihm einst hier gehört hat, sondern allein in seinen guten Taten. Fürchtet Allah, bevor eure Zeit abgelaufen ist und ihr dem Tode verfallen seid. Ich weiß aber, daß ich selber schwerer als jeder von euch mit Sünden beladen bin. Mein Flehen gilt Allah, mich in Gnade anzunehmen.«

Das Geständnis des Omar Ibn Abdel Aziz, mit Sünden beladen zu sein — mehr als jeder andere — nimmt dem Kalifen-

amt den schon selbstverständlich gewordenen Anspruch, seinen Träger mit dem Mantel des Übermenschlichen zu schmücken. Omar will kein Despot sein, kein absoluter Richter über Leben und Tod seiner Untertanen. Allah soll richten. Ihm überläßt er die letzte Entscheidung.
Omar Ibn Abdel Aziz will Allah auch nicht vorgreifen im Urteil, ob Ali, der Schwiegersohn des Propheten Mohammed von Allah in Gnaden aufgenommen wurde oder nicht. Der Kalif macht Schluß mit den Schmähworten gegen Ali, Hasan und Husein, die seit fast fünfzig Jahren an jedem Freitag in den Moscheen des Omajjadenstaates über die Köpfe der Gläubigen hinweg ausgestoßen wurden. Omar ersetzt das vorausgenommene Urteil durch die Worte des Heiligen Buches: »Allah befiehlt Gerechtigkeit und Güte und Wohltätigkeit gegen Verwandte. Allah verbietet Gewalttat, Gehässigkeit und Schlechtigkeit. Allah warnt euch, daß ihr die Folgen bedenket.« Zu seine Freunden sagte Omar II: »Damals fanden blutige Händel statt, vor denen Allah meine Hände bewahrt hat. Darum möchte ich jetzt nicht, lange danach, meine Zunge hineintauchen.«
Die Mitglieder der Schiat Ali honorieren das Ende der harten Abgrenzungspolitik nicht. Gerade zu dieser Zeit beginnen sie in einer entfernten Ecke des Reichs, in der Ostprovinz Chorasan, mit hartnäckiger Missionsarbeit, die schließlich zum Ende der Omajjadenherrschaft führen wird. Die Missionare sind Anhänger der Nachfahren des Abbas, des Onkels von Ali. Abbas hatte Ali einst bei der Wahl des dritten Kalifen unsicher gemacht mit der Bemerkung: »Gehe nicht hinein zur Wahl. Sie wählen dich ja doch nicht!« Den Defätismus von damals hatten die Nachfahren dieses Mannes längst vergessen. Unter dem Namen »Abbasiden« beginnen sie den Kampf — so lautet ihre Parole — für die Reinigung der Religion.
In seiner Rechtschaffenheit sah Omar II. die Gefahr nicht. Doch die Ehrgeizigen des Clans stellten fest, daß sich der gute Charakter des Kalifen auf die Dauer negativ in der Fa-

milienpolitik auswirken mußte. Die Omajjaden hatten Angst, Omar II. nehme ihnen alle Vorrechte. Der von Suleiman zum nächsten Nachfolger bestimmte Jezid Ibn Abdel Malik beschloß, den Zeitpunkt der Übernahme seines Erbes vorzuverlegen: Er träufelte Gift in das Essen des Kalifen.
Omar war gewarnt worden vor einem Mordanschlag aus der eigenen Familie. Doch an Vorsicht wollte er nicht denken: »Wo sind meine Vorgänger geblieben trotz aller ihrer Vorsicht? Bei Allah! Ich fürchte keinen anderen Tag als den des Gerichts, das Allah abhält.«
Der gläubige Mann starb am 10. Februar des Jahres 720, am Ende des dritten Lebensjahrzehnts. Seine Regierungszeit hatte nur zweieinhalb Jahre lang gedauert. Als er beerdigt wurde — so berichtet einer, der dabei war — fiel ein Pergament vom Himmel herab, auf dem geschrieben stand: «Im Namen Allahs, des Allbarmherzigen, des Allgnädigen. Sicherheit von Allah für Omar Ibn Abdel Aziz vor dem Feuer der Hölle.« Die Freunde des guten Kalifen legten diesen Passierschein ins Paradies dem Toten in die Hand, ehe sie Sand über ihn ausbreiteten.

Die Feinde der Omajjaden organisieren sich

Jezid, der Sohn des im Jahre 705 verstorbenen Kalifen Abdel Malik, ist der neue Herrscher des islamischen Reichs. Der Mord an Omar II. hat ihm das Amt eingebracht. Jezid ist, wie sein Vorgänger, der zweite seines Namens in der Hierarchie der Kalifen.

Jezid verändert das Leben in Damaskus wieder. Die Dichter erzählen wie einst von Liebe und Erotik. Die Weinhändler können mit Aufträgen aus dem Palast des Herrschers rechnen. Sklavenhändler ziehen in die Provinzen, um attraktive Frauen für den Beherrscher der Gläubigen zu kaufen. Die Weber und Schneider finden Arbeit am Hof; die Juwelenverkäufer erzielen hohe Preise für ihre geschliffenen Steine. Die Geschäftsleute, die mit Omar II. so sehr zufrieden waren, sehen keinen Grund, den Wechsel im Kalifenpalast zu bedauern.

Doch von Osten her sind die Werber unterwegs, die Propaganda machen für die kommende Zeit des wahren Glücks, das anbrechen soll, wenn die Bannerträger des echten Glaubens die Herrschaft der betrügerischen Omajjaden zerstört haben. Ihre Parolen hat Jezid Ibn Muhallab, ein Namensvetter des Kalifen Jezid verfaßt: »Ich fordere alle auf, die Heilige Schrift des Koran und die Vorschriften des Propheten genau zu beachten. Wer den Koran kennt, der weiß, daß er gegen die Omajjaden kämpfen muß. Der Kampf gegen diese Feinde Allahs ist genau so heilig wie der Kampf gegen diejenigen, die nicht an Allah glauben. Haben sie nicht Husein, den Sohn von Ali enthauptet und selbst Ali unsagbare Qualen bereitet. Denkt an die Leiden der beiden und gehorcht mir!« Der Autor der Hetze gegen den Kalifen war zu Beginn der Regierungszeit von Omar II. Statthalter in den östlichen

Provinzen gewesen — er hatte zu den mächtigen Stützen des Omajjadenregimes gehört und damit zu den Adeligen, die über Jahre hin die Riesenbeträge der Kopfsteuer und der Grundsteuer unterschlagen hatten. Jezid Ibn Muhallab war von Omar II. wegen dieser Betrügereien aus Damaskus deportiert worden. Er sah jetzt Gelegenheit, sich an der herrschenden Familie zu rächen.

»Ich will nicht wie ein Vogel die Städte meiden und von einem Berge zum anderen fliegen.« Mit diesem stolzen Satz gab der Rebell seine Strategie bekannt im Kampf gegen die Omajjaden. Zwölftausend Mann folgten ihm. Wieder waren es die Unzufriedenen, die der neuen Fahne folgten, die rechtlosen Knechte der Bauern, die vierten und fünften Söhne der Handwerker von Basra und Kufa, die jungen Männer ohne Hoffnung auf eine sinnvolle Existenz. Sie bildeten das Reservoir jeder Revolution in dieser Region.

Rasch war die Bevölkerung der Städte und Dörfer an Euphrat und Tigris angewachsen in den Jahren permanenter Wirren. Die Angst vor dem nächsten Tag trieb Mann und Frau in den Nächten zueinander. War ein Kind geboren, begann die nächste Schwangerschaft sobald die Natur die Frau wieder dazu bereit gemacht hatte. Die Kinder der armen Ackerbauern wuchsen in Scharen auf, frühzeitig sich selbst überlassen. Dreizehnjährige, Vierzehnjährige versuchten, ihre Nahrung als Bettler zu verdienen; in Lumpen lungerten sie an den Ecken der Häuser in der Nähe der Moschee. Jedem folgten sie, der ihre Lebensgier befriedigen konnte. Die religiösen Argumente der großen Herren, die freitags in der Moschee von den Rechten der Familie des Propheten redeten, waren ihnen gleichgültig. Ob die Anhänger Alis oder die Omajjaden ihnen Versprechungen machten — den Unterschied nahmen sie nicht wahr. Sie folgten der Stimme, die am meisten Beute versprach.

Jezid, der Rebellenführer, bot ihnen den ganzen Reichtum aus dem Tross der gegen das Zweistromland heranmarschierenden Omajjadentruppe an. »Der Sieg muß euch gehören,

ihr habt Allah auf eurer Seite!« Diese Worte des Jezid machten Mut. Jeder sah sich heimkehren, beladen mit feinen Stoffen und Teppichen, reich ausgestattet mit Geld aus der Kriegskasse der omajjadischen Befehlshaber, begleitet von einer Sklavin aus dem Harem der syrischen Offiziere. Doch die Ernüchterung folgte rasch. Da zog ein straff organisiertes Heer von Westen heran, geführt von erfahrenen Kommandeuren.
Am 24. August 720 begann dieses Heer den offenen Kampf mit einem psychologischen Trick, der in der Geschichte der arabischen Kriegskunst manchmal half aber manchmal auch versagte: Der Befehlshaber ließ die Brücken hinter seinem Heer verbrennen. Da der Rückzugsweg nun blockiert war, blieb den Kämpfern nur der Weg nach vorn offen, hinein in die Haufen der schlecht bewaffneten und unerfahrenen Gegner. Diesmal wirkte der Trick. Vor soviel Entschlossenheit zerfiel der Mut der Bauernsöhne und Bettler. Jezid versuchte vergeblich durch persönlichen Einsatz die Situation zu stabilisieren. Als er unter Schwerthieben und Lanzenstichen starb, war sein Gesicht so sehr entstellt, daß der Omajjaden-Kommandeur darauf verzichtete, den Kopf des Rebellen als Siegestrophäe dem Kalifen nach Damaskus zu schikken.

Die Revolte war zu früh losgebrochen. Noch war für die Männer des Ostens die Zeit nicht gekommen zum Sturm gegen Damaskus. Die Ordnung der Omajjaden hielt noch stand. Die arabische Staatsstruktur bot vorläufig genügend Schutz gegen Druck aus Persien. Der Kalif Jezid Ibn Abdel Malik erkannte, daß die Unruhe im Osten für den Augenblick noch von einigen wenigen ehrgeizigen Männern organisiert wurde, die sich vorgenommen hatten, selbst Beherrscher aller Gläubigen zu werden. Der Kalif sah aber auch, daß auf die Dauer der tiefe Konflikt zwischen den politischen und kulturellen Kräften von Ost und West nicht zu vermeiden war.

Die Staatsidee der Omajjaden hatte die ständige Expansion der Reichsgrenzen zur Grundlage. Der Kalif, die Verwaltung und die Heere lebten vom Beutegeld, das aus den eroberten Gebieten gepreßt wurde. Die Gouverneure verlangten von den unterworfenen Völkern immense Summen, die dann von der Zentralverwaltung in Damaskus an die Organe des Staates und an die arabischen Stämme als Treuegeld weitergeleitet wurden. Die Verwaltungsgesetze der Omajjaden befaßten sich deshalb nahezu ausschließlich mit Steuerrecht und mit fiskalischen Anweisungen, mit Auszahlungsdirektiven. Die Staatsidee war ebenso einfach wie anfällig: Blieben die Zahlungen aus, löste sich auch der innere Zusammenhalt auf. Das Omajjadenreich war ein Zweckverband zum Nutzen der arabischen Stämme.

Zwar war die Hauptstadt gleich mit dem ersten Omajjadenkalifen von Medina nach Damaskus verlegt worden. Trotzdem lagen alle wichtigen Staatsämter noch immer in der Hand von Männern, deren Familien in den Städten der Wüste gelebt hatten. Die Nachfahren des Abbas, die Abbasiden, die im Osten zu wühlen begannen, stammten zwar auch aus Zentralarabien, doch sie wurden im Laufe der Jahre zum Symbol für jene, die immer im Osten, in den irakischen und persischen Provinzen gelebt hatten. Die religiöse Auseinandersetzung zwischen den Nachfahren Alis und Othmans wurde zum Deckmantel für den Machtkampf zwischen den Städten im Zweistromland und Damaskus.

Der Kalif begriff die kommende Entwicklung, und er versuchte nicht, sie länger aufzuhalten. Noch einmal war es ihm gelungen, den Omajjadenstaat zu retten. Für diese Anstrengung revanchierte er sich wenig später durch Gleichgültigkeit gegenüber den politischen Anforderungen, durch eine selbst gewählte Isolation. Jezid, der dritte Sohn des einstigen Kalifen Abdel Malik, regierte nur vier Jahre lang. Er hatte sich zuletzt im Harem eingeschlossen. Die Händler in den Gewölben um die Gassen des Markts, die alles erfuhren, was im Palast des Kalifen vorging, erzählten sich, Jezid habe drei

Tage lang den Körper einer toten Sklavin auf seinem Lager liegen lassen, weil er sich von ihrer Schönheit nicht trennen konnte. Acht Tage nach der Beerdigung soll er die Ausgrabung der Leiche veranlaßt haben, weil er nochmals mit dieser Frau zusammen sein wollte.

»Im Namen Allahs, des Allergnädigsten, des Barmherzigen. Es gibt keinen Gott außer Allah. Er hat keine Genossen neben sich. Hischam, der Diener Allahs, der Beherrscher der Gläubigen, hat die Ausführung dieses Baus veranlaßt. Baumeister ist Thabit, der Sohn des Abu Thabit.« Diese Inschrift ist am Portal der Karawanenunterkunft, die zum Wüstenschloß Al Hayr Al Gharbi gehört, heute noch zu lesen. Wer sich dafür interessiert, der braucht nicht in die öde Gegend rund achtzig Kilometer südwestlich von Palmyra zu fahren. Das Tor des Palastes befindet sich heute im Garten des Nationalmuseums von Damaskus.
Zwei Straßen trafen sich dort draußen in der Wüste, zwei alte Handelsrouten, wichtig für die Transporte von Byzanz nach Süden und von den Mittelmeerhäfen nach Damaskus. Ein Turm aus behauenen Steinen, aufgebaut zweihundert Jahre zuvor von den Byzantinern, markierte die Kreuzung. Diesen Wachturm fügte der Baumeister Thabit, Sohn des Abu Thabit, in die Nordwestecke seines Festungsbaus ein. Angelehnt an den byzantinischen Block entstand ein viereckiges Gebäude von jeweils siebzig Metern Seitenlänge mit Türmen an den Ecken und in der Mitte jeder Seite. Die Außenmauern sind trutzig hochgezogen. Sie bestehen aus Lehmziegeln und aus Steinen, die aus Ruinenresten römischer und byzantinischer Zeit stammen. Die Innenräume sind mit luftigen Öffnungen und Säulengängen versehen. Ein viereckiger Hof gibt Platz für eine beachtliche Gartenanlage. Das Wasser, das Menschen, Tiere und Pflanzen in dieser heißen Gegend brauchen, holen Sklaven in Fässern aus einem See herbei, der künstlich in der Regenzeit der Wintermonate angestaut wird. Dieser See erreicht in wasser-

reichen Jahren eine Länge von fünfzehnhundertfünfzig Metern und die Breite von achthundert Metern.
Der Garten des Wüstenschlosses Al Hayr Al Gharbi spendet mit seinen kleinen Teichen Kühle. Die Mauern halten den trocken-glühenden Wind fern. Ein sanfter Luftzug durchstreicht den Innenhof und die Räume. Der Architekt Thabit hat eine Oase geschaffen, die ihren Bewohnern ein angenehmes Leben ermöglicht. Ein umfangreiches Badebecken, heizbar in der rauheren Jahreszeit, ist direkt mit den Haremsräumen verbunden.
Im Schutt eines Palastbaues des Kalifen Hischam fanden Archäologen Tonfiguren, die Sklavinnen aus dem Harem darstellen. Nackt ist ihr Oberkörper. Weit unter dem Nabel sitzt der Hosenbund. Der Stoff umhüllt die Beine in reichen Falten. Die Körper zeigen die Formen, die von den arabischen Dichtern als hochbusig und damit als besonders attraktiv geschildert werden: Die Brüste sind üppig und hoch angesetzt, mit großen Warzenhöfen.
Das Schloß Al Hayr Al Gharbi ist nicht der einzige Zufluchtsort, weit entfernt von der Hauptstadt, den die Omajjaden in den Jahren der beginnenden Unsicherheit im arabischen Reich bauen ließen. In den Wüsten Syriens und Palästinas stehen die Reste ebenso bedeutender Paläste. Nördlich von Jericho liegt Kirbet al Mafjar; die Ruinen sind leicht von Jerusalem aus zu erreichen. Die Fassade der Wüstenfestung Mschatta ist in den Staatlichen Museen zu Berlin (Ost) zu sehen, als Prunkstück der Islamischen Abteilung.
Der Kalif Hischam verließ die Stadt und zog mit seinem Hof in die Einsamkeit. Am Ende der Geschichte der Omajjadenherrschaft kehren die Monarchen des islamischen Reiches wieder dorthin zurück, wo sie ihren Weg begonnen haben: Sie leben wieder in der Wüste. Hischam pflegt die Beziehungen zu den Stämmen. Er empfängt die Scheikhs; er heiratet Töchter aus Beduinenfamilien; er reitet zum Verwandtenbesuch hinaus in die Zeltlager. Doch die Bescheidenheit wirkt artifiziell. Sie entspringt nicht den Lebensumständen. Die

Familienscheikhs lassen dem Kalifen den Willen, wenn er unbedingt Ziegen melken oder Feuer anzünden will — wenn sie allein sind, spotten sie über ihn.
Mohammed, Abu Bakr, Omar, Othman und Ali hatten noch die Sprache der Wüstenmenschen beherrscht. Ihre Nachfolger aber redeten ein raffiniertes Arabisch. Sie bewegten sich wie Kunstfiguren unter den Beduinen, die über die Jahrzehnte hinweg unverändert ihren Charakter bewahrt hatten.
Der Kalif und die Prinzen gaben sich Mühe, Gleiche unter Gleichen zu sein nach dem Vorbild des Propheten. Wohl fühlten sie sich jedoch nur auf der Jagd. Die Steppen rings um die abgelegenen Schlösser boten dazu reichlich Gelegenheit. Die Jäger schossen mit Pfeilen auf Gazellen und Kleintiere. Jagd und Liebe wurden zum Lebensinhalt.
In der Hauptstadt Damaskus aber fehlte der politische und religiöse Lenker. Die Männer gingen freitags in die Omajjaden-Moschee, aber da war kein Omajjadenkalif zu hören, der ihnen mit starken oder blumigen Worten die Richtung in die Zukunft gewiesen hätte. Die Dichter konnten den Prediger nicht ersetzen; niemand gab ihnen Leitbilder, die faszinierende Visionen ausgelöst hätten. In der Ostregion des Reiches aber lebte ein Poet, der sich als Politiker fühlte. Seine Elogen auf die Familie des Propheten sprachen die Masse an. Seine Schmähungen der Omajjaden zündeten.

Kumeit Ibn Zeid hieß er. In der für religiöse und geistige Abenteuer aufgeschlossenen Stadt Kufa geboren, studierte er bereits als Achtjähriger intensiv den Koran und war bald der beste Kenner der aus dem Heiligen Buch abgeleiteten Gesetze. Seine wirkungsvollste poetische Leistung ist eine Anklage gegen die Lebensart der Omajjaden und zugleich eine scharfe Abtrennung der luxuriösen Welt der Wüstenschlösser von den reinen Gedanken der Schiiten im Osten: »Mich beglückt nicht die Liebe zu zarten Frauen. Mein graues Haar findet keinen Spaß an Scherz und Spiel. Nicht das Zelt der Geliebten oder die Mulde im Sand, die das Zelt hinterlassen hat, ist mir Anlaß zum Träumen. Schön gefärbte Handflächen haben keinen Reiz für mich. Ich sehne mich nur nach den Frommen und nach denen, die Allah fürchten. Nur nach den Edelsten rührt sich Verlangen in mir, nach dem reinen Stamme, durch dessen Liebe ich mich Allah nähere. Ich sehne mich nach der Familie des Propheten. Nur durch sie empfinde ich Freude. Nur dem Hause Mohammeds kann ich Anhänglichkeit zeigen. Zu ihm allein führt der Weg des Rechts. Nach welchem Wort der Heiligen Schrift kann meine Liebe zur Familie des Mohammed ein Verbrechen sein?«

Über ein Jahrhundert lang dauerte nun der Streit, ob Ali, der Schwiegersohn des Propheten, zu Unrecht oder mit Recht bei der Wahl des ersten Kalifen übergangen worden sei. Diese Auseinandersetzung schlug jetzt die Araber mit Blindheit in der Betrachtung gefahrenträchtiger weltpolitischer Ereignisse. Die Agententätigkeit der Abbasiden im omajjadischen Herrschaftsbereich wurde in Damaskus wichtiger genommen als verlorene Schlachten in den Grenzregionen.

Der Kalif erfährt nichts von der Niederlage bei Tours und Poitiers

Der arabische Historiker Ibn Abdel Hakam berichtet: »Abdel Rahman Ibn Abdallah war Statthalter über Andalus. Er war ein frommer Mann und machte einen Feldzug gegen Afrandja, das Land der Franken. Er besiegte die Franken und nahm ihnen viel Beute weg. Zu dieser Beute gehörte auch ein Mann aus Gold, mit Perlen, Rubinen und Smaragden verziert. Er ließ den Mann zerschlagen und sonderte den fünften Teil davon für den Staatsschatz ab. Vier Fünftel verteilte er an das Heer. Als Ubeida, der Statthalter von Afrika und damit dem Statthalter von Spanien übergeordnet, davon hörte, wurde er wütend. Er schrieb Abdel Rahman einen Brief und gab ihm den Befehl, weiter vorzurücken. Abdel Rahman erwiderte darauf: ›Wahrlich, wären Himmel und Erde verschlossen, so würde der Barmherzige, zum Segen der ihn Fürchtenden, Himmel und Erde trotzdem öffnen.‹ Dann zog Abdel Rahman erneut los und starb als Märtyrer mit allen seinen Gefährten. Der Statthalter von Afrika reiste zum Kalifen Hischam mit vielen Geschenken.«

Der Statthalter von Afrika brachte die Geschenke als Beweis für die Erfolge der arabischen Kämpfer in Europa. Daß der Vormarsch soeben in der Schlacht, die mit dem Tode des Abdel Rahman endete, gestoppt worden war, davon sagte Ubeida dem Kalifen nichts. Die Bedeutung der Niederlage hat er sicher, mit gutem Grund, zunächst sehr niedrig eingeschätzt.

Der Feldzug auf der Iberischen Halbinsel war durchweg erfolgreich verlaufen. Die Bevölkerung hatte überall mit den Eroberern kooperiert. Die hispano-romanischen Menschen wollten nicht mehr von der Adelsschicht der Westgoten regiert werden. Wichtigster Hinweis für das Gelingen der Eroberung war dem Statthalter die Tatsache, daß kaum eine der Familien in Andalus sich weigerte, ihre Töchter den arabischen Kämpfern zur Heirat zu geben. Diese Ehen wurden in islamischer Tradition geschlossen. Dem Vertreter des Kalifen waren sogar schon einzelne Fälle von »Ahnenfälschung« berichtet worden — Bewohner Spaniens hatten sich Vorfahren auf der afrikanischen Seite des Mittelmeers zugelegt; sie hofften damit als Araber zu gelten, um in noch engere Beziehung zu den neuen Herren treten zu können. Im Ganzen gab es für den arabischen Verantwortlichen überhaupt keinen Grund zur Besorgnis. Rückschläge, so dachte der Statthalter, waren nicht zu vermeiden und mußten ertragen werden.

Nach der Eroberung von Andalus hatten die Moslems ihren Vormarsch an den Pyrenäen nicht angehalten. Das Königreich der Westgoten hatte sich einst nach Südfrankreich erstreckt. Die neuen Herren wollten dieses ganze Gebiet in Besitz nehmen. Ohne Widerstand zu finden, stießen sie bis Narbonne vor. Diese Attacke beschrieb der Historiker Ibn Abdel Kaman als ersten Erfolg gegen »Afrandja«, gegen das Land der Franken. Von Narbonne aus ritten schnelle Abteilungen nach Toulouse, um sich die Hafenstadt als Versorgungsbasis für den weiteren Vormarsch zu sichern. Doch Eudo, der Herzog von Aquitanien, konnte diese Offensive zum Stehen bringen. Nach kurzem Zögern wichen die Moslems dem christlichen Riegel aus und erreichten Carcassone und Nîmes. Das Rhônetal lag offen vor ihnen.

Da die Reitertruppe des Abdel Rahman nur über insgesamt zehntausend Münner verfügte, dachte der Befehlshaber nicht an eine ständige Besetzung des Gebiets. Er spürte vom Anfang seines Einbruchs nach »Afrandja« an, daß er mit härterem Widerstand rechnen mußte. Im Reich der Franken herrschte kein verfaultes System; existierte keine Kluft zwischen der Oberschicht und dem Volk. In Andalus hatten die Moslems Verbündete finden können bei den Handwerkern, den Händlern und den kleinen Bauern, die sich unterdrückt fühlten. Da waren die Juden gewesen — gebrandmarkt als

Mörder Christi von den Christen, als Abschaum der Menschheit — sie sahen in höchster Existenzbedrohung und der Bedrängnis ihres religiösen Lebens in den Arabern die Befreier. Im Karolingischen Reich aber suchten die Moslems vergeblich nach Verbündeten, die Struktur war festgefügt. Die feudale Ordnung wurde nicht durch Unzufriedenheit einzelner Schichten in Frage gestellt. Das Karolingische Reich kapitulierte nicht.

Die Vorstöße in die Grenzregionen gelangen den beweglichen islamischen Verbänden zunächst ohne Verluste. Abdel Rahman unterbrach dann die Expedition ins Rhônetal und stieß sehr früh im Jahre 732 von Pamplona aus nach Norden vor. Seine Reiter überquerten den Paß von Roncesvalles und stürmten in die Ebene von Afrandja. Eudo von Aquitanien wollte auch an diesem Abschnitt, bei Bordeaux, mit seinen Truppen einen Riegel bilden, doch die dünne Linie wurde zersprengt und aufgerieben. Die Niederlage war für Eudo, den Chef der Grenzprovinz, Anlaß, die Führung des Karolingischen Reichs zu alarmieren; er wies auf die Bedrohung hin, die sich für den gesamten christlichen Staat aus dem Vordringen der Moslems ergab. Der Notruf weckte die Ritter des Reichs auf. Karl Martell, der Chef der Exekutive im Reich, sammelte ein Heer zur Rettung des Christentums. Innerhalb weniger Wochen bekam er Unterstützung aus allen Gegenden Frankreichs und Deutschlands. Mitte Oktober 732 war das Heer des Karolingischen Reichs bereit zur Konfrontation. Am 25. Oktober fand die Schlacht bei Tours und Poitiers statt, die im Rückblick von den abendländischen Historikern in ihrer einseitigen Sicht als weltpolitisches Ereignis gewertet wird. Hätte diese Schlacht mit einer Niederlage des christlichen Heeres geendet, wäre deshalb Afrandja sicher zunächst noch nicht in die Hand der Moslems gefallen. Die arabische Truppe, die nach Tours und Poitiers ritt, war als Besatzungstruppe völlig ungeeignet.

Trotz der Stärke des Ritterheeres war der Ausgang des Kampfes lange Zeit ungewiß. Die Bogenschützen der Araber, Männer aus Abessinien, trafen mit Kraft und Präzision. Sie waren der wichtigste Faktor der arabischen Kampfkraft. Die berittenen Lanzenträger aber — geschützt durch Kettenhemd, Helm und Beinschienen — führten ihre Gefechte ungeordnet und damit auch unkonventionell wie immer. Überraschende Wendungen, Verlagerungen des Angriffspunktes von einem Flügel zum anderen waren das Geheimnis des militärischen Erfolgs der Araber.

Über das Heer der Franken hatte einige Jahrzehnte zuvor der griechische Historiker Agathias geurteilt: »Die Bewaffnung der Franken ist primitiv. Sie kennen weder Kettenhemd noch Beinschienen. Sie umwickeln die Beine mit Lederstreifen. Sie haben nur wenige Reiter, aber ihre Fußsoldaten sind kriegsgewohnt.«

In der Schlacht von Tours und Poitiers waren die Franken nicht mehr durchweg primitiv ausgerüstet. Doch das Heer bestand noch immer aus Kämpfern ohne Pferde. Der Historiker Isidorus Pacensis schreibt über die Schlacht: »Die Männer der Franken standen bewegungslos wie eine Mauer. Sie wichen nicht und erschlugen ihre Feinde mit dem Schwert.«

Daß die Araber nur an Beute, nicht an Eroberung interessiert waren, entschied letztlich den Kampf. Als es dem fränkischen Fußvolk gelang, durchzustoßen zum Beutelager der Moslems, da brach die Schlachtordnung der Araber zusammen — jeder Kämpfer wollte seine Beuteteile retten. Abdel Rahman ritt ins Zentrum des Kampfes, um wieder Ordnung zu schaffen, doch er verlor sein Leben unter den Schwerthieben der Franken. Bei Einbruch der Nacht stand die Schlacht für die Christen günstig, doch noch waren sie nicht Sieger. Am anderen Morgen aber sahen die Franken keinen einzigen Araber mehr. Auf ihren schnellen Pferden hatten sie sich nach Süden abgesetzt.

Die Araber hatten ihren Befehlshaber verloren, doch sonst kamen sie verhältnismäßig ungeschoren aus dieser Auseinandersetzung heraus. Sie waren beweglich geblieben, bereit zu neuen Beutezügen. Der Ritt nach Tours und Poitiers war historisch nur eine improvisierte Raubexpedition. Ihre Basis in der Westecke Europas konnten die Araber noch fünfhundert Jahre lang halten.

Das grausige Ende des Omajjadenclans

Am 6. Februar des Jahres 743, elf Jahre nach der Schlacht von Tours und Poitiers, erließ die Kanzlei des Kalifen Welid Ibn Jezid in Damaskus ein Rundschreiben an die Statthalter aller Provinzen. Die Wahl der Worte gab selbst den Freunden der Omajjaden Anlaß zu heller Empörung. Welid wurde an diesem 6. Februar Nachfolger seines Onkels Hischam, der einer Art von Scharlachfieber erlegen war. Der Text des Schreibens lautet: »Im Namen Allahs, des Allgnädigen und Allerbarmenden. Durch den Kalifen erhält Allah die Menschen auf der Erde. Allah verlangt Gehorsam gegenüber dem, der von Allah Macht auf Erden bekommen hat. Allah weiß, daß nichts ohne Unterwerfung besteht. Nur durch Unterwerfung werden seine Befehle vollzogen und seine Verbote heilig gehalten. Der Gehorsame ist Allahs Freund. Er fügt sich seinem Willen und geht auf dem von Allah vorgezeichneten Pfad. Der Lohn des Gehorsamen ist Glück in diesem Leben und Eintritt in das Paradies der zukünftigen Welt. Wer sich gegen den Kalifen empört, der verliert sein irdisches Glück und seinen Anteil am Paradies, denn er empört sich zugleich gegen Allah. In Erniedrigung und Schmach verläßt er die Erde und geht ewiger Höllenpein entgegen. Gehorsam ist der Grundpfeiler der Religion. Darum suchet durch völlige Unterwerfung die Nähe Allahs. Der Gepriesene hat dem Volk aus Liebe den Kalifen gegeben als Zufluchtsort in der Not. Treue gegen den Kalifen ist der Grundpfeiler des Islam.« Das lange Schreiben endete damit, daß Welid Ibn Jezid die Gläubigen aufforderte, seinen Söhnen Hakam und Othman zu huldigen. Dieser Befehl wirkte als Zumutung, denn — so umriß ein anderer Omajjadenprinz die Situation — »die beiden waren so jung, daß sie nicht einmal beten konnten«.

Das Rundschreiben des Kalifen bot den ewig Unzufriedenen im Irak und in der persischen Provinz willkommenen Anlaß zu neuem Aufstand. Chalid, ein früherer Statthalter im Irak, sollte für die Bevölkerung von Kufa die Rebellion organisieren, doch er weigerte sich; er wollte nicht verantwortlich sein für einen neuen Bürgerkrieg an Euphrat und Tigris. Dem Kalifen aber war der Kontakt zwischen Chalid und der Schiat Ali gemeldet worden. Damit war das Todesurteil für den ehemaligen Statthalter gesprochen. Er wurde nach Damaskus geholt. Als er zu Welid kam, lag der Kopf eines wichtigen Rebellen vor dem Kalifen auf dem Tisch. Die Chance der Rechtfertigung gestand Welid dem einstigen treuen Diener der Omajjaden nicht zu. Dem Mann, der gar nicht rebellieren wollte, wurden mit einem schweren Stein die Glieder einzeln zerstoßen, bis er starb.

Die Unzufriedenheit blieb nicht auf das Gebiet an Euphrat und Tigris begrenzt. In den Marktgewölben der Hauptstadt gingen Gerüchte um, Welid habe dem Islam abgeschworen, er sei Nacht für Nacht betrunken und brüste sich im Rausch damit, die eigenen Töchter entjungfert zu haben. Immer mehr Ohren öffneten sich der Propaganda der Abbasiden. Den Missionaren der Familie des Ali fielen die Argumente wie reife Früchte zu: »An den verfaulten Gliedern zeigt sich, daß die Wurzel der Familie Omajja von Anfang an krank war. Jetzt offenbart Allah in aller Deutlichkeit seinen Willen, ein Ende zu machen mit den Gegnern der Familie des Propheten.«

Der Omajjadenclan, der vor über zwanzig Jahren nach langer Diskussion den Tod des gütigen Kalifen Omar beschlossen hatte, setzte sich auch jetzt zu endlosen Palavern zusammen, um über die Situation zu beraten. Die Prinzen hielten sich in der Hauptstadt auf, Welid aber lebte mit seinen Frauen in den Wüstenschlössern in Westsyrien. Die Männer des Clans waren sich uneins. Die Entscheidung zum Mord machten sie sich diesmal nicht leicht — sie hatten alle Angst vor den Folgen einer Selbstzerfleischung der Familie. Jezid,

ein Enkel des einstigen Kalifen Abdel Malik, handelte schließlich auf eigene Faust. Mit einer Handvoll Männern besetzte er eine Moschee in Damaskus; in den Nebenräumen des geheiligten Baus lagerte er beachtliche Mengen an Schwertern und Lanzen ein. Die Garnisonstruppe hatte in den Tagen zuvor die Hauptstadt verlassen, weil Damaskus — wie so oft in diesen Jahren — von der Pest heimgesucht wurde.
Jezid bekam großen Zulauf, von Männern, die überzeugt waren, daß nur die Tötung des blutschänderischen Kalifen die furchtbare Krankheit aus Damaskus vertreiben könne.

Die Begeisterung der Anhänger schwand aber rasch, als Jezid sie hinausführen wollte, nach Westen in die Wüste, zum Palast des verhaßten Kalifen. Schon beim Zug durch die Stadt drückten sich zahlreiche Gruppen in die Seitenstraßen. Sie kannten die Härte der Leibgarde des Kalifen. Um die Moral der Mitläufer wieder aufzubauen, versprach Jezid jedem, der mit ihm ziehe, einen Sold von tausend Dirhem; der Betrag entspricht etwa tausend Mark in heutigem Geldwert. Nur neunhundert Mann wollten sich dieses Geld verdienen. Die Aufbesserung des Solds auf fünfzehnhundert Dirhem steigerte die Begeisterung nicht wesentlich. Erst als Jezid die Ausbezahlung von zweitausend Dirhem in die Hand zusagte, entschieden sich fünftausend Männer aus Damaskus dafür, den Marsch nach Westen zu wagen. Zehn Millionen Dirhem war Jezid das Unternehmen wert. Er hatte Geld versprochen, das er noch gar nicht besaß. Die Männer sollten später, nach dem erfolgreichen Staatsstreich bezahlt werden.
Der Kalif saß in der Festung Nadjra. Sie muß sich nordöstlich des Toten Meeres befunden haben — von dieser Festung ist heute keine Spur mehr erhalten. Beim Anmarsch der Rebellen ließ Welid die Tore schließen. Sie zerbrachen allerdings bald unter den Rammstößen harter Balken. Der Kalif zog sich in den innersten Raum zurück, um dort die ersten Suren des Koran zu lesen. Ein letztes Wort von ihm ist über-

liefert: »Das ist heute ein Tag wie der, an dem Othman ermordet wurde.« Wenige Minuten später trennten ihm die Rebellen den Kopf vom Rumpf. Als dieser Kopf wenige Tage danach auf einer Lanze durch die Marktstraßen von Damaskus getragen wurde, verriegelten die Händler ihre Läden. Sie wollten mit dieser Blutschuld nicht zu tun haben. Ihr Vertrauen in die Familie Omajja war für immer verflogen.

Die Marktgewölbe blieben auch verschlossen beim Einzug Jezids in Damaskus. Niemand zeigte sich auf der Straße. Der riesige Betsaal der Omajjadenmoschee füllte sich jedoch, als der Kalif ankündigte, er wolle zu den Männern der Hauptstadt sprechen. Der junge Mann wählte Worte, die sich deutlich unterschieden von den arroganten Phrasen, mit denen sein Vorgänger die Gläubigen aufgeschreckt hatte: »Oh ihr Menschen von Damaskus! Weder Habgier noch Herrschsucht haben mich zum Aufruhr getrieben. Ich halte mich selbst für unwürdig, das Amt des Nachfolgers von Mohammed zu führen. Ein Sünder bleibe ich, wenn sich Allah meiner nicht erbarmt. Nur aus Eifer für Allah, für den Islam, für den Propheten Mohammed habe ich mich erhoben. Allahs Fahne war in den Dreck gestoßen. Das Licht der Furcht vor Allah war ausgelöscht. Ein Tyrann, gewalttätig und böse, hatte sich über uns gesetzt. Er glaubte weder an die Heilige Schrift noch an den Tag des Gerichts. Ich wendete mich ab von ihm, obgleich er zu meiner Familie gehörte. Er war ein Vetter von mir. Ich bekämpfte ihn, bis Allah den Menschen Ruhe vor diesem Tyrannen verschafft hat. Durch Allahs Macht ist er vernichtet worden, nicht durch die meinige. Ich verspreche euch, kein Geld für mich, für meine Frauen, für meine Kinder zu verwenden, bis ich allen Gläubigen, die in Not sind, geholfen habe. Wer Kopfsteuer zu zahlen hat, den will ich milde behandeln. Ich bin mit euch gnädig. Allah mag mir gnädig sein!«

Die Männer in der Moschee von Damaskus — sonst immer gerne bereit, Versprechungen mit freundlichen Gesten zu er-

widern, gingen schweigend zurück in ihre Häuser. Sie spürten, daß der Mächtige an der Spitze des Staates selbst Angst hatte. Seine Worte konnten sie nicht ernst nehmen.
Fünf Monate und zweiundzwanzig Tage nach der Rede, die allen eine glückliche Zukunft versprach, starb der Kalif Jezid Ibn Welid. Welche Krankheit ihm den Tod brachte, hat niemand erfahren. »Staunend frage ich, wacht das Haus Omajja oder schläft es?« Diese Frage stellt Nasr, der Statthalter von Chorasan, dem Nachfolger des Jezid Ibn Welid, dem Kalifen Merwan Ibn Mohammed. Nasr schreibt einen verzweifelten Brief aus der persischen Provinz nach Damaskus. »Ich sehe glühende Kohlen unter der Asche glimmen, die bald zur hellen Flamme auflodern werden. Wenn die Klugen nicht die Glut ersticken, wird das Feuer Kopf und Rumpf des Reiches der Gläubigen verzehren. Krieg entzündet sich aus aufrührerischen Reden.«

Von Merwan Ibn Mohammed, dem letzten Kalifen aus dem Hause Omajja, war keine Hilfe zu erwarten. In den Städten von Chorasan wehten auf vielen Häusern bereits die schwarzen Fahnen der Abbasiden. Da war niemand mehr, der sie aus Treue zu den Omajjaden herunterriß. Der Organisator des Aufstandes hieß Abu Muslim. Sein Auftraggeber, das sagte er offen, war ein Mann aus der Familie des Propheten. Doch er nannte keinen Namen. Seinen Auftrag definierte er so: »Mein Schwert hat die Verbrechen derer zu sühnen, die nicht zu unserer Partei gehören. Das Grab wird ihr ewiges Gefängnis sein.« Tausende sammelten sich um Abu Muslim. Sie brachten Kamele mit und Pferde. Ein Reiterheer bildete sich ganz von selbst. Riesig flatterte jetzt die schwarze Fahne von hoher Stange als Banner der Abbasidenarmee. Die Reiter brachen ein in die Region an Euphrat und Tigris. Die Armee schwoll an auf über fünfzigtausend Mann. Die Iraker sahen wieder einmal eine Chance, ihre traumatischen Schuldgefühle loszuwerden — sie kämpften jetzt für die Abbasiden, um ihr Versagen von einst endlich gut zu machen.

Achtzig Jahre nach dem Tod Alis schlugen sie sich mit Bravour für seine Sache.
In Kufa präsentierte sich endlich der geheimnisvolle Mann, der entschlossen war, Arabien künftig zu regieren: Abdallah Ibn Mohammed, ein Urenkel des Onkels von Mohammed. Er durfte sich durch die direkte Verwandtschaft mit jenem Abbas zum engsten Kreis der Nachkommen des Propheten zählen. Um auch durch seinen Namen die politisch so wichtige Verbindung dokumentieren zu können, nannte Abdallah Ibn Mohammed seinen Sohn Abbas. Damit hieß er selbst, nach arabischer Tradition, Abdallah Abu Abbas — Abdallah, Vater des Abbas.
Vierundzwanzig Jahre alt war der ehrgeizige Chef der Abbasiden, als er nach der Macht im arabischen Reich griff. Seine Regierungsprinzipien zitierte er häufig: »Geduld ist eine schöne Tugend, doch sie ist gottlos, wenn sie die Position des Herrschers schwächt. Behutsamkeit ist zu empfehlen, doch sie wird von Allah verurteilt, wenn durch sie eine günstige Gelegenheit für die gerechte Sache des Glaubens verpaßt wird.« Abu Abbas hatte nicht die Absicht, eine Chance zu verpassen.
Es war für ihn nicht so ganz einfach gewesen, sich an die Spitze der antiomajjadischen Bewegung zu stellen. Da lebten in Arabien verstreut eine Reihe von Enkeln und Urenkeln des Hasan und des Husein, die in der schiitischen Rangordnung noch über dem Urenkel des Onkels von Mohammed standen. Der Organisator der Bewegung, Abu Muslim, hatte jedoch die besonders eifrigen Anwärter auf den Führungsanspruch ermorden lassen — die weniger eifrigen verzichteten dann in kluger Vorsicht von sich aus auf alle Ansprüche.
Abu Muslim hatte den zupackenden Charakter des Abdallah Abu Abbas entdeckt. Für ihn kam kein anderer Mann als Kalif der Zukunft in Frage. Abdallah Abu Abbas wiederum konnte zufrieden sein mit der Wahl, die er getroffen hatte, als er Abu Muslim aufforderte, sein Adjutant zu werden. Die beiden Männer kooperierten perfekt miteinander. Abdallah

Abu Abbas verlieh Abu Muslim für seine Verdienste den Titel »Emir des Prophetengeschlechts«.
Die Position des Prophetenadels im arabischen Staat wurde von Abdallah Abu Abbas am ersten Freitag, nachdem er seine Ansprüche angemeldet hatte, in der Moschee von Kufa präzisiert: »Gepriesen sei Allah, der den Islam als das Edelste für sich erwählt hat. Unsere Familie hat er zur würdigsten gemacht. Durch die Verwandtschaft mit dem Gesandten Allahs sind wir erhoben. Wir sind aus dem selben edlen Stamme wie er entsprossen. Allah hat uns im Islam einen hohen Rang zugewiesen. Im Koran hat Allah unsere Rechte geordnet, indem er sagte: ›Ich will euch durch die Familie des Propheten von der Sünde befreien und euch reinigen.‹ Ferner sagte Allah: ›Was dem Gesandten Allahs gehört, bleibt immer seinen Verwandten vorbehalten.‹ Allah hat den Gläubigen unsere Vorzüge bekannt gemacht. Er hat ihnen vorgeschrieben, uns zu lieben und unsere Rechte zu achten. Er hat uns durch einen größeren Anteil an jeder Beute geehrt und bevorzugt. Oh ihr Bewohner von Kufa! Ihr habt stets zu uns gehalten. Ihr habt mit festem Mut jede Tyrannei ertragen bis jetzt die Zeit gekommen ist, daß Allah uns euch wieder als Herrscher geschenkt hat. Ihr sollt von uns bevorzugt werden. Wer mit uns zieht, der bekommt hundert Dirhem mehr an Sold, als bisher üblich war. Ich erlaube euch, Blut zu vergießen, bis die Rache vollständig ist.« Als dieser letzte Satz ausgesprochen war, wurde Abdallah Abu Abbas von so heftigem Schüttelfrost befallen, daß er die Rede abbrechen mußte.
Schon wenige Tage später zog das Abbasidenheer in Damaskus ein. Kaum war Abdallah Abu Abbas in den Palast des Kalifen eingezogen, ließ er die Gräber der Omajjaden aufbrechen. Die Toten, die noch nicht ganz verwest waren, wurden vor der Omajjadenmoschee aufgehängt. Die Gerippe der bereits zerfallenen Leichen rissen die Männer des Abu Muslim aus der Erde und stapelten sie mannshoch auf. Merwan Ibn Mohammed, der letzte Kalif aus dem Hause

Omajja wurde auf der Flucht in Ägypten erschlagen. Auch seine Leiche war noch wochenlang am Galgen vor der Moschee in Damaskus zu sehen. Der Kalif wollte ihr keine Ruhe in ägyptischem Boden gönnen. Die Verfolger hatten Befehl, den toten Körper dem neuen Herrscher vorzuführen. Abdallah Abu Abbas gab sich selbst den Beinamen Al Saffah, der Blutvergießer. Über sein Verhältnis zu den Omajjaden sagte er: »Trinken sie mein Blut, so können sie doch ihren Haß nicht löschen. Trinke ich ihr Blut, stillt es ebensowenig meinen Rachedurst!«

Abdallah Abu Abbas hatte den Auftrag gegeben, kein Mitglied des Omajjadenclans am Leben zu lassen. Systematisch und mit Geduld wurden die Familienmitglieder aufgespürt und sofort erschlagen. Die Bewohner der Hauptstadt gewöhnten sich daran, auf dem Weg zur Moschee an den Säulen der Tempelruine aus der Römerzeit zerschundene Leichen hängen zu sehen.

Die attraktiven Frauen der verfemten Familie verschwanden in den Harems der Sieger. Die Ausrottung der Gegner der Abbasidenpartei gelang vollkommen.

Abu Muslim gab keine Gnade. Er wußte, wie man Schrecken verbreitet. Seine Truppe, die unter der Schwarzen Fahne der Abbasiden einritt in die Städte und Dörfer in Syrien und Palästina, besaß tausend kleine Trommeln, die mit Hundsfellen bespannt waren. Drohend klangen die Schläge. Sie kündigten allen den Tod an, die zur Familie der Omajjaden gehörten, die bei ihnen auch nur in Dienst gestanden hatten. Die arabischen Historiker, die später Sympathien empfanden für den unterdrückten Clan, geben an, sechshunderttausend Menschen seien von der brutalen Bande der Abdallah Abu Muslim umgebracht worden. Die Historiker, die den Abbasiden nahestanden, schweigen über die Zahl der Toten.

Als noch eine geringe Anzahl der Omajjaden versteckt überlebt hatte, rief Abu Abbas zum Versöhnungsmahl in den Kalifenpalast. Achtzig Männer, entnervt von der Flucht und vom unwürdigen Leben in Verstecken, folgten der Einla-

dung. Sie starben, fürchterlich mißhandelt, unter den Augen des Abbasidenkalifen.
Nur ein einziger Mann aus der Omajjadenfamilie entkam unerkannt aus Syrien, der fünfundzwanzig Jahre alte Abdel Rahman. Seine Mutter gehörte zu einem Berberstamm in Nordafrika, der weit im Westen angesiedelt war, an der Mittelmeerküste des heutigen Marokko. Bei den Verwandten konnte sich der junge Mann einige Monate lang verstecken. Dann packte ihn der Ehrgeiz: Drüben, auf dem europäischen Festland, in Andalus, sah er ein reiches Land vor sich, das die Unabhängigkeit von Damaskus erkämpft hatte. Als Omajjadenprinz war er den Adligen von Andalus willkommen. Er gelang dem Abdel Rahman, von ihnen auch als Staatschef akzeptiert zu werden. Das blühende Emirat Cordoba ist seine Gründung.

Der Kalif läßt die Stadt Baghdad bauen

Abu Muslim, der Organisator des Abbasidensiegs, schreibt im Frühjahr 754 einen Brief an seinen Herrscher. Der Empfänger ist gerade erst eingezogen in den Kalifenpalast, als Nachfolger des »Blutvergießers«. Der neue Mann in Damaskus heißt Abu Dschafar Mansur. Er hat den Abu Muslim mit Mißtrauen behandelt — er verlangte Rechenschaft über die offiziellen Einnahmen und Ausgaben. Diese Kontrolle paßte dem Administrator des Reiches nicht. Trotz des Ärgers wählt Abu Muslim seine Worte genau. Hinter der Höflichkeit des Texts verbirgt sich Schärfe:

»Ein König hat in vergangenen Jahren einmal gesagt, es gebe keine gefährlichere Zeit für den Minister eines Herrschers als dann, wenn volle Ruhe im Reich herrsche. Der Zustand der Ruhe ist jetzt bei uns eingetreten, alle Feinde des Beherrschers der Gläubigen sind besiegt. Ich halte es deshalb für klüger, die Nähe des Beherrschers der Gläubigen zu meiden. Ich höre deshalb nicht auf, ein gehorsamer Untertan zu sein. Ich werde auch nicht unser gemeinsames Bündnis lösen. Wie es einem Manne geziemt, werde ich die Treue bewahren. Doch um unser beider Glück und Heil willen werde ich mich fernhalten. Getattet mir der Beherrscher der Gläubigen diese Haltung, dann bin ich der ergebenste seiner Diener. Läßt sich der Beherrscher der Gläubigen aber von seiner Leidenschaft leiten, dann bin ich gezwungen, im Interesse meiner eigenen Sicherheit, die Treue zu brechen.«

Der Minister — er trägt den Titel Wesir — hat zu spüren bekommen, daß er für die Abbasidenfamilie nur ein Werkzeug gewesen war, ein Mörder, mit dem politischen Auftrag, eine Sippe, die Anspruch auf das Erbe der Macht hatte, unschädlich zu machen.

Die Antwort des Kalifen zeigt, daß Abu Dschafar Mansur zunächst durchaus bereit ist, seinem Wesir in der Gewährung außergewöhnlicher Bedingungen entgegenzukommen: »Ich habe den Sinn deines Briefes verstanden. Du brauchst dich jedoch nicht zu vergleichen mit jenen Ministern der Herrscher früherer Zeiten, die ihre Herrscher betrogen haben. Sie haben, um von ihrer eigenen Schuld abzulenken, Unruhen angezettelt. Ein ergebener und treuer Diener wie du hat auch in Friedenszeiten nichts zu fürchten. Du unterwirfst dich zwar nicht vollständig, das zeigen deine Bedingungen am Schluß des Briefes, eine Einigung ist jedoch möglich. Die Frage ist, ob wir so auseinander gehen sollten. Du wirst aber hoffentlich noch zur Vernunft kommen. Ich bete zu Allah, daß er dir die Kraft gebe, den Lockungen Satans zu widerstehen. Der Satan hofft, deine guten Absichten zu vereiteln. Er öffnet dir deshalb ein Tor, um dich ins Verderben zu führen.«
Abu Muslim erhielt diese Antwort auf dem Weg in die persische Provinz Chorasan. Er hatte nicht mehr die Absicht, jemals wieder nach Damaskus zurückzukehren. Abu Muslim hoffte, weit weg vom Hof des Kalifen, als Statthalter der Grenzprovinz friedlich leben zu können. Während des Ritts nach Osten spürte Abu Muslim Reue über die brutalen Morde der vergangenen Jahre. In dieser deprimierten Stimmung schrieb er einen letzten Brief an den Kalifen. Der Text ist ein Zeugnis für die Einsicht eines Mannes, der sich in seiner Schuld als Opfer der Verführung durch die Abbasiden fühlte: »Ich vertraute einem Mann aus dem Hause des Propheten. Er sollte mein Führer auf dem Weg zu Allah sein. Ich glaubte, durch ihn die Erkenntnis der Wahrheit zu finden, doch er führte mich zum Irrtum. Er verdrehte und mißdeutete den Koran. Er tat es mit Absicht. Reich wollte er werden und mächtig. Im Namen Allahs befahl er mir, das Schwert zu ziehen. Ich mußte jedes Gefühl des Mitleids aus dem Herzen verbannen. Den Gegnern durfte ich keine Entschuldigung gestatten, keine Verzeihung war erlaubt. Ich

unternahm alles, um eurer Familie den Weg zur Herrschaft zu öffnen. Plötzlich befreite mich Allah von meinem Irrtum. Mit bleibt nur Reue und Buße für das Unrecht, das ich begangen habe. Gewährt Allah mir die Gnade, so bewährt er sich wieder als gnädiger Herr. Straft er mich aber, so muß ich mich seiner Gerechtigkeit unterwerfen.«

Diesen Brief konnte der Kalif Abu Dschafar Mansur nicht mehr verzeihen. Er suchte Tricks, um Abu Muslim nach Damaskus zurückzuholen. Die Methoden der direkten Überredung hielt er für sinnlos. So bestach er nach und nach die Freunde des Mannes, der loskommen wollte vom Einfluß der Abbasiden. Die Freunde nahmen den Auftrag an, Abu Muslim zu überzeugen, daß der Kalif ihm trotz des Briefwechsels freundlich gesinnt sei, daß er ehrenvolle Aufträge für ihn habe. Da war keiner, der ihn warnte, der ihn von der Reise zum Kalifen abhielt. Alle redeten ihm gut zu, so ritt er schließlich los. Allerdings machte er die Reise nicht allein. Einige tausend Bewaffnete aus Chorasan begleiteten ihn. Der Politiker, der eigentlich am besten wissen mußte, wie schnell ein Menschenleben ausgelöscht werden kann, glaubte an die Effektivität einer starken Leibgarde. Die Männer umlagerten seine Unterkunft, zogen mit ihm durch die Straßen, doch bei der entscheidenden Audienz im Kalifenpalast mußten sie ihn allein lassen.

Mit freundlichen Worten empfing Abu Dschafar Mansur den wahren Gründer des Abbasidenstaats. Er dankte ihm für die treuen Dienste. Im Verlauf des Gesprächs setzten sich der Kalif und Abu Muslim ganz zwanglos auf die Teppiche am Boden. Ohne daß er seine Worte unterbrach, gab der Herrscher ein Zeichen. Fünf Männer traten in den Saal. Abu Muslim stießen sie mit den Füßen so, daß er rückwärts fiel und hilflos am Boden lag, mit dem Gesicht nach oben. Jetzt erst veränderte der Kalif die Stimme. Er schrie nicht, er klagte über die Treuelosigkeit der Menschen — Abu Muslim sei der Treuloseste der Treulosen: Eigentum des Staates habe er sich angeeignet, auf der Pilgerfahrt nach Mekka sei er nicht unterwürfig genug gewesen, er hätte sich eine Sklavin genommen, die in den Harem des Kalifen gehörte. Abu Muslim antwortete nicht. Als der Kalif mit seiner Klage am Ende war, verließ er den Raum. Die fünf Männer packten ihre Schwerter und begannen auf Abu Muslim einzuschlagen. Er wurde in blutige Stücke zerfetzt.

Die Anhänger der Schiat Ali hatten sehr bald bemerkt, daß die Abbasidenfamilie sich nicht weiter um Glaubensprobleme kümmerte. Wie einst die Omajjaden, so bemühte sich jetzt der Abbasidenclan, seine Herrschaft zu sichern, Konkurrenten auszuschalten. Er hatte keineswegs ein Interesse daran, dem Andenken von Ali, Hasan oder Husein besondere Aufmerksamkeit zu widmen. Die Nachkommen der drei wurden durch keinerlei spezielle Rechte ausgezeichnet. Sie hatten gehofft, Staatspensionen beziehen zu können, bevorzugt in Gouverneurspositionen und Richterstellungen einzurücken. Sie mußten sich betrogen fühlen.

Die Großfamilie der Ali-Nachkommen beschloß, für ihre Zukunft wieder selbst zu sorgen. An die Spitze des Clans stellte sich Abdallah Ibn Hasan Ibn Hasan Ibn Ali — sein langer Name sollte die direkte Linie der Abstammung von der Wurzel der Alifamilie dokumentieren. Die politisch aktiven Köpfe des Interessenverbands waren die zwei Söhne des Abdallah, Mohammed und Ibrahim. Sie waren noch zu jung, um in der Rolle des Familienchefs akzeptiert zu werden; sie brauchten den Vater als Schirmherrn. In Wirklichkeit aber versuchten sie, in irgendeiner Ecke Arabiens einen Zipfel der Macht in den Griff zu bekommen. Das Beispiel des Omajjadenkalifen in Spanien hatte sie inspiriert.

Wieder waren Boten, Missionare, Propagandisten unterwegs in den Dörfern des Gebiets an Tigris und Euphrat. Die Männer, die diesmal in geheimer Mission für die Familie des Ali warben, kannten die Texte des Heiligen Buches. Sie konnten nachweisen, daß mit den Abbasiden wieder der falsche Zweig der Nachkommenschaft Mohammeds die Herrschaft des Reichs angetreten habe. Die Handwerker, Händler, die

Bauern und Knechte, die in dunkler Nacht die verhüllten Männer zu sich in ihre Lehmhütten ließen, hatten alle von der Brutalität des »Blutvergießers« gehört und von der Verlogenheit des Abu Dschafar Mansur. Sie lauschten den Erzählungen, sie zeigten Empörung; an einem Aufstand zu Gunsten der Alifamilie aber wollte sich kaum einer beteiligen. Die einfachen Menschen des arabischen Reichs hatten in den letzten Jahren der Omajjadenherrschaft und in der kurzen Zeit der Abbasidendiktatur gelernt, daß sie von den Mächtigen nur gebraucht wurden, solange ehrgeizige Pläne durchzusetzen waren. Hatte sich ein Regime stabilisiert, betrachteten die Herrschenden das Volk als Sklavenmasse, die zur Arbeit, zum Kampf, zum Jubel gebraucht wurde. Verlangt war blinder Gehorsam. Die Menschen gehorchten bisher immer. Doch da lebte jetzt eine Generation an Euphrat und Tigris, die nichts hielt von Versprechungen und großen Worten.

Der Kalif Abu Dschafar Mansur, aus Erfahrung argwöhnisch, spürte die Gefahr. Er traute den Söhnen von Abdallah Ibn Hasan Ibn Hasan Ibn Ali nicht. Der Kalif schickte Agenten zum Chef der Nachkommen des Ali. Die Agenten brachten Geld und gefälschte Briefe, als Absender nannten sie einflußreiche Männer in Chorasan. In den Briefen wurden Abdallah und seine Söhne aufgefordert, sich offen an die Spitze der Rebellion zu stellen. Der wirkliche Absender von Geld und Schreiben aber war der Kalif selbst. Er wollte seine Gegner provozieren.

Der Abbasidenherrscher hatte zu diesem Zeitpunkt die Hauptstadt Damaskus bereits für immer verlassen. Schon der »Blutvergießer« hatte sich in der Stadt im Westen des Reichs nicht wohlgefühlt. Er war ein Mann des Ostens. Die Wüstenoase blieb ihm fremd. Er brauchte die weiten grünen Ebenen des Zweistromlandes. Auf den Staub von Damaskus fluchte er. Abu Dschafar Mansur empfand wie sein Vorgänger. Doch er zog die Konsequenz: Er verlegte die Residenz

des Herrschers wieder nach Osten. Abu Dschafar Mansur ließ Quartier vorbereiten in der Nähe von Kufa.
Niemand war traurig in Damaskus, als der Kalif, sein Wesir, die Hofbeamten und die Frauen des Harems aus dem Osttor hinausritten in die Wüste. Damaskus wurde wieder Provinzstadt, wenig berührt von den Grausamkeiten der kommenden Jahre.
Im Gemüt des Kalifen stieg die Angst hoch vor der Verschwörung der Alifamilie. Er wollte die Umtriebe beenden, die Wanderungen der Boten und Missionare. Abu Dschafar Mansur schickte noch von der Reiseroute aus Einladungen an alle wichtigen Männer der Nachkommenschaft des Ali: Er forderte sie auf, zu einem Festmahl der Versöhnung nach Kufa zu kommen.
Das Repertoire der Tricks arabischer Politiker beschränkt sich in dieser Zeit auf wenige Finten. Die Einladung zum Freundschaftsmahl gehört dazu. Sie kann nur schwer abgelehnt werden. Bleibt der Eingeladene fern, erklärt er sich selbst zum Gegner des Einladenden. Kommt er aber, begibt er sich in die Gewalt seines Gegners. In dieser einfachen Alternative beruht der Erfolg des Einladungstricks. Viele arabische Herrscher wenden ihn an.
Abdallah Ibn Hasan Ibn Hasan Ibn Ali folgt der Einladung. Er findet keinen pausiblen Grund zur Absage. Die Söhne Mohammed und Ibrahim aber wollen sich nicht in Gefahr begeben. Sie verstecken sich in abgelegenen Dörfern bei zuverlässigen Freunden. Als der Kalif entdeckt, daß die zwei ehrgeizigen jungen Männer so nicht zu fangen sind, schreit er den Vater an: »Deine Söhne sind Verbrecher, die gegen ihren rechtmäßigen Herrscher konspirieren!« Auf seinen Plan, die Alinachkommen zu verhaften, will er nicht verzichten. Abdallah und sein Anhang, er besteht aus rund fünfzig Männern, verschwindet in den finsteren Gewölben des alten Gouverneurspalastes von Kufa. Sie werden eingemauert. Durch einen schmalen Schlitz der Mauer fließt ihnen Atemluft zu, kann Wasser und Brot gereicht werden.

Den vorsichtigen Söhnen Abdallahs gelang die Flucht nach Medina. Ihre Berichte von den Grausamkeiten des Abu Dschafar Mansur weckte Sympathien für die Nachkommen des Ali, des einstigen Schwiegersohns des Propheten, in der Stadt. Die Männer von Medina zeigten sich bereit, für Mohammed und Ibrahim ein Heer aufzustellen.
Der Beginn eines Aufstandes in Medina kam dem Kalifen ungelegen — er war gerade damit beschäftigt, in Chorasan eine Rebellion niederzuschlagen. Abu Dschafar Mansur wollte die Affäre in Medina mit einem persönlichen Schreiben an einen der beiden Söhne aus der Welt schaffen: »Im Namen Allahs, des Allbarmherzigen, des Allgnädigen, vom Beherrscher der Gläubigen an Mohammed Ibn Abdallah. Diejenigen, welche Allah und seinen Kalifen bekämpfen, verbreiten Verderben auf der Erde. Ihre Strafe ist, daß sie erschlagen oder gehängt werden, man schneidet ihnen Hände und Füße ab. Ihre Strafe im Reich Allahs ist schwere Pein. Nur diejenigen finden Gnade, die sich bekehren, ehe sie überwunden werden. Wisse! Oh Mohammed Ibn Abdallah, Allah ist gnädig und barmherzig. Ich schwöre dir bei Allah und beim Gesandten Allahs, daß ich dich und deine Kinder und deine Brüder und die ganze Familie, sowie alle eure Anhänger vollständig begnadige. Voraussetzung ist, daß du dich freiwillig unterwirfst. Euer Blut und euer Gut seien mir heilig. Ich schenke dir noch eine Million Dirhem und was du sonst noch brauchst. Du darfst überall hinreisen, wo du dich niederlassen willst. Alle Verwandten, die in meinen Gefängnissen leben, werden freigelassen. Niemand, der sich dir angeschlossen hat, wird zur Rede gestellt. Schwüre sollen unser Abkommen besiegeln!«
Einen Monat später konnte der Kalif Abu Dschafar Mansur die Antwort aus Medina lesen: »Im Namen Allahs, des Allbarmherzigen, Allgnädigen. Von Mohammed Ibn Abdallah, dem Rechtgeleiteten. Auch ich biete euch dieselben Gnadenbedingungen, die ihr mir geboten habt. Das Recht ist auf unserer Seite. Nur durch uns, die Nachkommen des Propheten

habt ihr eure Herrschaftsansprüche begründet. Nur weil wir euch geholfen haben, konntet ihr hervortreten aus dem Dunkel. Unser Stammvater Ali war zur Regierung bestimmt. Wie wollt ihr sein Reich erben, da doch noch die wahren Nachkommen Alis leben? Wer kann wie wir seine Ansprüche mit so edler Abkunft begründen? Fatima, die Tochter des Propheten, ist unsere Mutter im Glauben. Wir stammen nicht von Verfluchten oder von geschiedenen Frauen ab. Allah hat uns auserwählt, er ließ uns von Mohammed, seinem Propheten abstammen. Ich bin ein Nachfahre von Chadidscha, der Reinen, der Vorzüglichsten aller Frauen, von Fatima, der besten Tochter, der Herrin aller weiblichen Bewohner des Paradieses. Du kennst mein Recht. Du weißt,daß ich der Herrschaft würdiger bin als du. Die Versprechungen der Gnade, die du erwähnst, hast du schon anderen vor mir gemacht. Auf welchen Eid soll ich bauen? Ist dieser Eid so viel wert, wie der, den du dem Abu Muslim geschworen hast?«

Der Kalif setzt in seiner Antwort die Korrespondenz spöttisch fort: »Du bist stolz auf die Verwandtschaft mit Frauen. Du läßt dich von ihnen zum Aufruhr reizen. Erinnerst du dich nicht, daß Allah die Frauen keinesfalls den männlichen Verwandten gleichgesetzt hat? Das Siegel des Propheten haben wir geerbt und nicht ihr. Friede sei mit dir und Allahs Barmherzigkeit.«

Mohammed und Ibrahim rekrutierten in der Gegend um Mekka und Medina ein Heer von einer Million Männern. Damit konnten sie für kurze Zeit den Kalifen in Kufa bedrohen. Doch sie machten bald dieselbe Erfahrung, die schon hundert Jahre zuvor das Leben Alis verbittert hatte: In gefährlichen Situationen lassen die Kämpfer der Schiat Ali ihre Idole im Stich. Nahezu allein standen Mohammed und Ibrahim am Tag der Schlacht dem Gegner gegenüber. Lange konnten sie sich nicht wehren. Die Hufe der Kamele des Kalifenheeres zertrampelten beide Nachfahren des Ali.

Isa, der siegreiche Befehlshaber dieser Schlacht, lebte allerdings auch nur noch kurze Zeit. Der Offizier war dem Kalifen nach dem Sieg über Mohammed und Ibrahim zu populär geworden. Abu Dschafar Mansur beschenkte den Isa nach der Heimkehr und ließ ihm einen besonders luxuriösen Palast bauen. Dieser Bau war jedoch auf extrem salzhaltigem Untergrund gebaut. Mit Absicht wurde ein wasserführender Kanal verdeckt in den Boden gelegt. Das Wasser laugte mit der Zeit das Salz aus. Eines Nachts stürzte dann, wie geplant, das Haus über dem Kopf des Befehlshabers zusammen.
Abu Dschafar Mansur war auf der Suche nach einem festen Wohnsitz. Die Rückkehr nach Damaskus stand nicht zur Diskussion – dort erinnerten sich die Bewohner immer intensiver an die Regierungszeit der Omajjaden. Im Rückblick erschien das Leben damals von Ruhe und Glück erfüllt. Die Abneigung gegen die Abbasiden wuchs im Lauf der Jahre.

Die Chefs des Stammes Keis konnten nicht vergessen, daß sie früher, zur Omajjadenzeit, eine entscheidende Rolle in der arabischen Politik gespielt hatten. Mit der Verlagerung des Reichszentrums nach Osten waren sie bedeutungslos geworden. Die Degradierung nahmen die Sheiks vom Stamme Keis dem Kalifen übel.
An Euphrat und Tigris – wohl als Folge der Ereignisse der letzten Monate – war der Kalif allerdings auch nicht beliebt. Die Menschen in Kufa wichen schon aus, wenn Abu Dschafar Mansur morgens zur Moschee ritt. Die Männer der Schiat Ali sahen im Kalifen den treulosen Verbündeten von einst, der die Ideale der vom Gedanken an Mohammed inspirierten gerechten Regierung verraten hatte. Noch konnte sich der Kalif auf seine Truppen verlassen, doch war die Gefahr nicht auszuschließen, daß sie in Kufa vom unzufriedenen Geist der Schiiten angesteckt würden. Ein Ausweichen an andere Orte des Reichs, nach Mekka oder Medina etwa, kam dem Kalifen nicht in den Sinn. Er wollte im Zwei-

stromland bleiben. Da die Bewohner der bisherigen Städte ihn nicht akzeptierten, faßte der Kalif den Entschluß, sich eine eigene Stadt zu bauen; eine Stadt, in der nur Menschen leben sollten, die dem Kalifen treu ergeben waren.

»Im Namen Allahs! Gepriesen sei der Herr. Die ganze Erde gehört ihm. Er verleiht die Erde an wen er will. Denen, die ihn fürchten, sichert er ein glückliches Ende zu. Allahs Segen begleite die Arbeit.« Mit diesem Spruch legte der Kalif Abu Dschafar Mansur im Frühjahr 762 den ersten Stein zum Bau der Stadt Baghdad. Der Plan der Anlage war nach den Anweisungen des Herrschers durch Aschenspuren am Boden auf dem flachen Land über dem Tigrisufer angezeigt.

Der Baumeister mußte sich an den Willen des Herrschers halten. Die Stadt sollte im Kreis den Palast des Kalifen und die Moschee umgeben. Der Durchmesser des Kreises betrug rund 2650 Meter.

Innerhalb eines Jahres wurde die Vision des Abu Dschafar Mansur Realität. Zwei Mauern umschlossen die runde Stadt; der innere Wall war höher gemauert. Vier Tore gaben den Zugang frei. Das Basrator im Südosten war offen für die Passanten, die aus den Vororten am Tigris kamen. Im Südwesten stand das Kufator, hier endete die Pilgerstraße von Mekka her. Durch das syrische Tor betraten die Personen die Stadt, die auf dem Euphrat gereist waren. Das Chorasantor ließ die Reisenden aus den persischen Provinzen in die Stadt. Die Wohnviertel schlossen sich an die innere Mauer an. Die Straßen waren, wie Speichen eines Rads, ausgerichtet auf das Zentrum des Kreises, auf Palast und Moschee. Eine starke Mauer und ein gewaltiger freier Platz trennten den Bezirk des Kalifen von den Wohnvierteln.

Jeder Stadtteil konnte vom anderen abgeriegelt werden. Für die zahllosen Befestigungen hatten die Städte in weiter Umgebung eiserne Tore und Gitter abzuliefern. Damaskus war verpflichtet, starke Türbeschläge zu liefern. Die Sicherheitsmaßnahmen betrafen nicht nur die äußeren Stadtwälle, sie wurden genau so sehr beachtet beim Aufbau der Mauer, die

den Bereich des Herrschers abtrennte von der Lebenszone der Untertanen.
Die Konstruktion der Stadt folgt dem Beispiel früher persischer Rundfestungen. Die Anlage, die Abu Dschafar Mansur entstehen ließ am Ufer des Tigris, war eine Stadt des Ostens. Geprägt vom Mißtrauen der Herrscher gegen die Menschen draußen vor der Stadt, aber auch gegen die Menschen, die hinter den Mauern der kompakten Siedlung leben. Da gab es keine Möglichkeit des Kontakts mehr zwischen Herrscher und Volk.
Der Bau der »Runden Stadt« kostete allein an Materialkosten den beachtlichen Betrag von 42 008 633 Dirhem. Die Maurer, Innenausstatter, Straßenpflasterer und Schlosser waren zu Fronarbeit verpflichtet. Für sie mußte nur der Lebensunterhalt vom Kalifen bezahlt werden. Nicht eingerechnet in den Betrag sind die Sachlieferungen, die von den Städten an Tigris und Euphrat geleistet werden mußten. Die 42 008 633 Dirhem entsprechen etwa dem Fünffachen des normalen Steueraufkommens im arabischen Reich während eines Jahres. Die Kaufkraft läßt sich durch eine Preisangabe beurteilen: Für 100 Dirhem ist ein schönes Kamel, ein kräftiger männlicher Sklave oder eine hübsche kaukasische Jungfrau zu haben — nur die Kalifen haben, wenn man den Legenden glauben darf, höhere Beträge für schöne Frauen bezahlt. Geistige Leistungen wurden hoch honoriert. Dem Poeten Muammab Ibn Amil sollen einmal für ein besonders gelungenes Loblied auf den Kalifen 20 000 Dirhem ausgehändigt worden sein. Am Tag danach bezeichnete allerdings der Kalif das Honorar als Mißverständnis; dem Poeten wurden 10 000 Dirhem wieder abgenommen.
Baghdad erhielt zunächst den Namen »Medinat al Salam«, die Stadt des Friedens. Gemeint war nicht, daß in dieser Stadt der Friede herrsche auf der Basis von Gerechtigkeit und Versöhnung. Der Friede sollte erreicht werden durch absolute Kontrolle der Bevölkerung. Nachts wurden die Tore nach außen und die Tore nach innen, zum Platz um

den Kalifenpalast hin, abgeschlossen. Wachen sorgten dafür, daß in den Wohnvierteln Ruhe herrschte. Die Patrouillen hatten das Recht, jeden sofort zu töten, der sich in den Stunden der Dunkelheit auf den Straßen zeigte. Der Sohn des Stadtgründers fand, als er selbst die Regierung übernahm, im tiefen Keller des Kalifenpalastes einige Hundert verweste Leichen von Erschlagenen. An den Ohren dieser Personen sollen Pergamentstreifen befestigt gewesen sein mit den Namen der Toten. Die Polizei in Baghdad hielt sich an bürokratische Regeln.

Al Mahdi, so hieß dieser Sohn, der »Wohlgeleitete« — war damals dafür verantwortlich gewesen, daß dem Dichter Muammab Ibn Amil so viel Geld für ein Loblied ausbezahlt worden war. Mit al Mahdi, dem Freund der Poeten kam ein Hauch von Lebenslust in die neue Stadt am Tigris. Wer elegante Verse über Frauen, Wein und Freundschaft schreiben konnte, dem war ein üppiges Leben sicher. Abu Dulama, ein Mann der gedrechselten Elogen und der spaßhaften Anspielungen, bekam einmal — so erzählt er selbst — soviel Gold ausgehändigt, daß er das Gewicht gar nicht habe schleppen können. Die Dichterschule, die sich jetzt in Baghdad etablierte, blühte dann später, zur Zeit des Harun al Raschid, ganz auf.

Abu Dulama, der Poet, konnte sich die Kühnheit erlauben, die Frau des Kalifen al Mahdi um eine hübsche Sklavin zu bitten. Auf dieses Abenteuer war der Dichter besonders stolz, auch wenn er nicht immer eine glückliche Figur dabei abgab. Er hatte zu dieser Zeit nur eine Frau im Harem, die ihm keine Lust mehr bereitete. Die Frau des Kalifen, die den Dichter sympathisch fand, schickte ihm in der Tat ein Mädchen von auserlesener Schönheit. Es fügte sich, daß Dulama nicht zu Hause war, als die Jungfrau gebracht wurde. Die Frau des Dichters, die nicht damit einverstanden war, durch das junge Mädchen abgelöst zu werden, fand einen Ausweg: Sie beauftragte den Sohn des Hauses, die Jungfrau zu deflorieren. Der Auftrag gefiel dem jungen Mann. Er hatte seinen

Spaß daran, und dem Mädchen behagte das Erlebnis auch. Der Vater allerdings kam nicht zu seinem Vergnügen. Er merkte sofort, daß ein anderer den Schoß bereits geöffnet hatte. Wer es gewesen war, das blieb Abu Dulama nicht lange verborgen. Voll Zorn überquerte er den weiten Platz um den Palast des Kalifen. Der Dichter wurde sofort vorgelassen. Er konnte dem Kalifen al Mahdi sein Leid klagen. Soweit ging die Wut Abu Dulamas, daß er den Herrscher dringend bat, dem Sohn den Kopf abschlagen zu lassen. Diese Strafe fand al Mahdi allerdings übertrieben für das Vergehen des jungen Mannes. Er veranlaßte den Dichter, dem Sohn das Mädchen, das er defloriert hatte, zu schenken. Für Abu Dulama aber ließ er eine besonders zartgliedrige iranische Jungfrau aus seinem eigenen Harem holen. Den Sohn des Dichters aber zwang der Kalif einen Eid zu schwören, für alle Zeiten die Rechte des Vaters an den Frauen im Hause zu respektieren.
Zwei Söhne hatte der Kalif al Mahdi, dessen Liebeskraft den Dichtern Arabiens preisenswert erschien. Der ältere Sohn hieß Hadi, der jüngere Harun. Dem Jüngeren galten die Gefühle der Mutter von beiden Söhnen; sie wollte, daß Harun Erbe des Reiches wird. Der Vater aber zog den älteren Sohn vor. Der Streit zwischen al Mahdi und der Frau im Harem — ihr Name war Cheizuran — wurde sehr hart. Der Kalif steigerte die, in der Abgeschiedenheit des Frauentrakts aufgestaute Aggressionslust der Mutter seiner Söhne durch ein besonders intimes Verhältnis zu einer Sklavin. Für dieses Mädchen schrieb er sogar selbst Verse: »Ich sehe Wasser, trotzdem verzehrt mich ein glühender Durst. Kein Mittel finde ich, diesen Durst zu löschen. Alle übrigen Sterblichen sind meine Sklaven, du aber, als Sklavin, bist meine Herrin. Meine Liebe zu dir ist so groß, daß es mir nichts ausmacht, wenn du mir Hände und Füße abschneiden willst. Beginnst zu damit, dann sage ich nur: Fahre fort damit.«
Der Kalif al Mahdi überlebte den Streit mit der Mutter des Hadi und des Harun nicht lange. Er starb an Gift, das sei-

nem Essen beigemischt war. Cheizuran hatte sich gerächt. Al Mahdi, der Wohlgeleitete, war tot. Trotzdem konnte die ehrgeizige Frau im Harem nicht verhindern, daß al Hadi, »der Leitende«, die Räume des Herrschers im Kalifenpalast von Baghdad bezog. Der neue Staatschef verbannte die Mutter, die weiterhin politisch aktiv sein wollte, in die hinteren Kammern des Frauentrakts. Ihr Kontakt zu den Staatsbeamten und zum Wesir wurde unterbunden. Doch Cheizuran war nicht die Frau, sich kampflos ausschalten zu lassen. Sie konnte sich ausrechnen, daß al Hadi ihr demnächst Gift ins Essen würde mischen lassen. Entschlossen handelte sie selbst: Der Lieblingssklavin des Kalifen gab sie die Order, den »Leitenden«, wenn er erschöpft nach der Liebe auf seinem Lager einschlief, mit einem Kissen zu ersticken.
Der Mord geschah genau nach Plan. Der Weg für den jüngeren Sohn Harun war frei. Er gab sich selbst bei der Übernahme der Regierungsgewalt die Bezeichnung »al Raschid«, der Gerechte.

Der Kalif aus Tausendundeiner Nacht: Harun al Raschid

Im Jahre 786 beginnt die Herrschaft des Kalifen, der seinen Namen so tief ins Gedächtnis der Menschen prägen konnte, daß er bis heute unvergessen ist. Fast ein Vierteljahrhundert lang regiert er in Baghdad. Die Hauptstadt sprengt in dieser Zeit ihren kreisrunden Rahmen. Vorstädte fügen sich an mit luftigen Häusern, kunstvollen Pavillons, mit Gärten, Kanälen, Straßen und Brunnen. Baghdad zieht die Menschen aus dem ganzen arabischen Reich an.

Eine Weltstadt ist entstanden, Harun urteilt selbst über Baghdad: »Bei Allah, ich weiß, es gibt weder im Osten noch im Westen eine glücklichere und reichere Stadt als die Residenz der Söhne des Abbas.«

Ein ausgeklügeltes Steuersystem sollte das Geld einbringen zur Finanzierung der Bauten, zum Unterhalt der Beamten, zur Befriedigung der zahllosen geldhungrigen Freunde des Kalifen. Der Erfinder des Steuersystems ist Abu Jussuf Ja'kub, der Oberkadi des abbasidischen Staates. Er faßte die Gesetze im »Buch von der Grundsteuer« zusammen. Zur Basis seines Rechtssystems nahm Abu Jusuf Ja'kub das arabische Sprichwort: »Salbst du einen Bauern, so wird er dich stechen — stichst du einen Bauern, so wird er dich salben.« Ein gerechtes Steuersystem zu schaffen, war nie sein Ziel.

Die Bauern, die das Land selbst bestellten, erwirtschafteten fast allein die Beträge, die im Staatshaushalt gebraucht wurden. Unterschiedlich nach Status und Gegend zahlten die Bauern mindestens ein Drittel bis maximal die Hälfte vom Wert ihres Ertrages an die Steuereinnehmer. Die großen Grundbesitzer aber, die nicht selbst das Land mit dem Pflug bearbeiteten, brauchten nur ein Zehntel ihrer Einnahmen abzuführen. So entwickelte sich eine Adelsschicht mit Vorrechten gegenüber der Masse der Bevölkerung. Die Ungerechtigkeit des Steuersystems führte dazu, daß viele Bauern ihren Boden freiwillig an die Grundbesitzer abgaben — die Pacht war niedriger angesetzt, als die jährliche Steuer. Ein Pächter konnte nach dem geltenden Recht mehr für sich erwirtschaften als ein kleiner Grundbesitzer, der selbst auf dem Feld arbeitete.

Das System des Abu Jussuf Ja'kub schadete letztlich dem abbasidischen Staat: Die Übertragung des Grundbesitzes an den Adel reduzierte die Staatseinnahmen — der Adel zahlte nach den gültigen Gesetzen weniger Steuern als die vorherigen Besitzer des Landes.

Um seine Stadt Baghdad glücklich und reich zu halten, ist Harun al Raschid gezwungen, mit Hilfe militärischer Aktionen Tributzahlungen aus anderen Staaten der Region zu pressen. Sein bevorzugtes Opfer der Schröpfung mit Waffengewalt ist der Herrscher der Griechen. Kaiser Nicephorus wagt es nur kurze Zeit, die Zahlungen einzustellen, zu denen sich seine Vorgänger bereit erklärt hatten.

»Von Nicephorus, dem Kaiser der Griechen, an Harun, den König der Araber. Die Kaiserin, die vor mir auf dem Thron saß, hat dir Tribut gezahlt, das war weibliche Schwäche und Beschränktheit. Darum erstatte mir das Geld zurück oder das Schwert wird zwischen uns entscheiden.« Dieses Schreiben riß den Kalifen aus der Ruhe seines Harems. Die Finanzierung der Staatsausgaben war in Gefahr, wenn die Griechen keinen Tribut mehr zahlten und sogar tollkühn Geld zurückforderten. Harun al Raschid reagierte nicht als Feigling; er schickte eine äußerst unhöfliche Antwort nach Konstantinopel: »Im Namen Allahs, des Allgnädigen, des Allbarmherzigen. Von Harun, dem Beherrscher der Gläubigen an den Hund der Griechen. Ich habe deinen Brief gelesen, du Sohn einer Ungläubigen. Die Antwort sollst du zu fühlen bekommen!« Harun al Raschid drohte nicht mit leeren Worten. Seine Truppe marschierte. Am Ende der Kämpfe zogen siebzehntausend griechische Gefangene zu Fuß nach Baghdad. Nicephorus mußte künftig doppelt soviel Tribut zahlen wie zuvor. Zum Hohn bestimmte Harun al Raschid noch eine besondere Kopfsteuer für die Herrscherfamilie: »Der Hund der Griechen zahlt selbst vier Dinare, jeder Sohn des Hundes der Griechen zahlt zwei Dinare.«

In beleidigend herrischem Ton korrespondierte von nun an der Kalif mit den Monarchen der Nachbarstaaten. Da er sich im Besitz des allein richtigen Glaubens wußte, war das Gefühl für ihn selbstverständlich, durch Allah über den Rang der anderen Herrscher gesetzt worden zu sein. Harun al Raschid empfand sich als den bedeutendsten Regierenden der Erde. Wo sein Thron stand, da war der Mittelpunkt der Welt. Nur vor Karl dem Großen besaß der Kalif Respekt. Die Beziehungen zu diesem europäischen Kaiser waren von gegenseitiger Achtung geformt. Karl der Große hatte eine Gesandtschaft nach Baghdad geschickt, die aus zwei Christen und einem Juden bestand. Die Delegation sollte erreichen, daß die Christen künftig im Heiligen Lande Handel treiben durften. Harun al Raschid erfüllte die Bitten des Frankenkaisers. Der Kalif gab der Delegation Geschenke mit für ihren Herrn: Den einzigen Elefanten, den Harun al Raschid gerade besaß, dazu Pelze, eine Wasseruhr, goldene Leuchter und ein Zelt aus feinsten Geweben. Die zwei Christen und der Jude sollten erzählen in Europa von der Pracht des Beherrschers aller Gläubigen.

Am Hof Karls des Großen schreibt der Chronist Eginhart in übertriebener Freude über das Ergebnis der diplomatischen Aktivität seines Herrn: »Karls Beziehungen zu König Harun von Persien, der außer Indien fast den ganzen Orient beherrscht, waren so freundschaftlich, daß Harun die Gunst des Kaisers der Freundschaft aller anderen Könige und Machthaber der Erde vorzog, und ihn allein seiner Ehrerbietung und Geschenke für wert hielt. König Karl hatte Gesandte zu Harun geschickt. Als diese vor Harun erschienen, gewährte er ihnen nicht nur die Erfüllung aller Bitten, sondern schenkte Karl auch die Herrschaft über den heiligen und gesegneten Ort Jerusalem«. Eginhart wundert sich besonders über die Uhr, die Harun al Raschid den Gesandten mitgegeben hatte: »Die Uhr ist aus Messing und mit staunenswerter Kunstfertigkeit zusammengesetzt. Die Wasseruhr mißt den Verlauf der zwölf Stunden, bei deren Vollendung zwei Kügelchen herabfallen, die durch ihren Fall eine darunter befestigte Glocke ertönen lassen. Dazu kamen noch zwölf Reiter, die zu jeder vollen Stunde aus zwölf Toren heraussprengen.«

Auf fremde Gesandtschaften machte Harun al Raschid den Eindruck eines Mannes, der sich selbst in der Gewalt hat. Die Legendenerzähler Arabiens, die ins Innere ihrer Herrscher sehen können, kennen den Kalifen genauer. Sie berichten, der Kalif Harun al Raschid sei nachts oft von quälender Unruhe geplagt worden, von Schlaflosigkeit und trüben Gedanken. Sein Herz klopfte ungleichmäßig und beruhigte sich erst wieder, wenn er aufgestanden und durch die Räume des Palastes gegangen war. Selten verbrachte er die Nacht im alten Palast, der das Zentrum der »Runden Stadt« bildete. Er ging hinaus in die Wohnviertel, verkleidet als Händler, und sah sich Baghdad an. Er schlenderte durch die Straßen der Nudelbäcker, der Schuhflicker, der Färber und Goldhändler. Er besuchte oft das »Haus eines Mädchenwirts«, so hieß das Bordell, und nahm sich für eine Stunde ein Mädchen zu zehn, zwanzig oder dreißig Dinar. War er gut aufgelegt, dann leistete er sich die Spitzenklasse zur fünfhundert Dinar — das geschah allerdings selten. Da war die Sorge, aufzufallen. Auf der Straße war er sicher vor Entdeckung.

Ihm gefiel, was er sah. Auch spät am Abend wurde noch gearbeitet in Baghdad. Die Leichenwäscherin und der Totengräber waren unterwegs, die Soldaten der Wache, die Metzger und die Lastträger. Die Fischhändler bereiteten ihre Läden für den Morgen vor. Harun als Raschid ging nie denselben Weg, doch am Ende der Wanderung kam er immer zum

Ufer des Flusses. Dort ruhte er sich aus. Der Kalif besaß prächtige und zierliche Gebäude am Tigris. In den Stunden der Schlaflosigkeit sah er, wie der Mond seine Sichel spiegeln ließ auf der flirrenden Oberfläche des Wassers. Kühle stieg vom Fluß auf. Oft rief der Kalif in den Nächten nach seinem Wesir, er hieß Dscha'far und stammte aus der Familie Barmak — die Erzähler nennen ihn Dscha'far, den Barmakiden. Wenn Harun al Raschid Lust auf einen Krug Wein hatte, dann mußte Dscha'far, der Barmakide, bei ihm sein. Dem Freund gelang es immer, dem Kalifen die gute Laune wiederzugeben. Harun vergaß Schlaflosigkeit und Unruhe. Die Höflinge, die Eunuchen, die Sklavinnen, die Diener, die Köche, die Berater mit politischem Verstand und die Lieblingsfrauen des Kalifen — alle freuten sich, wenn Dsch'far gerufen wurde. War der Kalif von schwerem Herzen geplagt, durften auch sie nicht heiter sein. Lachte er, dann durften auch sie lachen.
Dscha'far, der Barmakide, überzeugte den Kalifen von der besonderen Qualität des Dattelweins, den er auf seinen eigenen Gütern herstellen ließ. Er besaß einen Sklaven, der Spezialist war für die bekömmlichste Mischung von Datteln, Wasser und Myrthensaft. Die in Wasser getauchten Datteln mußten gären, bis eine süßliche alkoholische Flüssigkeit entstand. Sie wurde abgeschmeckt mit der bitteren Myrthenessenz.

In einer solchen Nacht, so wird erzählt, saß der Kalif mit seinem Wesir auf weichen Teppichen. Beide tranken Dattelwein. Harun al Raschid sagte: »Ich weiß, daß du eine Sklavin aus dem Lande am Kaukasus gekauft hast. Von ihrer Schönheit kam mir vieles zu Ohren. Ich habe Lust, ihren Körper zu besitzen.« Der Kalif verlangte, daß Dscha'far, der Barmakide, ihm das Mädchen verkaufe. Doch der Wesir weigerte sich. Auch auf die dringende Bitte, das Mädchen als Geschenk auszuhändigen, ließ sich Dscha'far nicht ein. Da wurde Harun al Raschid halsstarrig. Er schwor: »Von meinem Weib Zubaida will ich dreimal geschieden sein, wenn ich jemals auf diese Frau verzichte!« Da sah sich auch Dscha'far zum Schwur genötigt: »Auch ich will dreimal von meiner Lieblingsfrau geschieden sein, wenn ich dir jemals dieses Mädchen verkaufe oder gar schenke!«

In hitziger Wechselrede ging die Nacht vorüber. Beide, der Kalif und der Wesir, tranken mehr als sie vertragen konnten. Am Morgen dachten sie daran, daß der Prophet einst aus gutem Grund den Wein verboten hatte. Im Rausch waren sie in diese schwierige Situation geraten.

Am nächsten Abend versuchten sie, ohne Wein, einen Ausweg zu finden. Um Mitternacht entschloß sich der Kalif, den Oberkadi Abu Jussuf Ja'kub zu rufen. Der Autor des »Buches von der Grundsteuer« — er war ein Schüler des Rechtsgelehrten Malik ibn Anas aus Medina — galt als brillantester Denker im spitzfindigen juristischen Streit.

Abu Jussuf Ja'kub schlief schon längst, als der metallene Klopfer an seiner Haustür dröhnende Schläge durch das Haus schallen ließ. Der Oberkadi sagte sich: »Es muß ein schwieriges Problem sein, das dem Kalifen den Schlaf raubt. Das kann nur ein Fall sein, der den Kern unseres heiligen Glaubens betrifft.« Schnell bestieg er sein Maultier und ritt zum Palast des Kalifen.

Der Oberkadi traf die zwei mächtigsten Männer des arabischen Reichs in trüber Stimmung an. Da es für keinen der beiden ein noch unausgesprochenes Argument gab, war ihre Diskussion in sich zusammengefallen. Der Kalif schilderte Abu Jussuf Ja'kub ihren Streit und die mißlichen Schwüre. Zur Überraschung des Kalifen und des Wesirs sagte der Oberkadi: »Eine einfachere Sache gibt es gar nicht. Dscha'far muß nur dem Beherrscher aller Gläubigen die eine Hälfte des Mädchens schenken und die andere Hälfte verkaufen. Der Schwur bezog sich auf das »entweder- oder« — du willst dreimal von deiner Lieblingsfrau geschieden sein, wenn du dem Kalifen, Allah schenke ihm ein langes Leben, das Mädchen verkaufst oder schenkst. Der Ausweg liegt

darin, daß du beides tust. Die Kombination von verkaufen und schenken ist vom Schwur nicht betroffen.« Über dieses Gutachten war Harun al Raschid sehr glücklich. Das Geschäft mit Dscha'far, dem Barmakiden, wurde sofort, im Beisein des Oberkadi, abgewickelt. Dann sprach der Kalif: »Ich will das Mädchen sofort bei mir haben. Noch in dieser Nacht will ich mich an ihr erfreuen.« Da mußte allerdings Abu Jussuf Ja'kub Bedenken anmelden. Das Gesetz schrieb vor, daß ein Mann nicht sofort nach dem Kauf einer Sklavin beiwohnen konnte, wenn sie nicht noch als Jungfrau galt. Erst wenn die nächste Monatsblutung abgeschlossen war, hatte der Mann das Recht, die Frau ganz zu besitzen.
Auf diese Weise wurden juristische Komplikationen der Besitzverhältnisse vermieden. Das Kind, das der Besitzer einer Sklavin zeugt, gehört nach der Rechtslage in diesen Jahren dem Besitzer. Wechselt die Sklavin während einer Schwangerschaft den Besitzer, gehört das später geborene Kind trotz des Besitzwechsels dem ersten Mann. Die gesetzliche Wartefrist hatte ihren Sinn, und eigentlich war auch der Kalif gehalten, mit dem Beischlaf zu warten.
Harun Al Raschid aber wollte noch vor Morgengrauen sein neuerworbenes Eigentum genießen. Abu Jussuf Ja'kub mußte erneut einen Ausweg suchen. Der Oberkadi sagte: »Wir befehlen einem deiner Diener, dieses Mädchen zu heiraten. Ist die Formalität abgeschlossen, muß er sich sofort von ihr scheiden lassen. Die Ehe vollziehen darf er nicht. Es ist dir dann ohne weiteres erlaubt, der geschiedenen Sklavin beizuwohnen. Kein Gesetz verbietet Beischlaf von geschiedener Sklavin und ihrem Herrn. Also gehört das Mädchen noch in dieser Nacht dir.«
Die Ehe zwischen dem Diener und der Sklavin wurde geschlossen, doch dann ergab sich eine Schwierigkeit. Der Diener weigerte sich, die Scheidungsformel auszusprechen. Ihm gefiel das Mädchen. Gar nie hätte er daran denken können, ein derartig exquisites Mädchen aus dem Kaukasus zu besitzen. Auch der Oberkadi kannte keinerlei Rechtsmittel,

um den Diener zur Nachgiebigkeit zu zwingen. Doch Abu Jussuf Ja'kub gab nicht so rasch auf. Er veranlaßte den Kalifen den scheidungsunwilligen Ehemann der Sklavin zu schenken. Durch die Schenkung war eine neue Rechtssituation entstanden: Nach dem gültigen Recht durfte niemand mit einer Person verheiratet sein, die zu seinem Besitz gehörte. Der Diener war jetzt Eigentum der Sklavin — somit mußte die Ehe zwischen den beiden als aufgelöst betrachtet werden. Kein Hinderungsgrund bestand mehr für Harun al Raschid, die Frau sofort zu besitzen. In seiner Freude ließ der Kalif dem Maultier des Oberkadi so viel Gold aufladen — so berichten die Erzähler jener Zeit —, daß es nahezu unter der Last zusammenbrach.

Abu Jussuf Ja'kub gab seinen Schülern der Rechtsgelehrsamkeit diesen Rat mit auf den Weg: »Die Wissenschaft öffnet uns den Zugang zu den Herzen der Herrschenden und zu ihren Gütern. Soviel Gold habe ich allein dafür bekommen, daß ich Antwort wußte auf zwei oder drei Fragen.«

Dscha'far, der Barmakide, mit dem der Kalif in Streit geraten war, fiel bald in tiefe Ungnade. Im Herbst des Jahres 803 wurde ihm der Kopf vom Rumpf getrennt. Schuld an Ungnade und Tod war nicht die Dickköpfigkeit in jener Nacht, als Harun und Dscha'far betrunken in Disput gerieten. Zum Fall des Barmakiden trugen viele psychologische Faktoren bei. Harun al Raschid konnte schließlich den Anspruch des Wesirs auf Gleichberechtigung neben ihm, dem Beherrscher der Gläubigen, nicht mehr ertragen.

Der Aufstieg der Familie Barmak hatte schon zur Zeit der Omajjaden begonnen. In der Regierungszeit des Kalifen Abdel Malik war aus Persien ein Mann nach Damaskus gekommen, der sich Barmak nannte. Die Angaben über den Beruf des Barmak variieren: Er sei Arzt gewesen, sagen einige der historischen Quellen, andere bezeichnen ihn als eine Art von Geschichtsforscher, der für eine positive Historie der Omajjadenherrscher reich belohnt worden sei.

Der Wechsel des Regimes von den Omajjaden zu den Abbasiden war, trotz der Elogen für das erste Herrschergeschlecht, von Vorteil für Barmak. Er konnte sich als Gelehrter, dessen Denkwelt dem Osten des Reiches gehörte, rasch auf die Mentalität der neuen Herren einstellen. Die Abbasiden brauchten zur Verwaltung des Reichs kluge, wendige Köpfe nach Art Barmaks.

Der Sohn Barmaks, Chalid, kehrte wieder in die Nähe der alten Heimat zurück, als die Abbasiden die Hauptstadt in den Osten verlegten. Chalid wurde zunächst Leiter des riesigen Bauprojekts der Runden Stadt Baghdad und dann Statthalter in Mosul. Das Auf und Ab der Gnade großer Herren mußte auch er kennenlernen. Der Kalif Abu Dscha'far Mansur beschuldigte seinen Statthalter, er habe Steuerbeträge in Millionenhöhe unterschlagen. Chalid konnte die Summe nicht aufbringen, deshalb verurteilte ihn der Kalif zum Tod durch Enthaupten. Kurz vor der Hinrichtung brach in Mosul aus ganz anderen Gründen ein Aufstand aus — Chalid Ibn Barmak wurde wieder gebraucht.

Der Enkel des Familiengründers, Jahja Ibn Chalid, ist in der schwierigen Zeit des abbasidischen Sippenstreits um die Macht des Sekretär Haruns. Als der ältere Bruder des Harun von seiner Sklavin mit einem Kissen erstickt worden war, zog Jahja mit seinem Protektor in den Kalifenpalast um. Jahja wurde Wesir und für einige Jahre Leiter der Politik im arabischen Reich. Frühzeitig beschäftigte der Wesir seinen begabten Sohn Dscha'far mit politischen Aufgaben. Vater und Sohn verstanden es, sich beliebt zu machen bei der Bevölkerung von Baghdad.

Die Erinnerung an die Großzügigkeit und Barmherzigkeit der Barmakiden ist in den arabischen Geschichten nicht erloschen. Oft genug korrigierten Jahja und sein Sohn Dscha'far harte Entschlüsse des Kalifen.

Eines Tages kam der Kommandeur der Leibwache des Harun al Raschid zu Mansur — einem Mann, der den Abbasiden auf vielerlei Posten im Reich gedient hatte — mit der schroffen Forderung, sofort eine Million Dirhem zu bezahlen. Mansur sollte die Summe als Gouverneur unterschlagen haben. Immer wieder tauchen solche Geldforderungen in der arabischen Geschichte auf: Wenn einem Kalifen Geld fehlt zur Bezahlung des Solds der Armee oder auch nur der Rechnung eines Sklavenhändlers, überlegt er sich, wer unter den Reichen seines Landes wohl gerade in der Lage wäre, ihm den Betrag auszuhändigen. Hatte er seine Wahl getroffen, schickte er den Kommandeur der Leibwache zu dem Unglücklichen mit dem Auftrag, ihm sofort den Kopf abzuschlagen, wenn das Geld nicht ausbezahlt wurde. Die Kalifen konnten durchweg davon ausgehen, daß die Reichen sich ihr Eigentum mit illegalen Methoden erworben hatten. Der Vorwurf der Unterschlagung besaß immer einen Wahrheitskern.

Jahja, der Barmakide, so wird berichtet, hat die Schuld des Mansur — der keine Million Dirhem besaß — aus der eigenen Kasse bezahlt. Harun al Raschid war erstaunt und ergriffen über den Edelmut seines Wesirs. Seinen Ärger lösten jedoch die Lobsprüche der Dichter aus auf die freigebige Familie Barmak. In Baghdad waren damals solche Sprüche zu hören: »Niemand auf dem Angesicht der Erde ist edler als die Barmakiden!« Noch einige Monate lang konnte der Kalif seinen Zorn unterdrücken.

Jahja, der ältere Barmakide, blieb Ratgeber des Kalifen in Fragen der internationalen Politik. Dscha'far, der jüngere nahm neben Harun al Raschid Platz an den Abenden, wenn den Herrscher die Unruhe seines Herzens umtrieb. Der junge Barmakide durfte auch anwesend sein, wenn Harun mit seinen Frauen und Sklavinnen aß und trank. Als besondere Gnade empfand Dscha'far das Recht, neben Abbasah, der Lieblingsschwester des Kalifen sitzen zu dürfen.

Zu dieser Schwester fühlte sich Harun besonders hingezogen. Die Bindung zwischen Bruder und Schwester ging über gewöhnliche Geschwisterliebe hinaus. Um von der eigenen Beziehung zu Abbasah abzulenken, veranlaßte der Kalif seinen Wesir Dscha'far, die junge Frau zu heiraten. Allerdings durfte die Ehe nur formell geschlossen werden. Der Vollzug der Ehe sollte Dscha'far nicht gestattet werden. Das Paar kümmerte sich aber nicht um die Wünsche des Kalifen. Dscha'far und Abbasah blieben zusammen, so oft sich ihnen Gelegenheit bot — auch in den Nächten, wenn Harun al Raschid sein Interesse nicht auf den Wein, sondern auf die Frauen des Harems konzentrierte. Der Kalif erfuhr viele Monate lang nichts von der wahren Beziehung des Paares, dessen Ehe nur zum Schein geschlossen sein sollte. Das Schicksal begünstigte die beiden lange Zeit außerordentlich: Als Abbasah schwanger wurde, mußte sich Harun al Raschid gerade zehn Monate lang an der byzantinischen Front aufhalten. Der Junge, der zur Welt kam, wurde von der Mutter Dscha'fars nach Mekka gebracht.

Mit der Zeit sickerte jedoch Gerede durch zum Ohr des Kalifen. Eine seiner Sklavinnen erzählte ihm vom Sohn der Abbasah, der in Mekka lebte. An die Entheiligung seiner Lieblingsschwester durch Dscha'far wollte Harun al Raschid trotz aller Gerüchte nicht glauben. Dieses Kind wollte er sich selbst anschauen. Mit großem Anhang ritt er nach Mekka unter dem Vorwand, die fällige Pilgerfahrt durchführen zu wollen. Harun reiste in der Hoffnung, der Sohn der Abbasah könne aus seiner eigenen Vereinigung mit ihr stammen. Er sah den Jungen und mußte allerdings feststellen, daß das kindliche Gesicht Ähnlichkeit mit dem des Dscha'far besaß: die Mundpartie bewies eindeutig die Verwandtschaft. Durch die körperliche Vereinigung mit der Schwester — so beurteilte Harun al Raschid den Zeugungsvorgang — hatte sich ein Mann, der nicht zur Familie der Abbasiden gehörte, auf gleiche Ebene mit den Nachkommen des Propheten gestellt. Der Perser Dscha'far war dem Herrscher aus uraltem arabischen Adel angenehm als Trinkgenosse, als Ratgeber, als Mitarbeiter. Doch die Vermischung des Blutes war ihm zuwider. Diese Anmaßung mußte bestraft

werden. Der Kalif beschloß, die zu stolz gewordenen Barmakiden zu liquidieren.
Leicht fiel dem Herrscher diese Entscheidung nicht. Andere Gründe für den Untergang dieser Sippe tüchtiger persischer Verwaltungsbeamten mußten hinzukommen — Vorwände, um wenigstens nach außen vom familieninternen Anlaß ablenken zu können. Abu Rabia Mohammed Ibn Abu Leith, als überfrommer Mann bekannt in Baghdad, hatte die Barmakiden zuvor schon in einem Brief an den Kalifen denunziert: »Beherrscher der Gläubigen. Was wirst du am Tage der Auferstehung antworten und wie willst du dich vor Allah rechtfertigen, daß du dem Jahja, dem Dscha'far und allen Söhnen und Verwandten unbeschränkte Macht über die Gläubigen gegeben hast? Ihnen ist die Leitung der Staatsgeschäfte anvertraut. Weißt du nicht, daß diese Familie aus Menschen besteht, die nicht an Allah glauben?« Dem Kalifen war der Vorwand gleichgültig, Jahja und Dscha'far seien Atheisten. Doch ihn traf die Bemerkung, er habe die Macht über die Gläubigen an die Barmakiden abgetreten.
Die Sorge des Kalifen vor der Popularität der Barmakiden wuchs. Die beiden sonst so klugen Männer, Jahja und Dscha'far sahen die Gefahr nicht. Dscha'far war aus gutem Grund besonders großzügig gegenüber den Dichtern. Sie revanchierten sich für die Geschenke durch eingängige Loblieder. Auch nach dem gewaltsamen Tode Dscha'fars hielten ihm einzelne Dichter die Treue, gerade in den Tagen als es gefährlich war, Gutes über die Barmakiden zu erzählen.
Bei der Rückkehr nach Baghdad zeigte sich Harun al Raschid zunächst freundlich gegenüber seinem Trinkgenossen Dscha'far. Der Kalif hatte prächtige Gewänder mitgebracht als Reisepräsent aus der Heiligen Stadt. Sie saßen die Abende und Nächte hindurch nebeneinander auf den weichen Teppichen. Sie aßen und tranken, schauten den grazilen Tänzerinnen zu. Doch Harun ließ dem Barmakiden auch die Chance, Stunden mit Abbasah zu verbringen. Für Dscha'far gab es keinen Anlaß zur Besorgnis.

Die Vernichtung traf den Barmakiden in der heitersten Stimmung. Er saß eben mit Dichtern zusammen, draußen vor der Stadt, da sprang aus der Dunkelheit ein Mann auf ihn zu und schlug ihm mit geübtem Schwung den Kopf ab. Rumpf und Kopf wurden zu Harun al Raschid gebracht. Harun befahl, daß beide Leichenteile auf Lanzen gesteckt und in Baghdad aufgestellt würden.

Ein Brief, den Harun erhalten hatte — abgeschickt, von einem Mann, der das Vertrauen des Kalifen besaß — war die unmittelbare Ursache für den Befehl zur Hinrichtung. Der Brief enthielt eine Warnung: »Der vertraute Allahs auf Erden muß wissen, daß die Söhne Jahjas zu Königen geworden sind. Nichts unterscheidet mehr die Barmakiden und den Kalifen. Seine Befehle werden durch die Söhne Jahjas verändert. Dscha'far hat einen Palast gebaut. Nie hat jemand einen schöneren Palst bewohnt. Kein Perser und kein Inder besaß einen prächtigeren Bau. Der Fußboden ist besät mit Perlen und Rubinen. Die Decke besteht aus edelstem Holz. Wir haben Angst, daß Dscha'far das Reich des Kalifen erben wird, wenn dich, oh Beherrscher der Gläubigen, das Grab birgt.« Die Furcht, daß seine eigenen Söhne ausgeschlossen werden könnten von der Nachfolge im Kalifat zu Gunsten des Sohnes aus der Ehe seiner Schwester mit dem Barmakiden, hatte die Katastrophe für die ehrgeizige Familie ausgelöst.
Frühe arabische Historiker und die Legendenerzähler sind sich einig, daß die Menschen in Baghdad, gleichgültig in welcher Schicht sie lebten, den Mord an Dscha'far verurteilten. Für die Angehörigen des arabischen Adels war der Tod des Wesirs ein Zeichen für ihre eigene Gefährdung — die hohe Stellung, das begriffen sie, bot keinen Schutz vor raschem und tiefem Fall. Die Händler hingegen hatten einen guten Kunden verloren, der den Wert einer Ware zu schätzen wußte. Die zahlreichen Poeten aber sahen weit und breit keinen Mäzen, der ihre Arbeit so großzügig honorierte.

Die Geschichtenerzähler wissen, daß in den Tagen nach dem Tod Dscha'fars ein Beduine nach Baghdad kam. Es war ihm zur Gewohnheit geworden, aus der entfernten Gegend des Irak in die Hauptstadt zu reiten, um dem Barmakiden ein Loblied vorzutragen und im Manuskript zu überreichen. Er kam nicht nach Baghdad, um den Kalifen zu besuchen, der Wesir, diese Erfahrung hatte er gemacht, wußte besser Inhalt und Form eines poetischen Werkes zu beurteilen. Als der Mann in die Stadt einritt, sah er, gleich bei der Tigrisbrücke, den Kopf des Dscha'far auf der Lanze. Obgleich er merkte, daß die Bewohner von Baghdad in weitem Bogen um den Kopf herumgingen, ließ er direkt am Fuß der Lanze sein Kamel niederknien. Der Beduine setzte sich auf den Boden und dachte zurück an die Zeit, als er in jedem Jahr tausend Dirhem von diesem Wesir erhalten hatte, dessen Haupt nun auf der Lanze steckte. Voll trauriger Gedanken schlief er am Abend auf dem Platz an der Tigrisbrücke ein. Da erschien ihm im Traum der Barmakide Dscha'far. Deutlich hörte der Beduine die Stimme sagen: »Dscha'far, der Barmakide, grüßt dich. Reite nach Basra und gib den Gruß weiter an den Kaufmann Abdallah in Basra. Sage ihm, er möge dir tausend Dirhem auszahlen, beim Zeichen der Bohne.«
Von den Geschichtenerzählern ist zu erfahren, daß der Beduine in Basra den Kaufmann Abdallah fand. Er bestellte ihm die Grüße des Barmakiden Dscha'far. Da weinte der Kaufmann laut über das Schicksal des Wesirs. Abdallah erzählte, wie Dscha'far ihm einst mit viel Gold ausgeholfen habe, als seine Existenz praktisch vernichtet war. Dscha'far habe ihm die armseligen Bohnenkerne, mit denen er damals handelte, in Gold aufgewogen. Durch das Geld des Barmakiden sei ihm ein neuer Anfang im Geschäftsleben von Basra möglich gewesen. Die Legende schließt mit einem Lob für Dscha'far. Der Kaufmann Abdallah zahlte dem Beduinen tausend Dirhem aus und sagte: »Denke wie ich, an den edlen Sinn des Barmakiden Dscha'far und vergiß nicht, daß ihm auch im Tode, wie einst im Leben, Preis gebührt.«

Der Mord an Dscha'far bedrückte den Kalifen Harun al Raschid sein Leben lang. Häufig sprach er mit den Männern seiner Umgebung über die Gründe, warum er den Befehl zur Enthauptung gegeben hatte. Am Ende der Rechtfertigung wußte er selbst nicht mehr, ob er richtig gehandelt hatte oder nicht. Der Mann fehlte ihm, der einst in den Nächten der inneren Unruhe neben ihm auf den Teppichen saß und mit ihm zusammen die Weinkrüge leerte.

Nur diese eine Hinrichtung belastete sein Gewissen. Harun al Raschid hat in den dreiundzwanzig Jahren seiner Regierungszeit tausende von Männern töten lassen. Der Scharfrichter mußte sich immer in der Nähe des Kalifen aufhalten. Neben dem Thronsessel lag das Blutleder, auf das sich das Opfer niederzukauern hatte. Das Leder fing das Blut ab, das nach der Köpfung aus den Adern schoß. Die Urteile waren rasch gesprochen. Verteidigung und Rechtfertigung waren nicht vorgesehen. Nur selten gelang es klugen Männern, im letzten Moment noch Gnade zu erwirken. War jemand dem Blutleder durch Geschick entkommen, freuten sich die Hofbeamten, und sie sorgten dafür, daß sein Erlebnis in Baghdad weitererzählt wurde.

Der Arzt des Harun al Raschid wußte sich mehrmals mit Tricks den Scharfrichter vom Hals zu halten. Sein Beruf war schwierig, da er in Krankheitsfällen mit den Frauen des Harems in Verbindung kam. Die Frauen zu sehen oder gar zu berühren, war nur den Eunuchen erlaubt. Der Arzt hatte immer mit der Eifersucht des Kalifen zu rechnen.

Dem Kalifen fiel eines Tages auf, daß eine seiner liebsten Bettsklavinnen über Schmerzen in der Schulter klagte. Sie konnte den Arm nicht mehr bewegen. Der Arzt ließ sich erklären, unter welchen Umständen der Schmerz zum erstenmal aufgetreten war. Er fand heraus, daß sich die Sklavin gereckt haben mußte; dabei — so meinte er — habe sich ein Muskel verkrampft. Dem Kalifen sagte der Arzt, er wisse das Heilmittel, doch die Anwendung sei heikel; er könne die Prozedur nicht empfehlen. Da Harun al Raschid im eigenen

Interesse das Mädchen von den Schmerzen befreit sehen wollte, befahl er dem Arzt, das Heilmittel zu nennen. So erfuhr er schließlich, daß nur diese Methode zum gewünschten Erfolg führe: Das Mädchen habe sich ganz nackt mit hoch erhobenen Armen und mit gespreizten Beinen in einen Raum zu stellen. Dann sei ein völlig fremder Mann zu ihr zu führen, der ihr den Schoß mit einem bestimmten Öl einreiben müsse. Der Kalif gab dem Arzt die Order, einen solchen Mann zu finden. Harun al Raschid war entschlossen, den Mann nach der Heilung seiner Lieblingssklavin sofort köpfen zu lassen. Ein Fremder, der den weiblichen Körper, der Eigentum des Kalifen war, nackt gesehen und berührt hatte, mußte sterben. Auch der Arzt, der diese Methode empfohlen hatte, sollte nicht länger leben dürfen.

An diese Konsequenz dachte der Arzt auch. Er sorgte jedoch vor.

Die Prozedur lief ab, wie sie der Arzt angeordnet hatte. Das Mädchen stellte sich nackt allein in einen Raum des Harems; es hob die Arme steil hoch und spreizte die Beine. Die Sklavin erschrak, als ein junger Mann den Raum betrat. Doch sie blieb zunächst unbeweglich stehen. Sie blickte ängstlich auf seine Finger, die er in ein Ölglas tauchte. Der Mann griff dann mit einer raschen Bewegung nach dem Schoß des Mädchens, der — wie üblich bei den Haremsfrauen jener Zeit — glatt rasiert war. In diesem Augenblick zuckte die Sklavin zusammen. Sie riß beide Arme nach unten um ihren Schoß zu bedecken und zu schützen. Für einen Augenblick stach sie ein intensiver Schmerz in der Schulter, der jedoch rasch nachließ. Sie spürte, daß sie von ihrem Leiden befreit war. Die Verkrampfung hatte sich gelöst. Obgleich der Kalif sehr zufrieden über den Heilerfolg war, wollte er doch seinen Entschluß wahr machen.

Harun winkte bereits dem Scharfrichter, er möge das Blutleder ausrollen. Der letzte Augenblick im Leben des Arztes und des ungenannten Fremden schien gekommen. Aber der Arzt ging, sicher seiner Sache, auf den fremden Mann zu

und zog ihm den Bart ab, der nur angeklebt war. Die Person ließ ihren Umhang fallen und zeigte, daß sie eine Frau aus dem Harem des Kalifen war. Der Arzt sagte: »Oh Beherrscher der Gläubigen. Niemals hätte ich vor einem Mann entblößt, was dir Lust bereitet. Die List aber mußte sein, sonst hätte dein Eigentum nicht den Arm so bewegt, daß die Muskeln wieder locker werden.«
Für diesmal blieb der Scharfrichter des Kalifen unbeschäftigt. Behende konnte die Stimmung umspringen. Der Arzt, eben noch vom Tod bedroht, wurde mit Gold belohnt. Dscha'far, der Barmakide, war schon lange tot, doch seine Worte blieben lebendig im Palast am Tigris. Hatte wieder Unruhe das Herz des Kalifen überfallen, dann erinnerte er sich selbst an die Ratschläge des toten Freundes. Dscha'far zitierte früher oft seine Lebensregel, und gemeinsam waren sie ihr meist gefolgt: »Fünf Tätigkeiten vertreiben Sorgen und Bedrückung des Gemüts. Diese Tätigkeiten sind: In Spiegel schauen, mit einem Freund ins Badehaus gehen, dem Gesang lauschen, einen Krug Wein leeren, in eine Frau eindringen.«
Die Tätigkeit des Essens hatte Dscha'far, der Weltgewandte, ausgelassen. Doch gerade dieses Vergnügen war dem Kalifen wichtig. Seine Tafel war üppig bestellt an jedem Tag. Sieben Sorten von verschiedenartig gefärbtem Reis standen vor ihm; die Färbung wurde durch Gewürze erreicht. Wachteln, Hühner, Küken mit Pistazienfüllung, Fasanen und Pfauenfleisch garniert mit Essiggemüse bildeten den nächsten Gang. An dritter Stelle folgte Kümmelragout, mit Zukker zubereitet und mit Rosenwasser übergossen. Dann wurden Fische serviert und zum Abschluß Waffeln und andere raffinierte Eierspeisen. Zum letzten Gang reichten die Eunuchen Aprikosen aus Chorasan. Schwere und scharf gewürzte Braten vermied Harun al Raschid. Bei aller Freude am Essen fürchtete er doch, daß ein übervoller Magen die Unruhe des Herzens in der Nacht noch steigern könnte.
Zu den Mahlzeiten saß der Kalif zwischen den Frauen des Harems, die ihm jeweils besonders gut gefielen. Nicht nur

körperliche Vorzüge schätzte er an seinen Sklavinnen — sie mußten auch witzig und zu Wortspielen veranlagt sein. In der Erinnerung seiner Hofchronisten blieb haften, daß er sich einmal zwischen zwei Sklavinnen nicht entscheiden konnte. Er fragte die Mädchen: »Bei welcher von euch beiden soll ich Lust verspüren heute Nacht?« Da jede mit diesem Vorzug ausgezeichnet sein wollte, begann ein kurzes Wortgefecht. Die eine sagte: »Nach dem Koran gehört diese Nacht mir, denn es steht aufgezeichnet: Wer zuerst kommt, der kommt zuerst.« Doch auch die zweite Sklavin hatte einen Koranspruch bereit: »Das letzte paßt besser zu dir als das erste.« Nach diesem Disput mit Worten des Propheten habe sich, so wird erzählt, Harun al Raschid in jener Nacht für beide Frauen entschieden.

Die eine der Sklavin stammte aus Medina, die andere aus Kufa im Irak, so wird erzählt. Als der Kalif mit den zwei Frauen auf den weichen Teppichen lag, griff die Sklavin aus Mekka nach seinem Glied, und es richtete sich auf. Da stieß das Mädchen aus Kufa die Sklavin aus Mekka weg und wollte ebenfalls nach dem Glied greifen, doch die aus Mekka sprach: »Der Gesandte Allahs — Er segne ihn und gebe ihm Heil — hat gesagt: ›Wer totes Land lebendig macht, dem gehört es‹.« Doch auch die Frau aus Kufa wußte einen Spruch des Propheten Mohammed: »Das Wild gehört dem, der es fängt, nicht dem, der es aufschreckt.«

Harun al Raschid liebte raffinierte Formen der Lust, wobei er fast immer der passive Partner war, der sich Händen und Mund der Sklavin auslieferte. Die fülligen Leiber der Frauen jener Zeit gefielen auch ihm. Die »hochbusigen« Mädchen zog der Kalif allen anderen vor. Sie mußten die Brustwarzen dunkel färben. Ihre Augenlider schminkten sie mit Bleiglanz. Hände, Bauch und der glatte Schoß wurden rötlich getönt. Als Tönungsmittel verwendeten die Mädchen die Blüten der Lawsonia-Staude, die einen ziegelroten Farbstoff enthalten von starker Intensität; diese Blüten wurden in Kalkmilch zerstoßen bis eine Creme entstand.

Zahlreich waren die geschliffenen Glaskolben, die Gefäße aus Alabaster und Onyx, gefüllt mit Duftessenzen, die jede der Sklavinnen besaß. Ambra, die Absonderung aus dem Darm kranker Pottwale, ist der Grundstoff vielfarbiger öliger Flüssigkeiten, die sehr stark duften. Weniger häufig wurde Moschus, das Sekret des Bisam, für die Zubereitung von Duftölen verwendet. Zwar war der Duft sehr beliebt, doch mußten die Moschusstücke aus Tibet oder Indochina eingeführt werden. Für einhundert Gramm wurde zur Zeit des Kalifen Harun al Raschid Beträge bis zu 5000 Mark bezahlt. Preiswertere Duftessenzen waren Safranwasser, Veilchenöl aus Kufa, Weidenöl aus Gur in Persien, Lilienöl aus den indischen Grenzprovinzen. Palmblätterwasser wurde am Tigris selbst hergestellt. Aus Ägypten bezogen die Haremsdamen Zitronenöl, das als Haarpflegemittel beliebt war.

Die Frauen des Harems trugen Namen wie Alawija, Asija, Aziza, Buthaina, Chaizuran, Dalila, Fatima, Firuza, Ghazala, Halima, Jasmin, Laila, Maimuna, Nadschija, Nu'm, Raihana, Rescha, Sadana, Tan'um, Umaima, Utrudscha, Zarifa, Zumurud.

Vollkommen war die Sklavin erst, wenn sie über musikalische Fähigkeiten verfügte. Klänge und Melodien gehörten zur erotischen Stimmung des Harems. Eine geschickte Sklavin verstand es, ihren Herrn durch ihr Lautenspiel zu lenken. Ikhwan as Safa beschreibt die Variation des Ausdrucks, die damals von den Spielerinnen verlangt wurde: »Der Körper des Menschen kennt vielerlei Launen. Zu jeder Laune, zu jeder inneren Neigung gehört ein bestimmter Rhythmus und eine Melodie. Allah allein kann wissen, wieviele Launen und wieviele Arten von Melodie und Rhythmus existieren. Die Lautenspielerin spürt den Geheimnissen der Trauer und der Freude nach. Sie kleidet die Gefühle in ein Gewand mit vielen, sich ständig verändernden Falten.«

Die Musik der arabischen Paläste war in den Jahren der Eroberung entstanden. Die persischen Stämme und die Menschen von den Küsten des Kaspischen Meers hatten wichtige

Elemente dazu beigetragen. Von Sängerin zu Sängerin wurden melodische Formeln weitergegeben und von Instrumentalistin zu Instrumentalistin. Die Mädchen aus den fernen Regionen brachten im Harem anderen Frauen ihre musikalischen Kenntnisse bei. Ein Notensystem, die schriftliche Fixierung von Tonhöhen existierte nicht. Vorsichtige Versuche führten zu einfachen Strukturen der Mehrstimmigkeit, sie beschränkten sich auf parallele Melodieführung in der Quinte und der Quarte. Die Melodien bewegten sich durchweg in einem Rahmen von jeweils fünf Tönen.

Die Musik war die unterhaltsamste Beschäftigung im Harem. Andere Zerstreuung bot sich kaum. Für die Frauen konnte das abgeschlossene Leben hinter holzvergitterten Fenstern die Hölle sein. Abends belauerten sie sich gegenseitig, eifersüchtig auf diejenige, die den Kalifen bei sich aufnehmen durfte. Mit allen Mitteln versuchte jede dem Kalifen ihre Vorzüge einzuprägen. Ihre persönliche Nuance sollte ihm in der Erinnerung haften bleiben, daß ihn die Lust packte, wiederzukommen.

Hatte die Frau das Glück gehabt, daß der Kalif sie normal geliebt hatte, dann wartete sie auf Anzeichen der Schwangerschaft. Die Freude über die Gewißheit, ein Kind zu bekommen, wich rasch der Sorge, ob es ein Junge oder nur ein Mädchen werde. Über Mädchen freute sich der Vater nicht. Söhne waren sein ganzer Stolz.

Der Kalif nahm selten wahr, daß Kummer den Harem beherrschte. Kummer aus Heimweh, aus Sehnsucht nach den Eltern, aus Sorge, dem Kalifen nicht zu gefallen. Dazu kam häufig der Kummer über Krankheiten, die der Haut ihren Glanz nahmen, die schließlich den Körper zerstörten. Wer ernsthaft krank war, fand kein Mitleid. Der kranken Frau blieb ihr Zimmer und die Pflege durch den Eunuchen — mehr nicht. Der Kalif behielt sein Interesse nur, wenn sich die Krankheit auf Lappalien, wie eben auf Schmerzen in der Schulter beschränkte. Neue Frauen konnten leicht beschafft werden. Sie kosteten nur Geld.

Wenn der Umgang mit seinen Frauen den Kalifen nicht von der Schlaflosigkeit heilen konnte, dann ließ er, in den Jahren nach der Hinrichtung des Barmakiden Dscha'far einen Dichter rufen. Sein Hofpoet hieß Abu Nuwas. Er stammte aus einer Familie, deren ursprüngliche Sprache das Persische war. Trotzdem gelang es ihm, ein Meister der arabischen Formulierungskunst zu werden. Abu Nuwas folgte der Neigung seines Auftraggebers, zur Nachtzeit den Geistern des Weins die Führung der Sinne anzuvertrauen. Vergessen war die Anweisung des Propheten, den Wein den Juden und Christen zu überlassen. Abu Nuwas wurde zum Propagandisten des Weins. Er dichtete die Glorifizierung des roten Saftes und berauscht hörten ihm Harum al Raschid und die im Koran und in der Literatur beschlagenen Sklavinnen zu:

»Sie liegt bei mir, wenn hell der Wein im Becher leuchtet
und wenn die Nachtigall im dichten Baume singt.
Wie lange willst du warten auf den nächsten Schluck?
Erwache! Denn ein Trunk ist alles, was das Leben bringt.
Ergreif das Weinglas aus der Hand des Freundes.
Er blickt auf dich mit schwer verhaltener Lust.
Der sanfte Wind umspielt des Weines Becher.
Laß zwischen uns ihn kreisen, immerfort.
Die Nacht verbring ich plaudernd hier
und blicke auf den Mond,
der hell sich spiegelt in des Tigris Fluten.
Am Morgen senkt sich dann der Mond.
Als streckt er auf das Wasser hin ein goldnes Schwert.«

Die Trinklieder des Abu Nuwas sind durchaus als Herausforderung an die islamische Tradition gedacht. Der Poet und mit ihm der Auftraggeber Harun al Raschid wollten bewußt diejenigen reizen, die dem Verbot des Alkohols noch immer folgten. Der moderne Mensch in Baghdad sollte nicht mehr mit schlechtem Gewissen belastet sein, wenn er Wein trank. Die Befriedigung der Sinne war bisher auf die Erotik, auf die körperliche Liebe beschränkt. Der Alkoholgenuß brachte eine zusätzliche Raffinesse in das sinnliche Erlebnis. Abu

Nuwas traf mit Worten genau die Empfindung, die von ihm, von Harun al Raschid, von den Frauen des Harems als Befreiung des Geistes erlebt wurde:

»Es ist mir klar bewußt, ganz deutlich spür' ich es,
wie sternenweit mein Körper
und mein Geist auseinandergleiten.«

Ein mildes Rauschgift verstärkte die sinnliche Wirkung des Weins. Der Kalif und der Dichter kauten Kat, eine Pflanze, die ein sanft betäubendes Öl enthält. Ein Vers des Abu Nuwas bezeugt den Genuß des Rauschgiftes:

„Trinke, auf Rosen gebettet, den klaren Wein.
Er läßt den Klugen jede Strafe Allahs vergessen.
Von gleicher Wirkung aber ist das Kat.

Abu Nuwas, der Hofdichter, besaß die Gewandtheit, für jede Situation den poetischen Ausdruck zu finden. Harun al Raschid stellte sein Können oft auf die Probe. Einmal konfrontierte der Kalif den Poeten mit der Aufgabe, diese zwei Verszeilen zu komplettieren zu einem in sich abgeschlossenen Gedicht:

»Von Ferne sah mein Auge, was mich sehnend macht.
In Lust entbrannt ich durch die Trennung.«

Vorausgegangen war ein Erlebnis des Kalifen am späten Nachmittag. Er war im Palastgarten am Tigris spazieren gegangen. Tief herunterhängendes Geäst bildete eine Laube über dem Wasser. Dort sah er von weitem seine Lieblingsfrau Zubaida bis halbwegs zwischen Knie und Schoß im Wasser stehen. Zubaida war gar nicht bekleidet. Sie goß sich aus einer Kanne Wasser über die Brüste. Dieser Anblick inspirierte den Kalifen zu eben diesen zwei Verszeilen, die er von Abu Nuwas zu einem Gedicht ergänzt haben wollte.
Abu Nuwas fand rasch heraus, in welcher Situation der Gedichtanfang entstanden war. Er fing an zu rezitieren:

»Von Ferne sah mein Auge, was mich sehnend macht.
In Lust entbrannt ich durch die Trennung«

Dann fügte er hinzu:

»Zu der Gazelle, die mich ganz bestrickt,

Die ich im Schatten sah des Lotusbaums.
Und Wasser floß auf ihren Schoß herab
Aus einer Kanne, wie aus einer Brunnennase.
Ich wollt', ich wäre bei ihr dort im Wasser
Für eine Stunde oder zwei.«

Abu Nuwas erfand elegante Verse auf die Faszination der Frau. Er selbst aber, so wird berichtet, war ein ausgesprochener Freund der Knabenliebe zum Ärger des Kalifen Harun al Raschid, der kein Verständnis für diese Neigung empfand. Die Erzähler berichten, daß Abu Nuwas an einem Abend, an dem der Kalif kein Interesse an seinen Versen zeigte, ein üppiges Essen zubereiten ließ mit Fleischpastete, Fischrogen, Tauben und Nudelspeise mit Bienenhonig. Dieses Essen war keineswegs für ihn allein bestimmt; er hatte drei junge Männer eingeladen. Sie waren so jung, daß ihnen noch kein Bart wuchs. An ihren biegsamen Gestalten entzündeten sich seine Hoffnungen. Sie aßen und leerten die Weinkrüge. Dann zogen sich die jungen Männer aus, damit Abu Nuwas entscheide, wer von ihnen den schönsten Körper besitze. Abu Nuwas wies auf den Mann, der in der Körpermitte am schmalsten war zwischen der breiten Brust und den breiten Hüften. Auf diesen Mann legte er sich, Bauch auf Rücken.

Mitten im Liebesspiel, so berichten die Erzähler weiter, trat der Kalif ins Haus des Dichters. Harun al Raschid war wieder einmal von Schlaflosigkeit geplagt. Er wollte Abu Nuwas abholen zu einer nächtlichen Wanderung durch Baghdad. Als der Kalif sah, daß Abu Nuwas Vergnügen hatte mit dem jungen Mann, verließ er zornig das Haus. Der Dichter aber erlebte eine der schönsten Nächte seines Lebens. Am späten Morgen wollte er den Kalifen fragen, ob seine Dienste gebraucht würden, doch Harun al Raschid ließ ihn gar nicht zu Wort kommen. Er gab den Eunuchen Anweisung, dem Dichter die Kleider auszuziehen. Sie mußten ihm den Packsattel eines Esels auf den Rücken binden, die Zügel zwischen die Zähne legen und den Schwanzriemen des Esels um sein Geschlechtsglied. Dann wurde Abu Nuwas in diesem Aufzug

durch die Räume der Sklavinnen geführt. Der Dichter schickte sich darein und schämte sich nicht. Er fand in jedem Raum witzige Worte und löste Lachen voll Sympathie aus. Am Ende des langen Ganges war der Packsattel voll beladen mit wertvollen Geschenken. Über das Verständnis der Sklavinnen für die Neigung des Dichters zu jungen Männern war der Kalif erstaunt.
Abu Nuwas sah seine wesentliche Aufgabe darin, Elogen auf den Kalifen zu dichten. Harun al Raschid reagierte allerdings empfindlich, wenn sein Lieblingsdichter schöne Worte für andere Herren der abbasidischen Elite fand. Auf Einladung des obersten Steuereinnehmers von Ägypten, Abu Nasr Al Chasib, ritt Abu Nuwas ins Nildelta. Er trug dem von Amts wegen wohlhabenden Mann ein Preislied vor, das mit der Phrase schloß: »Wenn mein Kamel mich zu Al Chasib getragen, soll es niemals durch einen anderen Ritt entweiht werden.« Der Kalif erfuhr von dieser verbalen Verbeugung des Dichters. Abu Nuwas kam zurück nach Baghdad und dichtete wieder zum Lob des Kalifen. Doch Harun al Raschid stellte ihn zur Rede. Auf die Frage, wie es geschehen könne, daß er den Steuereinnehmer am Nil und ihn, den Beherrscher aller Gläubigen mit ähnlichen Worten feiere, wußte Abu Nuwas rasch eine Antwort: »Wenn ich dich, oh Nachfolger des Propheten, lobe, so bleibt mein Lob noch weit hinter der Wirklichkeit zurück. Wenn mein Lob einem anderen zu gelten scheint, schwebst doch du stets weit über ihm.«
Die devote Haltung des Dichters spiegelt die Position des Herrschers: Er ist erhaben über jeden anderen Menschen. Diese Erhabenheit wird legalisiert von den Rechtslehrern der abbasidischen Zeit. Unter der Aufsicht des Kalifen Abu Dschafar Mansur hatte Ibn al Mukaffa für islamische Gesetzestexte die juristische Stellung des Kalifen definiert: »Der Beherrscher der Gläubigen — und nur er allein — lenkt das Leben der Menschen. Er vollzieht damit den Willen Allahs. Der Kalif gibt bindende Anordnungen in allen Fragen der

Staatsverwaltung. Er steht den Streitkräften vor. Der Kalif schafft Recht durch Entscheidungen in allen strittigen Fällen, in denen es bislang noch kein Urteil eines Kalifen gibt. Das Urteil des Herrschers muß sich nach der im Koran fixierten Rechtsauffassung richten oder nach anderen Äußerungen des Propheten, die überliefert sind.«

Ibn al Mukaffa hatte noch versucht, eine Kodifizierung der Rechtsentscheidungen der Kalifen aufzuzeichnen, um damit eine Gesetzessammlung zu schaffen. Der Gelehrte Jurist klagte darüber, daß in den diversen Regionen des riesigen Reiches unterschiedlich Recht gesprochen werde, insbesondere in Fragen des Zivilrechts. Einheitliche Urteile für gleiche Tatbestände und Vergehen wollte Ibn al Mukaffa schaffen. Ein plötzlicher Befehl des Kalifen Abu Dschafar Mansur zur Hinrichtung des Juristen setzte der Justizreform ein Ende.

Die Rechtssprüche des Kalifen Harun al Raschid waren Entscheidungen, die der augenblicklichen Laune des Herrschers oder seinen egoistischen Interessen entsprangen. Die meisten Urteile schufen Unrecht. Die Rechtsunsicherheit findet ihre präziseste Konsequenz im unrechtmäßigen Untergang des obersten Richters selbst: Am 23. März des Jahres 809 starb der Kalif, der den Beinamen al Raschid, der Gerechte, trug, am Gift, das ihm sein Arzt in den Wein gemischt hatte. Das langsam wirkende Gift ließ den Kalifen wochenlang leiden. Auftraggeber des Arztes war der eigene Sohn des Harun al Raschid, Mohammed al Emin. Er hatte Angst, der Vater würde, wenn er noch länger lebte, einen der Brüder mit dem Kalifat betrauen. Nach einem älteren Dekret aber war Mohammed al Emin zum Nachfolger bestimmt. Mit dem Mord wurde dieses Dekret gültig, ehe Harun al Raschid eine andere Entscheidung hatte treffen können.

Zur Zeit der langen Krankheit hielt sich der Kalif bei seinem Heer in Chorasan auf. Er spürte, daß sein Sohn gegen ihn konspirierte. Da kamen Boten ins Lager, die sich nicht bei ihm meldeten. Er ließ einen dieser geheimnisvollen Männer

verhaften und brutal foltern. Doch die Vertrauensperson Mohammed al Emins verriet seinen Herrn nicht. Die Macht des Kalifen ging schon vor seinem Tod zu Ende.
Doch das Unrecht pflanzte sich fort. Viereinhalb Jahre lang dauerte der Krieg der Söhne des Harun al Raschid untereinander. Mohammed al Emin war zwar Herrscher geworden, die zwei jüngeren Söhne des Harun al Raschid aber akzeptierten diesen Kalifen nicht. Im Osten des Reiches organisierten sie Widerstand gegen al Emin. Mit Hilfe persischer Truppen gelang es schließlich, den Kalifen in einem Stadtviertel von Baghdad einzuschließen. Am 26. September 813 ertrank der glücklose Mohammed al Emin im Tigris. Die Stadt Baghdad war verwüstet. Die Perser hatten als Eroberer gehaust. Die Straßen waren von Trümmern bedeckt, aus den Brunnen sprudelte kein Wasser mehr, in den Gärten häufte der Wind Wüstensand auf, die Tore der Stadt lagen, aus den Angeln gehoben, im Dreck. Die Menschen in den Ruinen sehnten sich zurück nach der Zeit, als Baghdad reich gewesen war. In der Erinnerung wurde das Vierteljahrhundert der Regierungszeit des Harun al Raschid zur Epoche des Glücks.

Mit einem Traum des Kalifen beginnt die Blüte der arabischen Wissenschaft

Der Zusammenbruch des höfischen Glanzes, des Prunks der Adelshäuser, des behäbigen Hausstands der Händler und Handwerker wirkte belebend auf die intellektuelle Entwicklung der Menschen in der Hauptstadt. Viel intensiver als je zuvor befaßten sich kluge Köpfe mit geistigen Dingen. Der Kalif gab seinen Untertanen ein Vorbild — er bemühte sich, wenigstens selbst zu lesen. Harun al Raschid hatte sich nie um Bücher gekümmert.

Abdallah al Ma'mun, der Sohn Haruns, der am Ende des langen Bruderkrieges als Herrscher in die Reste des Kalifenpalastes von Baghdad einziehen konnte, träumte an einem heißen Nachmittag. Ihm erschien ein Mann, der auf einem breiten Sessel saß. Keine furchterregende Erscheinung, sondern ein Gelehrter mit freundlichen Augen, breiter Stirn, haarlosem Kopf und zusammengewachsenen Augenbrauen. Der Kalif wunderte sich über die Traumerscheinung, die so gar nicht arabisch aussah. Abdallah al Ma'mun fragte: »Wer bist du, Fremdling?« Und erhielt die Antwort: »Ich bin Aristoteles.«

Vor dreizehnhundert Jahren hatte dieser griechische Philosoph gelebt, doch erst in der Zeit des Kalifen Ma'mun war seine Lehre von der Wesenserkenntnis durch Begriffe bei den Intellektuellen in Baghdad populär geworden. Al Ma'mun benützte die Begegnung im Traum mit dem Mann, über den die Ärzte, die Mathematiker und manche Theologen in der Hauptstadt sprachen, zu einer philosophischen Diskussion. Der Kalif wollte zunächst wissen: »Was ist gut?« und erhielt zur Antwort: »Gut ist, was deinem Verstand als gut erscheint.« Die zweite Frage des Kalifen hieß: »Was ist außerdem gut?« Aristoteles antwortete: »Gut ist auch, was nach dem Gesetz gut ist.« Nach der dritten Stufe des Guten fragte nun der Kalif. Aristoteles gab geduldig Auskunft: »Was das Volk für gut hält, das gehört zur dritten Stufe des Guten.« Der griechische Philosoph verabschiedete sich mit dem Rat, der Kalif möge immer am Glauben an die Einheit Gottes festhalten und nicht zurückfallen in die Anerkennung vielfältiger Eigenschaften Gottes, die immer nur die Vorstufe der Anbetung vieler Götter sei.

Aristoteles bekannte sich mit diesen Worten im Traum des Kalifen zu einer bestimmten Schule arabischer Koranspezialisten, die Allah als Inbegriff von Weisheit, Gerechtigkeit und Güte betrachtete. Allah besaß — nach dieser Lehre — alle Eigenschaften als Einheit, sie waren nicht einzeln herauszulösen. Die Eigenschaften Allahs konnten auch nicht von seiner Person getrennt werden. Abdallah al Ma'mun gehörte selbst zu den Anhängern dieser strengen Schule. So kam ihm die Bestätigung seiner Ansicht durch den griechischen Philosophen sehr gelegen.

Nachdem er lange über den Traum nachgedacht hatte, beauftragte Ma'mun zwei Ärzte mit philosophischen Kenntnissen, Bücher der griechischen Denker aufzukaufen. Übersetzungen wurden angefertigt. Ma'mun wollte studieren, was die Philosophen über die Welt und ihre Ordnung geschrieben hatten.

Die Ärzte reisten nach Zypern und Konstantinopel. Ihr Bucheinkauf legte den Grundstock für die staatliche Bibliothek in Damaskus, für das Bait al Hikma, das »Haus der Wissenschaft«. Al Ma'mun gab der Wissenschaft im arabischen Raum entscheidende Anstöße. Der Koran als Grundlage des Denkens wurde ergänzt durch die philosophischen Systeme der Griechen. Weltoffenheit und Logik wurden integriert in die geistigen Kategorien der arabischen Gelehrten. Die traditionalistischen Schulen verloren an Einfluß. Ma'mun konnte daran denken, die religiösen Auffassungen zu reformieren.

Die Zerstörung der traditionellen Denkstrukturen war verdienstvoll. Koran und Überlieferung gaben nicht mehr auf alle Fragen der Justiz, des Privatrechts, der Moral, der Theologie eine Antwort. Schon in der Frühzeit des Islam war der Widerstand gegen die Rechtsverordnungen der Kalifen gewachsen: Die Anhänger Alis wollten die Verbindlichkeit der Entscheidungen der Kalifen Abu Bakr, Omar und Othman nicht anerkennen. Die Schiat Ali war eigene Wege gegangen in der Kombination von Justiz und Theologie. Eine einheitliche Überzeugung in Religion und Moral hatte nie existiert.

In der Zeit des geistigen Aufbruchs nach dem Verlust des Reichtums beim Ausklang der Epoche Haruns wurden die Zweifel der frühen Jahre des Glaubens wieder spürbar. Doch traten sie jetzt in raffinierterer Form wieder zutage. Der Gottesbegriff wurde mit komplizierten Konstruktionen belastet, die nicht mehr im einfachen Glauben des Propheten Mohammed wurzelten.

Alte Glaubensgrundsätze wurden in Zweifel gezogen. Da profilierten sich Theologen, die nicht mehr daran glaubten, daß Allah den Ablauf der Welt im Voraus geordnet habe. Sie verzichteten auf das Prinzip der Prädestination und gaben dem Menschen selbst wieder weitgehend die Freiheit der Entscheidung über sein Tun und Lassen. Ausgangspunkt dieser Gelehrten war der neuartige Gedanke von der Einheit der Eigenschaften Allahs. Da Allah nicht vielerlei gesonderte Eigenschaften besaß, konnte auch sein Handeln nicht aus mehreren Faktoren bestehen. Präzise sagten Sie: »Gott kann nicht unser Leben vorausbestimmen und dann Wohlgefallen oder Entrüstung über unser Handeln zeigen, denn dieses Handeln war ja von ihm selbst festgelegt.« Dies war die Position der progressiven Theologen. Die Logik der Griechen hatte ihr Denken beeinflußt.

Der Sprung über die alten Grenzen des Denkens hatte Konsequenzen. Allah wurde bestätigt, daß er »ewig« sei — doch die Frage stellte sich, ob damit auch der Koran »ewig« sei.

Die fortschrittliche Theologie bestritt den Ewigkeitswert des Koran. Sie stellte den Grundsatz auf, der Koran sei — wie alles auf Erden — von Allah »geschaffen« worden, sei daher unter Allahs Geschöpfe zu rechnen und darum behaftet mit allen Unzulänglichkeiten der irdischen Geschöpfe.
Abdallah al Ma'mun, der philosophisch orientierte Kalif, setzte sich selbst an die Spitze der progressiven Kräfte. Ein Edikt, von ihm signiert, befahl den Gläubigen, die neue Ansicht über den Koran anzunehmen. Von den Koranspezialisten forderte er die schriftliche Verpflichtung, der Lehre von der Ewigkeit des Heiligen Buches abzuschwören. Wer sich nicht beugte, der mußte damit rechnen, eingekerkert und mißhandelt zu werden. Die Begegnung mit der Geisteswelt der Griechen hatte zur Auflösung der Glaubensgrundsätze, doch nicht zur Toleranz geführt. Andersdenkende wurden verfolgt.
Für Männer mit festen moralischen Grundsätzen begann eine schwere Zeit am Hof des Kalifen. Bei der Vermählung, die al Ma'mun mit einer seiner zahlreichen Frauen vollzog, wurde den Gästen Wein in goldenen Gefäßen aufgetischt. Eine ganze Reihe der Männer von Rang weigerte sich zunächst, auch nur einen Schluck von diesem alkoholischen Getränk zu nehmen. Zwar wußte jeder in Baghdad, daß schon der vielgepriesene Harun al Raschid Wein getrunken hatte, auch in kleinem Kreis; nie aber war Wein am Kalifenhof in aller Öffentlichkeit angeboten worden. Abdallah Ma'mun zwang die Gäste, die goldenen Becher zu leeren.
Die Traditionalisten wehrten sich insgeheim. Der Richter von Damaskus, al Chalandji, schrieb ein Gedicht voll Resignation:

> »Ich könnte kein Moslem mehr sein, wenn das wahr wäre, was über mich erzählt wird.
> Schlimmes wird über mich gesagt, allein weil ich mich zum Hofe des Kalifen rechne.«

Chalandji verlor sein Amt als Richter. Ein Poet aber mußte sterben, weil er durch die Verherrlichung eines pensionierten

Generals, der im Ruhestand der Tradition verhaftet blieb, die Gefühle des Kalifen verletzt hatte. Der Name des Pensionärs war Abu Dulaf. Er weigerte sich, dem Kalifen Abdallah al Ma'mun zu huldigen, mit der Begründung, er wolle in seinem Alter nicht mehr in religiösen Fragen Partei ergreifen. Über diesen Mann hatte der Poet geschrieben: »Abu Dulaf ist für uns die Welt. Er ist unser Vorbild, ob er gegen den Feind ins Feld zieht oder ob er zurückgezogen in seinem Haus wohnt. Wenn sich Abu Dulaf von uns wendet, so flieht mit ihm die ganze Welt von uns. Alle Söhne Arabiens müssen von ihm ihre edlen Eigenschaften entlehnen. Du, Abu Dulaf, stehst über den Ereignissen, die der Tag uns bringt. Nie hast du einen Blick auf einen Sterblichen gerichtet, der ihm nicht dauerndes Glück oder den sicheren Tod gebracht hätte.« Diese maßlos übersteigerte Eloge auf einen eitlen General der alten Schule ärgerte den Kalifen so, daß er dem Autor die Zunge ausreißen ließ. An der Wunde im Mund verblutete der Poet.

Der oberste Richter in Baghdad, Jahja Ibn Aktam, hatte den Poeten, der sich aus Angst versteckt hielt, als er vom Zorn des Kalifen gehört hatte, mit seinen Knechten gesucht und schließlich gefunden. Dieser Richter war — im Gegensatz zu seinem Kollegen al Chalandji in Damaskus — dem Kalifen jederzeit behilflich. Dafür durfte er sich unter den Sklaven des Kalifen die Knaben aussuchen, die er zur Befriedigung seiner besonderen Neigung brauchte. Eine Geschichte, die sich damals die Händler auf dem Markt von Baghdad erzählten, zeigt, daß der Kalif nichts gegen die Knabenliebe seines Richters einzuwenden hatte: Der Kalif und der Richter hatten erfahren, daß sich ein falscher Prophet in der Stadt aufhielt. Sie gingen beide zu ihm und fragten ihn, ob ein Engel ihm die Offenbarungen zutrage. Der falsche Prophet nannte ihnen als Quelle der Wahrheit den Erzengel Gabriel. Der Kalif wollte wissen, wann der Erzengel ihm zuletzt erschienen sei und was er gesagt habe. Die Antwort des Mannes kam flink: »Der Erzengel war vor wenigen Augenblicken bei mir. Er hat mir dieses offenbar gemacht: Zwei Männer werden dich besuchen, von denen einer der größte Liebhaber männlicher Hinterteile im ganzen islamischen Reich ist.« Der Kalif, so erzählten sich die Männer damals, sei lachend aufgestanden und habe gesagt: »Ich muß wohl bekennen, daß du ein Prophet Allahs bist! Der Erzengel Gabriel hat dich wohl informiert.«

Der Herrscher, der maßlos strafte, der die traditionelle Moral verachtete, der die starren Denkstrukturen des Islams zerbrach, war ein gelehrter Mann. Er kannte den ganzen Koran auswendig. Er galt als Fachmann für die überkommenen Rechtsvorschriften und für alle Konsequenzen, die sich aus ihrer Anwendung ergaben. Als eine Frau zu ihm kam mit der Klage, daß ihr verstorbener Bruder zwar sechshundert Dinare hinterlassen habe, ihr aber nur ein Dinar als Erbe ausbezahlt worden sei, da wußte der Kalif sofort, wie das Erbe verteilt worden war: »Dein Bruder hat bestimmt vier Töchter gezeugt, jeder gehören einhundert Dinare, das macht zusammen vierhundert. Da war ganz sicher noch eine Mutter, sie bekam ebenfalls hundert Dinare. Dein Bruder war mit einer Frau verheiratet, sie hat Anspruch auf fünfundsiebzig Dinare. Dann müssen noch zwölf Brüder vorhanden sein, davon bekommt jeder zwei Dinare. Der einzigen Schwester, das bist du, gehört der eine Dinar, der dann noch übrigbleibt. Du bist völlig gerecht behandelt worden.« Der Kalif Abdallah al Ma'mun, das beweist diese Geschichte, war auch ein guter Mathematiker.

Der gelehrte Despot blieb seiner Begeisterung für die Wissenschaften auch nach der Lektüre der griechischen Philosophen treu. Er gab den Auftrag, die Schriften Euklids über Geometrie ins Arabische zu übertragen. Der Naturwissenschaftler Galen, der Mathematiker Ptolemäus und der Schriftsteller Plutarch faszinierten ihn. Hippokrates weckte sein Interesse für die Medizin. Aus der Beschäftigung mit den Werken des zwölfhundert Jahre zuvor verstorbenen griechischen Arztes erwuchs eine eigenständige arabische

Heilkunst mit den Bereichen Anatomie, Chirurgie, Pathologie und Pharmazeutik.

Die praktischen Aspekte der Wissenschaft imponierten besonders den Menschen der Mittelschicht in den Städten. Wenn sie krank waren, wollten sie geheilt werden. Die Ärzte, die sich in den Gewölben der Ladenstraßen etablierten, versprachen Heilung — die Kranken vertrauten ihnen. Mit der Ausbreitung der Wissenschaft blieb die Kunst der Medizin nicht mehr ausschließlich den Bevorzugten am Hof des Kalifen vorbehalten. Wer Geld besaß, konnte sich einen Arzt leisten. Das Selbstbewußtsein der Besitzenden stieg. Sie verlangten nach mehr Eigenständigkeit. Die Ausbreitung des Wissens und die Auflösung der strengen Glaubensvorschriften veränderten das Bewußtsein der Menschen in Baghdad, in Damaskus, in Medina, in den Städten der persischen Provinz. Die Gelehrten, die Kaufleute, die klügeren Handwerker wollten sich ihre Freiheiten nicht mehr nehmen lassen. Die Kalifen aber gaben ihre Führungsrolle in der intellektuellen Entwicklung rasch wieder auf. Abdallah al Ma'mun, der Denker im Kalifenpalast, blieb eine Ausnahme. Seine Nachfolger betraten die Bibliothekssäle selten.

Der Kalif Al Mutasim räumt Baghdad freiwillig

Abdallah al Ma'mun starb eines natürlichen Todes. Vom Führer einer Karawane erbat er sich auf der Reise eine Handvoll Datteln. Diese Früchte aß der Kalif und trank Wasser dazu. Bald darauf schüttelte ihn hohes Fieber, dann wurde er bewußtlos. Am Abend des 7. August 833 war das arabische Reich wieder einmal ohne Führung.

Das Heer meuterte gegen den Nachfolger, den Ma'mun noch eingesetzt hatte. Auch die Offiziere hatten ein hohes Maß an Eigenverantwortung durchgesetzt. Sie wollten an den politischen Entscheidungen beteiligt werden. Das Offizierskorps kam erst zur Besinnung, als der Kandidat der Generäle für das Kalifenamt zu ihrer Überraschung gar kein Bedürfnis empfand, Herrscher des Reichs zu werden. So konnte doch noch Al Mutasim, wie vom Vorgänger geplant, den prächtigen Sitz im Thronsaal einnehmen und sich den schweren Seidenmantel des Herrschers um die Schultern legen.

Die Soldaten aber blieben unruhig. Sie hatten einen Hauch der politischen Macht mitbekommen. Nicht nur die Feldherren und die Generäle zeigten plötzlich Stolz, sondern auch die mittleren Chargen der militärischen Hierarchie. Sie fühlten sich nicht mehr dem Kalifen unterworfen. Dazu hatten sie auch keine Veranlassung. Der Kalif war Araber — sie längst nicht mehr.

Das arabische Heer hatte sich verändert in den letzten Jahrzehnten. Die Bewaffneten stammten nicht mehr aus den Beduinenfamilien. Die Abbasidenherrscher wollten sich unabhängig machen von ihren arabischen Kommandeuren und Soldaten. Sie fürchteten, die Männer aus den traditionellen Großfamilien könnten selbst Ansprüche auf das Kalifenamt

erheben. Sicherheit versprachen sich die Monarchen vom Engagement fremder Offiziere und Mannschaften. Sie holten Ägypter ins Land, Nubier, Männer aus dem Maghreb, aus Samarkand und aus den anderen Ostprovinzen. Vor allem aber rekrutierten sie Militärsklaven aus den Turkvölkern zwischen Kaspischem Meer, Aralsee und der Hungersteppe.
Die Gebiete um den Fluß Oxus, der heute den Namen Amudarja trägt, waren seit dem 6. Jahrhundert besiedelt von Stämmen türkischer Herkunft. Die Männer dieser Stämme galten als außerordentlich einsatzbereit in militärischen Auseinandersetzungen. Gegen Geld gaben die Chefs der Stämme ihre Kämpfer in beliebiger Zahl jedem Interessenten. Die Kalifen kauften sich zunächst Männer aus den Turkvölkern für ihre Leibwache. Wenig später bestanden alle Eliteeinheiten aus Turksoldaten. Schließlich dienten nur noch wenige Männer arabischer Herkunft in der Abbasidenarmee.

Die Fremden waren Söldner mit exzellenter Bezahlung. Von ihnen wurde erwartet, daß sie ihre Pflicht erfüllten — mehr nicht. Doch die Offiziere begriffen bald, daß sie eine politische Macht besaßen, die einzigartig war: Der Kalif war ihnen, den Befehlshabern der Armee, ausgeliefert. Neben dem Söldnerheer existierte keine andere Truppe. Der Kalif besaß nicht mehr die Möglichkeit, die Gastsoldaten zu zügeln.

Er wollte sie auch gar nicht bremsen. Aus persönlicher, erotischer Zuneigung zu einer ganzen Reihe von Offizieren zog al Mutasim ihnen keine Grenzen. Die Offiziere wiederum nützten die körperlichen Beziehungen aus. Die Homoerotik des Kalifen gab seinen Willen in ihre Hand. Sie lenkten den Herrscher im Bett.

Al Mutasim hatte den Männern wegen ihres attraktiven Aussehens hohe Ämter anvertraut — Geld und Macht waren ihre Belohnung. Sie holten ihre Verwandten nach. Schließlich lebten nahezu zehntausend Militärs als Gastarbeiter in der Hauptstadt Baghdad. Ihre Quartiere lagen über die

ganze Stadt verstreut. Die fremde Armee spielte sich bald als Herr in Baghdad auf.
Die Stadt am Tigris wurde wieder zu einem Ort, in dem Angst und Schrecken regieren. Nachts wagte sich niemand aus der ursprünglichen Bevölkerung mehr auf die Straße. Doch die Soldaten brachen in die Häuser ein. Sie raubten und mordeten — sie zündeten Gebäude an. Am Tage galoppierten sie auf ihren wilden Pferden zwischen den Häusern durch die engen Marktgassen, über die freien Plätze. Sie ritten Frauen und Kinder nieder. Wer sich beklagte, wurde verprügelt oder erstochen. Kein Richter erhob Klage gegen die rücksichtslosen Reiter, gegen die Räuber und Mörder; da gab es keine polizeiähnliche Einheit, die hätte versuchen können, eine Ordnung wiederherzustellen. Die Händler, die Hausbesitzer, die Hofbeamten, die Handwerker — sie alle klagten und jammerten, doch niemand war in der Lage, ihnen zu helfen. Der Schrecken in Baghdad steigerte sich, als die Menschen aus den Elendsquartieren Unterkunft fanden in den Ställen und Schuppen um die Militärkasernen. Soldaten und Arme bildeten ein revolutionäres Potential, das dem Kalifen gefährlich werden konnte. Langsam wurde ihm seine Lage bewußt.
Am Tag des hohen Fests al Fitr kehrte al Mutasim von der Moschee in seinen Palast zurück. Gruppen bedrückter Bewohner sahen hier eine Möglichkeit, ihm ihre Meinung zu sagen. Einer machte sich zum Wortführer: er schrie dem Kalifen über die Köpfe der Wachmannschaft hin zu: »Allah strafe dich für die Nachbarschaft, die du uns gebracht hast. Du hast diese Wilden geholt und sie hier mitten unter uns angesiedelt. Die Fremden machen unsere Kinder zu Waisen und unsere Frauen zu Witwen!« Beim nächsten Fest, al Abha, gab ihm ein Mann in der Moschee mit lauter Stimme den Rat: »Verlasse unsere Stadt, oder wir werden dich mit einer Waffe bekämpfen, gegen die du keine Macht hast.« Al Mutasim ließ diesen Mann zu sich bringen. Er fragte den Schreier: »Wodurch willst du mich bekämpfen? Gegen

welche Waffe habe ich keine Macht?« Die Antwort des Mannes bestürzte den Herrscher: »Mit unserem Gebet werden wir dir schaden. Bei Nacht, wenn die Augen ruhen!«
An der Empörung gegen den Kalifen waren nicht nur die Turksoldaten schuld. Als wesentlicher Faktor, der die Flammen der Emotion nicht auslöschen ließ, muß für diese Zeit noch immer die übereilte Religionsreform des Vorgängers Abdallah al Ma'mun gesehen werden. Die wichtige Bevölkerungsschicht der Kaufleute, der Grundbesitzer und Handwerker wollte von den Neuerungen nichts wissen, die dem Koran seine Bedeutung als unwandelbare Offenbarung Allahs raubten. Der Glaube in der traditionellen Form war ihnen recht — sie sahen den Sinn der Veränderungen nicht ein.
In Baghdad wohnte Ahmed Ibn Hanbal, ein Korangelehrter, der sich immer geweigert hatte, die Reform anzuerkennen. Bei ihm sammelten sich die Unzufriedenen, die am alten Glauben festhielten. Im September 835, zwei Jahre nach der Übernahme des Kalifenamts, läßt Al Mutasim den Ahmed Ibn Hanbal verhaften. Die Turkgarde soll den Gelehrten solange auspeitschen, bis er bereit ist, sich zur Glaubensreform zu bekennen. Die gläubige Bevölkerung wehrt sich. Ahmed Ibn Farag, ein Verwaltungsmann aus Baghdad, erinnert sich: »Ich besaß damals in der Regierung ein Amt. Wir hatten gerade eine Beratung, da gab es plötzlich vor dem Haus Unruhe. Leute schlossen ihre Läden und traten vor die Häuser. Sie trugen Stöcke. Ich ging auf die Straße und fragte die Nächsten: ›Was ist los? Warum macht ihr einen Aufstand?‹ Ich bekam zur Antwort: ›Man hat Ahmed Ibn Hanbal abgeholt‹.«
Die Unruhe griff von den Bürgern auf die Armen in den Elendsquartieren über. Hysterisch schreiende Weiber zogen durch die Straßen. Sie kreischten den Namen des Korangelehrten; die meisten Frauen hatten den Namen an diesem Tag zum erstenmal gehört. Die Erregung in Baghdad wuchs. Die Stadt kam auch bei Nacht nicht zur Ruhe. Die Reichen

und die Armen wurden diesmal von denselben Gefühlen getrieben. Sie verlangten Freiheit für Ahmed Ibn Hanbal. Die Allianz war unnatürlich. Aber für die Bewohner der Slums waren die Dämme gebrochen, die bisher noch ihre Aggressionen kanalisiert hatten. Jetzt sahen sie einen Gegner vor sich: den Kalifen.

Die Turktruppen zeigten Disziplin. Sie verriegelten die Tore und besetzten die Bastionen. Ahmed Ibn Farag sah vom Kalifenpalast aus die Ereignisse: »Als die Masse von der Auspeitschung des Ahmed Ibn Hanbal erfuhr, schlugen die Menschen mit Fäusten und Stöcken gegen die Tore. Ich sagte zu al Mutasim: ›Oh Beherrscher der Gläubigen, das Volk hat sich verschworen, um dich zu töten. Ich gehöre zu denen, die gute Ratschläge geben. Laß Ahmed Ibn Hanbal frei‹.«

Al Mutasim folgte dem Rat. Ahmed Ibn Hanbal verließ den Palast, und zog, von tausenden der Bewohner Baghdads begleitet, zu seiner Wohnung. Ishaq Ibn Ibrahim, ebenfalls ein Beamter des Kalifen, berichtet: »Ich sah keinen Tag, der erschreckender war als dieser Tag. Hätte der Kalif dem Ibn Hanbal das weitere Auspeitschen nicht erspart, er hätte seinen Palast nur noch als Toter verlassen.«

Die Ereignisse dieser Tage lösen den Entschluß des Kalifen aus, Baghdad zu verlassen. Nach seiner Meinung ist die Hauptstadt nicht mehr zu regieren. Voll Haß und bitterer Gefühle zieht er mit einigen hundert Mann der Garde den Tigris hinauf und sucht den geeignetsten Platz für eine neue Residenz. Zu seinem Stab gehören Ingenieure, die den Baugrund zu prüfen haben und das Trinkwasser. Sie haben genaue Richtlinien, wie der Platz für die neue Stadt beschaffen sein muß. Zwar gefällt dem Kalifen mancher Fleck am Flußufer, doch meist winken die Ingenieure ab; der Uferstreifen besteht fast durchweg aus Lehm und Kieselsteinen. Mehrstöckige Gebäude aus Ziegeln können darauf nicht errichtet werden. Nach einigen Wochen erst sind sich al Mutasim, die

Bodenspezialisten und die Architekten einig: Sie haben einen Platz gefunden für die künftige Hauptstadt Samarra.
Im Jahre 836 beginnen die Arbeiten. Der Bauplatz liegt ungefähr drei Tagreisen, nach damaliger Rechnung, von Baghdad entfernt — genug Distanz zwischen dem Kalifen und der unruhigen bisherigen Residenz. An diesem Ort glaubt der Herrscher nichts mehr hören zu müssen von den unheilvollen Gebeten seiner Untertanen, die dem Kalifen alles Übel wünschen.
Die Anlage der Stadt Samarra zieht sich am östlichen Tigrisufer hin über eine Strecke von dreiunddreißig Kilometern. Im Gegensatz zur Runden Stadt Baghdad entsteht eine langgezogene Siedlung. Durch Grünanlagen verbunden reihen sich Paläste, Moscheen, Rennbahnen für Pferde und Kamele, Badeanlagen, Kasernen für die Leibwachen. Als Baustoff werden Lehmziegel verwendet. Die Innenräume der Paläste sind mit Stuckarbeiten und Mosaiken verziert.
Die freie Ansiedlung von Bäckern, Schmieden, Webern, Gelehrten und Bordellwirten ist nicht vorgesehen. Der Zuzug war genehmigungspflichtig. Nur solche Personen erhielten die Erlaubnis, sich in Samarra niederzulassen, die im Kalifenhaushalt gebraucht wurden.
Das Übel aber ist von Anfang an präsent in der neuen Residenz: Auf die militärischen Gastarbeiter kann der Kalif al Mutasim nicht verzichten. Er legt zwar einen gehörigen Abstand zwischen die Kasernen und seinen Palast al Gausaq al Haqani, doch darf der Abstand auch nicht zu groß sein, wenn al Mutasim Schutz von seinen Soldaten erwartet im Fall der Gefahr.
Dem Befehlshaber der Turktruppen gibt der Kalif diese Anweisung: »Du beziehst Quartier am westlichen Ende der Bauten und deine Gefolgsleute mit dir. Du gestattest keinem fremden Kaufmann den Zutritt zu den Kasernen. Du verbietest deinen Truppen jeden Verkehr mit den Bewohnern naher oder ferner Dörfer und Städte. Weise die Offiziere an, die Mannschaft zusammenzuhalten.«

In den ersten Monaten leben viertausend Soldaten aus den Turkprovinzen in Samarra. Für jeden von ihnen, der eine Frau besitzen wollte, kaufte der Kalif eine Sklavin. Seine Aufkäufer besorgten hübsche Mädchen auf den Märkten der Ostprovinzen. Diese Frauen bezogen, wie die Soldaten, täglich Sold. Sie waren mit dem jeweiligen Mann zusammen eingetragen in die Soldlisten — dem Paar war die Trennung verboten. Der Kalif hatte die Absicht, in der zweiten Generation dann die Kinder der Sklavinnen miteinander zu verheiraten. Die Turksoldaten sollten künftig in absoluter Isolation in der Hauptstadt Samarra leben.

Die viertausend Mann reichen völlig aus als Schutztruppe des Kalifen. Doch immer mehr Einheiten drängen sich in die neue Garnison. Ehrgeizige Offiziere wollen nicht in Baghdad bleiben, weit entfernt vom Ort der politischen Entscheidungen. Auch ohne Order des Oberkommandierenden machen sie sich mit ihren Männern auf den Weg den Tigris hinauf nach Norden. Ein Jahr nach der Gründung von Samarra wohnen bereits zwanzigtausend Soldaten fremder Herkunft in den Kasernen um den Kalifenpalast. Bei dieser Zahl bricht der Plan zusammen, jedem Mann eine Frau zu kaufen. Wer eine Sklavin besitzt, gilt als privilegiert und wird beneidet von den anderen. Streit bricht aus um die Frauen, der häufig in Totschlag ausartet. Nach kurzer Zeit schon steckt der Zwist unausrottbar in der Stadt.

Dem Kalifen wird die Macht gestohlen

»Der Achter« wurde der Kalif al Mutasim nach seinem Tode genannt — er hinterließ acht Söhne und acht Töchter, hatte acht Jahre und acht Monate regiert: In seinem Staatsschatz befanden sich acht Millionen Dinar und acht Millionen Dirhem. Achtundvierzig Jahre alt war er geworden. Al Mutasim, der achte Kalif aus dem Hause Abbas, starb auf natürliche Weise. Dieses Glück war in Zukunft nur noch wenigen Kalifen vorbehalten.

Der neunte Kalif des Abbasidenclans — er hieß al Watik — war ein sehr gebildeter Herr, er wußte die Texte des Heiligen Buches auswendig, er kannte die Verse der arabischen Literatur. Interesse an Politik besaß dieser späte Nachfolger des Propheten nicht, doch er fing seine Herrschaft an in der Absicht, gerecht zu regieren. Allerdings wurde er sehr schnell das Opfer von Einflüsterungen. Seine Hofbeamten erzählten ihm, wie sein Großvater Harun al Raschid von seinen Wesiren, den Angehörigen der Familie Barmak hintergangen worden sei. Jahja, der Barmakide, habe dem Kalifen Harun Vorwürfe gemacht, daß eine Sklavin hunderttausend Dinar koste. Harun sei damals einsichtig gewesen und habe die Sklavin dem Händler zurückgegeben — die hunderttausend Dinar aber, bereits abgezweigt aus dem Staatsschatz, seien in die Tasche des Wesirs geflossen. Das Fazit sollte al Watik selbst ziehen. Es konnte nur heißen: Die mächtigen Wesire, gleich welchen Namens, haben in der Vergangenheit viel Geld in die eigene Kasse gewirtschaftet; sie sind auch in der Gegenwart geldgierig — es wird Zeit, daß ihnen der Kalif, der rechtmäßige Besitzer des Geldes, die riesigen Summen wieder abnimmt. Einige der wichtigsten Beamten wurden verhaftet, unter ihnen die Sekretäre der beiden Kommandeure der Turktruppen. Sie sollten zur Abgeltung vergangener Vergehen die Pauschalsumme von eineinhalb Millionen Dirhem bezahlen. Die zwei Sekretäre weigerten sich, irgendwelche finanziellen Verpflichtungen einzugehen. Sie wurden daraufhin so lange mißhandelt, bis ihre Familien, um das Leben der beiden zu retten, ihr gesamtes Vermögen an den Kalifen ablieferten.

Diese Enteignung erzeugte böses Blut in Samarra. Die Kommandeure der Turktruppen spürten, daß der Schlag eigentlich nicht die Sekretäre, sondern sie selbst treffen sollte. Der Kalif war nur zu feige, gegen die zwei stärksten Männer vorzugehen. Den Zorn der Kommandeure dämpfte diese Erkenntnis nicht. Wütend waren auch die ausgeplünderten Familienmitglieder der mißhandelten Sekretäre. Die unkluge Aktion brachte dem Kalifen nur Feinde. Die Chefs der fremden Truppen rächten sich schließlich durch maßlose Forderungen — sie verlangten höheren Sold und mehr Einfluß. Die Titel der Kommandeure wurden prächtiger. Der Chef der Leibgarde gab sich selbst die Dienstbezeichnung »Beherrscher aller Fürsten« und stellte sich damit über den Kalifen, ohne daß ein Einspruch erfolgte.

Al Watik, der gebildete Herr auf dem Kalifenthron — machtlos, aber trotzdem hofiert — fand Zuflucht beim Wein und bei den Frauen seines Harems. Die Erlebnisse eines Hofbeamten, der sich Mohammed Ibn al Harit nannte, leben fort in den Berichten der Erzähler: »An den Freitagen war ich immer dazu eingeteilt, den Kalifen zu unterhalten. Das war meine ganze Arbeit. Ich mußte mit dem Kalifen trinken, wenn er Lust dazu hatte. An einem Freitag wurde ich ausnahmsweise nicht zu ihm in die sonst üblichen Räume geführt, sondern die Diener brachten mich tiefer in den Palast, über Gärten und Höfe in einen Raum, an dessen Fenster dünne Seidenstoffe wehten; der Boden war mit farbigen Teppichen ausgelegt. Auf dem Thron saß al Watik, in einen Mantel gehüllt, in den goldene Fäden gewirkt waren. Neben ihm kauerte die Sklavin Farida; durch zarte Schleier schimmerte ihr Oberkörper. Nur ungern näherte ich mich dem

Herrscher und seiner Bettmagd. Doch al Watik bestand darauf, daß ich mich zu ihnen setzte. Er gab mir einen imposanten Becher mit Wein in die Hand und forderte mich auf, einen großen Schluck zu trinken. Auf einmal aber stieß der Kalif das Mädchen mit dem Fuß genau auf die Brust. Farida fiel zur Seite und sah ihren Herrn mit entsetzten Augen an. Kaum hatte sie sich gefaßt, rannte sie laut schreiend davon. Bedrückend war das Schweigen, als sie fort war. Ich dachte schon al Watik sei auf mich zornig, weil er glaubte, ich hätte mit begehrlicher Lust auf Faridas Brüste geblickt. Er blieb weiterhin still, und meine Angst wuchs. Ich wagte nicht, ein Wort zu sagen. Dann sagte al Watik langsam, wie im berauschten Wahn: ›Eine Vision hatte ich plötzlich. Ich habe deutlich gesehen, wie mein Bruder Dscha'far auf meinem Platz saß und Farida neben ihm. Sie küßten sich und Farida ließ sich anfassen. Da stieg mir das Blut in den Kopf, und ich trat das Mädchen‹. Als der Kalif schwieg, warf ich mich vor ihm auf den Boden und sagte: ›Allah soll Dscha'far töten. Dem Kalifen aber schenke er ein langes Leben!‹ Al Watik befahl mir, aufzustehen und Farida wieder zu holen. Diener brachten auf seine Anweisung hin Schmuck und Kleider für das Mädchen. Sie beruhigte sich aber erst, als al Watik ihr sagte, ein Trugbild sei die Ursache des Zorns gewesen; er habe sie im Rausch mit Dscha'far, seinem Bruder, in herzlicher Umarmung gesehen. Der Kalif war glücklich über das Versprechen der Farida, nach ihm nie mehr einen anderen Mann küssen zu wollen.«

Der Hofbeamte Ibn al Harit erzählt weiter, daß al Watik wenige Tage später tot war. Dem neuen Kalifen wurde gehuldigt. Er gab sich den Namen al Mutawakkil — er war aber niemand anderes als Dscha'far, der Bruder des eben verstorbenen Herrschers.

Al Mutawakkil ließ dem Beamten seine Aufgabe im Kalifenpalast. Er änderte nicht einmal den Tag des Dienstes. Der Kalif und der Beamte tranken freitags Wein und sahen gemeinsam den Tänzerinnen zu. An einem Freitagabend aber betrat der Beamte den Saal und sah Farida in durchsichtigem Kleid neben al Mutawakkil sitzen — so, wie sie Wochen zuvor bei al Watik gekauert saß. Als sie den Zeugen des Fußtritts von damals sah, begann sie laut zu schreien wie an jenem Tag; von hysterischen Schluchzern geschüttelt, rannte sie fort. Der Kalif sah ihr ratlos nach. »Ich aber schwieg.« — So endet die Erzählung des Hofbeamten.

Al Watik, der Kalif, der dem Mädchen den Fuß gegen die Brust gestoßen hatte, war am 10. August 847 gestorben — in einem Backofen. Den Kalifen hatte seit Monaten schon die Wassersucht geplagt. Seinem Leibarzt fiel eine durchaus praktikable Methode ein, das Wasser aus dem Körper zu vertreiben: Er wollte es verdunsten, ausschwitzen lassen. Deshalb wurde al Watik in den aufgeheizten Backofen gesteckt. Das Feuer im Ofen aber war zu stark. Al Watik erstickte.

Im Gremium für die Wahl des nächsten Kalifen dominierten die Chefs der Turksoldaten. Feste Regeln für die Einberufung eines wahlberechtigten Kreises existierten nicht. Nach der Gewohnheit, die sich über Generationen entwickelt hatte, trafen sich beim Tod des Staatschefs die wichtigsten Männer, die gerade in der Hauptstadt anwesend waren, zur Diskussion und zur Abstimmung in der Halle des Kalifenpalastes. Sie setzten sich nieder auf die weichen Teppiche und versuchten den Kandidaten zu finden, der ihren vielfältigen und widersprüchlichen Interessen gerecht werden konnte.

Fünf Männer, hohe Beamte und Truppenoffiziere, kamen ohne besondere Aufforderung in den Palast, als sich die Nachricht vom seltsamen Tode des Kalifen al Watik im Haus des Wesirs und in den Kasernen verbreitet hatte. Alle waren sich zuerst einig, daß der Sohn des verstorbenen Amtsinhabers Anspruch auf die Würde des Kalifats habe. Die Diener waren bereits beauftragt, den jungen Mann zu holen, als einer der Turkkommandeure ganz bedächtig sagte: »Fürchtet ihr nicht den Zorn Allahs, wenn ihr ein Kind mit dem Kalifat beauftragt? Soll ein Kind am Freitag das Gebet in der Moschee sprechen?« Der Einwand machte alle betroffen. Sie mußten dem Offizier rechtgeben: der Sohn al Watiks war wirklich noch zu jung. Auf Vorschlag des Chefs der Turkgarnison huldigten sie ohne Zögern dem Bruder des verstorbenen Kalifen. Er hieß bisher Dscha'far und nannte sich jetzt al Mutawakkil Alallahi, der auf Allah Vertrauende.

Al Mutawakkil ist dankbar gegenüber den Fremden, er belehnt die Offiziere der Turktruppen mit den einträglichen Provinzen des Landes: Einer wird Gouverneur in Damaskus, ein anderer Statthalter von Ägypten. Die militärischen Gastarbeiter breiten ihren Einfluß aus im Reich. Al Mutawakkil gibt sich den Anschein, mit den fremden Partnern sehr zufrieden zu sein. Für die Truppen in der Hauptstadt baut al Mutawakkil die Große Moschee — sie ist so geräumig, daß hunderttausend Menschen darin beten können. Die Maße des umbauten Innenhofes sind bekannt: das Gebäude ist zweihundertvierzig Meter lang und hundertsechsundfünfzig Meter breit. Die Große Moschee von Samarra gilt als das größte islamische Bethaus, das je gebaut worden ist. Aus den Ruinen die bis heute erhalten sind, ragt der aus Ziegeln aufgemauerte Turm hoch. Einzigartig ist seine Form: Spiralförmig verjüngt er sich nach oben.

Die Gebäude, die al Mutawakkil für sich persönlich einrichten läßt, sind von ähnlicher Pracht. Der Frauentrakt des Palastes besteht aus fünfhundert Räumen, mit umfangreichen Badebecken und rund hundert Toiletten mit Abfluß zum Tigris. Von der Zahl der Frauen wird Erstaunliches berichtet. Die Erzähler sind sich sicher, daß al Mutawakkil achthundert Frauen besessen habe: Zweihundert Griechinnen, zweihundert Araberinnen, zweihundert Abessinierinnen und zweihundert Mulattinnen. Die wahre Zahl der Frauen kannten nur die Eunuchen — und die schwiegen. Keine der Frauen verließ den Harem, so lange der Kalif lebte. Den Frauen war auch der Besuch der Moschee untersagt. Dort blieben die Soldaten unter sich.

Die Turkkommandeure sind schon sicher, den Kalifen, der ihnen im Herzen der Hauptstadt ein religiöses Zentrum baut, fest im Griff zu haben, da ändert al Mutawakkil radikal sein Verhalten. Zuerst läßt der Kalif seinen Wesir in einem Käfig mit Feuer und spitzen Stangen solange quälen, bis er tot ist. Der Wesir war zwar kein Angehöriger der Turkvölker, doch er hatte mit den fremden Offizieren sympathisiert. Der bestialische Mord ist nur das Vorspiel zur eigentlichen Auseinandersetzung: Mit der Beseitigung des Wesirs will sich »der auf Allah Vertrauende« befreien von der zu engen Umarmung durch die Kommandeure der Leibgarde. Ihm ist bewußt geworden, daß die Bewachung durch die Turksoldaten nicht mehr zu seinem Schutz dient, sondern zu seiner Kontrolle.
Ein Jahr später hält al Mutawakkil die Zeit reif für den entscheidenden Schritt zur eigenen Befreiung. In voller Absicht gerät der Kalif in Streit mit dem Turkkommandeur Itah. Der Kalif sucht seit dem Mord im Käfig einen Wesir, der allein auf seine Befehle hört und nicht abhängig ist von den Chefs der Leibgarde. Er spricht mit den zahllosen Schreibern des Hofs, prüft ihre Intelligenz, verlangt Proben ihrer Treue. Dem Turkkommandeur Itah mißfällt diese Selbständigkeit. Der Offizier ist nicht nur für die Truppen von Samarra zuständig, er befehligt auch das Postwesen und den Geheimdienst. Viele Möglichkeiten stehen ihm offen, die Kontakte des Kalifen zu unterbinden. Al Mutawakkil spürt, wie vorsichtig seine Gesprächspartner unter den Schreibern auf alle Vorschläge reagieren, die sie in Konflikt mit Itah bringen könnten. Keiner wagt es, sich ganz eindeutig auf die Seite des Kalifen zu stellen. In der Seele von al Mutawakkil wächst der Wille, die Bevormundung ganz abzustreifen.
Anfang des Jahres 849 macht der Kalif mit dem Stab seiner Gardeoffiziere einen Jagdausflug in die nördlicheren Tigrisregionen. Eines Abends, als die Weinkrüge geleert wurden, stichelt al Mutawakkil gegen den Mann an seiner linken Seite, gegen den Turkoffizier Itah; er hänselt ihn mit Witzen

über seine ungeklärte Herkunft. In steigendem Zorn hört Itah zu; plötzlich springt er auf, greift nach dem Schwert und will den Kalifen erschlagen. Itah wird zurückgerissen von seinen Kameraden. Sie verhaften den Kommandeur, um ihn über Nacht vor Racheakten des Kalifen sichern zu können.

Am anderen Morgen, als der Rausch verflogen ist, bittet Itah um Vergebung. Mehrfach wirft er sich vor dem Kalifen auf den Boden und küßt ihm die Füße. Al Mutawakkil zeigt sich endlich gnädig. Itah darf sich wieder erheben. Der Offizier bittet sofort um Urlaub. Zur Sühne will er als Pilger nach Mekka reiten. Der Kalif akzeptiert diesen Beweis der Reue — nichts Besseres hätte er sich wünschen können.

Durch den Ritt nach Mekka isoliert sich der Kommandeur von der Basis seiner Macht. Mit der Entfernung von der Truppe in Samarra mindert sich sein Einfluß. Während Itah in Mekka die vorgeschriebenen Riten der Pilgerfahrt befolgt, findet al Mutawakkil Freunde unter den Scheikhs rein arabischer Stämme, die wütend sind auf die Schicht der fremden Gastsoldaten, die den Herren spielt. Ein Vertrauensmann dieser Scheikhs ist der Gouverneur von Baghdad, Ishak Ibn Ibrahim. Er geht zu Fuß dem heimkerhrenden Itah entgegen und gibt ihm demütig wertvolle Geschenke. Itah, sonst immer argwöhnisch, ist sicher, daß Ishak Ibn Ibrahim zu seinen Anhängern zählt. Das Vertrauen läßt ihn unvorsichtig werden: Sein großer militärischer Anhang kampiert draußen vor Baghdad. In der Nacht aber wird Itah in seinem Haus in der Stadtmitte von einer Handvoll Männer überfallen. Für seinen Stab und für seine Truppen bleibt Itah verschwunden. Nur der Kalif erfährt, daß der höchste Offizier des Reiches in einem verborgenen Verließ den Tod durch Verdursten erleidet. Al Mutawakkil ist dabei, die Macht, die dem Kalifenamt gestohlen worden ist, zurückzuerobern.

Der politische Ausflug des Kalifen nach Damaskus

Die Auseinandersetzung mit der übermächtigen Armee ist nur zu gewinnen, wenn die arabische und die persische Bevölkerung im Zentrum des Reichs zwischen den Provinzen Chorasan und Syrien hinter dem Kalifen steht. Doch noch immer ist einem großen Teil der Menschen die Religionsreform des al Ma'mun verhaßt. Sie wollen den Koran als Offenbarung präsentiert bekommen, gültig für alle Ewigkeit und nicht als zeitgebundene Anweisung Allahs an den Propheten und seine Genossen, die als längst überholt zu betrachten ist. Al Mutawakkil sieht seine Chance: Er macht die Reform rückgängig. Im Jahre 851 spricht er dem Koran wieder die Eigenschaft zu, Allahs Wort klar für alle Zeiten zu offenbaren. Die Spitzfindigkeiten verschwinden wieder aus der vom Staat geduldeten islamischen Theologie — sie bleiben jedoch in zahlreichen Sekten lebendig.

Gewaltig ist die neuerliche Revolution des Glaubens, die sich im Kern des arabischen Reiches vollzieht — die Randprovinzen im Osten und in Afrika gehen allerdings bereits eigene Wege. In den Regionen zwischen Baghdad und Damaskus werden die Gläubigen gezwungen, wieder einmal ganz umzudenken. Die Vergangenheit des Islam lastete erneut auf allen, die den Glauben ernst nahmen. Seit dem Beginn der Abbasidenherrschaft waren die Moslems angehalten, auf Abu Bakr, Omar, Othman und Aischa zu fluchen — zu loben waren, auf Befehl der Kalifen, Ali und seine sämtlichen Nachfahren. Al Mutawakkil polt die Glaubensgrundsätze wieder um: Ab sofort sind Ali, Hasan und Husein zu verfluchen, die drei Omajjadenkalifen Abu Bakr, Omar, Othman und die Lieblingsfrau des Propheten Mohammed müssen gepriesen werden. Den Gläubigen ist zunächst der Besuch der

Grabstätte des Ali in Kerbela verboten. Dieses Verbot trifft die Schiiten besonders schwer. Alis Grab war ihr wichtigstes Heiligtum, der Ort ihres Jammers, ihrer Selbstanklage. Kurze Zeit später genügt dem Kalifen die Absperrung des heiligen Platzes nicht mehr – Al Mutawakkil läßt das steinernde Grabmal abbrechen und das ganze Grundstück umpflügen. Jede Spur von Ali ist getilgt.
Die abrupte Wendung vollzieht al Mutawakkil aus gutem Grund: Er schafft die ideologische Grundlage für den erneuten Umzug nach Damaskus. Um den zahlreichen Freunden der Omajjaden dort zu imponieren, nimmt er das Lob der drei Omajjadenkalifen in das Freitagsgebet auf.
Der Kalif bereitet den Ausbruch aus der Bewachung der Turkgarden sorgfältig vor. Er unternimmt zunächst kleine Reisen, die weiteste führt nach Baghdad. So gewöhnt al Mutawakkil die Kontrolleure an seine Abwesenheit von Samarra. Im Winter 856 läßt er wieder für einen Ausflug pakken. Als Ziel gibt er einen Ort in der Nähe von Samarra an. Für die Begleittruppe wird nur kleines Gepäck bereitgestellt. Die Soldaten wundern sich allerdings, daß der Ritt über eine weite Strecke den Tigris hinaufführt; erst nach 300 Kilometern schwenkt der Zug um in südwestliche Richtung. Nach zwei Wochen erreicht der Kalif mit bescheidenem und sehr ramponierten Gefolge Damaskus, die ehemalige Hauptstadt. 107 Jahre nach dem Untergang des Omajjadenclans, nach der Flucht des letzten Herrschers aus diesem Geschlecht, zeigt ein Kalif wieder die Absicht, in Damaskus zu residieren. Wenig hat sich verändert in der Stadt am Baradafluß. Die Omajjadenmoschee ist noch immer der Platz, an dem die Gläubigen sich versammeln zum Freitagsgebet. Die Paläste waren in der langen Zeit verwahrlost, doch da erschienen Tage vor der Ankunft des Kalifen Hofbeamte mit dem Auftrag, die Räume säubern zu lassen.
In allen Epochen der Stadtgeschichte zeigte das Verhalten der Händler auf dem Markt von Damaskus den Grad der Stabilität eines Regimes an. Wenn sie ihre Läden schlossen,

dann drohte Unheil. Die Stille in den Marktstraßen war beängstigend bei der Ankunft des Kalifen, der in Damaskus Befreiung von der Unterdrückung durch die Turksoldaten suchte. Die Menschen verkrochen sich, weil sie nicht hineingezogen werden wollten in eine Auseinandersetzung, deren Wurzeln und Zusammenhänge ihnen unbekannt waren. Al Mutawakkil hatte gehofft, mit Jubel in Damaskus empfangen zu werden.

Der Kalif blieb nicht lange mit seiner kleinen Truppe allein. Zwei Wochen nach al Mutawakkil traf unter mächtigem Trommelgetöse die komplette Leibgarde aus Samarra in Damaskus ein. Der Herrscher wurde wieder zum Gefangenen der Turksoldaten.

Wenige Tage später begann die Unruhe im Lager beim Kalifenpalast. Die Soldaten beauftragten besonders gute Redner aus ihren Reihen damit, den Offizieren vorzujammern, wie schlecht die finanzielle Lage der Familien zu Hause in Samarra sei. Da die Offiziere keine Auskunft darüber geben konnten, wie lange der Aufenthalt in Damaskus dauern würde — der Kalif hatte seine Absichten bisher verborgen gehalten — wandelte sich die Sorge in Verbitterung. Die Soldaten rotteten sich zusammen.

Die Händler und Handwerker, die Bauern und die Gelehrten von Damaskus aber rührten sich nicht aus ihren Häusern. Sie beteten zu Allah, daß die Gefahr bald vorübergehe. Hilfe konnte der Kalif von ihnen nicht erwarten. In den 107 Jahren war Damaskus degeneriert zur Provinzstadt ohne Stolz, ohne politische Ambitionen. Die Menschen hatten sich daran gewöhnt, keine aktive Rolle im Staat mehr zu spielen. Von ihnen konnte al Mutawakkil keine Hilfe erwarten.

Righa al Hidari, der Berater des Kalifen, schildert seine Gespräche mit Mutawakkil in den entscheidenden Stunden: »Der Kalif fragte mich, was ich von den Unruhen der Turksoldaten halte. Er wollte wissen, was die Absicht der Soldaten sei. Ich antwortete ihm: ›Oh Beherrscher der Gläubigen,

meine Sorgen um diese Reise haben sich bewahrheitet. Ich habe dir geraten, den Aufenthalt in Damaskus zu verschieben.‹ Der Beherrscher der Gläubigen neigte sich zu mir und sprach: ›Laß uns vergessen, was vergangen ist. Sage mir deine Meinung über die Gegenwart.‹ Ich antwortete wieder: ›Laß Sold austeilen an die Truppe!‹« Al Mutawakkil bezweifelte mit Recht in jeder Stunde, ob durch eine Soldauszahlung an Ort und Stelle in Damaskus die Unruhe im Lager eingedämmt werden könne. Er gibt jedoch Order, mit der Verteilung der Gelder zu beginnen. Als ein Viertel der Soldaten den Sold bekommen hatte, da erschien Righa al Hidari wieder beim Kalifen. Diesmal gab er den Rat: ›Oh Beherrscher der Gläubigen, laß die Trommeln schlagen zum Abmarsch nach Samarra!‹ Ohne nach dem Grund zu fragen, gab der Kalif die nötigen Befehle. Die Soldaten formierten sich sofort zu Marscheinheiten. Sie beluden ihre Reittiere mit Verpflegung. Die Soldaten, die noch keinen Sold bekommen hatten, kümmerten sich nicht mehr um die Auszahlung. Sie wollten nach Samarra zurück.
Al Mutawakkil durfte allerdings nicht in Damaskus zurückbleiben. Die Offiziere zwangen ihn, im Zug nach Osten mitzureiten. Der Kalif wehrte sich nicht. Den Bewohnern von Damaskus ließ er sagen, er müsse die Stadt wieder verlassen, weil der Palast zu sehr mit Ungeziefer verseucht sei.
Die Kapitulation liefert den Kalifen endgültig den Leibgarden aus. Ausflüge, die zu Fluchtversuchen benützt werden könnten, sind ihm künftig nicht mehr erlaubt. Die Turkkommandeure wählen im Geheimen bereits einen neuen Kalifen. Sie entscheiden sich für al Muntasir, den ältesten Sohn des al Mutawakkil. Er verspricht, ihnen weitgehend freie Hand zu lassen in allen Personalentscheidungen.
Der Vater entdeckt die Konspiration bald. In seiner Ohnmacht spottet er über den Sohn, nennt ihn den »Sehnsuchtsvollen«, weil er nach dem Amt des Kalifen schmachte; bei anderer Gelegenheit gibt er ihm den Namen »Der Voreilige«. Der Hohn treibt den jungen Mann noch stärker in die

Allianz mit den Chefs der Garden. Al Muntasir wird zur treibenden Kraft der Verschwörung. Als besondere Beleidigung empfindet er seine Ablösung als Vorbeter in der Moschee; die Aufgabe, freitags zu den Soldaten zu reden, überträgt der Kalif seinen anderen Söhnen. Der Abgelöste weiß, daß diese Zurücksetzung nur die Vorstufe ist zum Verlust des Rechts auf die Nachfolge. Al Mutasir ist entschlossen, rasch zu handeln.

In der Nacht vom 9. zum 10. Dezember 861 bietet sich die günstige Gelegenheit. Wieder einmal trinkt der Kalif al Mutawakkil Wein aus großen Bechern. Die Geschehnisse solcher Nächte sind in der Erinnerung der Zeugen haften geblieben — sie haben die Vorfälle Jahre später weitererzählt; so konnten sich die Taten des betrunkenen Al Mutawakkil einfügen in den Schatz der arabischen Geschichten.

An einem recht kühlen Abend — so berichten die Erzähler — ließ al Mutawakkil einen der Trinkfreunde in den Tigris werfen. Ziemlich unterkühlt holten die Diener den Mann aus dem Wasser. Als der Gebadete wieder trockene Kleider anhatte, fragte ihn al Mutawakkil nach seinem Befinden. Der Trinkfreund antwortete, er fühle sich, als ob er geradewegs aus dem Jenseits käme. Al Mutawakkil trieb den Scherz weiter: »Hast du im Jenseits meinen Bruder, den Kalifen Al Watik gesehen?« Die Antwort verblüffte den Frager: »Leider nicht, weil ich nur bis zu den Vorstufen der Hölle vorgedrungen bin.«

In der Nacht, als die Mörder versammelt sind, treibt al Mutawakkil ähnliche Scherze auf Kosten seiner Gäste. Mitternacht ist längst überschritten, die siebente Nachtstunde bricht an, da schickt Boga as Sagir, der Chef der Wachen im Palast, die meisten der Trinker nach Hause. Eine Begründung braucht er nicht zu geben; der Zustand des Kalifen ist Entschuldigung genug für die Aufforderung an alle, die nicht zum engsten Kreis um al Mutawakkil gehörten, ohne lange Verabschiedung den Kalifen zu verlassen. Die wenigen, die übrig blieben, sind eingeweiht. Jeder, so lautete die

Absprache, sollte mit dem Dolch auf den Kalifen einstechen. Gemeinsam wollten sie handeln, als verschworene Komplizen in einer gefährlichen Aktion. Doch als Boga as Sagir seinen Dolch gezogen hatte, da zögerten die anderen. Der Kalif war nahe daran, durch energisches Auftreten sein Leben zu retten. Boga aber sagte zu den zaudernden Verschwörern: »Wenn er am Leben bleibt, seid ihr genauso verloren wie ich. Ihr habt alle gewußt, was heute abend geschehen soll!« Die Verschwörer begriffen ihre Lage — alle stachen zu, und al Mutawakkil starb schnell.
Die offizielle Begründung für den Tod des Kalifen lautete, er habe sich am Wein so kräftig verschluckt, daß er erstickt sei. Mit dieser Lüge wollte al Muntasir die Verlegenheit überspielen, als Rächer für den Tod seines Vaters auftreten zu müssen. Einige Hofbeamte aber hatten die Leiche gesehen, sie war mit Blut beschmiert gewesen. So sah keiner aus, der an Atemnot zu Grunde gegangen ist. Gerüchte über das Verbrechen wurden bald von Mund zu Mund in Samarra weitergegeben. Nach einigen Tagen wurde der junge Kalif von Männern aus alten arabischen Familien ganz offen gefragt, ob er selbst den Mord ausgeführt habe. Al Muntasir sah sich in die Ecke gedrängt, entlarvt. Er fürchtete die Schmähungen der Scheikhs. Deshalb antwortete er: »Die Türken sind die Mörder meines Vaters!« Zu anderen Arabern sagte al Muntasir: »Allah möge mich töten, wenn ich die Turksoldaten nicht auseinanderjage. So wahr sie allein al Mutawakkil getötet haben!«
Die Kommandeure der Garden kümmerten sich nicht um das Gerede. Sie dachten bereits an die Zukunft. Die Nachfolge war zu regeln für den Mann, der gerade Kalif geworden war. Die Offiziere hatten nicht die Absicht, dem neuen Inhaber des Kalifats ein langes Leben zu gönnen.
Am 40. Tag seiner Regierung mußte er, auf Drängen der höchsten Turkoffiziere, seine beiden Brüder von der Thronfolge ausschließen. Die Inhaber der militärischen und politischen Macht wollten frei sein in ihren Entscheidungen. In

der Stunde der Abdankung der zwei bisherigen Bewerber um das Kalifat hielt al Muntasir eine bemerkenswerte Rede: »Ich habe euch nicht deshalb zum Rücktritt von euren Rechten veranlaßt, weil ich meinen Sohn auf diesen Platz setzen will. Bei Allah! Er ist sehr jung. Ich weiß nicht, ob ich es mir wünschen soll, so lange zu leben, bis er alt genug ist, Kalif zu werden. Ihn zum Kalifen zu machen, war nie meine Absicht. Diese Männer aber, die um euch herumstehen, haben mich dazu gezwungen, euch abzusetzen. Wenn ich es nicht getan hätte, dann würden einige von ihnen sich jetzt euch in den Weg stellen, um euch beide mit der Waffe umzubringen. Es bliebe mir nichts anderes übrig, als wiederum sie zu töten. Gewonnen wäre nichts dabei. Bei Allah! Euer Blut ist mir mehr wert, als das Blut von allen diesen Männern zusammen. Versteht mich, warum ich so handeln mußte, wie sie es verlangten.«

Der Spott des Dichters: Der Kalif ist ein Papagei

»Der Kalif sitzt in einem Käfig
links von ihm steht Wasif der Türke,
rechts der Türke Boga.
Er spricht, was die beiden ihm vorsagen.
Er ist nichts anderes als ein Papagei.«

Diese Verse zirkulierten im Sommer des Jahres 862 in der ehemaligen Hauptstadt Baghdad. Al Muntasir bekam den Spott zu hören. Er wußte, daß er als Kalif zu dieser Zeit nicht mehr ernst genommen wurde von der Bevölkerung des arabischen Reiches. Der Herrscher gab keine Impulse mehr, er traf keine Entscheidungen, er gab keinen Rat in Glaubensfragen — der Kalif ließ nicht einmal mehr Köpfe abschlagen. Die Todesurteile fällten die Chefs der Turkgarden. Unter der Machtlosigkeit litt die Popularität des Monarchen. Es interessierte kaum noch jemanden, wer das Amt des Kalifen draußen in Samarra wahrnahm. Die Spottverse wurden keineswegs gedichtet, um Entrüstung auszulösen oder gar politische Aktionen beherzter Männer. Die Verse registrierten einen Zustand, sie dokumentierten die Resignation.

Doch ganz behutsam bereitete al Muntasir eine Kursänderung vor. Er zeigte sich zunächst erkenntlich gegenüber allen, die an der Ermordung seines Vaters beteiligt gewesen waren. Jeder erhielt einen Teil der Frauen des Harems zugeteilt, den al Mutawakkil hinterlassen hatte. Da der ermordete Kalif ein Frauenkenner war, konnten die Beschenkten mit exquisiten Bereicherungen ihrer eigenen Sammlungen rechnen. Gerecht verteilte Al Muntasir die hundertfünfzig Frauen. Mit ihrem Anteil waren die acht wichtigsten Männer der Bewachung des Kalifen für einige Zeit beschäftigt.

In diesen Wochen, als jeder der reich beschenkten Würdenträger sich gerne in seinem Harem aufhielt, gab der Kalif zur großen Überraschung aller Militärs in Samarra den Befehl, die Byzantiner anzugreifen. Die Absicht des al Muntasir war es, einen großen Teil der aufdringlichen Truppen von der Hauptstadt abzuziehen. Kommandeur sollte Wasif sein, einer der beiden Einflüsterer, die das Spottgedicht namentlich nannte.

Dem Befehl konnten sich Wasif und die Offiziere kaum widersetzen, doch sie wunderten sich sehr über die plötzliche Entschlußkraft des Kalifen. Daß der Feldzug ihnen keinen persönlichen Nutzen bringen konnte, war offensichtlich. Den Effekt für den Kalifen sahen sie zunächst nicht. In der ersten Überraschung stellten sie kriegsmäßige Einheiten zusammen und begannen mit dem Abmarsch in Richtung Süden.

Vielleicht wäre der Coup gelungen, wenn al Muntasir die List vorsichtiger eingefädelt hätte. Der Oberbefehlshaber Wasif bemerkte zu seiner Verblüffung schon sehr bald, daß sich in seinem Stab ein hoher Beamter aus der Finanzverwaltung befand. Dieser Mann besaß weitgehende Vollmachten zur Kontrolle der Ausgaben des Heeres. In einem Gespräch mit dem Beamten erfuhr Wasif noch einige Details, die ihm mißfielen: Der unerwünschte Begleiter sollte ihm nach Abschluß der Kämpfe gegen die Byzantiner mitteilen, der Kalif wünsche noch für einige weitere Jahre die Anwesenheit des Kommandeurs in den Grenzprovinzen. Das hieß, der Kalif wollte den Chef der Turktruppen in die Verbannung schikken.

Eine derartige Anmaßung war dem Kalifen nicht mehr erlaubt. Zu seinem Unglück erkrankte al Muntasir an einer unbedeutenden Erkältung. Sein Arzt, Abu Taifur, mußte ihm fiebersenkende Mittel geben. Er war jedoch von der türkischen Generalität bestochen. Der Betrag, den Abu Taifur erhalten hatte, ist auch nach seinem heutigen Wert noch beachtlich: umgerechnet 30 000 Mark gaben Wasif und seine Freunde für den Tod des al Muntasir aus. Während des

Aderlasses träufelte der Arzt Gift in die Blutbahn des Kranken. Innerhalb weniger Augenblicke war al Muntasir tot.
Der nächste Nachfolger des Propheten gab sich den passenden Namen al Mustain Billahi, »Der bei Allah Hilfe sucht«. Er war ein Enkel des früheren Kalifen al Mutasim. Ein gutmütiger, aber willenloser Mann, der gar nicht daran dachte, Rechte zu fordern oder selbst Entscheidungen zu treffen. Al Mustain wurde zum wirklichen Papagei seiner Beherrscher. Ganz selbstverständlich erwarteten die Verantwortlichen des Mords an seinem Vorgänger eine Belohnung. Al Mustain fand eine halbe Million Dinar in der Staatskasse, die verteilte er an die Chefs der Türken.

Auf drei Männer konzentrierte sich die Macht; sie hatten sich im Laufe der letzten Monate an die Spitze der Garnison von Samarra gesetzt. Ihr Egoismus war riesengroß — sie rafften Geld, Land, Edelmetalle und Frauen an sich. Ihre Gier weckte die Unzufriedenheit in den Kasernen der Hauptstadt. Mit Neid sahen die Offiziere, die bisher ein Kollegium gebildet hatten, wie drei Emporkömmlinge aus ihren Reihen ohne Rücksicht auf Solidarität reicher und reicher wurden. Die Mißgunst konzentrierte sich besonders auf einen Karrieremacher, der den Namen Utamis trug. Er spielte alle Tricks aus, um Ämter in seiner Hand zu häufen, die als einträglich galten. Als Utamis Ägypten zum Lehen erhielt, da ärgerten sich Wasif und Boga, die beiden anderen an der Spitze. Der Pilz der Zwietracht begann in Samarra zu wuchern.

Die Bewohner von Baghdad merkten nur ganz allmählich, daß die Herrschaft der fremden Soldaten Risse zeigte. Sie dichteten endlich keine Spottverse auf den Kalifen mehr, sondern Lieder des Aufruhrs gegen die Eindringlinge aus den östlichen Grenzprovinzen. Immer lauter wurde die Parole: »Krieg gegen die Ungläubigen!« Ungläubig waren die Turksoldaten nicht, doch sie ließen sich immer seltener in der Moschee sehen.

Wirklich aktiv aber wurden allein die Armen aus den Elendsquartieren am Tigris. Die antitürkische Propaganda zeigte ihnen einen Gegner, und schlagartig glaubten sie zu begreifen, wer an ihrem bisherigen Elend schuld war — die fremdländischen Unterdrücker. Wieder einmal zogen geifernde Männer und hysterische Frauen durch Baghdad. Mohammed Ibn Abdallah, der Gouverneur von Baghdad stand durchaus auf der Seite der antitürkischen Bewegung; er konnte jedoch nicht zusehen, wie die Aufständischen völlig sinnlos zwei Brücken zerstörten, die für den Handel der Stadt von Bedeutung waren. Es blieb dem Gouverneur nichts anderes übrig, als die Garnison von Samarra zu Hilfe zu holen. Der Aufstand gegen die Türken — er war von Anfang an bis zu seinem Ende ohne vernünftige Leitung — brach unter ihren Schwertern zusammen.
Kaum hatten die Turksoldaten in Baghdad gesiegt, da flammte der interne Zwist offen auf. Die Feldherren Wasif und Boga konnten ihren Unmut über den enormen Reichtum des Utamis nicht mehr zügeln. Sie schickten Truppeneinheiten gegen ihn, die den Befehl hatten, den einstigen Kameraden, der aus der gemeinsamen Front ausgebrochen war, zu töten. Der Kalif al Mustain sah zu, wie Utamis viehisch abgeschlachtet wurde.
Wenn es jetzt eine Chance gab, die Spannungen zwischen den einzelnen Fraktionen der Türken auszunützen, ergriff dieser Kalif sie nicht. Er wurde schließlich trotz seiner Passivität in die Auseinandersetzung hineingezogen. Da er nicht handelte, machte er sich beide Seiten zum Feind. Um sein Leben in der heillos verfahrenen Situation zu retten, ließ sich »Der bei Allah Hilfe sucht« schließlich für fünfzigtausend Dinar Abfindung und für dreißigtausend Dinar Jahresrente die Rechte auf die Nachfolge des Propheten abkaufen. Die Pension brauchte allerdings nur kurze Zeit bezahlt zu werden. Ein halbes Jahr nach der Abdankung schlugen die Garden al Mustain Billahi den Kopf ab. Al Mutaz Billahi, der neue Favorit der Turkkommandeure, der selbst dem Befehl

zum Mord zugestimmt hatte, ließ sich bei einer Schachpartie nicht stören, als ihm der Kopf des erschlagenen Vorgängers gebracht wurde.
Die Zentralverwaltung des arabischen Reiches zerfiel. Die Provinzen spürten keinen Zwang mehr, Steuern an die Staatskasse nach Samarra zu bezahlen. Die Gouverneure von Ägypten, Syrien, Chorasan und Afrika behielten das Geld für sich. Die hunderttausend Mann der Turkarmee aber verlangten ihren Sold. Im dritten Jahr seiner Amtszeit konnte al Mutaz die fälligen fünfzigtausend Dinar zur Bezahlung der Truppe nicht mehr aufbringen. Einen Monat lang war es ihm möglich, die Offiziere und die Mannschaften zu vertrösten, doch dann stellten einige hundert Soldaten ihre Zelte im Hof des Kalifenpalastes auf. Al Mutaz durfte seine Räume nicht mehr verlassen. Eine Woche blieb ihm noch die Hoffnung, seine Mutter, die aus der Regierungszeit ihres Mannes al Mutawakkil über beträchtliche Barmittel verfügte, würde ihm wenigstens dreißigtausend Dinar leihen. Sie behielt aber ihr Geld für sich. Die Turkoffiziere sahen ein, daß der Kalif zahlungsunfähig und damit für sie völlig nutzlos war. Sie befahlen seinen Dienern, ihm keine Speisen und Getränke mehr zu bringen. Drei Tage lang hielt der Kalif ohne einen Schluck Wasser den heißen Wind aus, der im Sommer durch den Palast am Tigris wehte. Dann starb er.
Die Mutter, die dem Sohn durchaus hätte helfen können, besaß ihren Reichtum nur noch wenige Tage. Der Kommandeur der Leibgarde, Salih Ibn Wasif, hatte von al Mutaz vor dessen Tod erfahren, daß die Kalifenwitwe nahezu eineinhalb Millionen Dinar in ihrem Haus verbarg. Salih ließ das Haus abreißen und fand die Kisten mit den Goldstücken. Salih, der Sohn des Wasif, des früheren Chefs der fremden Truppen, behielt das Geld für sich. Damit weckte er allerdings den Neid der Kollegen: Sie forderten einen gerechten Teil der eineinhalb Millionen Dinar. Salih Ibn Wasif wollte nicht teilen; er versteckte sich mit seinen Geldkisten im Palast des Kalifen.

Die Turkoffiziere hatten noch während des qualvollen Dursttodes des al Mutaz einen anderen jungen Mann aus der großen Familie der Abbasiden auf den Kalifenthron gesetzt. Wohl bedacht war ihre Wahl auf al Muhtadi Billahi gefallen — von ihm konnte man annehmen, er sei weich, bequem und leicht zu lenken. Seine Bewacher erlebten allerdings eine Überraschung, als sie von ihm verlangten, er solle ihnen Salih Ibn Wasif und die eineinhalb Millionen Dinar ausliefern. Al Muhtadi war entschlossen zu zeigen, daß er Herr im Kalifenpalast sei. Er zog sein Totengewand an — dieses besondere Kleidungsstück hatte jeder Herrscher in Damaskus und Samarra vorsorglich bereitliegen — nahm das Schwert in die Hand und stellte sich den Offizieren mit den stolzen Worten: »Bei Allah! Ich bin anders als meine Vorgänger al Mustain und al Mutaz. Mein Testament ist gemacht. Ihr seht an meinem Totenkleid, daß ich zum Sterben bereit bin. Ich werde mich allerdings mit dem Schwert wehren, bis mir sein Griff aus der Hand fällt. Wie lange noch wollt ihr euren Kalifen schlecht behandeln? Wie lange dauert noch euer Ungehorsam gegen Allah? Der erste, der mich anfaßt, der wird von meiner Hand niedergehauen werden!«

Daß die Offiziere zurückwichen beim Auftritt al Muhtadis, gab den Gegnern der Turkherrschaft Mut. In Baghdad zirkulierten Schreiben mit der Aufforderung zum Widerstand: »Gemeinde der Gläubigen Moslems! Betet für euren gerechten Kalifen. Er gleicht dem Omar, dem guten Nachfolger des Propheten. Allah stehe ihm bei im Kampf gegen seine Feinde und beschütze ihn gegen seine Unterdrücker.« Dem Aufruf folgten auch diesmal nicht die wohlhabenden und die intellektuellen Schichten der Stadt. Wieder waren die Armen, die Bauern und die kleinen Handwerker bereit zu putschen. Doch jetzt hatten sie vernünftige Köpfe an ihrer Spitze, die wußten, daß sie ohne militärisch erfahrene Führer keine Chance gegen die Turkarmee besaßen. Der Kalif, den sie um Hilfe gebeten hatten, konnte ihnen gerade den

Wunsch nach Instrukteuren nicht erfüllen: alle seine Fachleute auf dem Kriegsgebiet waren Angehörige der fremden Völker.

Inzwischen hatten einige Türken Salih Ibn Wasif gefunden, allerdings ohne seine Geldkisten. Voreilig erschlugen sie ihn. So erfuhren die Turkkommandeure nicht, wo die eineinhalb Millionen Dinar versteckt lagen. Das Geld blieb verschwunden. Der Verdacht keimte in den Köpfen der Chefs in der Garnison Samarra, daß der Kalif das Geld bei sich aufbewahrte. Die unteren Klassen der Offiziere und die Mannschaften aber waren fest überzeugt, ihre höchsten Vorgesetzten seien im Besitz der Riesensumme. Der Block der Türkenherrschaft zeigte jetzt beachtliche Spalten, die bei kluger Taktik vergrößert werden konnten.

Im Juni 870 suchten die Sprecher der einfachen Soldaten Kontakt zum Kalifen al Muhtadi. Seit Jahresbeginn war kein Sold ausbezahlt worden, obgleich im Januar ausnahmsweise die Steuergelder aus den persischen Provinzen in Höhe von 17,5 Millionen Dirhem in Samarra eingetroffen waren. Der Betrag lag allerdings nicht in der Staatskasse: Die hohen Turkoffiziere hatten das Geld unter sich verteilt. Trotz der Warnung seiner Bewacher, traf der Kalif mit den Soldaten zusammen. Die Chronisten des Kalifenhofs registrierten den Verlauf der Diskussion: »Die Soldaten klagten dem Kalifen ihre Lage und vertrauten darauf, daß ihre Generale abgesetzt würden. Sie wünschten, daß einer der Brüder des al Muhtadi den Oberbefehl übernehme. Die Generale müßten außerdem verpflichtet werden, das Geld herauszugeben, das sie veruntreut hatten. Den Soldaten war bekannt, daß einhundertfünfzig Millionen Dirhem während der vergangenen Jahre in die Kassen der Generale geflossen waren. Al Muhtadi versprach, die Wünsche der Soldaten zu erfüllen.«

Das Versprechen des Kalifen nahmen die Soldaten ernst. Um sie nicht zu enttäuschen, versuchte der machtlose Staatschef seine habgierigen Beherrscher zu einem Kompromiß in

der Frage des Soldzahlung zu überreden. Al Muhtadi sprach mit Abu Nasr, dem Sohn des früheren Turkchefs Boga.
Die Chronisten haben den Wortlaut des Gesprächs zusammengefaßt. Der Kalif begann mit dem Vorwurf: »Die Soldaten sagen, daß ihr das Geld an euch gerafft habt, daß ihr bei der Verwaltung eurer Ämter nur an euch selbst denkt, daß euch die Lage der Soldaten völlig gleichgültig ist.« Abu Nasr antwortete: »Was habe ich mit dem Geld zu tun? Ich bin doch kein Schreiber der Finanzverwaltung.« Al Muhtadi reagierte zornig: »Wo kann denn das Geld sein? Doch nur bei dir, bei deinem Bruder, bei anderen Leuten deiner Familie!«
Anklage und Verteidigung brachten keine Klarheit. Abu Nasr blieb bei seiner Antwort, er habe nichts mit den verschwundenen Geldern zu schaffen, er sei kein Verwaltungsmann. Neid, Mißgunst und Argwohn hatten die Gemüter der führenden Turkmänner bereits so tief ergriffen, daß sie einhellig der Meinung waren, der Kalif habe recht: Abu Nasr müsse viel Geld versteckt haben. Fünf Offiziere verschleppten diesen Würdenträger des Staates, folterten ihn und erpreßten zwanzigtausend Dinar. Als sie das Geld in der Hand hatten, schlugen sie den übel zugerichteten Mann vollends tot. Seine Leiche wurde erst Wochen später in einem Brunnen in Samarra gefunden.
Die Soldaten begriffen in den Tagen nach diesem Mord, daß sie vom Kalifen wenig Hilfe zu erwarten hatten. Sie arrangierten sich wieder mit ihren Offizieren, die darauf hinweisen konnten, daß gerade jetzt der Zusammenhalt aller militärischen Kräfte besonders nötig sei. Gerüchte waren im Umlauf, der Kalif habe Freunde gefunden, die auch mit der Waffe in der Hand bei einem Kampf gegen die Turktruppe zu ihm stehen wollten.
Al Muhtadi erhielt zu diesem Zeitpunkt Hilfsangebote von rein arabischen Truppenteilen, die sich selbst organisiert hatten. Junge Männer, in denen sich Haß angestaut hatte über die Fremden, die seit nahezu vierzig Jahren den arabischen Staat im Griff hielten, wollten Schluß machen mit der Herr-

schaft der einstigen Militärsklaven. Der offene Bürgerkrieg entbrannte in Baghdad und Samarra. Gegen die erfahrenen Turksoldaten konnten die arabischen Verbände nichts ausrichten, sie waren schon in der Zahl unterlegen. Gleich bei den ersten Zusammenstößen verloren die Hilfstruppen des Kalifen die Nerven. Erbarmungslos schlugen die Türken auf die Gegner ein. Diese Härte löste eine Fluchtbewegung aus. Vergeblich bot der Kalif Geld allen denen, die mit ihm kämpfen wollten. Al Muhtadi zeigte Entschlußkraft. Er stieg auf ein Pferd und ritt zu den Kämpfenden in den Straßen von Samarra, um ihnen zu zeigen, daß er im Streit gegen die Türken auf der Seite der Araber stehe. In der höchsten Not öffnete al Muhtadi die Gefängnisse und forderte die Männer auf, für die gerechte Sache der Araber zu kämpfen. Auch dieses Aufgebot konnte die Niederlage nicht aufhalten. Von den Türken verfolgt, floh al Muhtadi zu Fuß durch die Straßen. Er versteckte sich in einem Haus am Tigrisufer, wurde aber bald entdeckt. Grausam war die Rache der Sieger. Die Türken schleppten ihren Gefangenen nackt zum Kalifenpalast zurück. Dann begann eine stundenlange Quälerei. Al Muhtadi bot Geld für sein Leben. Sechshunderttausend Dinar konnte er plötzlich anbieten. Der Betrag war wirklich vorhanden — Al Muhtadi hatte also auch zu denen gehört, die Steuergelder der Staatskasse entzogen hatten. Die Handvoll Turkoffiziere, die Spaß hatten an der sadistischen Folter, verteilten die sechshunderttausend Dinar unter sich, dann ließen sie den Kalifen ganz langsam sterben. Am 21. Juni des Jahres 870 wird der Körper des Kalifen al Muhtadi Billahi verscharrt.
Die fremden Herren in der Hauptstadt fanden rasch einen Ersatz für al Muhtadi. Der sich »auf Allah Stützende«, Al Mutamid Alallahi, wurde zum Scheinherrscher des arabischen Reiches ernannt. Die Turkkommandeure täuschten sich auch in diesem Mann. Er erwies sich als zäh. Während der dreiundzwanzig Jahre seiner Regierung gewann das Kalifat wieder an Einfluß.

Der Anfang war schwer. Die Risse im Block der Türken wirkten sich zunächst nicht mehr aus. Sie hatten aus den Erfahrungen gelernt, daß jeder interne Streit die Gefahr mit sich brachte, vom Zugang zur Staatskasse vertrieben zu werden. Offiziere und Soldaten begriffen, wie sehr die Sicherung ihrer Zukunft von der Solidarität aller abhing.
Al Mutamid hatte allerdings auch Glück. In wichtigen Provinzen waren Revolten gegen die tatenlose Zentralregierung ausgebrochen. Ganz besonders die Ostregionen wurden unruhig. Da bisher ein bedeutender Teil der Staatseinnahmen aus eben diesen Provinzen kam, sahen sich die Turkgenerale gezwungen, militärische Expeditionen nach Osten zu schikken. Notgedrungen mußten auch einige der hohen Offiziere mitreiten. Sie hätten alle den Aufenthalt in Samarra vorgezogen. Die Entfernung von der Hauptstadt löste Unzufriedenheit aus und Neid auf die Daheimgebliebenen. Die Garnisonstruppe in Samarra aber war überzeugt, daß die Männer an der Front die größten Chancen hatten, rasch reich zu werden.
Die Kriege im Osten dauerten lange und verzehrten die Kräfte der Turkverbände. Immer neue Einheiten mußten nach Osten aufbrechen. Langsam leerten sich die Kasernen in Samarra. Arabische Kontingente übernahmen nach und nach den Schutz der Städte am Tigris. Die Menschen fühlten sich befreit von den brutalen Fremden, die sich immer weniger an die islamischen Überlieferungen gehalten hatten. Die Männer kamen am Freitag wieder in die Moschee. In den letzten Jahren der Turkenherrschaft hatte man überhaupt keinen der Soldaten mehr beim Gebet gesehen, und auch die Araber hatten sich anstecken lassen von der religiösen Gleichgültigkeit. Jetzt, da die Fremden kaum mehr auffielen in Samarra und Baghdad, wurden die Traditionen wieder geachtet.
Al Mutamid hätte wahrscheinlich allein nicht die Kraft besessen, dem Kalifat Macht und Ansehen wiederzugeben. Sein Bruder half ihm und vertrat ihn sogar zeitweise. Mit

wahrem Namen hieß dieser Bruder Abu Ahmed Talha; er trug den Ehrennamen »Der von Allah auf den richtigen Weg Geführte«, auf Arabisch »al Muwaffak Billahi«. Er besaß militärisches Talent und diplomatisches Geschick. Die an der Front verbrauchten Turkgenerale ließen sich von ihm, einer nach dem anderen, mit Pensionen abfinden. Muwaffak führte fortan selbst die Feldzüge. Körperliche Leiden behinderten ihn; seine Beine schwollen an, als al Muwaffak erst dreißig Jahre alt war. Kurz vor seinem Tod, er starb im Alter von 49 Jahren, soll er Beine gehabt haben von der Dicke eines Elefantenfußes. Trotz der Behinderung ließ er sich nicht davon abbringen, systematisch die fremden Herren in den Hintergrund zu drücken und schließlich ganz auszuschalten. Als der Kalif wieder regieren konnte, ohne auf die Chefs seiner Leibgarde Rücksicht nehmen zu müssen, verlegte al Muwaffak den Amtssitz seines Bruders wieder zurück nach Baghdad. Fünfzig Jahre lang war Samarra die Hauptstadt gewesen in einer Zeit des Unglücks für Arabien. Niemand wollte mehr dort wohnen — der Name Samarra blieb im Gedächtnis der Araber für immer mit den schlimmen Jahren der Fremdherrschaft verhaftet. Die leere Stadt zerfiel sehr rasch.

Der Statthalter von Ägypten will das Kalifenamt nach Cairo holen

Am Tigris verlieren die Türken ihre Bedeutung — zu gleicher Zeit aber steigt ihre Macht am Nil. Dort ist seit dem Jahr 869 Ahmed Ibn Tulun Gouverneur, ein Mann von beachtlichen Fähigkeiten. Sein Vater Tulun war einer der Militärsklaven, die Kalif Ma'mun einst zu Zehntausenden gegen Geld aus der Region ostwärts von Samarkand bezogen hatte. Da Tulun Intelligenz zeigte, war er zum Offizier ausgebildet worden. Er stieg rasch hoch in der Hierarchie und hinterließ seinem Sohn Ahmed eine solide Basis an Wissen und Prestige, die für eine Spitzenkarriere ausreichte. Der Kalif Mustain förderte den jungen Mann — er schenkte ihm tausend Dinar und eine hübsche Sklavin. Am Nil wurde Ahmed Ibn Tulun zunächst Stellvertretender Statthalter. Nach dem Tod seines Chefs übernahm er die volle Verantwortung in der ägyptischen Provinz.

Da die Kraft der Kalifen völlig konzentriert war auf die Auseinandersetzungen mit den Türkenoffizieren, schickten sie kaum noch Anweisungen in die Provinzhauptstadt Fostat am Nil. Der Statthalter in Ägypten konnte sich als völlig unabhängiger Herrscher fühlen. Wenn er Lust hatte, beteiligte er den Kalifen an seinen Steuereinnahmen. Schickte er kein Geld nach Samarra oder Baghdad, so erhielt er höchstens zornige Briefe des Kalifen. Weitere Konsequenzen waren nicht zu befürchten. Al Muwaffak hatte für kurze Zeit die Absicht, den allzu souveränen Statthalter Ahmed Ibn Tulun abzusetzen, er fand jedoch keinen Beamten, der den Mut besessen hätte, an den Nil zu reisen, um die Absetzungsurkunde zu überbringen.

Ahmed Ibn Tulun hatte den Ehrgeiz, Fostat glanzvoller zu gestalten als Baghdad und Samarra. Im Jahre 876 begann er

den Bau der Moschee, die bis heute seinen Namen trägt. Der Platz, auf dem die Moschee entstand, war heilig: Die Legende weiß, daß Abraham auf diesem flachen Hügel, unweit des Nils, seinen Sohn Isaak opfern wollte. Die Ausmaße der Moschee von Samarra erreicht die Ibn-Tulun-Moschee nicht; sie mißt hundertvierzig mal hundertsechzig Meter — die Moschee von Samarra ist zweihundertvierzig Meter lang. Der Hof des Baus in Fostat ist quadratisch; neunzig Meter lang sind seine Seiten. Aus gebrannten Ziegeln wurden die Wände hochgemauert, nur das Minarett besteht aus Kalksteinen. Wie bei der Moschee von Samarra verläuft die Treppe an der Außenseite des Turms in einer Spirale nach oben. Das Vorbild ist deutlich zu erkennen. Mit einem Stück Papier, um den Finger gewickelt, habe Ahmed Ibn Tulun seinem Architekten die gewünschte Spiralform erläutert.
Der Gouverneur von Ägypten ist selbstbewußt geworden. Den Kalifen erkennt er nicht mehr als seinen Vorgesetzten an, er sieht in ihm einen Feind. Ahmed Ibn Tulun fällt mit einem gut ausgerüsteten Heer in Syrien ein — Damaskus will er in seine Hand bekommen. Die Hauptstadt der Omajjaden muß er beherrschen, wenn er seine ehrgeizigen Pläne realisieren will. Er steht kurz vor dem erfolgreichen Abschluß des Feldzugs, da rebelliert sein Sohn Abbas zu Hause in Fostat. Ahmed Ibn Tulun läßt seine Truppen in Syrien zurück und reitet in Eilmärschen an den Nil. Als er seine Stadt erreicht, da flieht der Sohn — die Schätze des Vaters nimmt er mit.
Der Zeitverlust ärgert den Herrscher von Ägypten. Das Abenteuer des Sohnes hat ihn davon abgehalten, nach Osten, in Richtung Baghdad zu marschieren. Doch die Chance ist nicht vertan — im Gegenteil. Die Ausgangsbasis ist günstiger geworden. Die Omajjadenstadt Damaskus war inzwischen von den Truppen des Ahmed Ibn Tulun, während seiner Abwesenheit, erobert worden.
Ein Trick fällt dem weltgewandten Mann ein, durch den die verlorene Zeit wieder aufgeholt werden konnte. Ahmed Ibn

Tulun weiß, daß in Baghdad zwei Personen herrschen, der Kalif al Mutamid und al Muwaffak Billahi, »der von Allah auf den rechten Weg Geführte«, der Bruder des Kalifen. Den stärkeren Charakter, die schärfere Intelligenz besitzt al Muwaffak. Von Anfang an bestimmte er die Richtung der Politik; der Kalif hat zu kuschen. Der Staat profitiert vom Vorrang al Muwaffaks, doch der Kalif ärgerte sich. Dieser Ärger ist Ahmed Ibn Tulun bekannt geworden. Er setzt seine Hoffnung auf die Rivalität zwischen den Brüdern.
Die Agenten aus Damaskus finden im Kalifen al Mutamid einen aufmerksamen Zuhörer. Er freut sich, daß ihm Ahmed Ibn Tulun, der Turkoffizier, als hilfreicher Freund beistehen will. Die Agenten sagen, daß der Statthalter bereit sei, seine Anhänglichkeit an den rechtmäßigen Nachfolger des Propheten zu beweisen. Einen Fluchtplan unterbreiten die Männer dem Kalifen. Sie wollen al Mutamid ein Stück am Tigris entlang führen und dann hinüberwechseln zum Euphrat. In Rakka, so flüstern die Agenten al Mutamid ins Ohr, seien die Gefahren überstanden, denn dort werde ihn Ahmed Ibn Tulun selbst empfangen und in die Stadt der Omajjaden geleiten. In Damaskus könne er dann in Glanz und Pracht regieren.
Um dem Einfluß des intelligenten und willensstarken Bruders zu entgehen, läßt sich al Mutamid auf die Vorschläge der Agenten ein. Ahmed Ibn Tulun aber hat die Absicht, den Kalifen in Damaskus zur Abdankung zu zwingen — er will aus der Hand des Abbasiden legitim die Macht sich übertragen lassen. Das Geschlecht der Tuluniden soll künftig in Arabien regieren.
Die Flucht gelingt. Der Kalif verläßt bei Nacht seinen Palast in Baghdad. Eine Strecke von vierhundert Kilometern Länge liegt vor ihm. Die Agenten Ahmed Ibn Tuluns sind seine einzigen Begleiter. Doch die kleine Gruppe passiert die Bauerndörfer am Tigris nicht unbemerkt. Der Gouverneur von Mosul, Ischak Ibn Kundajik, verfügt über ein wirkungsvolles Spitzelsystem. Er erfährt jeden außergewöhnlichen Vorgang

in der Region zwischen den beiden großen Flüssen. Reiter, die nachts unterwegs sind, wecken den Verdacht der Spitzel. Ischak Ibn Kundajik weiß bald, wer da nach Nordwesten reitet.
Al Muwaffak gibt, sobald er von der Flucht seines Bruders erfahren hat, den Befehl, al Mutamid einzufangen und nach Baghdad zurückzubringen. Das Gefolge des Kalifen — so präzisiert die Order — sei in Ketten zu legen. Ischak Ibn Kundajik ist gerüstet, einen solchen Befehl auszuführen. Eine Gruppe bewaffneter Männer steht am Euphrat bereit. Auf halbem Weg zwischen der Hauptstadt und Rakka wird der Kalif mit den Agenten aus Damaskus abgefangen. Ahmed Ibn Tulun wartet vergeblich in Rakka.
Diese Niederlage versucht Ahmed Ibn Tulun in einen Propagandaerfolg umzuwandeln: In der Omajjadenmoschee von Damaskus verkündet er am Freitag, ein Unwürdiger regiere in Baghdad — Al Muwaffak habe das Kalifenamt an sich gerissen. Al Mutamid sei das Opfer der Machtgier seines Bruders geworden. Der Streit unter Brüdern zeige, wie verfault das Geschlecht der Abbasiden sei. Aus dieser Einsicht zieht Ahmed Ibn Tulun die Konsequenz: »Für die Gläubigen ist der Zeitpunkt gekommen, einem anderen, würdigen Geschlecht das Amt des Kalifen zu übertragen.« Der Kadi von Damaskus ist allerdings mit dieser Verkündigung nicht einverstanden. Seine Reaktion: »Ich bin auf den Kalifen vereidigt. Ich kann nicht zulassen, daß der Beherrscher aller Gläubigen beleidigt wird.« Diesen Satz büßt der Kadi durch wochenlange Haft im dunklen Verließ.
Al Muwaffak besteigt ebenfalls die Kanzel, um seinen Standpunkt zu propagieren. Am Freitag der folgenden Woche spricht er das Gebet in der Moschee von Baghdad. Seine Schlußworte sind ein Fluch auf Ahmed Ibn Tulun und auf seine Nachkommen. Dieser Fluch, als pure Propagandaformel gedacht, löst eine überraschende Wirkung aus: Das Heer des ägyptischen Statthalters, das bei Rakka sein Lager aufgeschlagen hatte, unterstellt sich bedingungslos dem Kali-

fen al Mutamid und seinem Bruder. Ahmed Ibn Tulun weicht zurück nach Ägypten. Die Kalifenwürde, das begreift er schnell, ist für ihn unerreichbar. Er zeigt weise Beschränkung. Das Nildelta profitiert davon.

Sechzehn Jahre lang regiert der frühere Statthalter als souveräner Herrscher am Nil. Seine Visionen macht er wahr: Aus der Militärsiedlung Fostat wird eine blühende Stadt, ein Handelszentrum am Nil. Häuser aus Stein entstehen, Moscheen, Marktgewölbe, Verwaltungsgebäude und Paläste. Aquädukte leiten das Nilwasser in Brunnen und kleine Seen. Das Herz der späteren Weltstadt Cairo bildet sich. Eine Gegend des heutigen Cairo wird noch immer von den Bewohnern Harat Tulun, Stadtviertel des Tulun genannt.

Im Innern des Tulun aber brennt die Schmach, daß es ihm nicht gelungen ist, seine Familie zur herrschenden Dynastie in ganz Arabien zu machen. Da der Ehrgeiz nicht zu befriedigen ist, leidet seine Seele. Im Alter von 49 Jahren erkrankt er. Die Ärzte können die Ursache seiner Schmerzen und Blutungen nicht feststellen. Die Bevölkerung von Fostat soll beten für ihn auf dem Berge Mokattan. Alle fügten sich dem Wunsch, auch die Juden und Christen. Die Geschichtenerzähler wissen, daß er — wie einst Harun al Raschid — nachts, von Unruhe gejagt, durch die Straßen ging. Seine Krankheit trieb ihn hoch vom Bett; er glaubte zu ersticken, wenn er lag. Draußen, in der Nachtluft, beruhigte er sich wieder. Auf einem nächtlichen Rundgang fand er einmal bei einem Brunnen in der Innenstadt einen kleinen Jungen weinend sitzen. Ganz offensichtlich hatte die Mutter das Kind ausgesetzt. Ahmed Ibn Tulun nahm den Jungen mit, gab ihm seinen eigenen Namen Ahmed, und ließ ihn im Palast bei sich aufwachsen. Der junge Ahmed lernte schnell. Er besaß, das zeigte sich bald, einen klugen Kopf. Als sein Gönner Ahmed Ibn Tulun starb, wurde er in die Dienste des zweiten Herrschers der Tulunidendynastie übernommen.

Chumarujeh Ibn Ahmed, so hieß der neue starke Mann am Nil, hatte nicht die kämpferische Art seines Vaters geerbt. Zwar war Chumarujeh ehrgeizig, auch er wollte gerne Kalif von ganz Arabien werden, doch nahm er sich mehr Zeit als sein Vater für die vielen Frauen des Harems. Ahmed, das Findelkind, so berichten die Geschichtenerzähler, wurde Hofmarschall des zweiten Tulunidenfürsten. Damit war er auch für alle Verwaltungsfragen des Harems zuständig. Das Amt des Hofmarschalls hatte seine Tücken.

Ahmed, den der Beiname »das Findelkind« von den vielen anderen Ahmeds am Hof in Fostat unterschied, entdeckte eines Morgens, daß die hübscheste Sklavin seines Herrn einen der Diener bei sich im Zimmer hatte. Pflichtbewußt trat er ein und unterbrach den Liebesakt. Der Diener verschwand. Das nackte Mädchen aber wollte, um mögliche Komplikationen sofort zu ersticken, Ahmed zu sich auf das Bett ziehen. Er riß sich los und ging.

Chumarujeh Ibn Ahmed erfuhr nichts von diesem Fehltritt der Sklavin. Ganz von selbst erlosch sein Interesse an diesem Mädchen während der nächsten Wochen. Eine andere Frau interessierte ihn, eine Neuerwerbung, begabt mit exquisitem Wissen um die Künste der Liebe. Die bisherige Favoritin verwand die Zurücksetzung nur schwer. Sie mußte annehmen, daß Ahmed, das Findelkind, ihre Untreue dem Herrscher berichtet hatte. Mit einer List wollte sie die frühere Position zurückerobern. Als es ihr einmal gelungen war, Chumarujeh wieder für eine Nacht in ihrem Raum zu haben, da erzählte sie ihm unter Tränen, wie Ahmed sie habe verführen wollen — nur durch Anstrengung aller Kraft sei es ihr gelungen, aus den Armen Ahmeds zu entkommen. Chumarujeh wollte schon den Henker kommen lassen, damit er das Blutleder entrolle für die Hinrichtung des Hofmarschalls, da siegte schließlich die Vernunft. Mit klaren Gedanken wollte er den Sachverhalt der Verführung prüfen.

Am Abend des nächsten Tages saß Chumarujeh auf den weichen Teppichen seiner Halle und trank Wein. Er sah den

Tänzerinnen zu, die sich mit wehenden Schleiern vor ihm bewegten und dachte nach über Ahmed, das Findelkind. In einem Raum weitab vom Festsaal wartete der Henker. Ihm hatte Chumarujeh gesagt: Wenn einer zu dir kommt mit den Worten »Fülle diese Schale mit wohlriechenden Essenzen, dann schlage ihm den Kopf ab und schicke mir den Kopf in eben jener Schüssel, die der Mann bringt.« Chumarujeh sah sich Ahmed lange an, dann gab er ihm schließlich kurz entschlossen den Auftrag mit der Schüssel in das Materiallager des Palastes zu gehen, um die Essenzen des Wohlgeruchs zu holen.

Der Hofmarschall kam auf seinem Weg durch den Palast an dem Raum vorbei, in dem die Diener Wein tranken. Ahmed überlegte sich, ob es unbedingt zu seinen Aufgaben gehöre, aus den Vorratsräumen Duftwässer zu holen. Er entschloß sich, einen der Diener zu schicken, und er wählte den jungen Mann aus, den er Wochen zuvor auf dem Lager der Sklavin entdeckt hatte. Arglos trat dieser Diener in den Raum ein, in dem der Henker wartete. Der Kopf war rasch abgeschlagen. In der Schüssel brachte der Henker den Kopf selbst zu Chumarujeh.

Verwirrt ging der Hofmarschall, nach längerem Warten auf die Rückkehr des Dieners, zurück in den Saal. Der Herrscher fragte ihn, ob er irgendetwas über den Mann wisse, dessen Kopf da vor ihm lag. Ahmed, das Findelkind, berichtete jetzt, daß er, vor nicht allzulanger Zeit, bemerken mußte, wie die Lieblingssklavin des Fürsten ihren Körper eben diesem Mann schenkte. Chumarujeh war verwundert, wie er sagte, »Über die direkten Wege der Gerechtigkeit, die Allah einschlägt«. Er gab Ahmed die Order, auch das Mädchen umzubringen.

Der Herrscher von Cairo verfälscht schon bald nach seinem Amtsantritt den Wohlstand am Hof seines Vorgängers in protzigen Luxus. Bewundert werden seine Gewächshäuser und die Gärten auf der Insel Gezirah, die heute zum inneren Bereich der ägyptischen Hauptstadt gehört. Ein Chronist je-

ner Jahre schreibt: »Im Garten des Chumarujeh befanden sich hunderte von verschiedenen Arten wohlriechender Blumen und Sträucher, dutzende von Sorten veredelter Obstbäume. Die Stämme der Palmen waren mit vergoldeten Metallplatten bekleidet und darunter leiteten kupferne Röhren überall das Wasser hin, so daß es aus den Palmstämmen hervorzuquellen schien. Wasserbecken sammelten es auf und verteilten es in Bächen über den ganzen Garten. Da bildeten Blumen in verschiedenen Farben Zeichnungen und Schriftzüge. Die Worte »Allahu Akhbar«, geformt aus seltenen Blumen, waren zu lesen — »Allah ist der Größte!« Gärtner beschnitten die Zeichnungen und Schriften jeden Tag mit der Schere, so daß kein Blatt zuviel war. Außerdem sah man in diesem Garten die verschiedenen Lotosarten, rot, blau, gelb. Man sah Pflanzen aus Chorasan. Auf Aprikosenbäume waren Mandelzweige aufgepfropft. Besonders sehenswert war ein Gartenpavillon aus Teakholz in durchbrochener Arbeit. Das Innere war prachtvoll in den verschiedensten Farben gemalt, der Boden war mit Marmorplatten gepflastert. Von den Wandpfeilern flossen kleine Kaskaden herab. An den Wänden hatten Finken und Amseln ihre Körbe. Zwischen den Blumen stelzten Pfauen und Flamingos.«
Chumarujeh war beim Tod Ahmed Ibn Tuluns ein prächtiges Erbe zugefallen: In der Kasse des ägyptischen Staates befanden sich zehn Millionen Dinar an barem Geld. In den Ställen des Palastes standen siebentausend Pferde, siebzehnhundert Kamele, siebenhundert Maultiere. Bei den Baumeistern und Händlern am Nil hatte Ahmed Ibn Tulun als pünktlicher Zahler gegolten: Für die Moschee, die nach ihm benannt ist, gab er hundertzwanzigtausend Dinar aus, für den Bau eines Krankenhauses sechzigtausend Dinar. In seinem Haushaltsplan waren täglich hundert Dinar zur Auszahlung an die Armen bestimmt gewesen.
Das Steueraufkommen des ägyptischen Staates ist beachtlich beim Amtsantritt des Chumarujeh: Innerhalb der sechzehn Jahre, in denen Ahmed souverän regieren konnte, stiegen die

Staatseinnahmen von achthunderttausend Dinar auf über vier Millionen Dinar pro Jahr. Der Anstieg beruhte nicht auf einer Erhöhung der Einzelbeträge oder auf härteren Maßnahmen der Eintreibung. Die Händler, Handwerker und Grundbesitzer zahlten mehr, weil sie mehr verdienten.

Zum erstenmal in der Geschichte des arabischen Staates ist das Land am Nil zum politischen Zentrum geworden. Nicht länger ist Baghdad der Magnet für die Menschen und nicht mehr Damaskus, sondern die ehemalige Militärkolonie Fostat. Doch der Sohn Ahmed Ibn Tuluns verspielt die Chance, die Herrschaft der Tuluniden zu festigen. Chumarujeh verliert sehr rasch nach dem Tod des Vaters das Vertrauen in die eigene Kraft: Er kapituliert vor der etablierten Macht der Abbasiden. Sobald in Baghdad der Gegner des Vaters, Kalif al Mutamid durch Gift gestorben ist, sucht Chumarujeh eine Möglichkeit, sich mit der Abbasidenfamilie zu arrangieren. Er bietet an, seine Tochter könne einen Sohn des soeben gewählten Kalifen al Mutadid Billahi heiraten. Als Mitgift stellt er eine Million Dirhem zur Verfügung. Auf diese Zusage hin erklärt sich al Mutadid Billahi bereit, selbst das Mädchen aus der Tulunidenfamilie in seinen Harem einzureihen.

Mit dieser Heirat dokumentierte die Dynastie am Nil ihre Unterwerfung. Ägypten mußte künftig wieder Tribut zahlen — der Kalif setzte einen Betrag von dreihunderttausend Dirhem fest. Die Heirat und die Tributzahlungen sicherten Chumarujeh ein bequemes Leben. Im Harem ließ er sich allerdings nur noch selten sehen. Er fand Befriedigung bei hübschen Männern. Einen Mann, der sich weigerte, seine Wünsche zu erfüllen, ließ Chumarujeh tot prügeln. Dieselben Diener, die diesen Befehl ausführten, erschlugen dann kurze Zeit später ihren Auftraggeber.

Der Mord an Chumarujeh geschah im Februar des Jahres 896. Danach konnte sich die Familie Tulun noch zehn Jahre in Ägypten halten. Im Herbst 904 fühlte sich der Kalif al Muktafi Billahi nicht mehr an die Absprachen gebunden, die seine Vorgänger einst mit Chumarujeh getroffen hatten. Der

Beherrscher der Gläubigen wollte es nicht länger dulden, daß die Stadthauptleute in der syrischen Provinz von einem Mann in Fostat ernannt wurden und nicht von ihm selbst.
Die Offensive der Abbasidentruppen gelang: Syrien konnte noch im Dezember 904 dem Tuluniden Harun, dem Enkel des Dynastiegründers entrissen werden. Ein Jahr später unterstehen Fostat und die reichen Getreidegebiete im Nildelta wieder dem Kalifen in Baghdad. Fünfunddreißig Jahre lang hatte die Unabhängigkeit des ägyptischen Staates gedauert.

Der Verschleierte führt die Rebellion der Sklaven an

Die Beherrscher der Gläubigen hatten den Tulunidenherrschern nur notgedrungen eine derart lange Frist gegeben. Die Kalifen von Baghdad waren während der fünfunddreißig Jahre mit Problemen beschäftigt gewesen, die eine direkte Gefahr für ihre Existenz bedeutet hatten. Nur zweihundert Kilometer von der Hauptstadt Baghdad entfernt, war in kurzer Zeit ein unabhängiger Staat entstanden, dessen Führer nicht mehr die seit Jahrhunderten in Arabien gültigen Spielregeln von Herrentum und Sklaverei akzeptierten. Das Proletariat herrschte in der Stadt Basra. Trotz der ausgeprägten revolutionären Tendenzen blieb die Rebellion der Armen den religiösen Traditionen eng verbunden.

Grün war die Fahne des Aufstands. Grün in der Tönung, die vor zweihundertvierzig Jahren dem Propheten Mohammed so gut gefallen hatte. Die Aufschrift, mit Silberfäden auf die Fahne gestickt, lautete: »Wer im Kampf stirbt, dem ist das Paradies sicher.« Bewußt griff der führende Kopf dieses Aufstands zurück auf bewährte Glaubenselemente der Anfangszeit des Islam. Der wahre Name des Mannes: Abi Ibn Mohammed Ibn Abdel Rahman. Er sagte von sich, er sei ein Nachkomme des Ali, des Schwiegersohns des Propheten. Sein Gesicht zeigte er keinem. Ständig trug er einen Schleier, der nur Öffnungen für Augen und Nase besaß. Er ließ sich mit dem Titel »al Burqu'i« ansprechen, »der Verschleierte«.

Seine Anhänger rekrutierte er in den Sklavenkolonien der großen Landgüter am Unterlauf der Flüsse Euphrat und Tigris. Die Landwirtschaft in der weiten, fruchtbaren Ebene wurde seit Jahrzehnten durch Arbeitskräfte betrieben, die aus den ostafrikanischen Küstenbereichen in den Irak ver-

schleppt worden waren. Die Arbeiter, durchweg Neger, lebten zusammengepfercht auf engstem Raum in primitiven Hütten. Mit der Peitsche wurden sie zur Arbeit getrieben. Zweihunderttausend solcher Sklaven erwirtschafteten ein gutes Drittel des Sozialprodukts im arabischen Staat. Die offizielle Bezeichnung für die Negersklaven hieß »Zendj«.
Ihnen wurden die Glaubensoffenbarung des Islam nicht vorenthalten. Da sie durchweg neugierig waren, interessierten sie sich für die religiösen Gebräuche ihrer Herren. Einige lernten Koranstellen auswendig. Andere begannen sich mit der Schrift vertraut zu machen; sie konnten nach einiger Zeit selbst die Worte des Propheten lesen. Die Zendj erfuhren, daß der Prophet einst alle Gläubigen gleich behandelt wissen wollte. Sie wunderten sich, daß dieser Grundsatz nicht mehr gültig war. Sie fragten nach dem Recht der Grundbesitzer, sie wie Tiere einzusperren, ihnen die Frauen vorzuenthalten, sie zu prügeln.
Der »Verschleierte« agitierte zunächst im Verborgenen. Er schlich von Sklavenlager zu Sklavenlager, verbarg sich bei Tage und predigte in der Nacht vom Willen Allahs, allen Gläubigen die Ketten der Unterdrückung abzunehmen. Geheimnisvoll blieb die Erscheinung dieses Mannes. Die Autorität gab er sich selbst durch den ständigen Hinweis auf die Verwandtschaft mit Ali, der einst der wichtigste Mitarbeiter des Propheten gewesen sei. Die Reinheit des Glaubens, so sagte der Verschleierte, sei allein durch seine Person garantiert.
Im Sommer des Jahres 868, unmittelbar nach dem Abschluß der Ernte, erhoben sich fünfzigtausend Zendj. Sie brachen aus ihren Hütten aus, erschlugen die Aufseher, brannten die Häuser der Gutsbesitzer nieder. Die unterdrückte Sexualität der Männer suchte Befriedigung: Viele Frauen in den Dörfern um Basra wurden vergewaltigt.
Die Stadt selbst ergab sich erst nach langem Kampf. Ein Teil der Häuser ging in Flammen auf beim Sturm der Negersklaven. Die Männer von Basra wurden erschlagen; die Frauen blieben Eigentum der Sieger. Der »Verschleierte« hatte zwar

zuvor den Bewohnern Gnade versprochen. Er heizte aber im Sieg den Blutrausch seiner Männer an. Er wollte Schrecken verbreiten überall an Euphrat und Tigris. Die Anhänger des Kalifen nannten ihn von nun an »Al Chabith« — den Verworfenen.

Die ersten Kämpfe gegen die Truppen des Kalifen endeten mit Siegen der »Zendj«. Sie erbeuteten Schwerter und Bogen, die ihnen bisher noch gefehlt hatten. Erstaunlich war die Ordnung, mit der die Negersklaven in die militärischen Auseinandersetzungen eintraten. Der »Verschleierte« hielt die Kämpfer in Zucht. Da zog nicht ein Haufen von Plünderern heran, der sich beim ersten Anzeichen der Gefahr wieder auflöste. Die Zendj kopierten in der Struktur das arabische Heer: Sie organisierten sich in Kampfabteilungen mit strenger Befehlshierarchie.

Im Verlauf der ersten Monate des Sklavenaufstands schlossen sich eine Reihe von Stämmen rein arabischer Herkunft den Zendj an — sie wurden zu getrennten militärischen Einheiten zusammengefaßt. Die straffe Organisation blieb auch erhalten, als sich die Armen der Massenquartiere aus Baghdad und Kufa in die Verbände des Sklavenaufstands eingliederten.

Der »Verschleierte« versprach den unterdrückten Massen ein Leben im Wohlstand, vergleichbar der Luxusexistenz der früheren Grundherren. So wie sie einst Sklaven der Reichen waren, so sollten auch sie wiederum Sklaven besitzen. Die Bewohner der eroberten Dörfer wurden zur Arbeit gezwungen in den Zuckerrohrplantagen, auf den Zwiebelfeldern, auf den Maisäckern. Von der Gerechtigkeit, die der »Verschleierte“ predigte, profitierten nur die Neger und ihre Anhänger.

Die Rebellion der Negersklaven blieb auf das Gebiet der Plantagen beschränkt. Nie bestand die geringste Chance, sie auf das Land um die Hauptstadt Baghdad auszudehnen. Die arabischen Stämme trennten sich wieder von den Zendj, als sie sahen, daß die Neger die eigene Rasse bevorzugten. Die

Erfahrungsberichte der Araber wirkten abschreckend auf die Stämme weiter nördlich am Tigris.

Den Griff nach dem Kalifenamt konnte der späte Nachfahre des Ali nicht wagen. Die Zahl der Kämpfer des »Verschleierten« war nicht beliebig vermehrbar. Einzig das Volk der Schwarzen in Ostafrika blieb das Reservoir von seiner Armee. Als er zu dieser Einsicht gekommen war, konzentrierte sich der »Verschleierte« auf die Verteidigung des Gebiets um Basra. Hier war er im Vorteil: Rings um die Plantagen erstreckte sich Sumpfland, von Kanälen durchzogen. Das Reiterheer des Kalifen war auf diesem Boden behindert. Die Neger aber glitten auf kleinen Booten über die Wasserläufe; flink tauchten sie im Rücken des feindlichen Fußvolks auf, schossen Pfeile ab und verschwanden wieder.

Vierzehn Jahre benötigte die Armee des Kalifen, um die Sklavenrebellion niederzukämpfen. Der »Verschleierte« operierte sehr geschickt in der Verteidigung. Wenn er Menschen schonen wollte, gab er ein Gebiet auf. Er sah seine Chance nicht darin, ein bestimmtes Territorium in der Hand zu behalten. Klar sah er die Vorteile der flexiblen Kriegführung. Der »Verschleierte« klammerte sich nicht einmal an die befestigte Stadt Basra, als er die Überlegenheit der Kalifentruppen im Straßenkampf sah. Seine Hoffnung bestand darin, daß sich der Gegner abnützte und die Geduld verlor.

Doch der Kalif konnte nicht auf den Unterlauf der beiden Flüsse, seine wichtigsten Transportadern, verzichten. Durch die Existenz des Sklavenstaats blieb der Handel der Hauptstadt Baghdad vierzehn Jahre lang vom Seeweg des Persisch/Arabischen Golfs abgeschnitten. Diesem Ärgernis mußte schließlich ein Ende bereitet werden.
Al Maniah, die Unüberwindliche —, so nannte der Chef des Sklavenstaats seine vorletzte Position am Tigris. Er hatte das kleine Nest Suk Al Chams — einen Marktflecken, wie der Name sagt — mit Palisaden und Gräben zu einer Festung ausgebaut.

Den Belastungen der Belagerung waren die Neger nicht gewachsen. Abwarten müssen, auf den Angriff des Feindes reagieren, das entsprach nicht ihrer Mentalität. Der »Verschleierte« fand kein Gegenmittel, Deserteure zurückzuhalten. Aus Mangel an Kämpfern mußte er al Maniah räumen.
Die frühen arabischen Historiker schreiben allerdings, der »Verschleierte« habe zur Verteidigung seiner allerletzten Position, weiter abwärts am Tigris, noch immer über dreihunderttausend Kämpfer verfügt. Die Chronisten standen im Dienst der Kalifen — sie mußten übertreiben, um den Sieg, der endlich errungen wurde, gewaltiger erscheinen zu lassen.

Eine Kriegslist machte dem Sklavenstaat ein Ende. Der Kommandeur der Kalifentruppe ließ in Sichtweite des Lagers der Neger einen Markt aufbauen mit gutbestückten Läden, mit Moscheen. Im Lager der Zendj aber herrschte Mangel an Lebensmitteln, da gab es keinen Platz mehr, um die Gebete vorschriftsmäßig zu verrichten. Die Neger waren zugänglich für Propaganda. Die Katapulte des Kalifenheeres schleuderten nur selten Steine in das Lager, dafür um so häufiger Bündel mit beschriebenen Zetteln; der Text versprach jedem Neger die Begnadigung, wenn er sich auf die Seite des Kalifen durchschlug. In drei Monaten sollen, so berichten die arabischen Chronisten, hunderttausend übergelaufen sein.
Im Juli des Jahres 883 begann die Endphase des Kampfes. Der Rest der Negersklaven verteidigte sich mutig bis der »Verschleierte« in die Hand des Gegners fiel und sofort enthauptet wurde. Jetzt sprach niemand mehr von Gnade. Alle Gefangenen verloren ihr Leben. Schonung gab es auch nicht für diejenigen, die sich in den vergangenen Monaten ergeben hatten. Die Zendj wurden ausgerottet. Der Kalif wollte für immer die Gefahr ausschalten, daß der Unruheherd weiterschwele zwischen der Hauptstadt und dem Hafen am Persisch/Arabischen Golf.

Für die fruchtbare Region am Unterlauf der beiden Flüsse Euphrat und Tigris hatte der lange Krieg schlimme Folgen gebracht. Am Ende der Kämpfe waren die Plantagen verwüstet, die Äcker versumpft, die Dämme gebrochen, die Kanäle ausgelaufen, die Dörfer niedergebrannt. Bis in unsere Zeit herein hat sich das Land nördlich von Basra nicht wieder im früheren Umfang bebauen lassen. Die Sümpfe werden erst in der Gegenwart langsam wieder ausgetrocknet.

Die Beherrscher der Gläubigen tragen manchmal menschliche Züge

Zehn Jahre lang, so berichten die Chronisten — von 892 bis 902 unserer Zeitrechnung — regierte der Kalif al Mutadid. Die Legendenerzähler ergänzen die Berichte der Chronisten. Sie berichten, daß al Mutadid ein vornehmer Mann von edler Gesinnung gewesen ist. Wie einst Harun al Raschid ging er verkleidet durch die Straßen, um zu sehen und zu hören, ob die Geschäfte blühten in Baghdad, ob irgendjemand Grund hatte, sich über Ungerechtigkeit zu beklagen.

Einmal, so wird erzählt, sei der Kalif zur Mittagszeit unterwegs gewesen. Um der Sonne und dem heißen Wind zu entgehen, drückte sich al Mutadid in eine der engen und kühlen Seitengassen. Ein paar Schritte tiefer ging er in den Schatten hinein, dann stand er vor einem Haus, das ihn wegen der schönen Schnitzereien am Tor interessierte. Al Mutadid preßte die Hand gegen das Tor, es öffnete sich und gab ihm den Weg frei. Ein Eunuch kam ihm entgegen, grüßte mit höflicher Geste und bat den Kalifen, den er nicht erkannte, ihm zu folgen. Auch der Herr des Hauses, so wissen die Erzähler, hatte keine Ahnung, wer ihn besuchte. Da er sah, daß der Gast ein vornehmer Mann war, bat er ihn zu Tisch. Der Kalif sah mit Staunen die Architektur des Hauses: Mit geschnitztem Rankenwerk waren die Balkone verziert, im Innenhof wuchsen Blumen in farbiger Pracht, ein Springbrunnen plätscherte. Die Halle war mit wertvollen Teppichen ausgelegt. In Käfigen flatterten buntgefiederte Vögel. Eine Platte aus Metall wurde von dem Eunuchen auf die Teppiche gelegt. Sie bot Platz für die Schüsseln, die aus der Küche kamen. Der Hausherr sprach die traditionelle Formel: »Bei Allah! Mein Gast, der Hunger plagt mich. Seid so freundlich und eßt von diesen Speisen! Teilt das Salz mit mir.« Zerlegte

Hühner bot er an und Reis, dazu köstliche Saucen. Zum Abschluß reichte er Früchte.
Zur Verwunderung des Gastgebers blickte der Mann, den er bei sich aufgenommen hatte, immer finsterer vor sich hin. Der Eigner des Hauses ließ Süßigkeiten auftischen, doch der Gast griff nicht zu. Der Gastgeber winkte dem Eunuchen und gab ihm flüsternd Befehle. Kurze Zeit später war Musik zu hören. Hinter einem hauchzarten Vorhang erschien ein Mädchen, das Laute spielte. Ein zweites Mädchen sang ein Lied über die Vereinigung von Mann und Frau. Dazu gesellte sich eine Tänzerin, die in langsamen Bewegungen ihren Körper zeigte. Hochbusig seien die drei Mädchen gewesen und jungfräulich — diese zwei Details betonen die Erzähler nachdrücklich.
Der Kalif, noch immer unerkannt, ließ seine Sinne von der erotischen Stimmung nicht einfangen. Er fragte ganz unvermittelt den Gastgeber: »Gehörst du zur Familie des Propheten?« Die Frage sollte klären, ob der Gastgeber zur herrschenden Schicht Arabiens zählte. Die Antwort war ehrlich: »Nein, ich bin ein Kaufmann. Mein Name ist Abu Hasan, Sohn des Ahmed aus der Provinz Chorasan.« Da sagte der Gast: »Ich bin der Beherrscher der Gläubigen, der Kalif al Mutadid, der Enkel des Kalifen al Mutawakkil!« Die Unruhe des Gastgebers steigerte sich, denn er hatte die zornigen Falten auf der Stirn des Beherrschers der Gläubigen gesehen. Der Kalif klärte ihn auf über die Ursache des Unmuts: »Überall auf dem goldenen Geschirr, auf den Teppichen, auf den Kleidern finde ich Namen und Siegel meines Großvaters, des Kalifen al Mutawakkil! Wie kommst du in den Besitz der Dinge, die in meine Familie gehören?« Abu Hasan Ibn Ahmed zeigt sich erleichtert, als er wußte, warum sein erhabener Gast zornig war. Sein Gewissen war rein, denn die Geschichte, die er erzählen konnte, bewies, daß er sich nicht durch Einbruch in den Kalifenpalast bereichert hatte. Er begann mit den rituellen Worten: »Allah gebe dir Kraft, oh Beherrscher der Gläubigen. Ich weiß, daß Wahrheit Dich

umhüllt, daß die Liebe zur Wahrheit Dein Mantel ist. In Deiner Gegenwart wagt niemand die Unwahrheit zu sagen. Wisse Du, oh Beherrscher der Gläubigen, daß mein Vater hier in Baghdad ein wohlhabender Mann gewesen ist. Er besaß drei Verkaufsgewölbe. Eines auf dem Markt der Gewürzhändler, eines dort, wo Leinen verkauft wird, und eines im Bazar der Geldwechsler. Als er starb, da erbte ich seinen Reichtum. Die Geschäfte machten mich noch reicher. Ich lebte ganz ohne Kummer in aller Zufriedenheit. Eines Tages aber trat eine wunderschöne Frau in mein Gewölbe im Bazar der Geldwechsler. Dort bediente ich Kunden, die einen Kredit haben wollten. Vom Augenblick an, als die Frau eintrat, war mein Verstand völlig von ihrer Erscheinung verzaubert. Sie sagte ganz einfach: Zahle mir dreihundert Dinar aus! Ich fragte nicht weiter, sondern gab ihr das Geld. Meine Freunde aber wollten wissen, als sie wieder gegangen war, ob ich die junge Frau kenne. Verlegen schüttelte ich den Kopf. Sie wunderten sich über meinen Leichtsinn. Ich hatte Geld weggegeben an eine völlig fremde Person.«

»Einen Monat später«, so erzählt Abu Hasan Ibn Ahmed dem Kalifen weiter, »stand die schöne Frau wieder im Laden. Sie setzte sich nieder auf die Teppiche und hob ihren Schleier hoch bis zu den Augen. Ihre Stimme fragte mich, warum ich ihr das Geld gegeben hätte, damals vor vier Wochen. Ich verstand kaum, was sie sagte, und hörte mich dann selbst sprechen: ›Alles was mir gehört, ist dein Eigentum!‹ Wieder verlangte sie dreihundert Dinar. Vier Wochen später stieg ihre Forderung auf fünfhundert Dinar.«

Daß Abu Hasan das Geld auszahlte, ohne eine Sicherheit zu fordern, stürzte die übrigen Kreditgeber auf dem Markt in tiefe Sorge, ob Abu Hasan überhaupt noch geschäftsfähig sei. Auf das Drängen der gutgesinnten Kollegen folgte der Geldgeber nach dem vierten Besuch der jungen Frau, als sie das Gewölbe verließ. Sie ging durch die Gassen hinunter zum Tigris, bestieg ein Boot und fuhr hinüber zum Palast des Kalifen al Mutawakkil. Da erschrak Abu Hasan. Er begriff, daß die Frau zum Harem des Kalifen gehören mußte. Wer sich mit einer solchen Frau abgab, der lief Gefahr, sein Leben sehr rasch zu verlieren.

»Meine Freunde warnten mich«, sagte Abu Hasan, »sie meinten, ich solle die Frau und das Geld vergessen. Doch ich wagte das Abenteuer. Ich machte einen Kleiderladen auf, drüben am anderen Ufer des Tigris. Direkt vor dem Palast des Kalifen. Viele Männer und Frauen aus dem Haushalt des Beherrschers der Gläubigen wurden meine Kunden. Ich lieferte schöne Kleider zu einem günstigen Preis. Zwar mußte ich Geld zuschießen, aber schließlich erreichte ich doch mein Ziel: Ich lernte den Eunuchen kennen, der zuständig war für die Haremsräume, in denen die junge Frau lebte. Den Überwurf, den er haben wollte, schenkte ich ihm, obgleich der Stoff allein gut dreitausend Dinar wert war. Das Geschenk lohnte sich. Der Eunuch sprach mit dieser Frau über meine Liebe. Er konnte mir die Sicherheit bringen, daß auch sie mir herzlich zugetan war. Doch er sagte mir auch, sie sei die Favoritin des Kalifen al Mutawakkil. Fast jede Nacht sei der Beherrscher der Gläubigen bei ihr.«

Abu Hasan war durch diese Nachricht nicht abzuschrecken — im Gegenteil. Er ließ sich eines Abends von dem Eunuchen in den Palast des Kalifen holen. Abu Hasan mußte zu seiner Verwunderung einen Mantel des Kalifen anziehen; er wurde mit Duftstoffen bestäubt. Wer nicht genau hinschaute, der konnte den Kaufmann leicht mit al Mutawakkil, dem Beherrscher der Gläubigen verwechseln. Abu Hasan duftete auch genauso wie der Kalif.

Der Harem, den der Eunuch zu bewachen hatte, bestand aus einem langen Gang. Am Ende war ein Wasserbassin, in dem die Sklavinnen badeten, ehe der Kalif am Abend die Auswahl traf für die Nacht. Bei diesem Bassin befand sich die Stube des Eunuchen. Dort hatte sich Abu Hassan die Kleider des Kalifen überziehen müssen. In der Kammer hörte er, wie die Mädchen draußen ins Wasser stiegen. Den Blick auf die

Körper, die Eigentum des Kalifen waren, verwehrte ihm der Eunuch.

Sobald die Sklavinnen in ihren Räumen verschwunden waren, schickte der Eunuch den als Kalifen verkleideten Abu Hasan hinaus auf den Gang. Der echte Kalif al Mutawakkil hatte die Angewohnheit, die Entscheidung, welche Frau mit ihm die Nacht zu verbringen habe, meist dem Zufall zu überlassen. Er nahm eine Handvoll Erbsen in die Hand und ging den Gang auf und ab. Vor jeder Tür fiel eine Erbse auf den Boden. Wenn die Erbsen zu Ende waren, trat er in den nächsten Raum ein. Dort blieb er bis zum frühen Morgen. Wenn ihn der Zufall zu einer seiner Lieblingsfrauen führte, pries er Allah für die besondere Gnade. Diese schrulllige Angewohnheit mußte Abu Hasan kopieren. Doch der Eunuch hatte ihm genau gesagt, hinter welcher Tür die so sehr geliebte Sklavin zu finden war. Gleichgültig, ob er noch Erbsen in der Hand hatte, diese eine Tür durfte er nicht verfehlen. Abu Hasan begann, verkleidet als Beherrscher der Gläubigen, an den Türen der Sklavinnen vorüberzugehen. Vor jeder Tür glitt eine Erbse aus seinen Fingern. Doch plötzlich war Geräusch zu hören im Gang. Fünf Kerzen konnte Abu Hasan sehen, dann erkannte er fünf Sklavinnen. Sie leuchteten dem echten Kalifen den Gang entlang. In seinem Schrekken drückte er gegen die nächste Tür. Sie öffnete sich und Abu Hasan konnte eintreten. Ein Mädchen lag auf einem Stapel von Teppichen, bereit, den Kalifen al Mutawakkil zu empfangen. Sie sah sich schon als die Glücklichste des Harems in dieser Nacht. Doch rasch erkannte sie, daß dieser Kalif nicht der rechte sein konnte. Um sie davon abzubringen, laut zu schreien, erzählte ihr der Kaufmann rasch von seiner Liebe zu einer der Sklavinnen des Harems.

Das Mädchen wußte Bescheid; „du bist derjenige, den Schadscharat al Durr liebt.« Es zeigte sich, daß alle Frauen des Harems die Liebesaffäre der Favoritin des Kalifen kannten; sie wollten alle den Liebenden helfen. Schadscharat al Durr hatte die Intrige dieses Abends eingefädelt. Auf ihren

Wunsch waren Abu Hasan die Kleider des Kalifen angezogen worden. Der wohl ausgedachte Plan war daran gescheitert, daß der Kalif etwas zu früh den Gang des Harems betreten hatte.
Draußen war es inzwischen wieder ruhig geworden. Die Sklavin erfuhr sehr rasch, wohin der Kalif al Mutawakkil verschwunden war. Gerade in dieser Nacht waren ihm durch Zufall die Erbsen vor der Kammertür der ihm so sehr sympathischen Schadscharat al Durr ausgegangen.
Wie es ihre Pflicht war, mußte Schadscharat für die Befriedigung des Kalifen sorgen. Sobald er den Raum betreten hatte, warf sie sich nieder und küßte den Boden, ehe sich der Fuß des Beherrschers der Gläubigen darauf senkte; dann bedeckte sie ihm die Füße mit Küssen und entkleidete sich schließlich. Schadscharat bewies ihre besondere Begabung in der Verwendung der Zunge. Bald war der Kalif müde und schlief ein.
Das Mädchen, bei dem sich Abu Hasan versteckt hielt, schlich über den Gang zu Schadscharat, die bereits ungeduldig auf Nachricht wartete. Die Favoritin ließ den Kalifen schlafen, und begab sich auf ganz leisen Sohlen zu ihrem Geliebten, dem Kaufmann. Eine Stunde blieben Schadscharat und Abu Hasan beieinander. Dann mußte die Sklavin zurück zum Kalifen al Mutawakkil, um zur Stelle zu sein, wenn er aufwachte. Sie machte ihm soviel Spaß, daß er später dem Eunuchen befahl, Wein zu bringen. Glücklich trank der Kalif einen Becher nach dem anderen leer. Seine Gedanken wurden friedfertig; er begann, das Mädchen zu streicheln.
Als die Nacht voranschritt, wollte er dem Mädchen einen Gefallen tun. Sie durfte einen Wunsch äußern. Schadscharat warf sich wieder auf den Boden und bat darum, aus dem Harem freigelassen zu werden. Da sie nicht sagte, wohin sie gehen wollte, ob etwa ihre Familie sie wieder aufnahm, wollte al Mutawakkil diesen Wunsch nicht gleich erfüllen. Er versprach aber, durch den Wein in gütige Laune versetzt,

das Mädchen irgendwann frei über sich entscheiden zu lassen.
In der Stunde vor Sonnenaufgang schritt der Kalif bedächtig durch den halbdunklen Gang zurück zu seinen eigenen Räumen. Da traf er auf den Eunuchen, der — ebenfalls ohne Licht — eine Sklavin mit sich führte. Das Mädchen interessierte den berauschten Mann. Er befahl dem Eunuchen Kerzen zu holen, die Sklavin aber wies er an, sich auszuziehen. Da fiel das Mädchen auf die Knie und bat um Gnade. Ganz offensichtlich sprach sie mit der Stimme eines Mannes. Der Kalif erfuhr schließlich, daß da der Kaufmann Abu Hasan Ibn Ahmed aus Chorasan vor ihm auf den Knien lag. Der hilfsbereite Eunuch hatte dem Abu Hasan die Frauenkleider besorgt, um ihn ungehindert aus dem Haus bringen zu können. Abu Hasan fand trotz seines Schreckens noch Worte: »Oh, Beherrscher der Gläubigen. Ich habe mich in diesen Palast gewagt aus Torheit der Liebe und weil ich wußte, daß du den Liebenden verzeihst in deiner Großmut.«
Schadscharat lag inzwischen ebenfalls vor dem Kalifen auf dem Boden. Sie erinnerte daran, daß sie um Freilassung gebeten hatte. Der Rausch hatte den Kalifen noch nicht bösartig werden lassen, noch wirkte die Phase der Gutmütigkeit. Al Mutawakkil begnadigte die Sklavin und den Kaufmann. Eine Bedingung stellte er allerdings: Wenn er das Mädchen haben wollte, mußte es ihm zur Verfügung stehen.
»Damals«, so erzählte Abu Hasan dem Kalifen al Mutadid, dem Enkel des großzügigen al Mutawakkil, »schenkte der Beherrscher der Gläubigen dem Mädchen Schadscharat und mir Goldgefäße, Teppiche, Kleider und Geld. Ich baute dieses Haus, wir lebten zusammen. Lange Zeit erinnerte sich der Kalif nicht mehr an die einstige Sklavin. Nur einmal, nach vielen Monaten, kam der Eunuch des Harems, um sie zu holen. Sie sprach nur: ›Ich höre und gehorche!‹ Dann ging sie mit dem Eunuchen in den Palast. Sie kehrte zurück mit blutunterlaufenen Stellen am Leib. Unter Schluchzen erzählte sie mir, was geschehen ist. ›Al Mutawakkil hat sein

Leben beendet. Seine Spur ist von der Erde geschwunden. Er lag bei mir, da kam sein Sohn al Muntasir und tötete ihn.‹«

Die arabischen Legendenerzähler schließen diesen Bericht mit einer edlen Geste des Kalifen al Mutadid: Er befahl, als Abu Hasan zu Ende war mit seiner Geschichte, daß man Schreibzeug in das Haus seines Gastgebers bringe. Dann stellte er eine Urkunde aus, die den ganzen Besitz des Abu Hasan für zwanzig Jahre von der Grundsteuer befreite.

Al Mutadid, der vornehme Mann von edler Gesinnung, starb durch Gift am 5. April 902. Sein Wesir liebte dieselbe Sklavin, wie der Beherrscher der Gläubigen. Um das Mädchen für sich allein zu besitzen, hatte sich der Wesir zum Mord entschlossen. Der Wesir wurde als Mörder entlarvt und verlor seinen Kopf. Die purpurfarbenen Kleider des Kalifen aber lagen bereit für den neuen Herrscher. Er gab sich selbst den Namen »Der Kräftige, dem Allah Kraft gab« — auf arabisch: Al Muktadir Billahi.

Die Kalifen von Baghdad bekommen Konkurrenz

Mit zehntausend Dirhem honoriert al Muktadir Billahi dem Hofdichter Assuli die Abfassung einer Hetzschrift. Der Text attackiert einen ehrgeizigen Mann, der in Nordafrika große Gebiete beherrscht, und der versucht, im Nildelta sein Regime zu etablieren. Sein Name: Ubeidallah. Er behauptete, mit Fatima verwandt zu sein, mit der Lieblingstochter des Propheten. Sie war einst die Frau Alis. Mit Ubeidallah rükken die Aliden, die Nachfahren des Ali, wieder ins Blickfeld — allerdings in einer sehr eigentümlichen und überhöhten Gestalt. Ubeidallah stellte den Anspruch, erneut — wie einst Ali — von Allah inspiriert zu sein.

Die Worte der Hetzschrift sprechen dem Ubeidallah die vornehme Verwandtschaft und die Inspiration ab: »Wärest du von den Söhnen Mohammeds, so wäre uns allen deine Abstammung bekannt. Doch du rühmst dich ohne Grund der Verwandtschaft mit dem Propheten. Wärest du aus seinem Geschlechte, würdest du nicht die Frauen des Harems schänden. Du würdest nicht Kinder morden und ihre Mütter unnatürlich und lasterhaft mißbrauchen. Wieviele Koranbücher hast du verbrannt, um die Asche im Winde zu zerstreuen. Du gleichst in deinen Ansprüchen dem unedlen Kupfer, wenn es sich schmeicheln wollte, vom Golde abzustammen.«

An diesen Phrasen konnte man sich nur in Baghdad berauschen. 1500 Kilometer weiter im Westen, im Küstenland Nordafrikas, nahm niemand die Schmähschrift zur Kenntnis. Dort hatten die Menschen jahrzehntelang auf einen Führer gehofft, der mit Allahs besonderer Gnade ausgestattet sei — jetzt war dieser Mahdi, dieser »Geleitete« gekommen.

Im Jahre 909 hatte Ubeidallah Fuß gefaßt in Nordafrika. Tunesien und das östliche Algerien gehorchten ihm. Ob-

gleich Ägypten nicht in seine Hand fiel, hielt sich Ubeidallah für so mächtig, daß er sich selbst zum Kalifen ausrief — zum rechtmäßigen Nachfolger des Propheten. Die Abstammung von Fatima, so sagte er, und Allahs Stimme gaben ihm dazu das Recht.
Ubeidallah ist der Begründer der Fatimiden-Dynastie. Sein Anspruch auf den Kalifentitel und auf die Nachfolge des Propheten als weltlicher und religiöser Führer zerbricht zum erstenmal die Einheit des arabischen Staates. Alle bisherigen Unabhängigkeitsbewegungen der Provinzen hatten formal die Oberherrschaft des Kalifen von Baghdad unangetastet gelassen. Ahmed Ibn Tulun am Nil und die Regionalherrscher in Spanien hatten zwar ungestört regieren wollen, doch sie hatten immer die einzigartige Position des einen Beherrschers der Gläubigen anerkannt. Zu gerne wäre Ahmed Ibn Tulun Kalif in Baghdad oder Damaskus geworden — nie war ihm der Gedanke gekommen, ein Nebenkalifat in Fostat einzurichten.
Der ehrgeizige Mann aber, der die Nilregionen zum zweitenmal aus dem Schatten des Provinzdaseins holt, fühlt sich als legitimer und direkter Träger des Erbes, das der Kalif Ali mit dem Tod durch den Dolch des Mörders im Jahre 661 seinen Nachkommen hinterlassen hatte. Er tritt gleichberechtigt neben den Herrscher aus dem Abbasidenclan. Seine Hauptstadt baut er ab Frühjahr 916 an der tunesichen Küste. Er nennt sie al Mahdiya, die Stadt des Geleiteten.
Der Fatimidenclan ist intensiver vom Glück begünstigt, als ein Menschenalter zuvor die Familie der Tuluniden. Zwei Kalifen folgen auf Ubeidallah, die ungestört vom immer schwächer werdenden Herrscher in Baghdad, ihre Macht gegen den Anspruch der Zentralregierung und gegen freiheitsliebende Berberstämme behaupten können. Dem dritten Kalifen, al Mu'izz li-Dinillah, gelingt die Eroberung der reichen Provinz Ägypten. Sofort verlegt er seine Hauptstadt von Tunesien an den Nil. Im Jahre 970 läßt er die Al Azhar-Moschee bauen, als Zentrum der schiitischen Lehre. In di-

rekter Nachbarschaft zur ehemaligen Militärkolonie Fostat entwickelt sich aus Siedlungen, die Ahmed Ibn Tulun angelegt hatte, die Stadt Cairo.

Al Mu'izz li-Dinillah — der Name ist zu übersetzen mit »Der die Religion Allahs verehrt« — ordnet seinem Staat auch die heiligen Städte Mekka und Medina ein. Der Kalif in Baghdad hat nicht die Kraft, die Kaaba gegen die späten Anhänger des Schwiegersohns von Mohammed zu verteidigen. Der nächste Herrscher im Fatimidenreich dehnt seinen Staat dann sogar weit nach Syrien hinein aus. Der Einflußbereich von Baghdad schrumpft auf die einstige Osthälfte des arabischen Reichs zusammen.

Der Erfolg der Fatimidenkalifen ist nicht nur auf die Energie der Nachfahren des ehrgeizigen Ubeidallah zurückzuführen. Ein wichtiger Faktor für die stetige Ausdehnung des Reichs der Gegenkalifen ist die Überzeugungskraft, mit der sie ihre wahre oder konstruierte Abstammung von Ali propagandistisch auswerten konnten. Sie verwendeten durchaus mystische Argumente, um ihre Basis zu festigen.

Die Schiiten sind sich einig, daß Ali, der Schwiegersohn des Propheten, der erste Imam war — die erste Person, die durch göttliche Inspiration gesegnet und erhöht wurde. Das von Allah verliehene Amt wird auf Nachfolger übertragen. Aufgabe jedes Imam ist die Interpretation der Worte des Koran nach den Notwendigkeiten der sich ändernden Zeit. Der Imam gibt Antwort auf die Fragen der immer unruhigen Menschen. Dem einfachen Gläubigen ist die Interpretation nicht gestattet — er hat der Inspiration des von Allah geleiteten Imam zu folgen.

Die Sunniten, geprägt durch die Omajjadenkalifen, sahen die Funktion des Imam, des religiösen Führers, einfacher und zugleich politischer: Der Imam sorgt — so sagen die Sunniten — für die korrekte Anwendung der Vorschriften des Koran durch die Menge der Gläubigen, er verteidigt die Gemeinschaft der Gläubigen, und er wirkt hin auf die Ausbreitung des Islam. Zur Erfüllung dieser Aufgaben wird in der Glaubenswelt der Sunniten vom Imam keine Erleuchtung durch den Geist Allahs verlangt. Die Schiiten aber geben sich nicht damit zufrieden, daß der Beherrscher der Gläubigen in irgendeiner entfernten Verwandtschaft zum Propheten Mohammed steht — er muß den Geist des Propheten besitzen. Im Laufe der nahezu vier Jahrhunderte seit der ersten Erleuchtung des Propheten haben sich die Glaubenskriterien eines guten Drittels der Moslems außerordentlich intellektualisiert und zugleich mit mystischen Schleiern überzogen. Drei der schiitischen Führer lebten im Verborgenen als geheimnisvolle Existenzen, deren Name und Lebensdaten nur Allah bekannt waren.

Auf Ali, den ersten Erleuchteten, folgten nacheinander die Söhne Hasan und Husein. Der gewaltsame Tod von Husein unterbrach die Kette der von Allah Gesegneten nicht: Huseins Sohn al Zain al Abidin wurde Imam. Allerdings wirkte sich sehr bald schon die Neigung der Schiiten zu verhängnisvollen Spaltungen und Sektenbildungen aus. Einige Sippen erkannten al Zain al Abidin nicht an; sie sahen in Huseins zweitem Sohn Muhammed al Baqir den einzig wahren Erleuchteten.

Dieser zweiten Richtung der Schiiten folgten die späteren Gründer der Fatimidendynastie. Sie erkannten Muhammed al Baqir an, dessen Sohn Dscha'far und wiederum den Sohn des Dscha'far, der Ismail hieß. Dieser Erleuchtete starb jung. Die Mehrzahl der Schiiten sahen nun nicht in Ismails noch recht kleinem Sohn Mohammed den rechtmäßigen Iman, sondern im Bruder des Ismail. Die Fraktion, die sich bald darauf »Ismaeliten« nannte, bestand aber auf der korrekten Erbfolge Vater—Sohn.

Die Ismaeliten, die einen derartig verschlungenen separaten Weg der Erbfolge einschlugen, abseits von den Überzeugungen der Masse der Moslems, nahmen sich auch die Freiheit, nach neuen Dimensionen der Religion zu suchen.

Die Chance, den Koran zu interpretieren, erweiterte den Intellekt der Ismaeliten; sie wagten Spekulationen. Die Einheit

Allahs als Kombination vielfältiger Eigenschaften wurde akzeptiert. Diese Einheit verlor ihre Persönlichkeitsdimension. Die Ismaeliten stellten sich Allah nicht mehr vor als allmächtigen Herrscher der Welt in menschlicher Gestalt, als eine Art von Übermenschen, als ordnenden Vater. Allah verwandelte sich in ihrer Sicht zur spirituellen Idee, zum Symbol für das Dasein aller Wesen und Dinge überhaupt.

Nur die Eingeweihten wußten in der Ordnung der Ismaeliten Bescheid um die Geheimnisse des göttlichen Wesens. Die Wissenden aber hoben sich heraus über die Massen der Gläubigen, sie fühlten sich als Elite. Da die Eingeweihten den Kalifen in Baghdad nicht anerkannten, waren sie gezwungen sich zu verbergen, im Untergrund zu wirken. Sie mußten mit der Verfolgung durch die sunnitischen Agenten der offiziellen Kalifen rechnen.

Aus dem Zwang, sich nicht offen zeigen zu können, zogen drei der Imame durchaus Vorteil. Das Geheimnis um diese unsichtbaren Erleuchteten faszinierte die Ismaeliten. Nur die Namen der drei mysteriösen Männer wurden später bekannt: Abdallah Ibn Mohammed, Ahmed Ibn Abdallah und Husain Ibn Ahmed. Die drei Namen zeigen, daß auch für die verborgenen Erleuchteten die direkte Erbfolge Vater—Sohn galt.

Ubeidallah, der erste Kalif der Fatimidendynastie, hatte sich darauf berufen, als Imam Nachfolger des letzten verborgenen Erleuchteten zu sein. Die Bewegung der Ismaeliten war mit Ubeidallah wieder aus dem Untergrund aufgetaucht.

Mit dem Kalifen al Mu'izz li-Dinillah findet das Reich — sechzig Jahre nach Ubeidallah — seine endgültige Form. Der Enkel des al Mu'izz aber prägt die Herrschaft der Fatimiden unauslöschlich ins Gedächtnis der Araber ein. Der Name dieses Enkels ist al Hakim bi Amrillah — zu übersetzen mit »Der Herrscher auf Befehl Allahs«.

Der Kalif, der die Kraft Allahs besaß

Die Legendenerzähler berichten, daß al Hakim bi Amrillah schwere Steine allein durch seinen Willen bewegen konnte, daß er stählerne Türen öffnete, ohne sie zu berühren, daß er von sich behauptete, über alle Geschehnisse auf der Erde informiert zu sein. »Alles ist bei mir verzeichnet!« Das war sein Wort, mit dem er die Menschen verblüffte. Denn bis dahin wußten die Menschen nur vom Buche Allahs, in dem die Taten aller Erdenbewohner schon im voraus genau festgelegt sind.

Der Mann, begabt mit den erstaunlichen Fähigkeiten, die sonst nur Allah für sich beanspruchen konnte, wurde am 13. September des Jahres 996 Kalif, als sechster in der Folge der Fatimidenherrscher.

Elf Jahre alt war dieser Kalif beim Amtsantritt. Schon drei Jahre vorher hatte ihn sein Vater, al Aziz Billah, zum Nachfolger bestimmt. Doch niemand hatte damit gerechnet, daß die Übernahme des Amts schon so bald erfolgen sollte. Al Aziz Billah befand sich am Tag seines Todes, am Ende des Fastenmonats Ramadan, mit seinem Sohn auf dem Ritt in die syrische Provinz. Um die Mittagszeit fühlte er sich übel. Noch einmal rief er seinen Sohn zu sich, dann starb er plötzlich. Al Hakim bi Amrillah mußte das Erbe übernehmen. Barjawan, ein Eunuch, der als Chef der Palastverwaltung amtierte, nahm vom Kopf des toten Vaters den mit Juwelen bestickten Turban ab und setzte ihn dem Sohn auf. Damit waren zwei Würden dem Sohn übertragen: Er war Kalif und Imam zugleich geworden.

Der junge Beherrscher der Gläubigen zog am anderen Tag in seine Hauptstadt Cairo ein. Das Volk hütete sich zu jubeln, denn der feierlichen Prozession voraus wurde der Sarg des toten Kalifen getragen. Der Elfjährige trug den einfarbi-

gen Mantel des Vaters, den Juwelenturban, das Schwert des Herrschers am Gürtel und eine Lanze in der Hand. Im Palast stand ein goldener Thron für ihn bereit. Unter dem Thronsessel war die Gruft der Herrscher. Dort wurde der Sarg des al Aziz Billah abgestellt.
Al Hakim bi Amrillah, »der Herrscher auf Befehl Allahs«, stand zunächst unter der Aufsicht des Eunuchen Barjawan. Doch die Berberstämme — sie waren die Pfeiler des Staates — revoltierten; sie wollten, daß ihnen die Regierungsgewalt übertragen würde bis zur Volljährigkeit des Kalifen. Al Hakim bi Amrillah hatte keine Chance, sich zu wehren. Der Elfjährige lief Gefahr, in der Mühle der vielfältigen Interessen zerrieben zu werden. Zum Glück für die Entwicklung des jungen Herrschers waren die Berber in einzelne Clans zersplittert, die sich gegenseitig mißgünstig betrachteten. Der Eunuch Barjawan reizte die Chefs anderer Stämme zur Revolte gegen die ehrgeizigen Sheiks. Die Kräfte neutralisierten sich. Barjawan behielt in der Auseinandersetzung die Oberhand. Doch vier Jahre später, im April des Jahres 1000, wollte sich al Hakim bi Amrillah nicht mehr der Bevormundung durch den Eunuchen fügen. Er ließ Barjawan während eines gemeinsamen Spaziergangs durch einen Sklaven erstechen.
Schon während andere seinen Staat regierten, war »der Herrscher auf Befehl Allahs« nicht untätig. Er besaß eine sehr deutliche Vorstellung von seiner religiösen Funktion als Imam. Ganz im Geheimen hatte er schon vier Monate nach dem Tod des Vaters Missionare quer durch sein nordafrikanisches Reich geschickt. Ihnen war aufgetragen, den Gläubigen zu berichten, daß zur rechten, von Allah gewollten Stunde, ein neues Zeitalter beginne — ein Zeitalter, in dem die Wahrheit regiere. Jedem, der sich vorbereitet habe, werde dann die wahre Natur Allahs offenbar. Es sei die Pflicht der Menschen, durch Gebet und innere Läuterung würdig zu werden für das Erleben dieses bedeutendsten Ereignisses seit der Erschaffung des Menschen durch Allah.

Auf eine Zeitangabe, wann den Gläubigen die neue Erkenntnis vom Wesen Allahs zuteil werden sollte, ließ sich der junge Kalif und Imam nicht ein.

Der erste Missionar des neuen Zeitalters war Salama Ibn Abdel Wahab. Er pflanzte Haß in die Herzen der Stadtbewohner und der Beduinen — Haß gegen Juden und Christen.

Die Verfolgung der Andersgläubigen begann im Jahre 1003. Al Hakim ärgerte sich damals über die Wiederherstellung einer baufälligen christlichen Kirche. Er befahl, das christliche Gotteshaus abzureißen und an seiner Stelle eine Moschee zu errichten. Zehn Monate später zwang er die Juden und die Christen seines Reiches dazu, schwarze Gürtel und schwarze Turbane als Kennzeichen zu tragen. Die Moslems wurden angehalten, die Angehörigen beider Religionen mit Verachtung zu behandeln.

Weitere Einschränkungen der religiösen und persönlichen Rechte sowie erste Verfolgungen brachten die folgenden Jahre: Verbot der Prozessionen am Palmsonntag in Jerusalem, aber auch in allen anderen Städten — Beschlagnahmung aller Kirchengüter im Fatimidenstaat — das Reiten auf Pferden wird den Christen und Juden untersagt — Zerstörung von zwei Kirchen in Cairo und einer Kirche in Damaskus — Folterung christlicher Hofbeamter in Cairo. Von den Juden und Christen wurde verlangt, daß sie auch im Bad, und wann immer sie unbekleidet waren, Kennzeichen um den Hals zu tragen haben: Christen sollten am Kreuz zu erkennen sein, Juden an einer kleinen Glocke.

Die Zurückdrängung der christlichen Religion fand ihren Höhepunkt in der Zerstörung der Grabeskirche in Jerusalem. Dafür gab al Hakim allerdings einen guten Grund an: Er hielt den pyrotechnischen Bluff für unwürdig, mit dem die Mönche der Grabeskirche das Heilige Feuer auf den Altar zauberten. Al Hakim hielt den Schwindel für Gotteslästerung.

Für die Reduzierung des christlichen Einflusses gab es nicht nur religiöse Gründe. Die hunderte von christlichen Beamten in den Städten des Nildeltas hatten immer ihre Glaubensbrüder bevorzugt. Die aggressiven Gefühle der Moslems — die Christenverfolgung wurde von der Bevölkerung generell unterstützt — waren im Laufe von Jahrzehnten gewachsen. Al Hakim spürte, daß er in seinem Volk durch Druck auf die Christen Sympathie gewinnen konnte. Begeisterung weckte er durch die Enthauptung des langjährigen Chefs der fatimidischen Finanzverwaltung. Der Mann war Christ und hatte den Christen unredliche Steuererleichterungen gewährt. Zeitweise vergaß al Hakim, daß er selbst eine Christin zur Mutter hatte.
Die sunnitischen Moslems mußten sich ebenfalls neue Vorschriften gefallen lassen. Gebete, die nicht in die schiitische Tradition paßten, wurden verboten. Al Hakim stieß bei seiner theologischen Lektüre darauf, daß einst der Prophet den Frauen untersagt hatte, bei Beerdigungen laut und hysterisch zu heulen. So schrieb auch al Hakim den Trauernden seines Staates die Lautstärke der Trauerwehklagen vor.
Nicht immer war al Hakim konsequent in seinen Anordnungen. Im Jahre 1005 verlangte er, die ersten Kalifen des Islam sollten durch Aufschriften an den Moscheen verhöhnt werden — Abu Bakr, Omar und Othman sollten als verbrecherische Usurpatoren, als heimtückische Erbschleicher gebrandmarkt werden. Die Geschehnisse des Jahres 632 wurden während der Freitagsansprache in der Moschee den Gläubigen aus der Sicht fanatischer Schiiten geschildert. Alles Unheil Arabiens wurzelte nach Ansicht der Prediger in der Machtbesessenheit der ersten drei Kalifen und der Omajjaden. Die Sunniten am Nil murrten allerdings gegen die Beschimpfung der Männer, die ihnen heilig waren. Al Hakim zog die Konsequenz: Er ließ die Aufschriften auf den Moscheen wieder tilgen.
Der Eindruck konnte entstehen, daß dieser Kalif sehr emotional regiere, daß sein Denken sich fern ab der Logik be-

wege. Doch ließ er sich oft sehr viel stärker von präzisen wissenschaftlichen Erwägungen beeinflussen als die sunnitischen Kalifen in Baghdad. Den Astronomen in Cairo gab er den Auftrag, durch Berechnung festzustellen, an welchem Tag und zu welcher Stunde der Mond am Himmel ganz verschwinde, um dann als zarte Sichel wieder aufzutauchen. Die Kenntnis der genauen Stunde dieser Vorgänge war wichtig, weil von ihr die exakte Dauer des Fastenmonats Ramadan abhing. Die Sunniten verließen sich durchweg auf die eigene Beobachtung: Wenn sie den ersten Schimmer der Mondsichel sahen, dann feierten sie das Ende des Fastenmonats. Al Hakim wollte den Sunniten die Mühe der Himmelsbeobachtung abnehmen, doch die ließen sich nicht darauf ein. Sie mißtrauten der wissenschaftlichen Berechnung. Al Hakim mußte die Astronomen bitten, die Berechnungen wieder einzustellen.

Strenge moralische Maßstäbe führte al Hakim im Fatimidenreich ein. Jede Art alkoholischer Getränke war verboten. Wein und bierartige Brauerzeugnisse durften nicht hergestellt und nicht ins Land importiert werden. Für kurze Zeit gab der Kalif allen Gläubigen den Weingenuß frei, als ihm sein eigener Arzt sagte, daß gerade in seinem Fall — al Hakim litt an schlechtem Blut — einige Becher Wein am Tag Besserung bringen könnten. Ein anderer Arzt bestritt allerdings die Diagnose, worauf al Hakim das Weinverbot sofort wieder einführte.

Als der Kalif eines Tages erfuhr, daß in manchen Häusern im Nildelta alkoholische Getränke aus Honig und getrockneten Weintrauben erzeugt wurden, ließ er Honig und getrocknete Trauben vom Markt verbannen.

Noch andere Maßnahmen schnitten schwer in die Vergnügungsgewohnheiten der recht lebenslustigen Menschen am Nil ein: Sämtliche Bordelle in der Hauptstadt wurden geschlossen, Musikinstrumente mußten abgegeben werden, der Verkauf von gesangskundigen Sklavinnen wurde untersagt, Musikaufführungen durften nicht mehr stattfinden. Die

Frauen konnten zunächst noch die Häuser verlassen, wenn sie ihren Schmuck vorher ablegten. Eine Verordnung, die bald darauf erlassen wurde, gestattete ihnen den Besuch der Bäder nur, wenn sie ein Hemd trugen, das den ganzen Körper bedeckte. Diese Hemden mußten selbst in Frauenbädern getragen werden. Wenig später sah al Hakim diese Maßnahme als ungenügend an: Er verbot den Frauen prinzipiell den Besuch der Bäder. Die nächste Restriktion betraf den Gang zum Friedhof — auch er blieb künftig nur den Männern vorbehalten.
Alle diese Verbote und Gebote waren nur die Vorstufe zu einer Anordnung, die den Frauen das Betreten der Straße überhaupt untersagte. Die Frauen hatten grundsätzlich im Haus zu bleiben: als Kinder im Haus des Vaters, später im Harem des Mannes, der sie in seine Familie aufnahm. Nur der Weg vom Haus des Vaters zum Harem des Ehemanns war der Frau — einmal im Leben — erlaubt. Um dem Willen des Kalifen Nachdruck zu verleihen, erhielten die Schuhmacher im ganzen Reich die strikte Anweisung, keine Schuhe für Frauen mehr herzustellen.
Gerüchte gingen um in Cairo, der Herrscher sei verrückt geworden, als die Polizei des Kalifen alle Spaziergänger — es waren ja nur noch Männer unterwegs — vom Ufer des Nils vertrieb. Zur Belustigung sollte sich niemand im Freien bewegen dürfen. Der nächste Schritt war, den Menschen zu befehlen, sich ab Einbruch der Dämmerung nur noch in den eigenen Häusern aufzuhalten.
Von der Einschränkung ihres Speiseplans durch Verordnungen des Kalifen wollten die Männer und Frauen in der Hauptstadt allerdings nichts wissen. Eine Art von schleimigem Salat aus Blättern der Lupine, gemischt mit Schellfischstücken und Fleisch von Schalentieren war eine höchst beliebte Delikatesse in Cairo. Der Kalif untersagte die Zubereitung dieses Salats mit der frei erfundenen Begründung, daß Abu Bakr, Omar, Othman und Mu'awija — die verbrecherischen Kalifen — und die Lieblingsfrau des Propheten —

auch sie wird abgelehnt von den Ismaeliten — gerade diesen Salat als ihre Leibspeise betrachtet hätten. Das religiöse Argument konnte die Frauen nicht überzeugen: Sie ließen weiterhin durch ihre Küchensklaven den schmackhaften Salat herstellen.

Gründe für diese Eingriffe in die Privatsphäre der Untertanen sind kaum zu finden. Daß al Hakim Erkrankungen durch Fischvergiftungen in seiner Hauptstadt unterbinden wollte, ist eine mögliche Erklärung für das Verbot des Salats. Doch waren in dieser Zeit keine Häufung von Fischvergiftungen festzustellen. Niemand weiß, warum der Kalif anordnete, daß alle Schachspiele abzugeben und zu verbrennen waren. Die Hunde von Cairo, das ist bekannt, ließ er totschlagen, weil ihn das Gebell störte.

Der Tod war grundsätzlich die Strafe für jedes Vergehen gegen die Verbote des Kalifen. Al Hakim wollte durch Schrecken die Untertanen im Fatimidenstaat gefügsam machen. Der Hinrichtung gingen meist furchtbare Foltern voraus. Die Verurteilten wurden verstümmelt. Zuerst schnitten die Henker Ohren, Nasen und Zunge ab, dann bei Männern, das Geschlechtsglied — bei Frauen die Brüste. Danach wurden Arme und Füße amputiert. Im Palast des Kalifen fanden die Torturen statt. Die Türen blieben weit geöffnet, daß möglichst viele Bewohner von Cairo die Schmerzensschreie der Opfer hören konnten. Als gnädige Hinrichtungsart betrachtete al Hakim das Verfahren, einen Gesetzesübertreter solange an den Händen aufzuhängen, bis er tot war. Im Jahre 1013 fand er seinen Spaß daran, in regelmäßigen Zeitabständen die Sklavinnen seines Harems qualvoll im Badebassin zu ertränken.

Noch immer war die versprochene Offenbarung nicht eingetroffen. Al Hakim schickte immer neue Missionare hinaus in die Städte und Dörfer. Sie predigten von der Reinigung der Seelen und von der Freude, wenn Allah sein wahres Wesen enthüllen werde. Systematisch terrorisierte al Hakim sein

Volk, um es empfänglich zu machen für den, in seiner Vorstellung, schrecklichen Tag der letzten Offenbarung.
Zum Entsetzen der Menschen in den Marktgassen tauchte er oft zu Fuß mitten unter den Händlern auf. Einmal betrat er mit Gefolge das Gewölbe eines Metzgers. Al Hakim nahm das Beil und schlug, ohne Grund, einen seiner Diener tot. Er wollte nur die Wirkung des Beils erproben. Dann befahl er dem Metzger, die Leiche auszunehmen wie ein Schlachttier. Der Metzger mußte dem Befehl folgen, wenn er nicht selbst getötet werden wollte.
Eines Tages aber, im Herbst des Jahres 1012, fiel derselbe Kalif in tiefe Demut. Bis dahin hatte sich jeder Diener, überhaupt jeder Untertan, vor al Hakim auf die Erde werfen müssen. An dem Abend, an dem seine Zeit der Demut begann, hob er selbst den Wesir auf, der ihm, langausgestreckt, die Füße küßte. Al Hakim verbot nun jede sprachliche Formel der Unterwerfung. Der Trommelwirbel, der immer und überall seinen Auftritt angekündigt hatte, wurde abgeschafft. Der Kalif wollte bescheiden leben. Er zog sich nur noch rauhe Gewänder aus schwarzer Wolle an. Seine Pferde ließ er im Stall. Wenn er den Palast verließ, ritt er auf einem Esel. Nachts band er oft das Tier an einem Busch fest, dort, wo der Weg aus Cairo hochstieg zum Hügel Mokattam südlich der Stadt. Seinem Gefolge befahl er dann jedesmal, bei diesem Busch zurückzubleiben. Der Kalif wanderte den Hügel hinauf, zu Fuß auf dem staubigen Weg. Im Dunkel verschwand seine Gestalt. Erst gegen Morgen tauchte al Hakim wieder auf, nur selten kam er früher. Schmutzig war sein schwarzer Mantel immer, wenn er seinen Esel wieder bestieg. Kein Wort sagte der Kalif über das, was oben auf dem Mokattamhügel in der Nacht geschehen war. Das Gefolge aber verbreitete im Palast und in der Stadt, al Hakim habe oben auf dem Berg mit Allah gesprochen.
Im Dezember des Jahres 1016 kamen die Missionare des Kalifen wieder nach Cairo zurück. Einundzwanzig Jahre lang, aufgeteilt in Epochen von je dreimal sieben Jahren, hatten sie

Städtern und Beduinen den Tag der vollkommensten Offenbarung verkündet. Jetzt, so sagten sie, sei das Volk reif, die Größe Allahs zu begreifen. Frei von jeder materiellen oder rituellen Vorstellung sollte das revolutionäre Verständnis Allahs sein — die Menschen im Reich der Fatimiden hatten begriffen, daß der Himmel bald einbreche in ihre irdische Welt. Sie stellten sich den Kalifen al Hakim als wichtige Person vor in diesem Geschehen, wenn sie auch keine konkrete Vorstellung hatten, in welcher Beziehung al Hakim zu Allah dann stehen würde.

Eine Legende erinnert daran, daß al Hakim in dieser Zeit des Wartens auf die höchste Offenbarung durch die Stadt ritt. Er kam an einem Garten vorbei und sah dort einen Mann stehen, umgeben von einem guten Dutzend männlicher Sklaven und Eunuchen. Gemäß seiner Vorschrift ließ sich keine Frau außerhalb des Hauses sehen. Al Hakim hatte Durst, und er bat den Mann um einen Schluck Wasser. Der Mann gab dem Beherrscher der Gläubigen einen gefüllten Becher und bat ihn, doch einzutreten.

Al Hakim saß ab von seinem Esel und folgte dem Mann in den Garten. Nach kurzer Zeit brachten die Eunuchen hundert Schüsseln mit Früchten, hundert Schüsseln mit süßem Gebäck und hundert Kelche voll schaumig geschlagenem Eiweiß mit Zucker vermischt. Al Hakim wunderte sich über die reiche Bewirtung. Höflich fragte er den Gastgeber, warum er von allen Speisen jeweils hundert Schüsseln habe auftischen lassen. Da sagte der Mann: »Oh Beherrscher der Gläubigen! Ich habe hundert Frauen in meinem Harem. Als sie erfahren haben, daß der Kalif das Haus betreten hat, da wollte jede von ihnen dich bewirten, um des Segens leibhaftig zu werden, der darin liegt, dir Speise gereicht zu haben.«

Am Donnerstag, dem 30. Mai des Jahres 1017, bei Sonnenuntergang, verkündet der Kalif al Hakim bi Amrillah den Beginn der neuen Epoche. Ein Edikt zeigt das Ereignis an: »Moslems! Nehmt von euch alle Furcht. Entfernt von Euch die Verderbnis der Täuschung. Der Beherrscher der Gläubigen hat euch den freien Willen der Entscheidung gegeben. Ihr braucht euch künftig nicht mehr verstecken, wenn ihr den rechten Glauben besitzt. Werft ab die Fäulnis der Anpassung, die euch korrumpiert. Ihr seid nicht mehr gezwungen, euren Glauben zu verbergen. Ihr könnt euch reinhalten für Allah. Wenn ihr eueren früheren Glauben aufgebt, könnt ihr allen Ballast abwerfen. Der Beherrscher der Gläubigen fordert euch auf, den Glauben offen zu bekennen. Keine Hand wird euch künftig Übles zufügen. Ihr seid sicher vor jedem Schaden. Von nun an lebt ihr in der Sicherheit, daß niemand mehr von euch falsche Bekenntnisse verlangt. Jeder, der diese Nachricht hört, soll sie denen mitteilen, die sie noch nicht gehört haben. Alle, Hochgestellte und Niedere müssen diese Botschaft kennen. Diese Lehre soll den Menschen als Regel dienen. Allahs Weisheit wird herrschen an allen Tagen, die vor uns liegen.«

Das Volk verstand die Revolution nicht, die mit diesem Edikt ausgelöst wurde. Al Hakim forderte die Gläubigen auf, sich zu bekennen zu allen Aspekten des Glaubens. Derart offenes Bekenntnis war bisher nicht verlangt und nicht üblich. Al Hakim will den Menschen selbst die Möglichkeit geben, zwischen Gut und Böse zu entscheiden. Wenn sie die Entscheidung richtig fällen, dann befinden sie sich in Übereinstimmung mit Allah. Wer trennen kann zwischen Gut und Böse, der hat — so sagte al Hakim — das göttliche Gesetz verstanden, das unsere Welt und den Himmel regiert.

Um die neue Ideologie der Entscheidungsfreiheit den verständnislosen und zögernden Moslems zu erläutern, setzt al Hakim zur gleichen Stunde, als er das Edikt erläßt, einen Imam, einen geistigen Führer ein. Er hat den dreiunddreißigjährigen Hamza Ibn Ali für dieses Amt ausgewählt. Hamza Ibn Ali ist im selben Jahr geboren wie der Kalif, allerdings weit entfernt vom Nildelta, in der persischen Provinz Chorasan. Schon seine Eltern hatten sich zur Schiat Ali, zur Partei der Schiiten bekannt. In früher Jugend war er unter den Einfluß der Ismaeliten gekommen. Seine Chance für eine Verwirklichung seiner religiösen und politischen Ideen sah er im Reich der Fatimiden. Dorthin war er zu Fuß gewandert. Das Gottesbild des Edikts vom 30. Mai 1017 ist von Hamza Ibn Ali geprägt.

Der Imam zitierte sofort nach seiner Ernennung die Missionare nach Cairo. Hamza Ibn Ali schilderte ihnen die Konsequenzen des Edikts: Jeder Gläubige habe schriftlich zu bestätigen, daß er den Ruf Allahs vernommen habe. Am Tag des Jüngsten Gerichts werde auf dieses schriftliche Zeugnis Bezug genommen. Vom Gläubigen werde dann Rechenschaft verlangt, ob er seinen Verpflichtungen nachgekommen sei. Diejenigen, die nur aus Opportunismus die Verpflichtung unterschrieben hätten, ohne sich später daran zu halten, würden von Allah nicht ins Paradies aufgenommen.

Al Hakim hatte das Prinzip der Freiwilligkeit eingeführt in die Beziehung zwischen Mensch und Allah. Dem Einzelnen stand die Entscheidung offen, ob er den rechten Glauben annehmen wollte oder nicht. Diese Freiheit gefiel einigen Mitarbeitern des Imam nicht. Einer der wichtigsten Missionare verriet die Idee des al Hakim. Sein Name: Nashtakin al Darazi.

Er gehörte seit dem Jahr 1016 zum Kreis der Missionare. Er war davon überzeugt, uneingeschränkt die Gunst des Kalifen zu besitzen. Seine Enttäuschung konnte er nicht verbergen, als Hamza Ibn Ali ihm vorgezogen wurde. Doch er versprach dem Imam treue Mitarbeit; er unterwarf sich seiner geistigen Führung. Nashtakin al Darazi bewies großen Eifer in der Bekehrungsarbeit draußen in den Dörfern und Städten. Er wollte den Kalifen durch die immense Zahl der Verpflichtungsscheine überzeugen, daß er würdiger sei, das Amt des Imam zu übernehmen. Seine Methoden, die Gläubigen auf den rechten Weg zu bringen, waren allerdings fragwürdig. Er schüchterte die Zweifelnden ein; er drohte ihnen, wenn sie hartnäckig blieben. Die meisten Verpflichtungs-

scheine aber kaufte Nashtaki al Darazi: Für die Unterschriften gab er Geld. Als die Summe, die dafür aufzubringen war, seine Geldmittel als Missionar überstieg, ließ er selbst Münzen schlagen.
Der Kalif glaubte wirklich, daß dieser Missionar besonders tüchtig sei. Er gestattete ihm, sich »Beherrscher der Lenker der Gläubigen« zu nennen. Der anspruchsvolle Titel stellte den Nashtaki al Darazi in den Ohren der Gläubigen über den Imam. Damit hatte der ehrgeizige Mann sein wichtigstes Ziel erreicht.
Der Zustrom war mächtig, den der »Beherrscher der Lenker der Gläubigen« registrieren konnte. Von seiner Propaganda und seinem Geld fühlten sich die Männer im Nildelta angezogen. So langsam hatten alle Interessierten das Gefühl, Nashtakin al Darazi sei das Haupt der religiösen Erneuerungsbewegung. Auf der Suche nach einer generellen Bezeichnung für die Anhänger der neuartigen Gottesidee wählten die Gläubigen den Namen, der am nächsten liegt: Sie nannten die Unterzeichner der Verpflichtungsscheine ganz einfach »duruz«, und sie kennzeichneten so die Menschen, die zu al Darazi Vertrauen hatten. Die Lautverschiebung von »a« zu »u«, und umgekehrt, ist durchaus üblich in der arabischen Sprachentwicklung. Aus »duruz« bildete sich der spätere Sektenname »Drusen«. Der Schwindler Nashtakin al Darazi ist auf diese Weise unfreiwillig zum Namensgeber für die wichtige religiöse Sekte der Drusen geworden, die bis heute fortlebt.
Der Kalif al Hakim erfuhr erst ganz allmählich von den betrügerischen Methoden des »Beherrschers der Lenker der Gläubigen«. Sobald er das ganze Ausmaß des Unrechts erkannt hatte, das Nashtakin al Darazi begangen hatte, unterbrach der Kalif das neue Zeitalter Allahs. Er setzte am 19. Mai 1018 das Dekret außer Kraft, das er nicht ganz ein Jahr zuvor erlassen hatte. Die Missionare wurden angewiesen, künftig die Werbung für den Glauben der freien Entscheidung zu unterlassen. Al Hakim zog sich in seinen Palast

zurück. Zur Bestürzung vieler Männer von Cairo wanderte er nachts nicht mehr hinauf zum Hügel Mokattam. Sie schlossen daraus, daß die Beziehungen zwischen Allah und dem Kalifen unterbrochen waren.
Der Kalif verbot auch seinem Imam Hamza Ibn Ali jede Art von Predigt. Hamza Ibn Ali durfte sich nicht mehr äußern. Absolutes Stillschweigen wurde von ihm verlangt. Mit keiner Anweisung aber bedachte der Kalif den »Beherrscher der Lenker der Gläubigen«. Nashtakin al Darazi machte weiter Propaganda für sich und seine Art der Interpretation der neuen Einsicht von Allah. Er verfluchte die spirituelle Idee und gestattete wieder die Schilderung Allahs als eines körperlichen Wesens im Himmel.
Wiederum fast ein Jahr später organisierte der offiziell zum Schweigen verurteilte Imam einen Aufstand gegen Nashtakin al Darazi. Am 8. Mai 1019 attackierten einige hundert Männer den Anhang des übereifrigen Werbers. Zwar konnte Nashtakin al Darazi fünfhundert Bewaffnete zu seinem Schutz aufbieten, doch fielen gleich bei der ersten Abwehr des Angriffs vierzig der Kämpfer. Die anderen flohen demoralisiert. Jetzt aber zeigte sich der »Beherrscher der Lenker der Gläubigen« auf der Höhe seiner Überredungskunst. Im Augenblick der höchsten Gefahr schlug er Verhandlungen vor, und die Führer der Attacke stimmten zu. Es gelingt Nashtakin al Darazi, sie zu überzeugen, daß er in allen seinen Maßnahmen nur den Anweisungen des Imam Hamza Ibn Ali gefolgt sei. Von ihm sei er beauftragt gewesen, weiter zu missionieren. Die Wut der Revoltierenden richtete sich nun gegen den Imam: Sie fühlten sich doppelt verraten. Die Anführer beschlossen, den Imam für sein — wie sie glaubten — heimtückisches Spiel zu bestrafen.
Hamza Ibn Ali wohnte seit Monaten in der Raydan-Moschee. Für alle Fälle hatte er sie mit festen Toren versehen lassen. Doch nur zwölf Männer lebten dort mit ihm. Draußen, vor der Moschee, aber schrien mehrere hundert Menschen Haßgesänge gegen den Imam. Trotz der Unterlegen-

heit organisierte der Imam den Widerstand. Er wußte, daß der geballte Zorn der aufgebrachten Menschen ihm keine Möglichkeit offenließ, Rettung auf dem Verhandlungsweg zu suchen.

Der Sturm auf die Raydan-Moschee begann. Mit Rammböken gingen die Belagerer gegen die Tore vor. Der Donner war weithin zu hören. Die dicken Torflügel gaben erst nach, als sie in Brand gesetzt worden waren. Die erste Barriere war gefallen, die wütende Menge drang in den Hof ein. Wie durch ein Wunder blieben alle Verteidiger unverletzt. Auf einem Absatz des Minaretts stand der Imam und sprach seinen Kämpfern Mut zu: »Ihr Gläubigen! Mit eurem Kampf habt ihr heute die Religion des Islam vollendet. Ich habe den Segen Allahs auf euch heruntergezogen. Allahs Wille ist erfüllt durch die Ereignisse dieses Tages. Nichts wird uns zustoßen als das, was Allah uns vorbestimmt hat. Er ist unser Beschützer. In ihn legen die Gläubigen ihr ganzes Vertrauen. Kämpft gegen den Führer des Unglaubens. Kämpft gegen alle, die ihre heiligen Eide und Verpflichtungen aufgegeben haben. Sie wollten den Kalifen, den Boten Allahs vertreiben. Allah wird sie durch euere Hände bestrafen.«

Mitten in dieser Rede geschah etwas Unerwartetes: Der Kalif al Hakim, der sich ein ganzes Jahr lang verborgen gehalten hatte, trat heraus auf den Balkon seines Palastes. Das Gebäude stand direkt neben der Raydan-Moschee. Kein Wort sagte al Hakim, doch alle Blicke richteten sich auf ihn. Die Kämpfe im Hof der Moschee hörten sofort auf. Die Angreifer ließen ihre Schwerter, Lanzen und Prügel fallen. Nach einem Augenblick des Zögerns rannten die Männer davon. Nashtakin al Darazi gab sich gefangen. Am anderen Morgen wurde er öffentlich hingerichtet.

Erneut konnte das Zeitalter Allahs beginnen. Hamza Ibn Ali befahl den Missionaren, wieder hinauszuziehen in die Städte und Dörfer des Fatimidenreichs. Die Verehrung für den Kalifen war gewachsen in den Stunden der Verwirrung. Alle,

die al Hakim auf dem Balkon hatten auftauchen sehen, glaubten nun an die göttliche Natur dieses Mannes.
Al Hakim gab die Pose der Demut auf, die er drei Jahre lang gepflegt hatte, und präsentierte sich jetzt selbst als Personifizierung Allahs in dieser Welt. Die Gläubigen hatten ihn mit Gesten weit demütigerer Unterwerfung anzubeten als je zuvor.

Die besten Ärzte Cairos stellten zu dieser Zeit fest, daß sie kein Mittel wußten gegen die Schlaflosigkeit des Kalifen. Seine Anhänger aber hielten die nächtlichen Ausflüge und die stundenlangen Gebete für Anzeichen des Ringens mit Allah um die höchsten Erkenntnisse der Ordnung dieser Welt. Die Realität sah aber anders aus: Die Führung der Gläubigen hat Hamza Ibn Ali übernommen — von al Hakim waren keine direkten Anweisungen mehr zu erwarten.
Der Imam machte sich Sorgen um die Zukunft. Der Kalif war zwar erst 35 Jahre alt, doch erwies sich seine Gesundheit als höchst labil. Hamza Ibn Ali sprach zu seinen Missionaren über die Gefahren, die dem Glauben drohten: »Die Echtheit einer Religion erweist sich erst, wenn sie einer Prüfung unterworfen wird. In Friedenszeit, wenn es allen gut geht, zeigt kein Mensch besondere Leistungen an Güte, an Ausdauer, an Entschlußkraft. Ein Mensch kann nur dann Allahs ganze Zustimmung erwerben, wenn er in gefährlichen Stunden zu seinen Verpflichtungen steht. Nur derjenige, der schlimme Zeiten durchlebt, erreicht den Genuß des höchsten Glücks.« Die Stunde der Belastung sieht Hamza Ibn Ali mit dem Tod des Kalifen kommen.
Den Höhepunkt an Grausamkeit mußten die Bewohner der Hauptstadt am Nil noch erleben, ehe die — von vielen ersehnte — Sterbestunde und damit die Zeit der Prüfung anbrach.
Im März des Jahres 1020 ließ al Hakim die alte traditionsreiche Stadt Fostat, zu diesem Zeitpunkt Bestandteil der wachsenden Gemeinde Cairo, von seinen schwarzen Trup-

pen plündern und komplett niederbrennen. Die Bevölkerung mußte ihre Kleidung zurücklassen in den Häusern und nackt auf den Plätzen warten, bis die Feuer gelegt waren. Dann wurden sie selbst das Opfer der Raserei al Hakims. Der Kalif sah zu, wie die Frauen vergewaltigt und erschlagen wurden. Hunderte von Männern mußten sich bestialisch kastrieren lassen. Noch einmal brach der Hang des Kalifen zum Sadismus durch. Er stachelte selbst die Neger zu Scheußlichkeiten auf. Seinen Eunuchensklaven Ali, der ihn dringend anflehte, das Morden und die Verwüstungen zu beenden, erschlug al Hakim mit eigener Hand.
Schließlich mußte er den Negern doch den Befehl zum Rückzug aus Fostat geben, da ein Teil der regulären Truppeneinheiten zu meutern begann. Als die Stimmung in der Armee umkippte zu Ungunsten des Kalifen, da besaß al Hakim noch die Kaltblütigkeit, den Kommandeur der Negerverbände zu fragen, wer den Befehl erteilt habe zur Zerstörung der Stadt.
Niemand erfuhr je den Grund für die brutale Vernichtung von Fostat. Einige Männer aus dem Gefolge des al Hakim — der noch immer beanspruchte, die menschliche Verkörperung Allahs zu sein — berichteten, der Kalif habe sich wenige Tage zuvor darüber geärgert, daß er Zettel zu sehen bekam, die ihn verhöhnten. In diesen Schriften, die zu hunderten in Fostat verteilt worden waren, soll er angeklagt worden sein, den Islam verraten und den Lehren Allahs abgeschworen zu haben.
Elf Monate nach diesem furchbaren Ereignis, in der Nacht vom 12. zum 13. Februar 1021, verließ der Kalif al Hakim wieder einmal am späten Abend den Palast. Zu Pferd ritt er diesmal bis zum Anstieg des Hügels Mokattam. Er band das Pferd fest und ging zu Fuß bergan. Seiner Begleitung brauchte er kein Zeichen zu geben; die Männer wußten aus früheren Erfahrungen, daß sie zurückbleiben mußten. Die Stunden der Nacht vergingen, al Hakim aber kam nicht zurück. Die Männer warteten bis Mittag, dann stiegen sie selbst

den Hügel Mokattam hinauf. Nach langem Suchen fanden sie blutige Kleidungsstücke mit Löchern, die wie Dolcheinstiche aussahen. Den Körper des Kalifen sahen sie nirgends — er wurde überhaupt nie mehr wiedergefunden.
Die Gläubigen, die überzeugt waren von der göttlichen Natur des al Hakim, sagten: »Die blutigen Kleidungsstücke gehörten nicht dem Kalifen. Al Hakim hat nichts mit ihnen zu tun. Er ist von Allah hinaufgehoben worden in den Himmel. Allah will uns, die Gläubigen, prüfen, ob wir diese Stunde der Gefahr unbeschadet in unserem Glauben überstehen.«
Skeptische Köpfe aber zweifelten insgeheim an dieser Theorie. Sie gaben die Schuld am Verschwinden des Herrschers seiner eigenen Schwester Sitt al Mulk. Aus Angst, von ihrem Bruder wegen einer Liebesbeziehung umgebracht zu werden, habe Sitt al Mulk die Scheikhs eines Beduinenstammes dazu überreden können, den Kalifen al Hakim zu beseitigen.
Einige Wochen vor der letzten Wanderung des Repräsentanten Allahs auf Erden hatte der Thronfolger vor seinem Vater vierzig Eide schwören müssen, daß er nicht die Absicht habe, später die Anhänger al Hakims zu verfolgen. Vierzigmal hatte Ali, der Thronfolger, versprochen, er werde die neue Ära Allahs weiterführen. Genauso oft hatte er sich verpflichtet, nur der abstrakten, geistigen Idee Allahs zu huldigen. Doch als sein Vater vierzig Tage lang verschwunden war, da sagte Ali, in den vierzig Nächten sei er duch Allah von den vierzig Eiden entbunden worden. Er habe die Freiheit, so zu handeln, wie er selbst es für richtig halte.
Der Imam Hamza Ibn Ali hatte die Gefahr gespürt. Als der Kalif bis zum Mittag des 13. Februar nicht wieder in den Palast zurückgekehrt war nach dem nächtlichen Ausflug, verschwand auch der Imam. Das Versteck war seit langer Zeit vorbereitet. Ihn konnte die Welle der Verfolgung, die durch das Fatimidenreich fegte, nicht treffen.
Der Kalif Ali hatte den Hang des Vaters zur Grausamkeit geerbt. Seiner Negergarde gab er den Befehl, alle Menschen auszurotten, die Verpflichtungsscheine unterschrieben hat-

ten. Sieben Jahre lang dauerte die Verfolgung. Zu Tausenden wurden Männer und Frauen in den Nil getrieben. Ertränken war die Strafe, die Ali angeordnet hatte. Ali hatte schließlich den Eindruck, die Bewegung des Vaters zerschlagen zu haben. In den Moscheen wurde wieder gepredigt wie einst.
Der Kalif drückte seine Befriedigung darüber aus, daß der Schwindel, den sein Vater begonnen habe, endlich vorüber sei. Doch er täuschte sich. Der Glaube der »duruz«, der Drusen, wirkte weiter im Untergrund. Hamza Ibn Ali schrieb in seinem Versteck eine Betrachtung über die Natur Allahs, die hundertfach von seinen Schreibern kopiert wurde: »Allah lebt nicht an einem bestimmten Platz. Seine Existenz läßt sich nicht auf einen Punkt konzentrieren, sonst müßte es andere Punkte geben, wo er nicht zu finden ist. Allah hat keinen Anfang und kein Ende. Er ist weder innen noch außen. Er hat keine Seele und keinen Geist, sonst würde er den geschaffenen Wesen gleichen. Er besteht nicht aus Körper und nicht aus einer anderen Substanz. Wenn er einen Körper besäße, wäre er den sechs Beschränkungen unterworfen: Seine Grenzen lägen oben und unten, rechts und links, vorn und hinten. Jede dieser sechs Beschränkungen zieht jeweils weitere sechs Beschränkungen nach sich. Diese Kette setzt sich endlos fort. Für Allah kann sie nicht gelten. Allah, der Allmächtige, ist zu groß, als daß er mit irgendeiner Beschränkung behaftet sein könnte. Er hat nichts an sich, was andere Wesen haben, sonst würde er, wie sie, vergänglich sein. Allah sitzt nicht und steht nicht, er schläft weder, noch wacht er. Er geht nicht, er kommt nicht, er schreitet nicht vorüber. Unser Herr, er sei gepriesen über alles, hat durch sein Licht alle Dinge geschaffen.«
Eine spirituelle Doktrin ohne irgendwelchen rituellen Zwang war entstanden. Sie war nicht mehr durch Hinrichtungen zu unterdrücken. Der Kalif Ali sah am Ende seines Lebens, daß er der Verlierer war in der Auseinandersetzung mit dem Werk seines Vaters. Sein Sohn al Mustansir, der die Herr-

schaft am 10. Juni 1036 übernahm, ließ den »duruz«, den Drusen, die Freiheit, Allah als geistige Idee zu deuten.
Der Nachfolger des Hamza Ibn Ali führte die Gedanken weiter und setzte sie zusammen zu einer religiösen Struktur, die logisch tragfähig war. Die Prinzipien des Glaubens lauten: »Allah erschuf aus einem hellstrahlenden Licht eine vollkommene Form, die man als seinen Willen bezeichnen kann. Aus diesem Material sind alle Dinge gemacht. Aus purem Licht hat Allah dieses Material geschaffen, ohne Hilfsmittel, ohne Vorbild. Dieses Material umfaßt alle Dinge gleichzeitig. Allahs helles Licht führt uns. Es ist die Quelle jeder wahren Erkenntnis.« Diese Sätze bilden den Kern der Drusenreligion bis heute.
Um diese Zeit, als am Nil das hochentwickelte Gottesbild der »duruz« ausgefeilt wurde, trat während des Pilgermonats ein Mann in Mekka mit einem schweren Hammer an den heiligen schwarzen Stein an der Ecke der Kaaba heran und sagte: »Wie lange noch wollt Ihr Gläubigen diesen Stein von Mohammed und Ali anbeten und küssen.« Er ließ den Hammer auf den Stein fallen und zertrümmerte das Heiligtum. Deshalb ist der Stein heute in eine silberne Hülle gefaßt: Sie hält die Einzelstücke zusammen.
Der Attentäter wurde von der aufgebrachten Menge auf der Stelle zerrissen. Ihm blieb keine Gelegenheit mehr, den Gläubigen zu erklären, daß sich das Bild Allahs gewandelt habe, daß Allah nicht in einem Stein verehrt werden könne.

»Der durch Allahs Befehl aufrecht Stehende«

Der Mann, der in den folgenden schwierigen Jahren in Baghdad den Kalifenpalast bewohnt, trägt den Herrschernamen al Kaim bi Amrillahi; zu deutsch: »Der durch Allahs Befehl aufrecht Stehende«. Sein Amtstitel ist weiterhin Kalif, doch sein Reich ist geschrumpft — Ägypten, ganz Nordafrika, Syrien und die Region um die Städte Mekka und Medina unterstehen den Fatimiden — hinter seiner Würde ist keine Macht mehr zu finden.

Die Menschen in der Hauptstadt Baghdad werden zerrieben zwischen religiösen Spannungen: Die Anhänger der starren sunnitischen Tradition und der flexiblen schiitischen Doktrin bekämpfen sich mit Fäusten und Messern. Neutralität oder Freiheit der Überlegung stehen keinem der Männer aus der wohlhabenden und aus der intellektuellen Schicht offen. Stellungnahme war von ihnen gefordert. Vierhundert Jahre nach den Ereignissen um Mohammeds Tod sollten sie sich noch immer für Abu Bakr oder für Ali entscheiden.

Mit den Jahren bildeten sich in Baghdad sunnitische und schiitische Stadtviertel heraus. Jede Seite suchte Gelegenheit, der anderen Schaden zuzufügen. Die Sunniten zerstörten immer wieder die Grabmäler der Schiiten. Die Anhänger Alis aber erschlugen an einem Tag gnadenlos sämtliche Rechtsgelehrten der sunnitischen Schule.

Zwischen den religiösen Polen blühte die Wissenschaft auf. Ihr kamen die Spannungsfelder zugute. Der Geist war immer beweglicher geworden unter dem Einfluß der Schiiten, die das Vergangene stets in Frage stellten. Der »Fürst der Philosophen«, der persische Gelehrte Ibn Sina, erweiterte in diesen Jahren durch seine Erkenntnisse den Fundus der Wissenden. Ibn Sina schrieb selbst über seine erste Begegnung mit schiitischen Glaubenstheorien: »Mein Vater gehörte zu den Männern, die der ägyptischen Propaganda verfallen waren. Er war Ismaelite geworden. Meinem Bruder gefiel diese Richtung auch. Ich bekam schon als kleiner Junge mit, was sie über das Wesen des Geistes und des Intellekts sagten. Ich stand dabei und begriff alles, wenn mir die Ideen der Ägypter auch nicht zusagten.« In Buchara, in der östlichsten Ecke des arabischen Einflußgebiets ist Ibn Sina aufgewachsen. Sein Bericht zeigt, wie weit sich die besondere Gottesauffassung der Fatimidenkalifen vom Nildelta aus verbreiten konnte.

Ibn Sina, in Europa unter dem Namen Avicenna bekannt, trägt seinen Ehrennamen — Fürst der Philosophen — in heutiger Sicht nicht ganz zu Recht. Zu seiner Zeit jedoch wird die Medizin — das Hauptarbeitsgebiet des Ibn Sina — eingeordnet in das weite Feld der Philosophie. Ibn Sina selbst sah keine Trennung zwischen Medizin und Lebensweisheit. Symptome wie Gewichtsabnahme und Kräfteverfall ordnete er einer Krankheit zu, die er auf unerfüllte Liebe zurückführte. Eine Heilung sah er nur, wenn man die Liebenden zusammenführte. Allerdings entdeckte Ibn Sina auch heute noch gültige Grundsätze der Medizin: daß die Tuberkulose ansteckend ist, daß Hautkrankheiten übertragen werden können, daß schmutziges Wasser ernsthafte Störungen der Verdauung bewirkt. Einhundertsiebzig Bücher hat Ibn Sina geschrieben.

Seit dem Jahr 931 verlangten die Kalifen in Baghdad von einem Arzt, der praktizieren wollte, einen Nachweis über sein Studium und über seine Kenntnisse. Schon ein Jahrhundert zuvor waren Krankenhäuser entstanden. Um das Jahr 1030 besaß Baghdad große Kliniken mit getrennten Abteilungen für die verschiedenen Krankheiten. Zur Zeit der großen politischen Wirren blühte die Wissenschaft auf. Der einzelne Intellektuelle war zwar aufgefordert, zwischen den religiösen und politischen Richtungen Stellung zu nehmen,

doch blieb ihm die Möglichkeit, in Abenteuer des Geistes auszuweichen, in die sich niemand einmischen konnte.
»Der durch Allahs Befehl aufrecht Stehende« machte den Wissenschaften Mut. Da er keinen Einfluß mehr auf die Politik besaß, sah er dort seine einzige Befriedigung. Die Führung der Politik war ihm aus der Hand genommen worden durch Emire, die sich als Leiter der Exekutive etablierten. Die schlimmen Erscheinungen der Turkherrschaft wiederholten sich: Angehörige fremder Völker regierten das Kalifenreich. Dem »Beherrscher der Gläubigen« sollte wenigstens das Urteil in religiösen Fragen zustehen. Doch diejenigen, die Gelöbniszettel der Fatimiden-Imame unterschrieben hatten, kümmerten sich nicht um den Einspruch des machtlosen Abbasidenkalifen.

Im Jahr 1053 kündigte sich in Baghdad wieder eine gefährliche Invasion aus dem Osten an. Meldungen über ein berittenes Turkvolk trafen ein, das Grenzstädte niederbrannte, wenn die Verwaltungen nicht ihre Forderungen nach Bereitstellung von Nahrungsmitteln und Pferdefutter für fünf Tage erfüllten. Das Volk nannte sich »Saljuken« nach seinem Stammvater Saljuk, der damals gerade das beachtliche Alter von 107 Jahren erreicht hatte.
Da dem Volk der Saljuken von den regionalen Herrschern zwischen Balkaschsee und Aralsee ausreichendes Siedlungsgebiet verweigert wurde, entschloß sich sein Führer Arslan Ibn Saljuk zur Wanderung nach Westen. Beim Übergang über den Fluß Oxus, dem Amudarja der heutigen Landkarten, bestand das Volk nur aus neunhundert Menschen — es galt als eine der vielen zahlenmäßig starken Großfamilien. In der Provinz Chorasan schlossen sich Gruppen an, die bei früheren Turkwanderungen zurückgeblieben waren. Innerhalb weniger Wochen wuchs der Clan auf zehntausend Menschen an. Mit der Vergrößerung des Volkes qualifizierte sich ein Enkel des Clangründers durch Organsisationstalent. Er zeigte Begabung zur Führung von Massen. Sein Name ist

Tughril Bey. Er gab sich selbst den Titel »Al Malik al Muazzam«, der verherrlichte König.
Auf der Westwanderung hatte das Volk beim Einbruch in den arabischen Lebensraum den islamischen Glauben angenommen. Die Islaminisierung brachte einen Vorteil: Tughril Bey konnte nun auf dem Weg durch die fruchtbaren Gegenden von den Bewohnern überall fordern, als Chef eines befreundeten Volkes aufgenommen zu werden.
Drei Jahre nach dem Eintreffen der ersten Meldungen über die Saljuken-Gefahr erreichte Tughril Bey mit einem Riesenheer, das jetzt hunderttausend Menschen umfaßte, die Region an Tigris und Euphrat. Der Saljuken-Führer schickte eine Gesandtschaft an den Kalifen, al Kaim bi Amrillahi. »Der durch Allahs Befehl aufrecht Stehende« wurde gebeten, das islamische Heer der Saljuken in die Stadt Baghdad einzulassen. Tughril Bey versicherte, er sei dem Kalifen friedlich gesinnt und er werde bemüht sein, dem »Beherrscher der Gläubigen« tiefempfundenen Respekt zu erweisen. Der Aufenthalt des Heeres, so sagten die Gesandten ausdrücklich, sei nur von kurzer Dauer: Das gesamte Volk der Saljuken sei unterwegs zur Pilgerfahrt nach Mekka. Tughril Bey erbitte Hilfe bei der Erfüllung einer heiligen Pflicht.
Dem Kalifen war die Ankunft des Saljukenheeres zunächst nicht unangenehm. Er hoffte, mit Hilfe von Tughril Bey die Fehden und Kleinkriege in Baghdad beenden zu können. Am 22. Tag des Fastenmonats Ramadan des Jahres 1055 wird der Name Tughril Bey zum erstenmal in der Kanzelpredigt genannt: Den Bewohnern von Baghdad wird angekündigt, daß dieser mächtige Mann als Freund die Stadt besuche. Tughril Bey zog ein und leistete Schwüre, die bestehende Ordnung nicht anzutasten, und brach schon einen Tag später sämtliche Eide.
Da die Einquartierung des Saljukenheeres schlecht vorbereitet war, gab es Streit in Baghdad. Die wohlhabenden Händler und Handwerker hatten keine Lust, die Reiterhorden aus dem Osten bei sich aufzunehmen. Die staubbedeckten und

hungrigen Saljuken, die seit Jahren mit ihren Familien auf Pferderücken lebten, drängten darauf, rasch eine Unterkunft zu erhalten. Mit Raufereien begannen die feindseligen Auseinandersetzungen; daraus entwickelten sich Messerstechereien und schließlich rabiate Attacken der unzufriedenen Saljuken gegen die verschlossenen Tore der Bürgerhäuser. Die Männer von Baghdad wehrten sich: sie überfielen auf den Straßen einzelne Mitglieder des fremden Volkes und schnitten ihnen die Kehle durch. Die Bewaffneten des Tughril Bey rächten sich durch Plünderungen. Der Kalif wurde schließlich gezwungen, sich bei den Fremden für die aggressive Haltung der Bevölkerung zu entschuldigen. Tughril Bey — der Gast, der ursprünglich nach kurzem Aufenthalt in der Stadt bald weiterziehen wollte, um schließlich die heilige Kaaba in Mekka zu erreichen — war in weniger als achtundvierzig Stunden absoluter Herrscher in Baghdad geworden. Der Mann aus dem Osten kümmerte sich nicht um den Kalifen. Er mied den Palast. Zwischen al Kaim bi Amrillahi und Tughril Bey bestand kein Kontakt. Gespräche waren auch gar nicht notwendig, weil Tughril Bey begonnen hatte, das arabische Reich allein, ohne Konsultation mit dem bestehenden Apparat zu regieren. Er setzte Statthalter ein und Leiter von Gemeindeverwaltungen. Wenn sich eine Region weigerte, den Befehlen des fremden Usurpators zu befolgen, zog der Saljukenkönig selbst aus, um die Ordnung in seinem Sinne herzustellen.

Das Saljukenheer erwies sich auf die Dauer als stabilisierender Faktor im Reich des Abbasidenkalifen. Von Westen her drückten die Fatimiden, die Nachkommen des al Hakim, die Grenze ihres Herrschaftsbereichs immer weiter nach Osten. Nicht durch militärische Aktion, sondern durch Propaganda. Die Missionare aus dem Nildelta waren aktiv. Sie überzeugten immer mehr Gläubige von der wahren Offenbarung der göttlichen Idee, die den Ägyptern zuteilgeworden sei. Die Präsenz von Tughril Bey war dem Kalifen eine Garantie da-

für, daß der Einfluß der Fatimiden durch das Turkvolk abgeblockt werden würde.
Um die Allianz zu festigen, bat der Beherrscher der Gläubigen den Saljukenchef zu sich, und Tughril Bey kam mit großem Gefolge. Ehrenkleider wurden ihm umgelegt, er bekam Kronen aufgesetzt und goldene Säbel ausgehändigt — und er wurde ausgezeichnet mit dem Titel »König des Ostens und des Westens«.
Die Infiltration durch die Fatimidendoktrin aber war schon weiter fortgeschritten, als der Kalif und Turghril Bey ahnen konnten. Selbst der Halbbruder des »Königs des Ostens und des Westens« war bereits angesteckt von der Idee, jedes Ding und jeder Mensch sei geschaffen aus der geistigen Materie Allahs, und deshalb sei auch der Mensch als Verwandter Allahs anzusehen. Es gelang dem Halbbruder, einige Einheiten der regulären Kalifenarmee für die revolutionäre Gotteslehre zu gewinnen. Ein Aufstand führte rasch zum Erfolg, weil die zahlreichen Schiiten von Baghdad durchweg die Fatimidendoktrin akzeptierten. Der westliche Teil der Hauptstadt fiel in die Hand der Rebellen. Am Tigris wurde dem Gegenkalifen al Mustansir gehuldigt, dem Fatimidenherrscher von Cairo. Die Machtbereiche der zwei Kalifen trafen in der Hauptstadt aufeinander. Die Saljuken mußten ihre ganze Kraft zusammenfassen, um den Fatimidenfreunden die Westvorstadt von Baghdad wieder wegzunehmen.

Tughril Bey war schon siebzig Jahre alt, doch hatte er noch die Absicht, dem Saljukengeschlecht durch rechtsmäßige dynastische Erbfolge die Herrschaft im arabischen Reich zu sichern. Er bat den Kalifen darum, ihm eine der Töchter für den Harem zu überlassen. Nach einigem Zögern stimmte al Kaim bi Amrillahi zu, Schwiegervater des Tughril Bey zu werden. Er war mit Recht in Sorge, daß ein Saljukensohn seine eigenen Söhne aus der Erbfolge verdrängen könnte. Doch Tughril Bey starb, bevor er die Ehe vollziehen konnte. Mit dem Tod des glänzenden Organisators endete die Herr-

schaft der Saljuken in Baghdad jedoch nicht. Andere Mitglieder der Familie waren vorbereitet, die Dynastie im reichen Land an Tigris und Euphrat weiterhin die Macht zu erhalten.
Völlig reibungslos vollzog sich jetzt die Übergabe der wichtigsten Staatsposten von einer Person zur anderen im arabischen Reich. Als Kalif al Kaim gestorben war, entstand kein Streit um seine Nachfolge; da war keiner der ehrgeizigen Männer daran interessiert, in den Palast des Kalifen einzuziehen. Das Kalifenamt fiel an den Enkel al Kaims. Er wählte sich den Namen al Muktadi bi Amrillahi, »der sich nach Allahs Befehl Orientierende«. In Wirklichkeit orientierte er sich nach dem Befehl der Saljuken. Er zog Nutzen aus ihrer Energie.

Im Gebiet des Kalifen entsteht ein christliches Königreich

Der Saljukenclan regierte, und er kämpfte für die Vergrößerung des Staates. Die Fatimiden wurden schließlich aus Teilen von Palästina vertrieben; zeitweise mußten sie sogar in Sorge um ihre Hauptstadt Cairo sein.

Im Verlauf der Westoffensiven fiel auch Jerusalem in die Hand der Saljuken. Der heilige Ort des Christentums unterstand damit wieder der Baghdader Regierung. Der Besitz dieser, den damaligen Christen ganz besonders wertvollen Stadt brachte Probleme, die den Saljukenchefs eine rasche Entscheidung abverlangten.

Jedes Jahr reisten Tausende von Pilgern aus Europa nach Jerusalem, um das Grab Christi zu besuchen. Der Fatimidenkalif al Hakim hatte sich allerdings sechzig Jahre zuvor bemüht, in Jerusalem die letzten Spuren der Erinnerung an Jesus Christus zu tilgen: Die Grabeskirche war abgetragen worden, der Hügel von Golgatha mußte damals eingeebnet werden. Die Reliquien, die noch vorhanden waren, wurden verbrannt. Die Zerstörung der verehrungswürdigen Plätze löste in Europa einen starken Andrang zu den Pilgerschiffen aus — viele fühlten sich berufen, die Stätte der Passion Christi gegen die Moslems zu verteidigen. Die Pilger kamen mit aggressiven Gefühlen an der Ostküste des Mittelmeers an. Sie ließen sich nicht beeindrucken vom hohen Stand der Kultur der Stadtbevölkerung — sie sahen in den Menschen Palästinas nur die Ungläubigen, die Verdammten, denen das himmlische Paradies verschlossen bleibt.

Die Christen waren überzeugt, allein ihre Religion habe Bestand in Ewigkeit.

Die Arroganz der Pilger ärgerte die Moslems.

Harun al Raschid hatte vor rund einhundertundneunzig Jah-

ren an Kaiser Karl dem Großen das Protektorat über die Grabeskirche und über Golgatha abgetreten. Seit der Zeit des Fatimiden al Hakim war der Schutzbrief für die christlichen Pilger nicht mehr gültig. Sie mußten dafür bezahlen, wenn sie unbehelligt die Straßen benützen und die Grabeskirche erreichen wollten. Wer nicht zahlte, der wurde ausgeplündert und mißhandelt — häufig genug traf dieses Mißgeschick allerdings auch solche Pilger, die ihre Weggebühren bereits bezahlt hatten.
Die Saljuken wollten den Pilgerstrom bremsen durch eine drastische Erhöhung der Zölle für die frommen Männer, die mit dem Schiff in Akkon oder Jaffa ankamen. Den Pilgern, die den Landweg gewählt hatten, sollten Hindernisse die Reise erschweren. Solange jedoch das christliche byzantinische Reich die Nordostecke des Mittelmeers beherrschte, war der Weg für die Pilger, bis auf die letzten fünfhundert Kilometer, sicher. Die Saljuken entwickelten deshalb eine Strategie zur Dezimierung des christlichen Reiches. Im Spätsommer des Jahres 1071 zeigte sich der erste Erfolg: Byzanz verlor in einer entscheidenden Schlacht fast einhunderttausend Mann seiner besten Truppen. Die Moslems drückten die Ostgrenze von Byzanz zurück. Der ungefährliche Abschnitt des Pilgerwegs der Christen wurde während der folgenden zwei Jahrzehnte von den Saljukenchefs beträchtlich verkürzt.

Am 27. November 1095 reagierte Papst Urban II. auf den Vormarsch der Moslems. Er hatte wenige Tage zuvor einen Hilferuf des byzantinischen Kaisers Alexius erhalten, der ihm die Gefahren für den christlichen Staat Byzanz und für die Organisation der Pilgerfahrten deutlich machte. Der Papst befand sich zu diesem Zeitpunkt in Clermont; dort fand ein Konzil der christlichen Kirche statt. Der 27. November war der letzte Tag der Versammlung von Bischöfen, Äbten und gläubigen Rittern. Dem Papst stand das letzte Wort zu — er nützte die Chance, um die Waffenträger des christlichen Europa zur gewaltsamen Öffnung der Pilgerwege und zur Hilfeleistung für das bedrängte Byzanz aufzurufen. Der Papst sagte: »Es ist dringend geboten, unseren Brüdern im Osten die notwendige Unterstützung zu geben. Die Araber sind in das Gebiet von Byzanz vorgestoßen bis zu jenem Teil des Mittelmeers, den man den Arm Sankt Georgs nennt. Sie sind immer tiefer eingedrungen in das Land der Christen. Siebenmal haben die Araber die Christen in der Schlacht besiegt. Sie haben die Kirchen zerstört und viele Christen gefangengenommen. Das Land ist verwüstet. Deshalb bitte und ermahne ich euch — doch nicht ich, sondern der Herr Jesus Christus bittet und ermahnt euch — daß ihr als Herolde Christi euch beeilt, das gemeine Gezücht zu verjagen und den Anbetern Christi rasche Hilfe zu bringen. Es ist Christus, der befiehlt. Wenn einer von denen, die dort hinunterziehen, sein Leben verliert auf der Fahrt zu Lande oder zu Wasser oder in der Schlacht gegen die Heiden, so werden in jener Stunde seine Sünden vergeben. Verpflichtet euch, ohne zu zögern. Ich fordere die Krieger auf, jetzt ihre Angelegenheiten zu ordnen und Geld aufzubringen für die Fahrt. Wenn der Winter endet und der Frühling kommt, sollen sie fröhlich sich auf den Weg machen unter der Führung des Herrn.«

Die Saljuken waren auf die Abwehr der christlichen Attacke nicht vorbereitet. Im Februar 1095 war der Clan innerlich zerstritten. Die Provinzgouverneure hatten sich mehr und mehr von Baghdad gelöst. Praktisch unabhängige Kleinstaaten waren entstanden. Die regionalen Herrscher bekämpften sich gegenseitig. Das Gesamtheer zerfiel in Verbände, die jeweils Kleinfürsten, den Emiren unterstanden. Die Einzelverbände rieben sich gegenseitig auf. Das einst schlagkräftige Saljukenheer unternahm nur noch gelegentlich gemeinsame Aktionen mit beschränktem Ziel; die Abwehr byzantinischer Angriffe zählte dazu. Wenn es den Christen gelingen sollte, ein diszipliniertes Ritterheer nach Palästina zu schicken, gab

es für die demoralisierte Saljukentruppe keine Aussicht, den Angriff abzuwehren.
Im Frühjahr 1096 aber zog ein Heer von christlichen Zivilisten nach Osten: Bettler, Bauern ohne Boden, verarmte Adlige, entlaufene Knechte, freigelassene Verbrecher wollten den Moslems die heilige Stadt Jerusalem wegnehmen. Die vierzigtausend Mann starke Räuberbande wurde von den Arabern bei Nicaea in der heutigen Türkei vernichtet.
Die Saljukenkommandeure an der Front gegen Byzanz ließen sich täuschen vom raschen Erfolg. Ein Jahr später, beim Anmarsch der zweiten Kreuzfahrerverbände wurden die moslemischen Verteidiger von ihrem Chef beruhigt: »Ihr braucht keine Furcht zu haben vor der großen Zahl der Gegner. Sie kommen aus fernen Ländern, von dort, wo die Sonne untergeht. Der lange Weg hat sie erschöpft. Sie gehen zu Fuß. Sie besitzen nicht einmal Pferde. Erinnert euch daran, wie leicht wir über die erste Schar gesiegt haben. An einem Tag haben wir mehr als fünfzigtausend von ihnen umgebracht. Es besteht kein Anlaß zur Sorge.«
Der Optimismus der Moslems erwies sich als Irrtum. Der zweite Verband der Christen wurde von erfahrenen Rittern kommandiert, die sich in Strategie und in taktischen Tricks auskannten. Durch kluge Einteilung der Kräfte gelang es den Kreuzrittern, den Saljuken die Basis Nicaea wegzunehmen. Dieser Sieg gab den Christen gewaltigen Aufschwung. Im Oktober 1097 erreichen die Ritter die ersten syrischen Gebiete. Das heilige Land lag vor ihnen.
Der Kommandeur der Saljuken in der Stadt Antiochia hieß Baghi Sijan. Er lag seit Jahren in persönlicher Fehde mit dem wichtigsten Mann in der benachbarten Stadt Aleppo. Der Fatimidengouverneur weiter im Süden der syrisch/palästinensischen Region war ein weiterer Feind des Baghi Sijan. Jeder von den dreien wünschte dem anderen Unglück. Untereinander beschuldigten sie sich, das Christenheer ins Land geholt zu haben.

Bohemund, der christliche Fürst von Tarent, war in der Tat von einer fatimidischen Gesandtschaft besucht worden. Der Fatimidenkalif in Cairo, ein Nachfahre des al Hakim, hatte die Hoffnung, durch Verhandlungen den christlichen Eroberern das Zugeständnis abringen zu können, sich mit der Annektion des Saljukengebiets zu begnügen. Er wollte seinen Herrschaftsbereich retten. Bohemund war durchaus zu Absprachen dieser Art bereit. Ihn interessierte nur die Stadt Antiochia, die er bereits als seinen persönlichen Besitz betrachtete.
Baghi Sijan war jedoch nicht leicht zu schlagen. Die Witterung half den Verteidigern. Sie waren in der Stadt geschützt vor den heftigen Regenfällen, vor den Stürmen, die im Winter über die nahöstlichen Küstenländer fegen.Der Oberste Saljuke in diesem Raum, der den Titel Sultan trug, versprach Baghi Sijan Hilfe — und er hielt ausnahmsweise sein Versprechen. Antiochia hätte lange den Christen trotzen können.
Nach sieben Monaten hatte Bohemund den Trick gefunden, wie die Stadt zu erobern war. Er ließ sein Lager abbrechen und zog mit seinem Heer aus der Sichtweite der Verteidiger. In der Nacht aber schlichen sich hundert der Ritter wieder zurück. Ein Verräter unter den Verteidigern hatte Dienst an einem der Tore — er ließ die Christen ein in die schlafende Stadt. Rasch waren auch die übrigen Belagerer wieder zur Stelle. Baghi Sijan floh zunächst über die Mauer. Als er seinen Schrecken überwunden hatte, kam er zurück, um in der Stadt eine Verteidigungslinie aufzubauen. Doch dafür war es zu spät. Baghi Sijan wurde erschlagen.
Am anderen Tag erreichte die islamische Verstärkung das Vorfeld von Antiochia. Die Moslems begannen jetzt, die Stadt zu belagern. Sie standen nahe vor dem Ziel, die Christen auszuhungern, da ließ ein Ereignis alle Depressionen der Verteidiger verfliegen. An Hunger dachte keiner mehr. In der Stadt war die »heilige Lanze« gefunden worden, die ein römischer Soldat dem gekreuzigten Christus in die Seite

gestoßen hatte. Raimund von Agiles, ein Augenzeuge, beschreibt das Ereignis: »In seiner Güte erwählte Gott einen armen Bauernjungen, einen Provenzalen, um uns alle wieder aufzurichten Er hatte vom Heiligen Andreas geträumt, der ihm zeigte, wo die Lanze verborgen lag. Vom Morgen bis zum Abend gruben wir an dieser Stelle. Endlich hat Gott in Seiner Güte uns die Lanze gezeigt, und als erst die Spitze über der Erde erschien, habe ich, der ich dies schreibe, sie geküsst! Freude und Jubel in der Stadt sind nicht zu beschreiben. Es war der 14. Juni, als die Lanze gefunden wurde.«

Zwar waren nicht alle Ritter von der Echtheit dieses Wunders zu überzeugen — warum sollte die tausend Jahre alte Eisenspitze gerade in Antiochia vergraben sein? — doch die einfacheren Gemüter kämpften unter diesem Feldzeichen künftig mit größter Entschlossenheit. Die Zerschlagung des arabischen Blockaderings gelang im ersten Ansturm.

Der Aufbau einer geschlossenen arabischen Verteidigungsfront wurde gar nicht versucht. Die lokalen Herrscher stritten weiterhin miteinander. Der Gouverneur der Fatimiden in Palästina gab die Hoffnung auf einen Verhandlungsfrieden nicht auf. Im Namen des Kalifen von Cairo wurde den Christen der ungehinderte Zugang zur Grabeskirche und zum Hügel Golgatha in Jerusalem versprochen. Die Übereinkunft, die Harun al Raschid mit Karl dem Großen getroffen hatte, sollte wieder gültig werden. Den Durchmarsch eines Heeres in Richtung auf Jerusalem aber verbot der Kalif. Auf solche Halbheiten ließen sich Ritter wie Gottfried von Bouillon, Bohemund und Graf Raimund von Toulouse nicht ein. Sie hatten bereits den Emir von Beirut überzeugen können, daß in seiner Lage allein die Kapitulation in Frage komme. Einzig der Statthalter der Fatimiden in der fünfzig Kilometer südwärts gelegenen Stadt Saida dachte noch daran, die Christen aufzuhalten.

Der Kalif in Baghdad, al Mustazir Billahi, erhielt im August 1099 sehr detaillierte Berichte übyr die Einnahme von Jeru-

salem durch das Christenheer. Nach dem Sturm über die Mauern waren einige tausend Moslems erschlagen worden. Die Christen hatten grauenhaft gehaust. Die Juden waren in den Flammen ihrer Synagoge ums Leben gekommen. In den verwüsteten Trümmern der Stadt lebten die Eroberer im Gefühl, den Tod Jesu Christi an Moslems und Juden gerächt zu haben. Doch alle diese Berichte erregten den Kalifen in Baghdad nicht. Das Unglück hatte nicht ihn getroffen, sondern die Konkurrenz, den Fatimidenkalifen in Cairo — der Gegenkalif war zuständig für Jerusalem.
Sechs Wochen nach dem Fall von Jerusalem erreichten Flüchtlinge die Hauptstadt am Tigris. Vor dem Verwaltungsgebäude des Reiches klagten sie in lautem Geheul ihr Leid. Am Freitag weinten sie in der Moschee. In das Gebet aller Gläubigen wurde der Jammer über den Verlust des Ortes aufgenommen, der einst Ausgangspunkt war für Mohammeds Aufstieg in den Himmel. Die Verordnung über die Formulierung des Gebets war die einzige Leistung des Kalifen im Zusammenhang mit der Katastrophe von Jerusalem.

Am Weihnachtstag des Jahres 1100 wurde der christliche Staat im Lande des islamischen Kalifen proklamiert. König Balduin sorgte dafür, daß Jerusalem rasch wieder aufgebaut wurde. Die Zollfreiheit, die er verordnete, ließ den Handel in der Stadt aufblühen. Die europäischen Ritter brachten ökonomische Neuerungen in die islamische Welt, die sich vorteilhaft auswirkten: Die Handwerker aus Frankreich und Deutschland zeigten ihre Handwerkszeuge und sie lehrten ihre Art der Bearbeitung von Rohstoffen. Der Kreuzritter Fulcher von Chartres beschreibt die Mentalität der Oberschicht im christlichen Königreich: »Wir sind alle Orientalen geworden. Wer als Mann aus dem Abendland kam, der fühlt sich hier als Galiläer oder als Bewohner Palästinas. Wer in Reims oder Chartre wohnte, der betrachtet sich jetzt als Bürger von Tyrus oder Antiochia. Wir haben schon unsere Geburtsorte vergessen. Manche von uns besitzen in diesem

Land Häuser und Diener, die mit regulärem Erbrecht ihnen gehören. Andere haben Frauen aus Syrien geheiratet oder sogar getaufte Sarazeninnen. Der eine baut Weingärten, der andere Felder. Sie sprachen verschiedene Sprachen und haben es doch schon fertiggebracht, sich zu verstehen.«

Der Krieg um das Heilige Land war keineswegs zu Ende. Immer wieder versuchten kleinere Heere der Moslems, die Ausweitung des christlichen Königreichs zu verhindern. Die meisten Kämpfe endeten mit Niederlagen für die Moslems. Im Herbst des Jahres 1111 erreichte wieder eine Flut von Flüchtlingen die Hauptstadt Baghdad. Ihre Sprecher forderten in hartem Ton die Aufstellung eines Heeres zur Befreiung Palästinas von den Christen. Vom Kalifen erhielten sie keine Antwort. Da loderte die Wut der rund eintausend Flüchtlinge auf. Sie stürmten am Freitag die Moschee von Baghdad und zerschlugen die separat aufgestellten Bänke des Kalifen. Am Freitag der darauffolgenden Woche wiederholten sie ihre Protestaktion. Für die dritte Woche suspendierte der Kalif das Freitagsgebet. Der Emir von Mosul wurde schließlich damit beauftragt, ein Heer zur Abwehr der Christeninvasion aufzustellen. Er unterließ jedoch jeden energischen Versuch, den christlichen Eroberern Schwierigkeiten zu machen. Das Heer zerstreute sich wieder.

Der interne Streit nahm kein Ende im Staat des Kalifen. Noch immer hielten die Saljuken die wichtigsten Stellen in der Verwaltung und in der Armee besetzt. Sie waren aber längst kein Clan mehr, jeder bekämpfte jeden. Allmählich begriff der offizielle Herrscher in Baghdad, daß sich ihm die Möglichkeit bot, die Macht zurückzugewinnen.
Seit dem 18. April 1118 regiert der Kalif al Mustarschid Billahi, »der sich von Allah leiten läßt«. Gleich zu Beginn seiner Regierungszeit überschreiten christliche Verbände den Euphrat. Der Kommandeur der Kalifenarmee mußte während der Abwehrkämpfe mit Meutereien fertig werden. Er ließ einigen seiner Offiziere die Bärte abschneiden, um sie zu

demütigen. Mit dieser Methode war allerdings der Aufstand nicht zu dämpfen. Da die rebellierende Truppe nicht kampffähig war, gaben die Moslems weite Landstriche ohne Widerstand auf. Das christliche Königreich — so schien es damals — hatte sich etabliert.
Fünf Jahre später gelang den Moslems jedoch ein Coup besonderer Art: Sie nahmen König Balduin II. gefangen. Der König befand sich im eroberten Gebiet am Euphrat. Da er ein leidenschaftlicher Jäger mit Falken war, sonderte er sich häufig vom Heer ab, um in der Steppe zu jagen. Diese Gewohnheit hatten die islamischen Reiter bald entdeckt. Sie lauerten dem König bei einer solchen Gelegenheit auf und griffen ihn. Niemand in Baghdad sah die lockende Möglichkeit, den Gefangenen als Faustpfand zu verwenden, um den Rückzug der Christen aus dem Euphratgebiet zu erzwingen. Balduin II. wurde von Festung zu Festung geschleppt. Der Kalif gab keine Instruktionen, wie er zu behandeln sei. Der König wurde nach einem Jahr Gefangenschaft durch christliche Ritter wieder befreit.
Erst im Jahr 1146 zeichnet sich für die Moslems eine Wende ab. Da greift einer der regionalen arabischen Potentaten im Bereich des Euphrats die Christen in der Stadt Edessa an — sie liegt etwa 450 Kilometer nordöstlich von Antiochia. Die Stadt ist Zentrum der christlichen Grafschaft Edessa. Die Attacke der Moslems gelingt. Zum erstenmal fällt ein wichtiger Platz des Königreichs Jerusalem wieder in die Hand der Moslems. Der Name des regionalen Herrschers: Mahmud Nureddin, der Besitzer von Aleppo. Er organisiert von nun an den Widerstand gegen die Christen.
Der Fall von Edessa traf die Ehre der Fürsten in Europa. In der Ferne erkannten sie die Gefahr für das christliche Königreich. Sie rüsteten zu einem neuen Kreuzzug. An der Spitze des starken Heeres ritten König Ludwig VII. von Frankreich und der deutsche König Konrad III. Im Sommer des Jahres 1148 waren ihre Truppen auf dem Landweg und über die See in Palästina eingetroffen. Die Könige setzten sich ein

ehrgeiziges Ziel: Sie wollten die reiche Stadt Damaskus einnehmen, die bisher noch jedem Angriff der Kreuzfahrer getrotzt hatte.
Am 25. Juli 1148 rückte das Christenheer gegen die stark befestigte Stadt vor. Die Kämpfer drangen in die Gärten am Baradafluß ein. Dort erlebten sie eine Überraschung: Unter den Sträuchern und auf den Bäumen saßen Bogenschützen, die mit hoher Treffsicherheit die Angreifer empfingen. Die beiden Könige aber wollten den Triumph erleben; sie trieben trotz hoher Verluste ihre Truppen durch die Gärten vor gegen die Mauern von Damaskus.
Die Verteidiger fürchteten nun um ihr Leben. Zwar stellte der Gouverneur in der Moschee ein handgeschriebenes Koranexemplar aus, mit dem Hinweis, der Omajjadenkalif Othman habe die Buchstaben einst selbst gemalt — dieses Buch sei das Zeichen der Garantie Allahs, daß die Stadt nicht in die Hand der Christen fallen werde. Die Intelligenteren unter den Verteidigern fragten sich alledings, warum im Abbasidenreich jetzt das Buch eines Omajjadenkalifen verehrt werde. Sie setzten ihre Hoffnung mehr auf den Bau von Barrikaden in den Straßen, als auf den Koran des Kalifen Othman. Mit schweren Balken und Steinmauern wurden die engen Gassen des Marktviertels abgeriegelt.
In der Stunde der Sorge bot Mahmud Nureddin Hilfe an. Er wollte mit zwanzigtausend Reitern das Christenheer aus den Vorgärten von Damaskus vertreiben. Die Unterstützung durch den Herrn von Aleppo wurde dringend benötigt, kam aber auch ungelegen, weil niemand sicher sein konnte, ob der ehrgeizige Nureddin nach der Vertreibung der Christen jemals bereit sein würde die Oase Damaskus wieder zu räumen. Der Gouverneur von Damaskus zögerte mit der Antwort an Nureddin.
Da die Mauern dem Ansturm noch trotzten, versuchte der Gouverneur sein Glück mit diplomatischen Intrigen: Er nahm Kontakt auf zu den wichtigen Beratern im Königreich Jerusalem. Den Rittern ließ er einflüstern, es könne doch

nicht in ihrem Sinne sein, daß die so eben aus Europa eingetroffenen hohen Herren in Damaskus eine zweite Königsresidenz, neben Jerusalem, etablieren würden. Mit diesem Argument traf der Gouverneur die sensiblen Gemüter der Herren im christlichen Königreich. Sie waren von Sorge geplagt, Damaskus werde sich innerhalb weniger Monate zum attraktiven Platz entwickeln, wenn dort erst der König von Frankreich und der deutsche König residierten.

Um den beiden Königen die Chance zu nehmen, Damaskus im Sturm zu erobern, gaben die listenreichen christlichen Offiziere des Königreichs den Neuankömmlingen den Rat, sie sollten doch die Gärten am Baradafluß im Westen von Damaskus verlassen und ihr Lager im Osten und im Süden vor der Stadtmauer einrichten. Die Offiziere von Jerusalem köderten die unerfahrenen Könige mit dem Hinweis, im Osten und im Süden seien die Befestigungen weniger effektiv angelegt. König Ludwig und König Konrad verließen mit ihren Truppen die kühlen Lagerplätze am Fluß und verlegten ihr Lager in die heiße Steppe. Dort gab es keinen Schatten und kein Wasser.

Die Könige begriffen, daß sie von den eigenen christlichen Brüdern getäuscht worden waren — im Süden und Osten waren die Mauern keineswegs weniger stark befestigt als im Westen. Die Truppen meuterten, und veranlassten die Könige Ludwig und Konrad, das Lager wieder zurück ans Ufer des Baradaflusses zu verlegen. Inzwischen aber hatten sich dort die Bogenschützen aus Damaskus wieder eingenistet. Die vom Durst geschwächten christlichen Soldaten fanden nicht mehr die Kraft, die früheren Stellungen zurückzuerobern. Enttäuscht und wütend verließen die europäischen Könige die nahöstliche Welt, in der selbst Christen schon mit raffinierten Tricks gegen die eigenen Brüder agierten.

Die Moslems nahmen den Abzug der Belagerungstruppen mit Begeisterung auf. Mahmud Nureddin, dessen zwanzigtausend Reiter nicht gebraucht worden waren, fiel in das Fürstentum Antiochia ein und eroberte einige kleinere

Städte. Sein eigener Staat wurde immer umfangreicher, seine Armee immer schlagkräftiger. Aleppo entwickelte sich zum islamischen Gegenpol des Kreuzritterstaates.

Mahmud Nureddin besaß die Geschicklichkeit, dem christlichen Glauben mit massiver Propaganda zu begegnen. Seine Emissäre stärkten den Moslems das Selbstbewußtsein gegenüber den arroganten Christen, die in dem Bewußtsein lebten, allein den Zugang zum ewigen Heil zu besitzen. Dem islamischen Gouverneur von Damaskus und seinen Ratgebern warfen die Agenten insgeheim vor, sie seien von den Christen gekauft; die Übereinkunft sei in den Wochen der Belagerung offenkundig geworden. Die Verteidigung sei mit Absicht passiv geführt worden.

Fünf Jahre lang bearbeiteten die Emissäre die Bevölkerung von Damaskus. Sie feierten Mahmud Nureddin als den rechtmäßigen Nachfolger des Propheten, als den einzig würdigen Kalifen, den das arabische Reich derzeit besitze. Im Jahre 1154 wirkte sich die Propagandakampagne aus: Damaskus ergab sich ohne Gegenwehr den anrückenden Reitern des Herrn von Aleppo. Jetzt besaß Nureddin eine würdige Hauptstadt. Er konnte sich in aller Pracht als der wichtigste arabische Staatschef präsentieren. Vom Kalifen in Baghdad sprach niemand mehr.

Saladdin, der letzte große Herrscher

Mahmud Nureddin wurde der Wegbereiter für den Mann, der den Glanz, die Glorie und den Herrscherwillen der Kalifen aus fünf Jahrhunderten in sich vereinigen sollte.
Saladdin nutzt die Lehrzeit bei Nureddin. Mit zehn Jahren schaut Saladdin zu bei der Belagerung von Damaskus. Das nächste Jahrzehnt verbringt er im Gefolge Nureddins. Er ist Zeuge der Hinrichtung gefangener Ritter, der Demütigung ihrer Fürsten. Saladdin ist aber auch präsent, wenn Nureddin mit den Christen über Waffenstillstand und über den Austausch verwundeter Gefangener berät.
Nureddin wird zum Vorbild des jungen Saladdin. Saladdin registriert, mit welcher Hartnäckigkeit Nureddin Region um Region seinem Staat eingliedert. Es gelingt Nureddin, einige Verwandte im Zweistromland zu überzeugen, daß es klug sei, ihm ihre Miniaturreiche zu überlassen. Nureddin erreicht damit den Zugang zu den volkreichen Regionen an Tigris und Euphrat. Er kann dort Kämpfer anwerben für seine Truppe.
Den ehemaligen Herrscher des Kleinstaates von Aleppo fesselt die Vision von einer Renaissance der islamischen Staatsidee. Die Vereinigung aller arabischer Teilstaaten schwebt ihm vor. Von Westen her sollen in Etappen die kleinen Monarchien annektiert werden. Als Krönung dieser Fusionsstrategie stellte sich Nureddin den Einzug in den Kalifenpalast von Baghdad vor. Das reiche Nildelta wollte er sich erst später sichern. Die Kreuzritter aber zwangen ihn zu einer radikalen Änderung seiner Politik.
Die Herren des christlichen Königreichs Jerusalem waren nicht zufrieden mit der Ausdehnung ihres Territoriums. Der Besitz der heiligen Stätten genügte ihnen nicht. Jeder der Grafen, Barone und Ritter legte wert darauf, einen eigenen

Herrschaftsbereich zu besitzen. Längst wurden sie nicht mehr von der Liebe zu Jesus Christus geleitet, sondern von der Gier nach Land und Macht. Mahmud Nureddin blokkierte die Expansionslust der Kreuzritter in Richtung auf die fruchtbaren Gebiete Syriens. Sie wandten ihren Blick deshalb nach Süden auf Ägypten, auf das grüne Nildelta.

König Balduin III. bremste zunächst den Eroberungsdrang seiner landhungrigen Ritter. An Adligen war kein Mangel in Jerusalem, doch die Basis des christlichen Heeres blieb während des ganzen Verlaufs der kurzen Geschichte des Kreuzritterstaates dünn: Die Bogenschützen fehlten, die Lanzenreiter, die Schildknappen. Eine christliche Gesamtbevölkerung von hunderttausend Menschen konnte kaum das Reservoir bilden für eine Armee, die das Nildelta erobern sollte.
Ein glücklicher Umstand machte der Staatsführung in Jerusalem allerdings Mut: In den Städten des Nildeltas lebten einige tausend Christen. Die Verfolgung durch al Hakim und die späteren Kalifen der Fatimidendynastie hatte das Wachstum der christlichen Familien nicht behindern können. Wie einst, hatten die Christen jetzt wieder die Administration Ägyptens im Griff. Nur die hohen politischen Posten waren ihnen verwehrt. Dieser Zustand, so glaubten viele, sei zu ändern mit Hilfe der Ritter des Königreichs Jerusalem. In Palästina entstanden handfeste Pläne für eine Ausweitung des Staates — die Warnungen des Königs wurden beiseite geschoben.
In Cairo saß für einige Monate ein Kind auf dem Thron. Sein Name: Al Adid. Der Junge war nicht ganz zehn Jahre alt. Seine Wesire gaben die Anordnungen. Die Höflinge profitierten; mangelnde Aufsicht ließ sie reich werden. Die ägyptischen Christen faßten den Plan, das Chaos an der Staatsspitze zu beseitigen.
Zu ihrer Überraschung kam der junge Kalif bei einer Palastintrige ums Leben. Sein Nachfoger al Thafir, etwas älter und reifer an Erfahrung, zeigte aber keineswegs mehr Mut und

Entschlossenheit. Die ägyptischen Christen fanden wachsende Sympathie in der Bevölkerung für ihre Verbindungen mit Jerusalem.
Auf Umwegen traf eine christliche Delegation am Nil ein. Wilhelm von Tyrus, ein Geistlicher, hinterließ einen Bericht über die Begegnung mit dem Kalifen: »Im Palast sahen wir Marmorbecken, gefüllt mit dem klarsten Wasser. Überall hörten wir Gezwitscher von Vögeln, die uns ganz unbekannt waren. Da gab es breite Gänge mit Säulen, die von Gold umkleidet waren. Da standen Skulpturen. Der Boden war mit Teppichen verschiedenfarbiger Knüpfung bedeckt. Mit erstaunlicher Geschwindigkeit fielen golddurchwirkte Vorhänge von der Decke. Sie waren mit unendlich vielen Edelsteinen besetzt. Plötzlich war der Kalif zu sehen, auf einem vergoldeten Thron, in helle Gewänder gehüllt. Vor ihm standen Diener und Eunuchen. Mit Gesten tiefer Demut trat der Wesir vor. Er warf sich nieder und küßte die Füße seines Herrn. Der Wesir berichtete dann dem Kalifen, daß wir ein Abkommen geschlossen hatten. Hugo von Cäsarea bat nun den Kalifen, er möge die Abmachung durch Handschlag bekräftigen. Die Höflinge waren über diesen Wunsch außer sich. Der Kalif zögerte lange, dann streckte er langsam die Hand aus, doch sie war mit einem Schleier bedeckt. Damit war Hugo von Cäsarea nicht einverstanden. Er verlange, daß der Kalif den Schleier von der Hand wegnehme. Mit großem Widerstreben legte der Kalif endlich seine bloße Hand in die Hand Hugos von Cäsarea.« Die beiden versprachen einander enge Zusammenarbeit — ohne Lug und Trug.
Der Ansatz zur Kooperation zwischen den Moslems in Cairo und den Christen in Jerusalem konnte Mahmud Nureddin nicht gleichgültig sein. Im Herbst des Jahres 1164 schickte er einen verstärkten Stoßtrupp gegen die Sinaihalbinsel vor. Schon nach wenigen Wochen meldete der Befehlshaber Schirkuh, daß die Grenzfestungen Ägyptens nicht wirkungsvoll besetzt seien, daß überhaupt mit keiner ernsthaften Verteidigung vor Cairo zu rechnen sei.

Mahmud Nureddin zauderte lange mit dem Befehl zum Angriff. Als er Schirkuh ein starkes Heer nach Ägypten mitgab, da mußte der Befehlshaber feststellen, daß parallel zu seinem Vormarsch eine christliche Armee in südlicher Richtung zog. Die Kreuzritter und die Nureddintruppe kamen gleichzeitig in Ägypten an.

Die Christen und der Fatimidenkalif kooperierten weiterhin. Schirkuh bot, in der Hoffnung auf islamische Solidarität, dem Wesir des Kalifen ein Bündnis gegen das Christenheer an, mit dem festen Versprechen, nach dem Sieg wieder aus Ägypten abzuziehen. Der Wesir aber blieb skeptisch — er war überzeugt, daß Mahmud Nureddin das Nildelta nicht mehr freigeben wolle. Um seine Absage eindeutig zu zeigen, ließ der Wesir dem Offizier, der im Auftrag des Schirkuh zu ihm gekommen war, den Kopf abschlagen.

Saladdin, inzwischen dreißig Jahre alt, ist im Verlauf dieses Feldzugs mit der Verwaltung der Hafenstadt Alexandria betraut. Aus dem Sekretär Nureddins war ein selbständig handelnder Beamter mit hohen administrativen und militärischen Fähigkeiten geworden. Er steht noch im Schatten seines Vorbilds. Mahmud Nureddin behält die Entscheidungsvollmacht fest in der Hand. Seinem Geschick, günstige Situationen abzuwarten, verdankt die ihm ergebene Armee ihren Erfolg über das Kreuzritterheer in Ägypten und über die Truppe des Kalifen von Cairo. Nureddin hatte richtig kalkuliert, daß die unnatürliche Allianz zwischen den landhungrigen Grafen und Baronen aus Europa und dem Kalifen, der sein Land behalten wollte, auf die Dauer nicht bestehen konnte. Die christlichen Adligen wollten nicht umsonst den Weg von Aleppo bis Cairo durch die Wüste zurückgelegt haben. Sie pochten auf Belohnung. Da der Kalif keine fürstentümer im Nildelta verteilen konnte, sollte er wenigstens zwei Millionen Dinar bezahlen. Der Kalif war auch dazu nicht bereit. Die Ritter holten sich nun selbst ihre Entschädigung: Sie führten alle jüngeren Frauen und Männer aus der Stadt

Bilbeis fort und verkauften sie als Sklaven auf den Märkten ihres Herrschaftsgebiets.
Mit dem Überfall auf Bilbeis hatten die christlichen Partner ihren Vertrag mit dem Fatimidenkalifen gebrochen. Der Herrscher von Ägypten schwenkte in seiner Bündnispolitik um und flehte Mahmud Nureddin an, ihm gegen die »Franken« zu helfen. Jede der vielen Frauen des Kalifenharems mußte ihre schönste Locke abschneiden. Die Lockensammlung wurde durch einen berittenen Boten nach Syrien gebracht, zusammen mit einem Brief, dessen Text nur aus dem einen Satz bestand: »Die Frauen, deren Locken ich dir sende, beschwören dich, sie vor der Vergewaltigung zu bewahren, die ihnen in der Gefangenschaft der Christen droht.«
Mahmud Nureddin reagierte sofort auf den Hilferuf. Sein Armeekommandeur Schirkuh besetzte Cairo. Der Kalif kam schon wenige Stunden nach dem Einmarsch in das Zelt des Schirkuh, um ihm mitzuteilen, daß sein Wesir allein die Schuld trage an der Kollaboration mit den Christen — damals, beim Besuch des Hugo von Cäsarea, sei er vom Wesir überrumpelt worden. Der Schuldige, so sagte der Kalif, habe Strafe verdient.
Die Bestrafung des Wesirs organisierte Saladdin ohne lange bei Nureddin anzufragen. Er verhaftete den bisher so mächtigen Mann und ließ ihm den Kopf abschlagen. Von diesem Tag an handelte Saladdin selbständig. Auf Befehle wartete er nicht mehr. In Zukunft wird er bewundert und gefürchtet.

Saladdin, der letzte der großen Herrscher des islamischen Reiches, ist kein Araber. Er gehört zum Volksstamm der Kurden. Saladdins Vater war allerdings keiner der vielen eigenbrötlerischen Kurden, die zu allen Zeiten in den kalten Tälern Kurdestans hausen, und auf den Beginn der kurdischen Autonomie von der arabischen Bevormundung warten. Einen klugen Kopf besaß der Vater, und er wußte etwas damit anzufangen. Er ritt nach Baghdad und bewarb sich bei der Reichsverwaltung. Obgleich er als Kurde nicht zum Clan der Saljuken gehörte, wurde er doch in die gehobene Beamtenlaufbahn aufgenommen. Einige Jahre lang war er mit dem verantwortungsvollen Posten des Gouverneurs von Baalbek betraut. Diese Stadt im heutigen Libanon lag damals sehr nahe an der Grenze zum christlichen Königreich Jerusalem. Weit entfernt von der Hauptstadt Baghdad geriet Baalbek frühzeitig in den Sog der Vereinigung von Kleinstaaten, die der Herr von Aleppo betrieb. Saladdins Vater unterstellte sich, sobald er die Notwendigkeit der Fusion erkannt hatte, Mahmud Nureddin.

Der Hofbeamte hatte dem Sohn nach kurdischer Sitte nur einen bescheidenen Namen gegeben — das Kind wurde Jussuf genannt. Auf den Namen Saladdin ist dieser Jussuf erst später gekommen, als sein Ehrgeiz erwachte. Saladdin ist eine Zusammenziehung der drei Worte Saleh ed Din, zu übersetzen mit »das Heil der Religion«.

Dieser Name war nicht von ungefähr gewählt, Saladdin hatte eine sehr enge Beziehung zur Religion. Als junger, sehr empfänglicher Mensch lernte er in Baalbek Moslems einer strengen Richtung des Sufismus kennen. Die Sufis beriefen sich darauf, daß der Islam die Religion der Wüste sei, entstanden in einer kargen Landschaft. Dieser Ursprung habe die Religion geprägt für alle Zeit. Fremd sei ihr die Exaltation, der Ausbruch der Gefühle, denn damit werde das Individuum dazu verleitet, sich selbst zu wichtig zu nehmen. Das Prinzip des Sufismus lautet: »Löse dich von allen Eigenschaften deines Ichs, dann fließt du ein in die Existenz Allahs.«

Saladdin wäre gerne ein Heiliger des Islam geworden, doch er besaß ein zu ausgeprägtes politisches Temperament.

Der Oberbefehlshaber Schirkuh starb ein Vierteljahr nach der Einnahme von Cairo. Saladdin wurde sein Nachfolger. Zwiespältig war seine Stellung zwischen zwei Herrschern: Er war der Untergebene Nureddins, und er war vom Kalifen zum Wesir bestellt worden. In den Freitagsgebeten, verlesen in der Ibn-Tulun-Moschee, wurde regelmäßig der Person des Kalifen gedacht — Nureddin schrieb deswegen wütende Briefe nach Cairo. Er wollte, daß der betreffende Gebetstext gestrichen wird. Für diese Maßnahme ließ sich Saladdin noch Zeit.

Im richtigen Augenblick starb der letzte Kalif der Fatimiden. Die Männer in den Gewölben der Marktgassen von Cairo erzählten sich hinter vorgehaltener Hand, Saladdin selbst habe dafür gesorgt, daß das Geschlecht des al Hakim erlösche — das »Heil der Religion« äußerte sich nicht zu diesem Gerücht. Vor dem Tod des Kalifen hatte er noch einige Männer beseitigen lassen, die ihm hätten gefährlich werden können. So waren, mit vielen anderen, auch die Offiziere der Negergarde, des Terrorverbandes der Fatimidenarmee, erschlagen worden.

Wohl geordnet war die Herrschaft Saladdins in Ägypten. Er fühlte sich am Nil zu Hause. Seine Verwandtschaft wies er an, Syrien zu verlassen und nach Cairo zu kommen. Die Dynastie der Aijubiden begann ihren Aufstieg — sie wurde so benannt nach dem Vater Saladdins, der Aijub hieß. Unter den Aijubiden gewann Cairo die Bedeutung, die der Stadt am Nil bis heute erhalten blieb.

Mahmud Nureddin aber wurde zornig über seinen politischen Schüler. Die Tendenz zur Unabhängigkeit, die Saladdin nicht verbarg, mißfiel ihm. Er wollte diesen Mann näher bei sich haben. Nureddin gab Order, die Armee, die in Ägypten lagerte, solle nach Palästina ziehen, um den Krieg gegen die Kreuzritter fortzusetzen. Saladdin ritt mit seiner Truppe los, doch kehrte er bald wieder um mit der Begründung, eine Revolution sei in Cairo ausgebrochen. Nureddin erfuhr, daß Saladdin ihn belogen hatte. Einen bösen Brief schickte der Herr von Aleppo und Damaskus nach Cairo. Saladdin mußte dem Schreiben die Drohung entnehmen, daß Nureddin selbst an den Nil kommen wolle, um ihn wegen der Lüge zu bestrafen. Daß ihm dann die Enthauptung drohte, das wußte Saladdin.

Zum Glück für den Gründer der Aijubidendynastie lebte sein Vater noch, der bis ins Alter seinen schlauen Kopf bewahrt hatte. Aijub sagte zu seinem Sohn: »Du weißt, daß niemand mehr Zuneigung zu dir empfinden kann als ich. Doch Allah sei mein Zeuge für die Wahrheit dessen, was ich jetzt sage. Wenn Nureddin kommt, werde ich mich vor ihm verbeugen, und die ganze Familie wird sich vor ihm auf den Boden werfen. Und wenn er sagt: Enthauptet Saladdin, dann werden wir ihm gehorchen. Seien wir aufrichtig zu uns selbst: Wir sind alle die Sklaven Nureddins.« Dann diktierte der alte Aijub dem Sohn einen Brief an Nureddin mit diesem Wortlaut: »Ich habe vernommen, oh Nureddin, du wollest mit dem Heer hierherziehen, um mir Ägypten zu entreißen. Der Aufwand, oh Gebieter, ist unnötig. Schicke einen, dem du vertraust — dieser Einzige genügt — und gib ihm den Befehl, mich zu dir zu bringen, so wird er mich gehorsam finden.«
Der Brief löste den gewünschten Effekt aus: Nureddin akzeptierte die Worte als Zeichen der Unterwerfung. Ein Jahr später versuchte Saladdin noch einmal dasselbe Spiel. Nureddin wünschte, daß die ägyptische und die syrische Armee in Palästina zusammengeführt würden. Die Truppe Saladdins war rechtzeitig am Platz — kurz vor Nureddins Ankunft ritten die zehntausend Bewaffneten jedoch wieder an den Nil zurück. Ganz offensichtlich hatte Saladdin Angst vor der Begegnung mit dem Mann, dem er soviel verdankte. Diesmal entschuldigte sich Saladdin damit, sein Vater sei schwer erkrankt.
Die demonstrative Loslösung von den Interessen seines Vorbilds war gefährlich für den ehrgeizigen Gründer der eigenen Dynastie. Er sorgte deshalb auch vor. Sein Bruder mußte Ausweichstellungen weiter aufwärts am Nil in Nubien erobern und an der Ostseite des Roten Meers, im Gebiet des heutigen Jemen. Die Strategie sah vor, die Armee Nureddins in endlose Kämpfe auf schwer zugänglichem Gebiet zu verwickeln. Der offene Konflikt mit dem Vorbild hätte dem

Prestige Saladdins geschadet. Den politisch denkenden Köpfen wäre ein Streit ausgerechnet mit Nureddin, mit dem Mann, der den Wiederaufbau des islamischen Staates begonnen hatte, als Schande erschienen. Über den militärischen Konflikt zwischen der ägyptischen und der syrischen Armee der Araber hätten sich nur die Kreuzritter freuen können.
Die gefährliche Konfrontation wurde überflüssig — zum Glück für Saladdin. Am 15. Mai 1174 starb Nureddin mitten in den Vorbereitungen der Offensive gegen Ägypten an den Folgen einer Erkältung im Alter von 58 Jahren.
Die Persönlichkeit dieses Mannes steht im Schatten seines Nachfolgers. Auch Nureddin war ein Anhänger der Sekte der Sufis. Er fügte sich stärker als Saladdin den Erkenntnissen ihrer philosophischen Religionsgelehrten. Der Herrscher von Damaskus und Aleppo weigerte sich bis zu seinem Tod, einen Mantel anzulegen, an dem auch nur ein Faden aus Gold, Silber oder Seide zu sehen war. Streng hütete er sich, Wein zu trinken. In allen Gebieten, in denen Nureddin herrschte, waren alkoholische Getränke verboten. Die Rückbesinnung auf die einfachen Lebensbedingungen der Wüste, die fünfhundert Jahre zuvor das Wachstum des islamischen Staates in Arabien ermöglicht hatten, gab ihm die Stärke zum Neubeginn der Einigung aller Stämme.
Saladdin wurde nicht sein Erbe. Ein Elfjähriger, der Sohn des Nureddin, zog ein in die Räume des Herrschers im Palast von Damaskus. Saladdin akzeptierte zunächst das dynastische Gesetz, das ihn überging. Er ließ in Eile eine Handvoll Münzen prägen mit der Abbildung irgendeines jungen Mannes und der Schrift »Al Malik as Salih Ismael«. As Salih Ismael war der Name des neuen Herrschers. »Al Malik« ist mit »König« zu übersetzen. Die so beschrifteten Münzen schickte Saladdin, begleitet von einem Huldigungsbrief, nach Damaskus.
Doch genau ein halbes Jahr nach dem Tod Nureddins residierte Saladdin in der Hauptstadt seines einstigen Vorbilds. Niemand hatte ihm den Zutritt nach Damaskus verwehrt.

Die Bevölkerung wünschte sich, daß der Mann vom Nil Ordnung schaffe. Die Adligen, die Männer aus dem zweiten und dritten Glied, stritten sich seit der ersten Stunde der Regierungszeit des Elfjährigen um Einfluß. Der junge Monarch wurde auf die Burgen rings in Syrien eingeladen, schließlich sogar in eine Festung verschleppt. Wer immer sein Gastgeber war, fühlte sich als Regent und wollte Nutzen aus seinem Gast ziehen. Die Schicht der Kaufleute und Grundbesitzer von Damaskus aber war daran interessiert, daß rasch die frühere Ordnung wieder hergestellt würde. Der Streit der Adligen untereinander blockierte Handelswege, unterbrach gute Beziehungen zu den Kunden in den wichtigen Städten Syriens.

Saladdin war informiert über die Vorgänge in Syrien; er kannte die Kräfteverhältnisse der Adligen untereinander sehr genau — denn er nutzte eine Neuerung des Nachrichtenwesens aus, die Nureddin installiert hatte. Der Herrscher von Damaskus und Aleppo hatte über ein Netz von Brieftaubenzüchtern überall in seinem Staate verfügt. Diese Züchter waren durch Verträge an die Gouverneure und regionalen Statthalter gebunden. Sie mußten ihre Tauben zur Nachrichtenübermittlung zwischen den Siedlungszentren und der Hauptstadt einsetzen. Saladdin erweiterte dieses Netz durch eine Staffel von Brieftaubenstationen, die sich von Damaskus bis ins Nildelta hinzog. Auf diesem Wege erfuhr er sehr rasch, was sich in Syrien ereignete. Die präzise Information ermöglichte ihm den Eingriff zum richtigen Zeitpunkt. Er ritt auf Damaskus zu, als der einflußreiche Bevölkerungsteil die internen Auseinandersetzungen der Adligen nicht mehr hinnehmen wollte.

Die Popularität Saladdins steigerte sich, als er sofort nach seiner Ankunft eine Steuersenkung für die Händler und Grundbesitzer proklamierte. Gleichzeitig gab er sich bescheiden — er sei nur gekommen, um Al Malik as Salih Ismael, den elfjährigen Sohn seiner Gönners Nureddin, aus den Klauen ehrvergessener Emire zu retten.

Er besiegte alle, die Widerstand gegen ihn leisten wollten. Am Ende des monatelangen Kleinkriegs blieb Al Malik as Salih Ismael nichts anderes übrig, als auf das väterliche Erbe zu verzichten. Saladdin schenkte ihm die Herrschaft über einige Kleinstädte. Er ließ jedoch keinen Zweifel daran, daß er selbst von nun an die Ära Nureddin als abgeschlossen betrachtete. Nureddins Sohn lebte nur wenige Monate als Herrscher eines Staates, der kleiner war als das Miniaturreich, das von seinem Vater einst als Ausgangspunkt der neuen Unionsbewegung Arabiens benützt worden war. Über die Todesursache des sehr jungen Mannes wurde nicht gesprochen im Reich Saladdins.

In Baghdad regierte zu dieser Zeit Kalif Al Nasir li Dinillahi, »der Beschützer der Religion Allahs«. Er trat die Bezeichnung »Beherrscher der Gläubigen« an Saladdin ab. Vom Kalifen signiert, traf eine Urkunde in Damaskus ein, die Saladdin außerdem eine ganze Reihe von offiziellen Titeln zuerkannte: Sultan, Krone der Emire, Anführer der Heere, Ehre des Reiches, Schwert des Islam, Schmuck der Dynastie, Schutz des Kalifen. Einige dieser Titel gefielen Saladdin, andere aber nicht. Er legte Wert auf die Anerkennung der Unabhängigkeit seiner eigenen Dynastie; keine andere Ehre interessierte ihn.

Dichter, die sein Lob sangen, waren gern gesehen bei Saladdin. Der Poet Usama fand Gefallen mit diesen Worten: »Saladdin hat Ägypten durch seine Schönheit und durch seine Glanz beglückt. Wieviel unwürdige Freier hat Ägypten abgelehnt, bis es gefreit wurde von dem einen Bewerber, der als Mitgift sein Schwert anbot. Er hat Ägypten verteidigt, wie der Löwe seine Höhle verteidigt. Er hat Ägypten beschirmt, wie das Augenlid den Augapfel schützt gegen die Verletzung durch ein Staubkorn.«

Der Kampf mit den christlichen Kreuzfahrern ließ sich verschieben. Saladdin zeigte Geduld. Zunächst gab er den Syrern und den Ägyptern die nötige Ruhepause. Als Residenz wählte er nicht Damaskus, die traditionsreiche Stadt der arabischen Herrscher. Saladdin blieb in Cairo. Er baute die Zitadelle, die Festung über der Stadt. In den Palästen der Fatimiden wollte er nicht auf Dauer wohnen. Die Zitadelle aber sollte mehr darstellen als ein Wohngebäude des Herrschers — sie war gedacht als Gegenstück zu den Pyramiden, die sich auf der anderen Seite des Nils erhoben, ebenfalls auf Hügeln gebaut. Sie repräsentierten die Vergangenheit des Niltals; die Zitadelle repräsentierte die Gegenwart und die Zukunft.

Die Energie Saladdins hätte nicht ausgereicht, um der Stadt am Nil bleibende Bedeutung zu geben, wenn nicht die historischen Umstände günstig für den Südostwinkel des Mittelmeers gewesen wären. Die Häfen in Syrien und im Kreuzritterland waren durch die fortdauernden militärischen Konflikte zu unsicher geworden, um als Anlaufplätze in Frage zu kommen für die Handelsschiffe, die im Warenverkehr mit dem Nahen und Fernen Osten eingesetzt waren. Die Karawanen, die von Beirut, Tripoli oder Lattakiah aus nach Osten zogen, wurden von den arabischen und den christlichen Heeren, die den Landbereich kontrollierten, häufig genug ausgeplündert. Die Staatsverwaltung Saladdins aber konnte den sicheren Hafen Alexandria anbieten. Der Landweg war kurz bis zum Roten Meer. Dort wurden die Waren für Indien und China wieder auf Schiffe verladen. Die Chronisten der damaligen Zeit nennen als Waren, die nach Osten transportiert werden: Waffen, Metallwaren für Haushalt und Handwerk, Pelze, Knaben und Sklavinnen. Im Ost-West-Verkehr werden in Alexandria umgeschlagen: Gewürze, Seidenstoffe, Duftessenzen, fremde Hölzer.

Innerhalb weniger Jahre etablieren sich Alexandria und Cairo als Handelsplätze allerersten Ranges. Saladdin läßt Straßen anlegen und Gasthäuser, Polizeistationen und Bäder. Geld fließt ins Land von Ost und West. Die Menschen in Cairo gewöhnten sich damals ihren Hang zur feinen und üppigen Ernährung an. Aus der Begegnung der nicht sonderlich delikaten ägyptischen Küche — von feinem Essen ver-

standen bislang in Arabien nur die wohlhabenden Schichten in Damaskus und Baghdad etwas — mit raffinierten Rezepten aus fernöstlichen Ländern entwickelten die ägyptischen Köche delikate Gerichte. In der Zitadelle Saladdins wurde häufig diese Leibspeise des Herrschers zubereitet: »Dreißig Pfund Mehl werden mit fünfeinhalb Pfund Sesamöl zu einem Teig geknetet. Ist der Teig vollständig durchgewalkt und formbar wie feuchter Lehm, teilt man ihn in zwei gleiche Mengen. Die eine Hälfte wird dünngewalzt und auf Kupferbleche gelegt, die mit Fett bestrichen sind. Darauf ist das bereits angebratene Fleisch von zehn Lämmern zu schichten. Die Knochen sind vorher zu entfernen. Zwischen das Fleisch werden Pfeffer, Ingwer, Zimt, Koriander, Anis und Salz in kräftigen Mengen gestreut. Muskat in Rosenwasser aufgelöst, dient als zusätzliche Würze. Hühnerfleisch, das in Wein oder Zitronensaft gekocht wurde, ist als Garnierung vorzusehen, ebenso kleine Fleischpasteten und überbackener Käse. Je nach Geschmack mit Rosenöl und Aloe netzen. Die zweite Hälfte des Teigs wird nun ebenfalls fein ausgewalzt und zur Abdeckung über die Masse gebreitet. Das Kupferblech samt Masse wird solange in den Ofen gestellt, bis die Speise durchgebacken ist.« Über die Zahl der Personen, die gespeist werden sollen, sagt das Rezept aus der Hofküche Saladdins nichts.
Die christlichen Ritter reizte der Reichtum, der sich im Nildelta ansammelte. Sie registrierten, daß die Venezianer in Alexandria eine Handelsniederlassung gründeten. Aus Erfahrung wußten sie, daß Venedig sich nur dort festsetzte, wo sich das Geschäft lohnte.
König Balduin IV., vom Aussatz geplagt, sah sein Lebensziel darin, Ägypten in den Kreuzritterstaat einzufügen. Doch noch immer war das Heer zu schwach. Auch weiterhin fehlte das Fußvolk in der Christenarmee. Zudem waren die Adligen uneins über die einzelnen Etappen des Angriffs gegen Saladdin. Der Graf von Flandern machte auf eigene Faust der Unschlüssigkeit ein Ende: Er griff die islamischen Städte im

Norden Syriens an. Saladdin reagierte sofort: Schnelle Reiterverbände jagten durch Palästina, um den bedrängten Städten zu helfen. Balduin IV., der mit fünfhundert Rittern nach langem Zögern den Eroberungszug des Grafen von Flandern begleiten wollte, mußte in die Festung Askalon flüchten.

Leichtsinn, den sich Saladdin noch lange nicht verzeihen konnte, war schließlich die Ursache für die komplette Vernichtung des schnellen Reitertrupps der Moslems. Saladdin hatte seinen Reitern erlaubt, die Dörfer in der Umgebung von Askalon zu plündern. Immer weiter verzettelten sich die Kämpfer; immer größer wurde die Entfernung zwischen den einzelnen Gruppen. Auf die große Distanz brach das System der Befehlsübermittlung zusammen.

Saladdin vertraute zu sehr darauf, daß sich Balduin, behindert durch seine Krankheit, nicht mehr zu unkonventionellen Entscheidungen würde durchringen können. Der König litt an Aussatz. Die Symptome sind vom Erzieher Balduins, Wilhelm von Tyrus, beschrieben worden: »Er spielte als kleiner Junge immer mit den anderen Adligen seines Alters. Wie es oft unter Kindern geschieht, kniffen sie einander in die Arme. Alle schrieen, wenn sie den Schmerz fühlten. Balduin jedoch reagierte nicht. Er verhielt sich so, als ob er keinen Schmerz empfände. Ich glaubte zuerst, es komme dies von seiner Geduld und seiner Ausdauer. Doch dann entdeckte ich, daß sein rechter Arm und die rechte Hand ganz unempfindlich waren. Das war das erste Anzeichen einer schweren und unheilbaren Krankheit. Der junge Mensch war vom Aussatz befallen.« Die Krankheit nahm ihren Verlauf: Der Arm wurde innerhalb weniger Monate von Geschwüren zerfressen.

König Balduin, den seine Ritter fortan »den Aussätzigen« nannten, sah als einziger in der Festung Askalon, daß Saladdins weit verstreute Reiter geschlagen werden konnten. In einer Sänfte ließ er sich hinaustragen vor das Tor; die Ritter folgten ihm. Saladdin war überrascht. Er versuchte noch, seine Männer zusammenholen, doch sie wurden alle vom Gegner abgefangen, ehe sie ihren Herrscher erreichen konnten. Ein starker Wind wirbelte Sand auf. Die Moslems, die eigentlich mit der Wüste hätten vertraut sein müssen, fühlten sich in dem dichten Sandschleier verloren. Die Christen dagegen hatten das Empfinden, Christus helfe ihnen ganz speziell bei dieser Schlacht.

Mit einer Handvoll seiner Ritter rettete sich Saladdin zurück nach Ägypten. Eine ausgedehnte Regenfront zog in diesen Tagen über den Nahen Osten. Die Wüste wurde zum Morrast. Die Flucht vollzog sich langsam, da die Pferde nicht vorankamen. Schwere Dreckklumpen hingen an den Hufen. Saladdin war nicht unglücklich darüber, denn die Verwandlung der Wüste in sumpfiges Land behinderte die Verfolger. Unter anderen Wetterbedingungen hätte Balduin IV. mit einigen tausend Mann ohne Schwierigkeiten Ägypten erobern können. Die demoralisierte Armee Saladdins war nicht mehr zum Widerstand bereit. Der Schock saß tief. Nur Saladdin sah auch positive Aspekte in der Katastrophe: »Aus der Tatsache, daß Allah mich aus der Gefahr errettete, entnehme ich, daß er mich noch zu großen Taten ausersehen hat.«

Bald nach dieser Schlacht brach die Pest aus im christlichen Königreich Jerusalem. Sie breitete sich schnell auch im islamischen Staat aus. Die furchtbare Krankheit verhinderte auf beiden Seiten wesentliche militärische Anstrengungen.

Saladdin war zu dieser Zeit nicht abgeneigt, sich mit den Herren von Jerusalem zu verständigen. Er mußte die Erfahrung machen, daß die islamischen Bewohner des Christenreichs keinen Grund zur Klage über die neuen Herren sahen. Sie hatten Fronarbeit zu leisten, aber durchaus nicht in unzumutbarem Ausmaß: Für je fünfundsiebzig Morgen Land war ein Tag Arbeit im Jahr vorgeschrieben. Ein Viertel der Ernte mußte abgeliefert werden. Über die Situation der islamischen Bewohner schrieb Ibn Dschubair, ein wißbegieriger Reisender dieser Epoche, der selbst Moslem war: »Viele

Bauernhäuser lagen an der Straße, deren Besitzer unter den Franken in großem Wohlstand leben — möge Allah uns vor einer solchen Versuchung durch die Christen bewahren. Die Moslems sind wie früher Herren ihrer Häuser. So bestimmt es das Grundgesetz für die Bauernhöfe und Siedlungen. Viele Moslems sind versucht, sich im christlichen Gebiet anzusiedeln. Es geht ihnen hier besser als in den von Mohammedanern verwalteten Distrikten. Das Unglück für die Moslems ist, daß sie sich in den Gebieten, die von ihren Glaubensgenossen regiert werden, immer über die Ungerechtigkeiten ihrer Herren zu beklagen haben. Mit den Franken ist jeder zufrieden. Auf ihre Gerechtigkeit ist Verlaß.«

Kein Verlaß war jedoch auf ihre politische Vernunft. Rainald von Châtillon, einer der regionalen Fürsten, sah die Krönung seiner militärischen Laufbahn darin, die heilige Kaaba in Mekka zu entweihen und zu zerstören. Aus der Staatskasse des christlichen Königreichs holte sich der Ritter das Geld zum Bau einer Flotte. Im Libanongebirge wurden Zedern gefällt und zu Schiffsbalken und Brettern zurechtgeschnitten. Dieses Material transportierten Kamelkarawanen zum Roten Meer. In einer improvisierten Schiffswerft bei Aqaba entstanden große Kähne. Nach einem Vierteljahr war die Flotte bereit zur Abfahrt nach Djeddah. Weit kamen die Schiffe nicht. Einige ägyptische Schiffe schnitten ihnen den Weg ab.

Nach der Rückkehr in den Ausgangshafen plünderte Rainald von Châtillon eine Karawane aus, die unter dem besonderen Schutz Saladdins stand. Vom Weg der Karawane war auch König Balduin IV. informiert gewesen; er hatte die Passierscheine ausgestellt. Der König war nun durch das Verhalten seines Fürsten bloßgestellt. Rainald ließ sich von seinem Monarchen nicht überzeugen, daß es besser sei, die erbeuteten Waren wieder herauszugeben. So blieb dem König nichts anderes übrig, als sich bei Saladdin zu entschuldigen und selbst Schadensersatz anzubieten. Der Herrscher von Ägypten aber akzeptierte die Entschuldigung nicht.

Groß war sein Zorn über den christlichen Ritter, der die Absicht hatte, in frevelhaften Attacken die heiligste Stätte des Islam für immer vernichten, den Schwarzen Stein der Kaaba ins Meer werfen wollte. Saladdin schwor grausame Rache.
Zwietracht unter den Arabern vereitelte zunächst die geplante Strafexpedition. Saladdin mußte zur Kenntnis nehmen, daß der Chef der Exekutive des Kalifen von Baghdad eine Konspiration mit den Christen begonnen hatte. In Baghdad war der Verdacht entstanden, der Sultan in Cairo könnte nach einem Sieg über das christliche Königreich den Griff nach dem Kalifat wagen. Mit Hilfe der Christen wollten die führenden Köpfe in Baghdad die Bedrohung bannen. Die Verschwörung brachte Saladdin aber auch Vorteile: Der islamische Partner dieser Verschwörung saß in Mosul; diese Stadt wollte Saladdin schon seit langem besitzen.
Mosul war stark befestigt. Die Häuser standen dicht gedrängt hinter dicken Mauern. Saladdin wußte, daß riesige Lebensmittelvorräte den Mut der Belagerten zum zähen Widerstand stärken. Trotzdem entschloß er sich, den Kampfgeist der Besatzung zu zermürben. Einer seiner Befehlshaber ließ ihn allerdings im Stich — aus einem Grund, der tief im peniblen Ehrgefühl arabischer Adliger wurzelt.

Unmittelbar nach dem Beginn der Belagerung ritt Saladdin mit seinen Kommandeuren um die Stadt. Wie immer wagten sie sich sehr weit vor, bis in den Schußbereich der feindlichen Bogenschützen und Katapulte. Da lud die Mannschaft eines Katapults auf dem Turm von Mosul ihr Gerät mit einer alten, zerlöcherten Sandale. In weitem Bogen flog diese Sandale über die Stadtmauer und traf einen der Kommandeure am Kopf. Von diesem Augenblick an war der Getroffene nicht mehr im Lager vor Mosul zu halten. Er fragte Saladdin in äußerst beleidigem Ton, ob er ihn nicht Gegnern gegenüberstellen könne, die mit würdigeren Waffen kämpften. Der Beleidigte überredete seine Freunde und Untergebenen, mit ihm abzuziehen. Saladdin mußte zusehen, wie das Lager

abgebrochen wurde. Einen halben Tag nach dem Vorfall ritten die ersten Abteilungen nach Westen davon. Saladdin blieb nichts anderes übrig, als die Entscheidung der Truppenkommandeure zu akzeptieren. Wütend ritt er seiner abziehenden Armee nach.
Seinem Ansehen schadete die Nachgiebigkeit nicht. Die Armee folgte gehorsam zur Festung Kerak, in der Rainald von Châtillon residierte. Endlich sollte der Mann bestraft werden, der von sich behauptet hatte, er wolle die Knochen des Propheten Mohammed in Jerusalem auf die Straße werfen. Bei der Ankunft des islamischen Heeres wurde in der Festung eben die Hochzeit von Rainalds Stiefsohn Oufroy mit Isabella, der Schwester des Königs von Jerusalem, gefeiert.

Auf einem ehemaligen Vulkan ostwärts des Toten Meeres liegt die Burg; sie ist aus behauenem Vulkangestein gebaut. Uneinnehmbar überragt sie die Stadt. Trotzdem gelingt der Voraustruppe Saladdins beinahe ein Handstreich. Ein einziger enger Gang nur verbindet Stadt und Burg. Während der Hochzeitsfeierlichkeiten blieb dieser Wehrgang unbewacht. Schon waren die islamischen Kämpfer bis zum oberen Ende des steilen Wegs vorgedrungen, da entdeckte Graf Iwein die Gefahr. Er stellte sich mit wenigen Männern dem Feind in den Weg. Die kleine Gruppe konnte die Moslems so lange aufhalten, bis die Zugbrücke am Burgeingang hochgeklappt war. Graf Iwein opferte sich für die Rettung Rainalds von Châtillon.
Am Abend schickte die Mutter des Bräutigams Etienne de Milly einen ihrer Diener über diese Brücke hinunter in die Stadt. Ein arabischer Chronist schreibt: »Der Bote der Etienne brachte Saladdin Brot und Wein, Ochsenbraten und Hammelfleisch von der Hochzeitstafel ihre Sohnes. Ein Gruß sollte Saladdin daran erinnern, daß sich Etienne de Milly und er früher schon einmal getroffen hatten. Als Saladdin das Geschenk sah, freute er sich sehr. Er fragte den Diener, der die Speisen gebracht hatte, in welchem Turm die

Jungvermählten ihre Hochzeitsnacht verbringen. Der Diener gab Auskunft. Saladdin befahl seinen Katapultschützen, diesen Turm nicht zu beschießen. Vor den Fenstern des Turms loderte die ganze Nacht hindurch das Feuer, das unten vor der Burg die Stadt Kerak verzehrte. Die christlichen Bewohner waren tot.«
Die zahlreichen Hochzeitsgäste aßen sehr rasch die Vorratskammern der Burg leer. Sie hatten keine Lust, bei der Verteidigung mitzuwirken — sie bedrängten sogar Rainald von Châtillon, mit Saladdin Verhandlungen aufzunehmen. Doch der Ritter hatte triftige Gründe, solche Bitten abzulehnen.

Rainald mußte versuchen, in Kontakt zu kommen mit Jerusalem, der Hauptstadt des christlichen Königreichs. Einen Boten zu schicken, war sinnlos. Da entzündete Rainald in der Nacht ein starkes Feuer auf dem höchsten Turm der Festung. Die Distanz zwischen Kerak und Jerusalem beträgt sechzig Kilometer Luftlinie — das Feuersignal wurde erkannt und verstanden. Um die Mittagszeit des nächsten Tages zog die Entsatztruppe los von Jerusalem. Als sie das Tote Meer erreicht hatte, gab Saladdin die Belagerung auf. Rainald von Châtillon war noch einmal gerettet.
Neue Friedensschlüsse folgten diesen Kämpfen. Wieder war es der Raubritter auf Kerak, der alle Abmachungen brach.
Die Festung Kerak lag an der Straße, die Damaskus und Cairo — unter Umgehung des Christenstaates — miteinander verband. Die Kaufleute in der christlichen und in der islamischen Region beklagten sich bitter über Rainald von Châtillon, der viele Karawanen ausraubte. Der Kampf um die Werte des Christentums war ihm gleichgültig geworden. Er wollte Beute machen. Der persönlichen Bereicherung galt sein ganzes Interesse. Wenn er allerdings durch seine robusten Raubmethoden in Schwierigkeiten geriet, dann rechnete er fest mit der Solidarität aller christlichen Ritter.
Das kurzsichtige und egoistische Verhalten des Ritters gab den Anstoß zum Untergang des Königreichs Jerusalem. Ein

christlicher Chronist des Kreuzritterstaats berichtet: »Ein Spion sagte dem Fürsten Rainald, eine reiche Karawane sei unterwegs nach Damaskus und passiere demnächst das Gebiet der Burg Kerak. Rainald ritt nach Kerak und rief soviele Männer zusammen wie er konnte. Er nahm die Karawane gefangen. Zu den Reisenden gehörte die Schwester Saladdins. Die Gefangennahme seiner Schwester ärgerte Saladdin. Er schickte sofort einen seiner Emire zum König von Jerusalem und verlangte die Freigabe der Karawane und seiner Schwester. Ausdrücklich sagte Saladdin, er wolle den Waffenstillstand nicht brechen, den er zur Zeit des verstorbenen kleinen aussätzigen Königs beschlossen habe. König Guido befahl dem Fürsten Rainald von Châtillon, die Karawane wieder freizugeben. Rainald antwortete, er sei Herr in seinem Land und nicht der König. Er habe mit Saladdin keinen Waffenstillstand geschlossen. Er werde deshalb die Karawane auch nicht freilassen.«
Saladdins Zorn war so furchtbar, daß er den Kalifen in Baghdad zwang, den Heiligen Krieg aller Gläubigen gegen den Christenstaat zu erklären. Damit war die Teilnahme am Kampf für jeden männlichen Bewohner des islamischen Gebiets zur Pflicht geworden. Den Aufruf hörten alle. Innerhalb von zwei Wochen wußten auch die Stämme im Jemen und im Süden Ägypten's davon. Kolonnen von Reitern machten sich auf den Weg nach Palästina. Die Begeisterung der Beduinen war nur zu vergleichen mit der Euphorie der Stammeskrieger damals, fünfhundertfünfzig Jahre früher, als Abu Bakr, der erste Kalif, endlich den Befehl zur Eroberung des fruchtbaren Bodens zwischen Jordan und Mittelmeer gegeben hatte. Im Jahr 1187 unterstellten sich etwa zwanzigtausend Berittene, versehen mit guten Waffen, dem Befehl Saladdins.

Die Herren des Königreichs Jerusalem aber waren unter sich zerstritten. Die Autorität des Königs Guido reichte nicht aus, um den Egoismus der Ritter zu überwinden. Selbst in dieser Zeit brennender Gefahr dachte jeder nur an sein eigenes Gebiet, an die Rettung seines eigenen Reichtums. Der Ruf zur Mobilmachung wurde nur zögernd befolgt. Der Patriarch von Jerusalem, aufgefordert, mit dem wieder aufgefundenen echten Kreuz Christi zum Sammelplatz der Armee zu kommen, drückte sich und schickte seine beiden Söhne aus unehelichen Verbindungen, den Bischof von Lydda und den Bischof von Akkon. Das Beispiel des Patriarchen ahmten viele nach.

Als die Reiter Saladdins sich Palästina näherten, drängte jeder Ritter des christlichen Heeres darauf, daß der Gesamtverband in seinen Herrschaftsbereich verlegt werde. Raimund von Tripolis und Rainald von Châtillon stritten sich mit harten Worten und Faustschlägen. Zuletzt stand noch die Frage offen, ob sich das Christenheer am See Genezareth oder weiter entfernt vom Wasser zur Schlacht aufstellen sollte. Saladdin war sehr zufrieden, als er sah, daß sich das Heer des Königs Guido vom See löste und die Hügel hinaufzog.

Am 4. Juli des Jahres 1187 nahm Saladdin Rache für allen Ärger, den die Christen in den letzten Jahren verursacht hatten. Weitab vom Wasser litt das christliche Heer, Männer und Pferde, unter fürchterlichem Durst. In engem Kreis hatte Saladdin den Gegner eingeschlossen. Ein Augenzeuge berichtet: »Bei Nacht und bei Tag standen die Christen unter Waffen. Die Moslems hielten sich zurück und warteten, bis die volle Hitze ausgebrochen war. Viel Kraut wuchs und Gesträuch auf der Ebene. Ein starker Wind wehte von der Seite. Die Moslems entzündeten das dürre Zeug, um den Christen noch mehr Pein zu verursachen. Die Kämpfer zu Fuß ergaben sich den Moslems bald mit offenem Schlund vor Durstnot. So vereinigte sich alles gegen die Christen, der Rauch, die Hitze des Feuers. Als sie schließlich sahen, daß es keine Rettung gab, stürzten sie sich mit solcher Heftigkeit auf die Moslems, daß man ihnen ohne die Hilfe Allahs nicht hätte widerstehen können. Bei jedem Angriff jedoch verloren sie Menschen und wurden schwächer.«

Afdal, der Sohn Saladdins beobachtete seinen Vater während der Schlacht: »Ich war an der Seite meines Vaters, als der fränkische König sich auf den Hügel zurückgezogen hatte. Die Tapferen, die um den König waren, warfen sich auf uns und trieben die Moslems bis zum Fuß des Hügels zurück. Ich sah auf meinen Vater und bemerkte Traurigkeit auf seinem Gesicht. Er faßte in seinen Bart und schrie den Kämpfern zu: Macht, daß der Teufel lügt! Nach diesen Worten warfen sie sich wieder gegen den Feind. Da rief ich voller Freude: Sie fliehen! Mein Vater sah mich an und sagte: Schweig! Sie werden erst geschlagen sein, wenn die Fahne des Königs fällt. Kaum hatte er diese Worte gesagt, da sank die Fahne des christlichen Königs. Mein Vater stieg sofort vom Pferd, warf sich vor Allah nieder und dankte ihm unter Freudentränen.«
In der entscheidenden Phase der Schlacht ließ Saladdin eine Gasse öffnen im Ring der Moslemtruppen: Raimund von Tripoli und seine Ritter konnten entkommen. Dem christlichen Fürsten wurde honoriert, daß er über Monate hin Saladdin über alle Beratungen im Kreise des Königs informiert hatte.
»Saladdin, der König aller Könige, der Sieger aller Sieger, ist wie jeder Mensch ein Sklave des Todes.« Diese Worte waren in goldenen Buchstaben auf der schwarzen Fahne zu lesen, die über dem Zelt Saladdins flatterte. Den gefangenen Rittern gab dieser Spruch wenig Trost. König Guido hatte sich ergeben, der jungvermählte Oufroy und — neben hunderten von anderen Männern — auch Rainald von Châtillon. Saladdin bot dem König Sorbet an, Rosenwasser mit Schnee des Berges Hermon vermischt. Diese Geste zeigte dem unterlegenen Monarchen, daß er nicht hingerichtet werde — wer zu trinken bekam, der war begnadigt. König Guido gab das Glas weiter an Rainald von Châtillon. Über die Eigenmächtigkeit des Königs ärgerte sich Saladdin. Er ließ Rainald sagen, daß nicht er, der Sieger, ihm das Getränk habe geben lassen. Im großen Zorn schlug Saladdin mit dem

Schwert auf Rainald ein. Doch den Tod fand der christliche Ritter, der zum Banditen geworden war, erst, als einer der Offiziere des Saladdin ihm den Kopf abschlug.

Emad Eddin, der Biograph Saladdins und Teilnehmer an der Schlacht, schrieb über den für die Christen so unheilvollen Tag: »Der Kampf fand an einem Samstag statt. Zu Beginn waren die Christen Löwen, am Ende wirkten sie wie zersprengte Schafe. Von vielen tausend Menschen rettete sich nur eine kleine Zahl. Das Schlachtfeld war bedeckt mit Toten und Sterbenden. Ich selbst schritt über den Hügel Hattin. Ich sah abgeschnittene Köpfe, ausgestochene Augen, tote Körper, abgetrennte Arme, gespaltene Knochen, durchschnittene Hälse, abgehackte Füße, eingeschlagene Köpfe, zerrissene Lippen. Als ich die mit Blut und Wunden bedeckten Gesichter sah, da fiel mir ein Wort aus dem Koran ein. Der Ungläubige wird sagen: Warum bin ich nicht Staub? Welch süßen Duft strömte dieser schreckliche Sieg aus.«

Auf Lanzen gespießt wurden die Köpfe der erschlagenen Ritter. Tagelang sah das Volk der islamischen Städte diese Trophäen des Sieges. Die überlebenden Männer und alle Frauen der christlichen Siedlungen wurden auf dem Sklavenmarkt von Damaskus verkauft. Die Preise für Sklavinnen sanken auf die Hälfte ab, so groß war das Angebot. Ibn Al Athir, der Statthalter von Aleppo, hatte einige Frauen billig erworben. In seinen Erinnerungen schrieb er: »Ich besaß eine in Jaffa gefangene christliche Frau als Sklavin. Sie weinte oft. Sechs Brüder hatte sie, die alle umgekommen waren. Sie wußte nicht, was aus ihrem Mann und den zwei Schwestern geworden war. An einem Tag sah ich in Aleppo eine christliche Sklavin, die ihren Herrn zu einem benachbarten Haus begleitete. Plötzlich erschien eine andere Frau an der Tür. Beide stießen laute Schreie aus und umarmten sich. Es waren zwei Schwestern, die als Sklavinnen verkauft worden waren.«

Nach der Schlacht von Hattin zerbrach das Königreich Jerusalem. In keiner Stadt gab es noch Truppen, die sich hätten verteidigen können. Ein wichtiger Platz nach dem anderen fiel in die Hand Saladdins. Nur Tyrus leistete Widerstand. Schuld daran war unerwartete Verstärkung aus Europa.

Ibn Dschubair, der wißbegierige Reisende, beschreibt den Zustand von Tyrus in jener Zeit: »Die Stadt kann nicht eingenommen werden. Sie besitzt nur zwei Tore, das eine landwärts, das andere dem Meere zu. Die Stadt ist auf drei Seiten vom Wasser umspült. Die Tore sind durch Wehrtürme geschützt. Die Lage des Hafens ist mit nichts zu vergleichen. Die Stadtmauern umgeben ihn von drei Seiten. Die vierte Seite wird durch Bogengewölbe gesichert. Die Schiffe fahren bis zu den Festungswerken. Spannt man eine Kette auf in der Lücke zwischen den Mauern, dann werden die Einfahrt und die Ausfahrt unmöglich.«

Der Graf, der die Befehlsgewalt in der Stadt besaß, bestimmte gerade die Männer, die Saladdin den Schlüssel der Stadt überbringen sollten, als auf die Hafeneinfahrt ein Schiff zufuhr, das die fränkische Flagge führte. Konrad von Montferrat traf ein mit hundert Rittern.

Das erste Abenteuer im Heiligen Land lag bereits hinter dem Neuling im Heiligen Krieg. Da er während der Seereise nichts erfahren hatte von der Katastrophe bei Hattin, steuerte er, wie vorgesehen, zunächst den Hafen Akkon an. Er wußte, daß Schiffe aus Europa in den christlichen Häfen mit Glockengeläute empfangen wurden. Beim Einlaufen in Akkon aber war nichts zu hören — darüber wunderte sich Konrad von Montferrat. Er begriff dann schnell die Situation, als er die Moslems auf der Hafenmole sah. Die Stadt war von Saladdins Truppen besetzt. Er beorderte seine Ritter schnell unter Deck. Dem Hafenkommandanten deklarierte er sein Schiff als Handelsfahrzeug, das Waren an Bord habe, die den Beherrscher des Landes interessieren könnten. Der Hafenkommandant wollte selbst keine Entscheidung treffen; er fühlte sich verpflichtet, dem Gouverneur den seltsamen Wunsch des christlichen Kapitäns mitzuteilen. Den Zeitgewinn nützte Konrad von Montferrat. Zum Glück war der Wind günstig. Es gelang dem Steuermann wieder aus dem Hafen in die offene Seee auszulaufen.

Nach dieser Erfahrung war Konrad von Montferrat vorsichtiger. Aus großem Abstand überprüfte er die Städte entlang der Küste, ob sie schon vor Saladdin kapituliert hatten oder nicht. Cäsarea, Jaffa und Askalon im Süden befanden sich bereits in islamischer Hand. Als er vor Tyrus ankam, fünfzig Kilometer nördlich von Akkon, da sah er, daß Stadt und Hafen noch christlich waren.

Saladdin wartete am Tag der Ankunft des Konrad von Montferrat vergeblich auf die Delegation, die ihm die Kapitulation der Stadt Tyrus mitteilen sollte. Die fünfzig Ritter, die mit Konrad ankamen, fegten allen Defätismus aus den Köpfen der Bevölkerung. An Übergabe dachte keiner der Männer mehr. Der neuangekommene Ritter ließ sich als Herrscher der Stadt huldigen. Er hatte gefunden, was er suchte — eine reiche Stadt, die ihm unterstand.

Die Befehlshaber der islamischen Armee mußten Saladdin sagen, daß eine Erstürmung der Stadt Tyrus ausgeschlossen war. Sie empfahlen den sofortigen Abzug der Belagerungstruppe. Die Blamage einer langen, aber erfolglosen Aushungerung des Gegners wollten sich die Kommandeure ersparen. Saladdin aber sah noch eine Chance: In Damaskus bewahrte er einen wertvollen Gefangenen auf, den Markgrafen Wilhelm III. von Montferrat. Dieser Gefangene war der Vater des neuen Herrschers von Tyrus. Die Freilassung des Markgrafen bot Saladdin an; Voraussetzung war, daß Konrad die Festung übergebe. Doch der Sohn weigerte sich, auf den vorgeschlagenen Handel einzugehen. Schroff ließ er Saladdin mitteilen, ob der alte Mann frei sei oder gefangen, müsse ihm, dem christlichen Ritter, gleichgültig sein. Der Vater könne nichts mehr zur Sache der Christenheit beitragen — Tyrus aber sei eine feste Bastion der Sache Christi.

Die eindeutige Haltung Konrads von Montferrat imponierte dem islamischen Sultan. Er gab seinen Kommandeuren den Befehl zum Abzug. Tyrus blieb ein Brückenkopf der Kreuzritter. Eine Generation später begannen sie von hier aus erneut die Offensive in Richtung Jerusalem.

Der 2. Oktober des Jahres 1187 ist ein wichtiges Datum der islamischen Geschichte: Saladdin besetzt die Zitadelle von Jerusalem. Zwei Wochen lang hatte die Belagerung gedauert. Balian von Ibelin war Befehlshaber der Stadt. Ein Mann, der kurz zuvor in islamische Gefangenschaft geraten war. Seine Freiheit hatte er mit dem Versprechen erkauft, nach einem Tag Aufenthalt in Jerusalem aus dem Heiligen Land wieder abzureisen. Kaum befand er sich jedoch wieder in Freiheit, da war ihm das Versprechen gleichgültig. Saladdin mußte häufig gegen Wortbrüchige kämpfen in diesem Feldzug.
Im Norden von Jerusalem, am Damaskustor, versuchten die Moslems zunächst, Breschen in die Mauern zu schlagen. Balian von Ibelin organisierte einen permanent arbeitenden Ausbesserungsdienst für die Festungsanlagen. Die Maurer, die sich dafür zur Verfügung stellten, brachten große Opfer. Viele verloren ihr Leben im Dauerbeschuß der islamischen Katapulte. Nach vier Tagen suchte Saladdin eine schwächere Stelle im Mauergürtel. Er fand sie im Süden, am Tor zum Kidrontal hin. Dort ließ er Schächte unter die Mauern treiben, um sie zum Einsturz zu bringen.
Nach zehn Tagen erkannte Balian, daß längerer Widerstand Saladdins Zorn aufstacheln würde — an einen definitiven Erfolg der Verteidigung konnte Balian nicht mehr glauben. Er begann die Kapitulationsverhandlungen mit Saladdin. Der islamische Gelehrte Ibn al Athir sah als Augenzeuge die Situation so: »Saladdin empfing die Unterhändler mit drohenden Worten. Er sagte: ›Ich werde euch genau so behandeln, wie ihr die Moslems bei der Einnahme der Stadt behandelt habt. Ich werde die Männer töten und die Frauen zu

Sklavinnen machen. Böses wird mit Bösem vergolten‹. Auf diese Antwort hin bat Balian um freies Geleit aus der Stadt zum Zelt des Saladdin. Er wollte selbst mit dem Sultan verhandeln. Seine Bitte wurde von Saladdin erfüllt. Als Saladdin sich unbeugsam zeigte, flehte Balian demütig um Gnade für seine Stadt. Da jedoch Saladdin unerbittlich blieb, sagte er: »Du mußt wissen, oh Sultan, daß wir an Zahl unendlich sind. Nur Gott allein kann sich eine Vorstellung davon machen. wieviele wir sind. Die Bewohner von Jerusalem wollen derzeit nicht kämpfen, weil sie damit rechnen, daß Du ihnen die ehrenvolle Kapitulation zugestehst. Ich gebe zu, sie fürchten den Tod und hängen am Leben. Wenn jedoch keine Aussicht auf Überleben besteht, so schwöre ich bei Gott, der unser Gespräch hört, wir werden unsere Frauen und Kinder töten. Was wir besitzen, das verbrennen wir. Ihr werdet keine Frauen mehr finden, um sie auf die Sklavenmärkte zu schleppen. Wir werden den Felsendom und die Al Aqsa-Moschee bis auf die Grundmauern zerstören. Fünftausend Moslems befinden sich in der Stadt. Wir werden sie töten.« Nach diesen Worten beriet sich Saladdin mit seinen Emiren. Sie waren sich einig, daß die Kapitulation bewilligt werden sollte. Sie sagten: Die Christen sollen zu Fuß herauskommen und nichts mit sich tragen, ohne es uns zu zeigen. Sie sollen sich loskaufen zu einem festen Preis. Es wurde abgemacht mit den Christen, daß jeder Mann zehn Goldstücke als Lösegeld bezahlen mußte. Die Frauen hatten fünf und die Kinder je ein Goldstück zu bezahlen. Für die Armen der Stadt, deren Zahl durch Schätzung auf achtzehntausend festgesetzt wurde, verpflichtete sich Balian von Ibelin eine Pauschalsumme in Höhe von dreißigtausend Goldstücken zu bezahlen. Als alles so vereinbart war, öffnete die Heilige Stadt ihre Tore, und die islamischen Fahnen wurden auf die Mauern gepflanzt.«

Derselbe Augenzeuge berichtet allerdings von chaotischen Zuständen an den Stadttoren – dort mußten die Christen das Lösegeld abliefern. Der Verwaltungsaufgabe, rund einhundertzwanzigtausend Menschen ordnungsgemäß Geld abzunehmen und die Einnahmen schriftlich festzuhalten, waren die Offiziere der Saladdinarmee nicht gewachsen. Das Gedränge war schlimm. Viele Christen passierten auf Schleichwegen die Kontrollen ohne zu zahlen. Da keine Quittungen ausgegeben wurden, war für die Moslems der Nachweis schwierig, daß sich jemand aus der Stadt geschwindelt hatte. Schätzungsweise tausend Männer und Frauen seilten sich von den Mauern ab. Andere drängten durch die Tore in der Kleidung von Moslems. Zur Empörung Saladdins befand sich nach der Abwicklung der Lösegeldaktion nicht, wie vorher kalkuliert, eine Million Goldstücke in der Kriegskasse, sondern kaum ein Zehntel dieses Betrags — die für den Geldeinzug verantwortlichen Männer hatten neun Zehntel der Gelder in die eigene Tasche gesteckt. Sechzehntausend Christen aus Jerusalem, so schreibt der Augenzeuge Ibn al Athir, wurden während der folgenden Wochen billig auf Sklavenmärkten verkauft. Die Abmachungen der Kapitulation aber hatten für alle Bewohner die Freiheit vorgesehen. Die schwierige Prozedur der Abwicklung ließ der Ungerechtigkeit viele Türen offen. Saladdin ärgerte sich, doch er mußte zugeben, daß die Administratoren überfordert waren.

Sein frühverstorbener Rechtsberater Abu Nadschib Suhrwerdi hatte ihm in einer Schrift über die Geheimnisse des Erfolgs eines Monarchen die Regierungsprinzipien aufgezeigt, denen sich ein später Nachfolger des Propheten Mohammed zu beugen habe. Abu Nadschib Suhrwerdi hat dem letzten der großen arabischen Herrscher das Gefühl für Gerechtigkeit beigebracht. Die Staatslehre des Juristen gehörte zur ständigen Lektüre des Sultans von Syrien und Ägypten. Jahrhunderte hindurch war das Papier verschollen. Doch haben sich in türkischen Archiven Teile davon erhalten. Das zehnte Kapitel der Abhandlung gibt einen Einblick in die Denkweise, die Saladdin sich angeeignet hatte, und in die Grundsätze der Staatslenkung, die er selbst praktizierte:

»Daß große Könige in Streitfällen der Menschen ein Gericht einsetzen, ein Büro der Gerechtigkeit, ist ein Zeichen ihrer Achtung vor der Gerechtigkeit. Das Gericht stellt die Ursachen der Beschwerden ab von Großen und Kleinen, von Vornehmen und Geringen. Das Reich und seine Bestandteile, die Länder, erhalten ihre Stärke nur durch die Gerechtigkeit. Schon die alten persischen Könige hatten einen bestimmten Tag für die Anhörung von Beschwerden der Unterdrückten bestimmt. Unter allen Regeln des Reichs galt dieser Punkt als der wichtigste. Der Kalif Abdel Malik Ibn Merwan übernahm die Einrichtung. Zu schweren Prozeßfällen zog er den besten Rechtsgelehrten seines Hofes, den Idris al Edwi, hinzu. Dieser Mann sorgte dafür, daß die Gesetze zur korrekten Anwendung kamen. Mit der Zeit aber mehrten sich die Ungerechtigkeiten und Grausamkeiten der Statthalter. Da kam der gerechte Kalif Omar Abdel Aziz. Er gab den Gesetzen erneut ihre Bedeutung. Er sorgte dafür, daß die Unterdrückung aufhörte. Er hat selbst ein Beispiel gegeben für den Mut zur Gerechtigkeit, als er den Mitgliedern der Familie Omajja alles Eigentum zurückgab, das sie bei der Übernahme des Kalifats durch die Familie Abbas verloren hatte. Als ihm damals einige seiner Höflinge sagten: Oh Beherrscher der Gläubigen, wir fürchten, daß dieses Beispiel üble Folgen haben wird, da gab er zur Antwort: Ich fürchte mich nur vor dem jüngsten Tag. Sobald Syriens Herrschaft dem gerechten König Nureddin übertragen wurde, ließ er in Damaskus einen großen Bau errichten. Nureddin nannte ihn Palast der Gerechtigkeit. An bestimmten Tagen ritt er zu diesem Palast, um als Vorsitzender des Gerichts zu wirken. Er hörte sich die Klagen der Bedrängten an. Dann sprach er mit seinen Rechtsgelehrten und entschied schließlich. Eines Tages kontrollierte er im Palast der Gerechtigkeit die Bücher der Grundsteuer für Syrien. Er sagte: Ich habe mir vorgenommen, den Bewohnern von Maret-Noman die Äcker wegzunehmen. Einige Männer, die mir zuverlässig erscheinen, haben mir versichert, daß die Leute von Maret-Noman nur durch Betrug Landbesitzer geworden sind. Da antwortete dem Nureddin der oberste Richter: »Oh Beherrscher der Gläubigen! Allah hat dir die Gerechtigkeit gegen deine Untertanen zur Pflicht gemacht. Untersuche du selbst, was dir vorgetragen wird und urteile nicht auf bloße Worte hin. Denn die Bevölkerung von Maret-Noman besteht aus vielen Menschen. Sollten wirklich alle Betrüger sein? Es ist nicht erlaubt, ihnen auf eine einzelne Anzeige hin ihre Güter zu entreißen.« Nachdem er diese Worte gehört hatte, senkte Nureddin lange Zeit den Kopf. Dann sprach er: »Vorderhand sollen ihnen die Äcker belassen werden. Ich will selbst ihr Recht auf Eigentum überprüfen.« Nureddin befahl seinem Sekretär, einen Befehl auszufertigen, daß die Güter vorerst nicht vom Staatsschatz konfisziert werden würden. Als der Sekretär den Befehl geschrieben hatte, da begann ein junger Mann zu singen, draußen am Ufer des Baradaflusses, direkt unter den Fenstern des Palastes der Gerechtigkeit. Deutlich waren die Worte zu verstehen:

»Oh seid gerecht, so lange die Worte
noch vermögen Nutzen oder Schaden anzurichten.
Bewahrt Gerechtigkeit in eurem Reich
sonst wird es bald zerfallen.
Denn von der Welt und ihrem Schmuck
bleibt nur die gute Tat
als Denkmal aufrecht stehen.«

Zwei Bücher führte Saladdin in Cairo, Damaskus und auf den Feldzügen mit sich, den Koran und diese Schrift des Abu Nadschib Suhrwerdi mit den Beispielen guter Taten arabischer Herrscher. Saladdin liebte die erbauliche Lektüre. Um Saladdin zu beeindrucken, hatte der Rechtsgelehrte die Reue Nureddins über die nahezu vollzogene Ungerechtigkeit besonders rührselig beschrieben:
»Als Nureddin das Lied des jungen Mannes hörte, da veränderte sich die Farbe seines Gesichts. Tränen strömten ihm aus den Augen. Er sagte weinend den Vers des Korans auf:

Wer Ermahnung erhält von Allah und sich dem Verbot fügt, der ist behütet von Allah! Nureddin drehte sich in Richtung Mekka und sagte: Oh Allah, ich flehe dich an um Vergebung. Dann nahm er den Befehl, den sein Sekretär ausgefertigt hatte, und zerriß ihn. Diesen Tag bis zum Abend brachte Nureddin mit Flehen um Vergebung der Sünden zu.«
Der Autor hat Saladdin aber nicht nur erbauliche Geschichten zur Lektüre in die Hand gegeben, sondern auch ganz konkrete Anweisungen, wie er zu regieren habe:
»Die Gegenwart von fünf Arten von Dienern ist notwendig, wenn der Herrscher Ungerechtigkeiten zu untersuchen hat: Erstens die Rechtsgelehrten, die Gutachten abgeben über die Streitfälle. Zweitens die Richter, die zwischen den Parteien wirksam entscheiden. Drittens die Scheiks und andere vertrauenswürdige Männer eines Orts, die als Zeugen auftreten können. Viertens die Schreiber, die alles Vorgefallene schriftlich festhalten. Fünftens die Großen des Reichs, die Emire, die Helden der Kriege. Wenn alle diese Männer versammelt sind, so erzeugt ihr Ansehen in den Schuldigen Scheu und Schrecken, in den Bedrückten Mut und Kraft.«
Abu Nadschib Surhwerdi machte den Versuch, den wichtigsten Mann des arabischen Reiches in eine Rechtsstruktur einzufügen, in der es für Willkür keinen Platz mehr gab. Seine Konstruktion des Diwans, des Büros der Gerechtigkeit, sollte Saladdin veranlassen, die Vision vom gerechten Herrscher zu realisieren, die der Kalif Omar II., der gerechte Kalif, nahezu fünfhundert Jahre zuvor geträumt hatte.
Abu Nadschib Suhrwerdi entwarf für Saladdin ein Herrscherimage, das sich am Berufsbild des Gärtners orientierte: »Der gerechte Fürst rottet die schädlichen Pflanzen aus. Er begießt und pflegt die nützlichen Pflanzen.«
Saladdin gab sich Mühe, den Ansprüchen gerecht zu werden. Wenn er nicht gereizt wurde, neigte er zur Milde. Oft genug fügte er sich dem Willen seiner Befehlshaber, manchmal gegen die eigene, bessere Einsicht. Saladdin zeigte nur selten

tyrannische Eigenschaften. Abu Nadschib Suhrwerdi und die islamischen Theologen der Sufi-Orientierung hatten die Entwicklung des vom Ehrgeiz geprägten Mannes zum Despoten verhindert. Der Rechtsgelehrte gab dem mächtigen Saladdin das Gefühl, eingeordnet zu sein in ein harmonisches Weltsystem, das dem Herrscher wichtige Aufgaben zuteilt:
»Acht Symbole kennzeichnen den Herrscher: Regen, Sonne, Mond, Wind, Feuer, Wasser, Erde, Tod. Die Regenzeit dauert vier Monate. In diesen vier Monaten erhält die Erde alle Feuchtigkeit, die sie benötigt. So gibt der gute Herrscher den Soldaten ihre Löhnung in vier Raten für das ganze Jahr. Wie die Sonne acht Monate des Jahres die Feuchtigkeit der Erde aufsaugt, so erheben die Herrscher durch ihre Administratoren während acht Monaten des Jahres die Steuern und Abgaben des Landes. Wie der Mond mit seinem Licht die ganze Erde beleuchtet, so beschränken gerechte Herrscher das Licht ihrer Gegenwart nicht nur auf die Menschen in ihrem Palast, sondern sie beglücken durch ihre Anwesenheit im Büro der Gerechtigkeit viele Menschen des Reiches. Wie der Wind die ganze Erde durchweht, so durchweht der Atem des Herrschers sein Reich durch seine Kundschafter und Ausspäher. Wie das Feuer abgestorbenes Gebüsch und dürres Reisig verzehrt, so vertilgt das Schwert des Sultans die Bösen im Reich und die Rebellen. Das Wasser fließt ruhig und klar, und es kann doch in kurzer Zeit zum reißenden Strom werden. So regieren große Herrscher in Güte. Die Widerspenstigen aber unterwerfen sie im Zorn. Die Erde verbirgt ihre Schätze. So verbergen gute Herrscher tief in ihrem Innern die Geheimnisse des Staates. Der Tod aber bricht unversehens herein und fordert das Leben ohne Unterschied. So kennt die Strenge der Herrscher gegen ihre Feinde keine Nachsicht.«
Unter der Überschrift »Der gute Pfad in der Regierungskunst der Herrscher« gibt Abu Nadschib Suhrwerdi präzise Hinweise auf die Eigenschaften des ausgezeichneten Monar-

chen: »Durch zehn Vorzüge sind große Herrscher vor anderen ausgezeichnet. Davon gehören fünf Vorzüge zur Person und fünf zur Sache. Die fünf persönlichen Eigenschaften sind: Barmherzigkeit, Wachsamkeit, Strenge, Wendigkeit des Geistes, Vorsicht. Die fünf Vorzüge, die auf Dinge bezogen sind: Reichtum, große Truppenzahl, starke Festungen, prächtige Bauten, reiche Kleider.«

Saladdin besaß die zehn Vorzüge, und trotzdem erschien er seinen Untertanen nicht immer als der Herrscher, den Allah durchweg mit Glück segnet. Daß er Tyrus nicht hatte einnehmen können, das ärgerte den mächtigen Mann. Zwei Monate nach der Eroberung von Jerusalem will er die Blamage auslöschen, doch die Aktion endet in einer schlimmen Demütigung, die ihn vor seiner Armee bloßstellt.

Konrad von Montferrat hatte einen genialen Trick gefunden, um Saladdin eine Falle zu stellen. In seiner Stadt lebte ein junger Mohammedaner, der aus der Saladdin-Armee fliehen mußte, weil er einige Wochen zuvor den eigenen Vater beleidigt hatte. Im Einverständnis mit Konrad nahm der junge Mann Kontakt zu einem Befehlshaber des islamischen Heeres vor Tyrus auf. Er berichtete von der niedergedrückten Stimmung in der Stadt, vom Hunger und vom Willen der Bewohner, wieder nach Europa zurückzukehren. Saladdin bekam den schriftlichen Stimmungsbericht zu sehen, und er befahl die Fortsetzung des Kontakts mit dem Moslem in Tyrus. Dem Befehlshaber gab er das Recht, dem Flüchtling die Amnestie zu versprechen.

Drei Wochen später schien sich für Saladdin die Verbindung zu lohnen. Er erfuhr aus Tyrus, daß die Bewohner auf Schiffen in der Nacht vom 29. zum 30. Dezember 1187 die belegte Stadt räumen wollten. Über die Mauern des Hafens, das sahen die Moslems, ragten mehrere Mastspitzen auf — die Beobachter konnten daraus schließen, daß die Belagerten tatsächlich Fluchtfahrzeuge bereitgestellt hatten. Der Herrscher und Oberste Befehlshaber gab die Anweisung, die Flucht nicht zu behindern.

Am Morgen des 30. Dezember liegt Ruhe über Tyrus. Die Sperrkette an der Hafeneinfahrt ist nicht gespannt. Die vierzehn Galeeren der islamischen Flotte nähern sich vorsichtig. Die Stadt scheint ausgestorben zu sein. Alle vierzehn Schiffe befinden sich schließlich im Hafenbecken. Da rasselt plötzlich die Sperrkette hoch — die Ausfahrt aufs offene Meer ist blockiert. Von den Mauern springen die Kämpfer Konrads von Montferrat auf die Decks der islamischen Schiffe. Innerhalb weniger Minuten sind die Besatzungen erstochen, die Schiffe erbeutet. Saladdin verliert an diesem frühen Morgen seine komplette Flotte. Gedemütigt reitet Saladdin nach Cairo zurück. Doch entmutigt ist er nur für kurze Zeit.

Gerade zu dieser Zeit erhoben die europäischen Herrscher eine besondere Steuer, die in Frankreich »La Saladine« hieß und in Deutschland »der Saladdinszehnte«. Die Steuererträge sollten zur Finanzierung eines neuen Kreuzzuges dienen. Ein großer Teil der Einnahmen wurden jedoch zur Kostendeckung der internen Kriege in Europa verwendet. Die Bevölkerung war überall gerne bereit zu spenden, die Herrscher aber zögerten mit der Abreise in den Nahen Osten. Jeder wollte zunächst seine eigene Position im Kräftespiel der Mächte in Europa verbessern. Friedrich I., Deutscher König und Römischer Kaiser, hatte großes Interesse daran, seinen Einfluß nach Osten hin auszuweiten, doch auch er nahm sich sehr viel Zeit, ehe er sich die Pilgerinsignien aushändigen ließ.

Saladdin spürte, daß dieser Kreuzzug, der sich so langsam formierte, gefährlicher war als die Christenexpeditionen zuvor. Friedrich I., genannt Barbarossa, begann die Fahrt der Kreuzritter nach gründlicher diplomatischer Vorbereitung. Bei Saladdin traf eine Delegation ein, versehen mit Vollmachten des Reichstags von Regensburg, die auf friedliche Weise die christlichen Ziele zu erreichen versuchte. Die Delegation sollte die Auslieferung des echten Kreuzes Christi verlangen, die Freilassung der gefangenen Kreuzritter und die Rückgabe eines Teils der Gebiete des Königreichs Jeru-

salem. Der Delegationschef, Heinrich von Dietz, mußte auf Saladdin in Damaskus warten. Er bekam ein Haus zugewiesen am Baradafluß und eine große Zahl von Sklaven und Sklavinnen. Die Verpflegung wurde der Delegation jeden Tag aus der Küche des Herrschers gebracht, mit dem traditionellen Gruß: »Der Sultan bittet seine Gäste, das Salz mit ihm zu teilen.« Reichlich versorgt wurde die Gruppe um Heinrich von Dietz mit Gerstenbrot, Käse, Oliven, Mandeln und Kaffee. Nur auf Wein warteten die Männer vergeblich.
Die Antwort, die Heinrich von Dietz schließlich erhielt, war unzweideutig: Saladdin dachte nicht daran, Gebiet an die Christen zurückzugeben. Auch in den anderen Verhandlungspunkten blieb er hart. Wenn Kaiser Friedrich I. das echte Kreuz Christi wiederhaben wolle, dann müßte er zuerst den Konrad von Montferrat zur Kapitulation von Tyrus veranlassen.
Die christliche Delegation verließ Damaskus wieder. Saladdin wartete einige Monate lang auf Nachricht aus Deutschland, ob Barbarossa den Angriffsbefehl schließlich gegeben hatte oder ob die Adligen in Europa noch immer zögerten. Die Unsicherheit mißfiel ihm. Gegen Tyrus konnte er nichts unternehmen, die erlittene Demütigung reichte ihm. Da existierte aber noch ein weiteres Nest des christlichen Widerstands, das ausgeräumt werden mußte, die Festung Beaufort — sie liegt im heutigen libanesisch-israelischen Grenzgebiet. Sechshundertsiebzig Meter hoch, auf einer Felsnase saß die Burg. Graf Rainald von Sidon kommandierte dort, ein gelehrter Mann. Auch er war an List Saladdin durchaus gewachsen — die Ebenbürtigkeit gesteht sogar der arabische Chronist Bahaeddin zu: »Als sich Rainald das erstemal bei Saladdin einfand, kam er ohne Begleitung und unangemeldet. Saladdin saß gerade bei Tisch; er forderte den Grafen auf, mit ihm zu essen. Rainald sprach sehr gut arabisch und besaß auch einige Kenntnis von unserer Geschichte. Rainald bot Saladdin an, die Burg zu übergeben und erklärte, er sei künftig mit einem Haus in Damaskus zufrieden und mit

Land gerade in dem Umfang, daß er mit seiner Familie in ausreichendem Wohlstand leben könne. Rainald verließ uns wieder, doch er kam noch oft. Wir sprachen viel mit ihm über religiöse Fragen. Er wollte uns beweisen, daß die christliche Religion die bessere sei, und wir sagten ihm, sie tauge nichts. Man konnte sich sehr gut mit ihm unterhalten, seine Rede verriet Bildung. ›Ich liebe Euch‹, sagte er zu Saladdin, ›Ich weiß, daß ich Euch verpflichtet bin. Aber ihr müßt meine Situation verstehen. Meine Kinder und meine Eltern befinden sich in Tyrus. Wenn ich heute die Festung übergebe, wird sich Konrad von Montferrat an den Kindern und an meinen Eltern rächen. Deshalb gewährt mir Frist und Aufschub. Wir werden bald alle in Eure Dienste treten, und wir werden nehmen, was Ihr uns zu geben geruht‹.«
Nach einigen Wochen der Diskussion bemerkte Saladdin, daß oben auf der Festung die Mauern verstärkt worden waren. Er war überzeugt, hintergangen worden zu sein. Doch als Rainald wieder zu ihm kam, um über die Bedeutung bestimmter Koransuren zu sprechen, da wollte er den Gast nicht festnehmen lassen, obgleich seine Emire diesen Schritt forderten.
Die Frist zur Übergabe war abgelaufen, da argumentierte Rainald noch immer, seine Familie befinde sich weiterhin in der Hand Konrads von Montferrat. Saladdin verlor endlich die Geduld, er wollte nicht weiterhin über die Vorzüge des christlichen oder des islamischen Paradieses disputieren. Rainald erklärte sich jetzt zur sofortigen Übergabe bereit und schritt mit arabischer Begleitung den Berg zur Burg hinauf. Oben am Burgtor angekommen, befahl er seinen Kämpfern allerdings, rasch die Brücke hochzuziehen und sich auf keine Übergabeverhandlung einzulassen. Der Graf blieb in den Händen der Moslems. Saladdin aber hatte nahezu vier Monate Zeit verloren.
Das Nachrichtenbild verdichtete sich langsam: Von Europa her näherte sich ein riesiges Heer, diszipliniert und gut ausgerüstet. In dieser kritischen Lage erinnerte sich der mäch-

tige Saladdin daran, daß in Baghdad ein Kalif residierte, der noch immer nominell sein Vorgesetzter war und den Namen trug »Der Beschützer der Religion Allahs«. An diesen Kalifen schrieb Saladdin einen Brief:
»Während unsere Feinde zu Wasser und zu Land herbeiziehen, ist unser Reich in Schwierigkeiten. Gibt es einen einzigen Moslem, der unserer Aufforderung folgt und kommt, wenn er gebraucht wird? Die Christen dagegen verhalten sich ganz anders. Sie kommen in Menge, um sich gegenseitig zu helfen. Sie opfern ihre Reichtümer, sie legen ihr Geld zusammen. Bei ihnen gibt es keinen König und keinen Grafen, der nicht seine Bauern und Untertanen in diesen Krieg schickt. Da gibt es keinen Mächtigen, der nicht selbst an diesem Kriegszug teilnimmt. Alle sind vom Gedanken getrieben, ihrer Religion zu dienen. Die Moslems dagegen sind schlaff und mutlos, gleichgültig, und ohne Eifer für ihre Religion. Jetzt ist aber der Augenblick gekommen zur Tat. Alle Gläubigen müssen zusammenarbeiten zur Rettung der Religion. Wir beten, daß Allah geruhe, uns seine Hilfe zu gewähren.«
Der Chronist Bahaeddin hatte, als Sondergesandter Saladdins, den Brief in Baghdad abzuliefern.
Die Reaktion des Kalifen war sehr zurückhaltend. Er versprach, die Probleme durch seinen Wesir überprüfen zu lassen. Zu eigenen Entschlüssen war der prächtig gekleidete aber willenlose Mann im Kalifenpalast von Baghdad nicht mehr fähig. Saladdin blieb auf sich allein gestellt.
Einige Wochen lang glaubte Saladdin, Allah habe seine Gebete erhört und vernichte das Kreuzfahrerheer schon vor der Ankunft in Palästina. Im Juni des Jahres 1190 erfuhr er vom Tod des Kaiser Barbarossa. Die Kreuzritterarmee hatte ihren wichtigsten Führer verloren.
Ein Jahr später aber landete Richard Löwenherz mit einem englischen Heer an der Küste von Palästina. Zwei europäische Herrscher bekämpften nun wieder die Truppe des Sultans — auch Philipp August, der König von Frankreich, be-

fand sich mit einer Armee vor Akkon. Die beiden Monarchen waren schon in Europa Feinde gewesen, und sie setzten ihre Feindschaft im Heiligen Land fort. Als Richard und Philipp August an Fieber und Verdauungsstörungen litten, da warfen sie sich gegenseitig vor, einander vergiftet zu haben. Im August 1191 verließ der französische König das Land wieder. Ihn trieb der Gedanke nach Europa, dem Engländer seine Gebiete auf dem Festland abzunehmen. Richard Löwenherz trug jetzt allein die Verantwortung auf christlicher Seite. Dieser Last war er nicht gewachsen.
Nach verlustreichen Kämpfen waren Moslems und Christen übereingekommen, einen Waffenstillstand zu schließen. Gefangene sollten ausgetauscht werden; die Christen besaßen jetzt das vertragliche Recht, das angeblich echte Kreuz Christi wiederzufordern. Offiziere aus dem Heer des englischen Königs kamen ins Hauptquartier Saladdins, um das Kreuz abzuholen. Der Sultan wies aber darauf hin, daß im Augenblick der Übergabe die islamische Bevölkerung von Akkon freizulassen sei; nirgends aber könne er Anzeichen für diese Aktion erkennen. Saladdin bestand auf der korrekten Erfüllung des Vertrags. Richard Löwenherz reagierte voll Wut: Dreitausend Frauen und Männer von Akkon mußten sich nackt ausziehen und wurden draußen vor dem Stadttor von Akkon in Gruppen zu jeweils hundert erstochen. Saladdin konnte nicht eingreifen, da er über zu wenige Truppen verfügte. Von ferne, vom Zeltplatz seines Heeres aus, sah er das Massaker.
Emad Eddin, ein Beamter aus Saladdins Stab, berichtet: »Ich habe diese Märtyrer unseres Glaubens nackt in der dürren Ebene liegen gesehen. Aber gewiß hat Allah die Nackten mit dem reichen Kleid des Glücks angetan. Er ließ sie einziehen zu ewigem Ruhm in das Reich des Friedens.«
Saladdin besaß nicht mehr die Kraft, die scheußliche Tat des christlichen Königs zu rächen. Seine Befehlshaber, Offiziere und Soldaten wollten Schluß machen mit diesem endlosen Krieg. Auch die christlichen Ritter waren zu jeder ehrenvol-

len Lösung des Konflikts bereit. Richard Löwenherz — bedrängt von seinem Stab — neigte zu unkonventionellen Ideen: Er machte Saladdin den Vorschlag, er möge seinen Sohn Malik al Adil mit einer christlichen Prinzessin verheiraten. Malik al Adil könne dann, auch als Moslem, König von Jerusalem werden, wenn er die Lehen an die Adligen bestätige. Zu dieser Zeit litt Saladdin an schmerzhaften Erkrankungen seines Verdauungstrakts. Er sagte nicht nein zum abstrusen Vorschlag des englischen Königs. Als Braut für den arabischen Prinzen war zunächst die Schwester von Richard Löwenherz vorgesehen. Die junge Dame war die Witwe des Königs Wilhelm von Sizilien. Sie weigerte sich jedoch, Saladdins Sohn zu heiraten. Die Propaganda der Kirche in Europa hatte aus dem islamischen Sultan ein bestialisches Untier gemacht. Mit dem Sohn dieses Mannes wollte die Prinzessin das Bett nicht teilen — auch nicht zu dem guten Zweck, Christen und Moslems miteinander auszusöhnen. Als Ersatz bot Richard Löwenherz seine Nichte Eleonore von der Bretagne an. Doch auch diese Pläne zerschlugen sich.

In Gemetzel und heimtückischem Mord schleppte sich der Krieg hin. Aus dem Glaubenskampf hatte sich ein Streit um Grundstücke entwickelt, um persönliche Abrechnungen und Fehden. Der Religionskrieg endete im banalen Verbrechen. Konrad von Montferrat wurde in einer engen Gasse seiner eigenen Stadt Tyrus ermordet. Emad Eddin, der Chronist aus Saladdins Lager, berichtet darüber:

»Konrad von Montferrat war zu einem Bankett beim Bischof von Tyrus eingeladen. Nachdem er reichlich gegessen und getrunken hatte, verabschiedete er sich von seinem Gastgeber. Er stieg eben auf sein Pferd, da fielen ihn zwei Männer an und stachen mit Messern auf ihn ein. Einer der Mörder flüchtete nach der Tat in eine benachbarte Kirche. Der Graf, der noch atmete, bat darum, auch in diese Kirche gebracht zu werden. Doch der andere Mörder stach weiter auf den Grafen ein. Beide Mörder wurden verhaftet. Sie gehörten

des islamischen Sekte der Ismaeliten an.« Den Auftrag zu diesem Mord hatte Saladdin gegeben.
Die Kriegsmüdigkeit siegte schließlich über Starrsinn. Am 4. September 1192 unterzeichneten die Chefs der Christen und der Moslems einen Waffenstillstand auf drei Jahre, drei Monate, drei Wochen und drei Tage. Die Städte an der Küste zwischen Akkon und Jaffa blieben in der Hand der Christen. Ihnen wurde auch der freie Zutritt zur Grabeskirche von Jerusalem gestattet.
Im Spätherbst des Jahres 1192 residierte Saladdin wieder in Damaskus. Müde und zugleich froh, daß der Krieg beendet war, kümmerte er sich in den wenigen Arbeitsstunden, die er der Krankheit abringen konnte, um die Reorganisation der Zivilverwaltung seines Reichs. Die langen Jahre des improvisierten Lebens in den Lagern der Armee rächten sich jetzt. Magenschmerzen und Darmblutungen quälten ihn. Vor seinem Volk zeigte er sich als strahlender Held, als Mann von strotzender Gesundheit und von nicht zu erschöpfender Energie. Die Dichter sangen, bezahlt oder freiwillig, das Lob der reinsten Verkörperung des arabischen Herrscherglanzes.

Die Poeten vergaßen die Realität. Einer der Schreiber am Hof des Sultans in Damaskus hat die wahren Zustände festgehalten: »Die Unterdrückung der Pächter durch die adligen Landbesitzer überschreitet jedes Vorstellungsvermögen.
Im Tal des Baradaflusses brechen immer wieder Aufstände aus. Sie müssen mit dem Schwert niedergekämpft werden. Niemand ist da, der Ordnung schafft. Die Steuereinnahmen sinken. Sie decken die Ausgaben nicht mehr.«
Ende Januar 1193 fühlt sich Saladdin so schwach, daß er den Palast nicht mehr verlassen kann. Eine große Pilgerkarawane nähert sich Damaskus. Saladdin hat es sich angewöhnt, die Mekkapilger in Friedenszeit draußen im Baradatal abzuholen. Als er den Fluß entlangreitet, packen ihn Fieberschauer. Zum erstenmal bemerken die Männer seiner Umgebung, daß Saladdin ein schmächtiger Mann ist. Seine auf-

rechte Haltung hatte bisher seine geringe Größe unbemerkt gelassen. Die Spannkraft war jetzt erloschen.
Der Chronist, Diplomat und Kriegsteilnehmer Bahaeddin, inzwischen zum Leiter der Hohen Schule von Damaskus avanciert, besucht den Sultan am 21. Februar und trifft einen Sterbenden. Der geschwächte Körper Saladdins ist von Typhuserregern befallen.
Der Geist des vierundfünfzigjährigen verläßt diese Erde in den frühen Morgenstunden des 4. März 1193. Einige Menschen in Damaskus haben in dieser Nacht eine Stimme gehört, die vom Himmel dröhnte: »Der Geist des Jussuf hat sein Gefängnis verlassen.« Andere haben in der gleichen Stunde geträumt, Mohammed, der Prophet, habe sich vor der Leiche des toten Saladdin niedergeworfen, um ihm zu huldigen und ihn heimzuholen ins Paradies.
Der Sohn legte dem Vater das Schwert, das er in den dreißig Jahren der Kämpfe getragen hatte, in das Grab. Unter Tränen sprach der Sohn die Worte: »Auf dieses Schwert wird Saladdin sich stützen, wenn er einzieht, zusammen mit dem Propheten Mohammed, in Allahs Paradies.«

Fünfhunderteinundsechzig Jahre christlicher Zeitrechnung — fünfhundertneunundachtzig Mondjahre der Moslems — sind vergangen seit der Ankunft Mohammeds in Medina, seit der Grundsteinlegung des arabischen Reiches. Die Kette großer Kalifen und ihrer Konkurrenten reißt mit Saladdin ab. Vom März 1193 ab findet sich keine Persönlichkeit mehr in Arabien, die stark genug gewesen wäre, die auseinanderstrebenden Reichsteile zusammenzuklammern.
In Baghdad regiert noch immer der Kalif mit dem Titel »Beschützer der Religion Allahs«. Er ist froh über den Tod des mächtigen Sultans im Westen seines Reiches. Saladdin war ihm unheimlich gewesen. Noch zweiunddreißig Jahre lang kann er hinfort, ohne Sorge vor dem starken Mann in Damaskus, regieren. Er stirbt am 6. Oktober 1225 an Dysenterie im Alter von siebzig Jahren.

Am Ende seines Lebens plagte ihn die Angst vor den Schrekken aus dem Osten: Mongolenstämme brachen über die Grenzprovinzen des arabischen Reichs herein. Doch die Zeit des Schreckens brauchte dieser »Beschützer der Religion Allahs« nicht selbst zu erleben. Die Geschichte gewährte dem Kalifen al Nasir li Dinillahi Aufschub.

Eine Generation lang wurde der entscheidende Schlag gegen Baghdad aufgehalten durch die Verlagerung des Mongolensturms auf die landwirtschaftlichen Regionen Mittelasiens und auf die Steppen der Ukraine. Doch am 12. Februar 1268 mußte sich Baghdad, die Hauptstadt des arabischen Reichs, dem mongolischen Eroberer Hülegü ergeben. Der Kalif al Mustasim Billahi ritt mit seinem Wesir und dem Stab der übrigen Höflinge in das Lager des siegreichen Mongolenfürsten vor der Stadt. Er wurde mit ausgesuchter Artigkeit empfangen. Al Mustasim Billahi wurde bewirtet mit Speisen und Wein. Tänzerinnen und Sklavinnen standen ihm zur Verfügung. Inzwischen wurde Baghdad von den Mongolen geplündert. Nachts konnte al Mustasim Billahi den Feuerschein der Brände über den Tigris leuchten sehen. Die Villen der Reichen brannten aus und die Lehmhütten der Armen. Die Frauen wurden vergewaltigt, die Kinder zertreten, die Männer verstümmelt und umgebracht. Achthunderttausend Menschen starben. Die Schmerzensschreie waren nicht zu hören im Lager des Mongolenfeldherrn.

Unversehrt steht der Kalifenpalast nach zwei Tagen der Plünderung in den Trümmern von Baghdad. Die Mauern sind leicht angeschwärzt vom Rauch der Feuerstürme ringsum. Hülegü und der Kalif fahren mit dem Prunkschiff des arabischen Herrschers über den Tigris. Dann reiten der Mongolenfürst und der Kalif, beide in der Pose des Siegers, auf den Palast zu. Die Mongolengarde macht dem prächtigen Zug Platz. Al Mustasim Billahi kann der Überzeugung sein, daß ihn der Feldherr der Mongolen zur Mitarbeit gewinnen will bei der Unterwerfung des restlichen Reichs. Er glaubt, sein Leben gerettet zu haben. Er verliert seinen Optimismus auch nicht, als er die aufgerissenen Gräber seiner Amtsvorgänger sieht. Verstreut liegen die Skelette vor dem Palast.

Mit der Ankunft im Hof des Kalifenpalastes ändert sich die Stimmung. Al Mustasim Billahi muß absteigen von seinem Pferd. Hülegü fragt in barschem Ton, wo die Schätze des Reiches vergraben liegen. Der Kalif zeigt auf die Zisterne. Da packen Offiziere der Mongolengarde den Kalifen, fesseln ihn und schleppen ihn fort. Einen Tag später schwimmt seine nackte, zerschundene Leiche im Tigris.

Al Mustasim Billahi ist der letzte Kalif von Baghdad gewesen, der letzte Nachfolger des Propheten.

Die Erbfolge der Kalifen

Der Prophet Mohammed, der politische und religiöse Chef des arabischen Staates, starb im Jahre 632.

Seine Nachfolger sind:

Abu Bakr	gestorben 634
Omar Ibn al Chattab	ermordet 644
Othman Ibn Affan	ermordet 656
Ali	ermordet 661

Das Geschlecht der Omajjaden herrscht in Damaskus

Mu'awija	gestorben 688
Jezid	gestorben 683
Mu'awija II.	ermordet 684
Merwan	ermordet 685
Abdel Malik	gestorben 705
Welid	gestorben 715
Suleiman	gestorben 717
Omar II.	ermordet 720
Jezid II.	gestorben 724
Hischam	gestorben 743
Welid II.	ermordet 744
Jezid III.	gestorben 744
Merwan II.	ermordet 750

Das Geschlecht der Abbasiden herrscht in Baghdad

Abdalla Abu Abbas	gestorben 754
Abu Dschafar Mansur	gestorben 775
Al Mahdi	ermordet 785
Al Hadi	ermordet 786
Harun al Raschid	gestorben 809
Mohammed al Emin	ermordet 813
Abdallah al Ma'mun	gestorben 833
Al Mutasim Billahi	gestorben 842
Al Watik Billahi	gestorben 847
Dscha'far al Mutawakkil	ermordet 861
Al Muntasir	ermordet 862
Al Mustain Billahi	ermordet 866
Al Mutaz	ermordet 869
Al Muhtadi Billahi	ermordet 870
Al Mutamid Alallahi	ermordet 892

	Die Macht verlagert sich nach Ägypten	
	Die Familie Tulun regiert unabhängig in Cairo	
Al Mutadid Billahi	ermordet 902	
		Die Fatimiden übernehmen Ägypten
Al Muktafi Billah	gestorben 908	Kalif al Hakim bi Amrillah
Al Muktadir Billahi	ermordet 932	
Al Kalnir Billahi	geblendet 934	
Al Radi Billahi	gestorben 940	
Al Muttaki Billahi	geblendet 944	
Al Mustaki Billahi	geblendet 946	Träger der wirklichen Macht in Baghdad sind die Chefs der Bujidenfamilie
Al Muti Billahi	gestorben 975	
Al Taji Lillahi	entthront 991	
Al Kadir Lillahi	gestorben 1031	
Al Kaim bi Amrillahi	gestorben 1075	Die Stammeschefs der Saljuken lenken den Kalifen in Baghdad
Al Muktadi bi Amrillahi	ermordet 1094	
		1095: Papst Urban II. ruft zum Kreuzzug auf 1099: Einnahme von Jerusalem durch die Kreuzritter 1100: Königreich Jerusalem Mahmud Nureddin Regionalherrscher von Edessa
Al Mustazir Billahi	gestorben 1118	
Al Mustarschid Billahi	ermordet 1134	
Al Raschid Billahi	ermordet 1138	
Al Muktafi li Amrillahi	gestorben 1160	
Al Mustadjid Billahi	gestorben 1170	
		1174: Saladdin Herrscher über Cairo und Damaskus

Al Mustadi bi Amrillahi	gestorben 1180	
		1193: Tod Saladdins
Al Nasir li Dinillahi	gestorben 1225	
Al Zahir bi Amrillahi	gestorben 1226	
Al Mustansir Billahi	gestorben 1242	
Der letzte Kalif: Al Mustasim Billahi	ermordet 1258	Einfall der Mongolen ins arabische Reich Ende der Glanzzeit Arabiens Bis in die Gegenwart erholt sich Arabien nicht mehr

Personenregister

Atlantischer Ozean
NORWEGER
SWEONEN (SCHWEDEN)
GÖTEN
FINNEN
PIKTEN
SCHOTTEN
IREN
BRITEN
ANGELSACHSEN
Friesisches Meer
JÜTEN
DÄNEN
Ostsee
PRUZZEN
BALTISCHE STÄMME
POMORANEN
OBODRITEN
LIUTIZEN
Weichsel
Oder
LECHEN (POLEN)
SLAWISCHE STÄMME
Dnjepr
Dnjestr
FRIESEN
SACHSEN
Elbe
SORBEN
THÜRINGER
TSCHECHEN
SLOWAKEN
London
Köln
Aachen
Rhein
REICH DER FRANKEN
Paris
Metz
ALEMANNEN
Augsb.
Salzb.
Donau
BAIERN
AWAREN
BRITEN
Tours
732
Autun
Chur
Poitiers
Loire
BURGUND
Trient
SLOWENEN
Lyon
Rhône
LANGOBARDEN
Pavia
Ravenna
KROATEN
SERBEN
BULGAREN
Schwarze
731
725
Bordeaux
Toulouse
Arles
Nizza
WALACHEN
Konstantinopel (Byzanz)
678
718
BYZANTINISCHE
ASTURIEN
BASKEN
Ebro
721
720
Narbonne
Rom
KORSIKA
Duero
Saragossa
715
Ilerda
Barcelona
Neapel
HELLAS
Athen
670/674–678/7
714
ehem. REICH d. WESTGOTEN
Lissabon
Tajo
Toledo
seit 756 EMIRAT v. CORDOBA
Mittelländisches
SARDINIEN
BALEAREN 798 islam.
712
Sevilla
Córdoba
bis 756 westgot.
Cartagena
720
SIZILIEN
Kartago
Tunis gegr. 698
MALTA
KRETA
654
Jerez de la Frontera
711
Gebel al Tarik
Ceuta
Tanger
Melilla
Caesarea
Constantine
Kairuan gegr. 670
Tobna
667
Alexand
Barka
BARKA 643/44
LIBYEN
Fez
MAGHREB
AFRIKA
Kabis
Tripolis 647
Sabra
TRIPOLIS
Audschila
Ghadamis
Wüste Sahara
Libysche Wüste
FESSAN
Fessan
KAWAR
Dschawan
Herrschaftsbereich Mohammeds 632
Eroberungen seines Nachfolgers Abu Bekr bis 634
Eroberungen der ersten Kalifen bis 656
Eroberungen unter den Omajjaden 661–750
0
500
1000 km